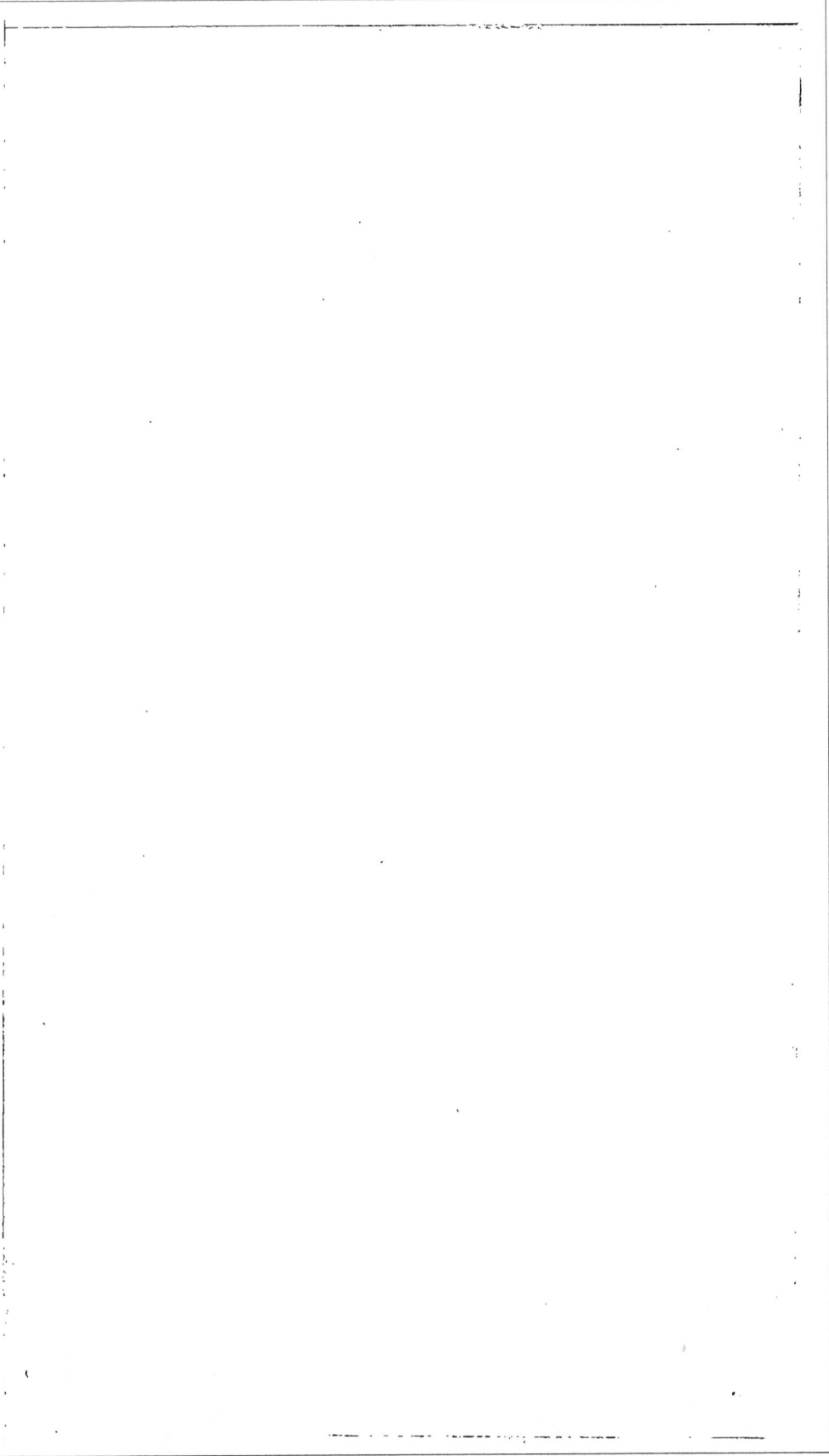

COURS

DE

DROIT FRANÇAIS

SUIVANT LE CODE CIVIL.

Cet Ouvrage se trouve aussi,

A PARIS,

CHEZ VIDECOQ, PLACE SAINTE-GENEVIÈVE, N° 6;
CHARLES BÉCHET, QUAI DES AUGUSTINS, N° 57.

PARIS. — DE L'IMPRIMERIE DE RIGNOUX,
Rue des Francs-Bourgeois-St.-Michel, n° 8.

COURS

DE

DROIT FRANÇAIS

SUIVANT LE CODE CIVIL.

Par M. DURANTON,

PROFESSEUR A LA FACULTÉ DE DROIT DE PARIS,
MEMBRE DE LA LÉGION D'HONNEUR.

TOME QUATRIÈME.

DEUXIÈME ÉDITION,
ABSOLUMENT CONFORME A LA PREMIÈRE.

PARIS,

ALEX-GOBELET, LIBRAIRE,
RUE SOUFFLOT, N° 4, PRÈS L'ÉCOLE DE DROIT.

1828.

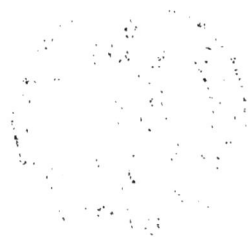

COURS
DE DROIT FRANÇAIS
SUIVANT LE CODE CIVIL.

LIVRE II.

DES BIENS, ET DES MODIFICATIONS DE LA PROPRIÉTÉ.

~~~~~~~~~~~~~~~

TITRE PREMIER.

De la Distinction des Biens.

Observations préliminaires.

SOMMAIRE.

IV.   I

1. Le droit, a-t-on dit précédemment (1), a pour objet les personnes et les choses.

Jusqu'ici nous avons développé les règles qui concernent l'état et la capacité des personnes, et si nous avons eu souvent occasion de parler de celles qui sont relatives aux biens, nous ne l'avons fait qu'accessoirement et parce que l'état et la capacité des personnes influent nécessairement sur le sort de la propriété elle-même.

2. Maintenant il s'agit d'exposer les principes qui régissent les biens, abstraction faite de l'état et de la capacité de leurs possesseurs, du moins généralement: c'est l'objet des second et troisième livres du Code.

Dans le second, nous trouvons d'abord les règles relatives à la distinction des biens, ensuite les caractères de la propriété, et enfin les modifications dont elle est susceptible. Ce sont en effet les trois principaux rapports sous lesquels on peut la consi-

---

(1) *Voy.* tome I, n° 28.

dérer. Nous y voyons même développées, avec assez d'étendue, quelques-unes des manières dont elle s'acquiert, comme l'accession, la perception des fruits sur la chose d'autrui ; mais c'est le livre troisième et dernier qui nous offre la série des lois suivant lesquelles elle se transmet et s'acquiert.

3   La doctrine a attaché une signification différente aux mots *choses* et *biens.*

Le premier de ces termes, pris philosophiquement, se dit de ce qui est : il se dit indifféremment de tout, sa signification se déterminant par la matière dont on traite.

Mais dans le langage du droit il présente un sens moins vague, quoique peu déterminé : il s'entend de tout ce qui est dans la nature, et qui peut être de quelque utilité aux hommes (1), soit que ce puisse être ou non possédé par eux, comme un champ, une statue, l'air, l'eau courante, les animaux sauvages, etc.

4. Le mot *biens* a une signification moins étendue: par lui l'on désigne seulement les choses qui sont l'objet d'une propriété publique ou privée, les choses que l'on possède, même les esclaves dans les pays où l'esclavage est admis. Suivant les étymologistes, ce mot vient du terme latin *beare,* rendre heureux, parce que pour les jurisconsultes

---

(1) *Voy.* Vinnius sur le titre *De rerum divis.,* Instit. ; et Heinneccius, *Elementa juris,* n° 312.

du moins, les biens contribuent au bonheur de la vie en nous procurant les moyens d'en augmenter les jouissances, et en nous fournissant ce qui est nécessaire pour la conserver : pour cela, il faut les *posséder.*

Ce terme correspond, en quelque sorte, à l'expression *pecunia,* du droit romain, dont le sens est infiniment plus restreint que celui du mot *res,* pris abstractivement ; car, si dans le langage des Papinien et des Paul, ce terme *pecunia* n'exprime pas seulement tout ce qui est or ou argent, monnayé ou non, il ne s'entend du moins que des biens qui peuvent entrer dans notre patrimoine (1).

5. On voit par ces définitions que tous les biens sont des choses, mais que toutes les choses ne sont pas des biens.

Il nous arrivera cependant souvent d'employer indifféremment l'un et l'autre terme, mais c'est lorsque le sens que nous y attacherons ne saurait être douteux.

6. Les biens peuvent être considérés sous deux principaux rapports :

1° En eux-mêmes, d'après leur qualité naturelle ou légale ;

2° Dans leurs rapports avec ceux qui les possèdent.

---

(1) *Rei appellatio latior est, quàm pecuniæ, quæ etiam ea quæ extra computationem patrimonii nostri sunt continet : cùm pecuniæ significatio ad ea referatur quæ in patrimonio sunt.* L. 5, §. 1, ff. de *Verb. signif.*

Considérés sous le premier point de vue, les biens sont meubles ou immeubles : ils ont tous l'une ou l'autre de ces qualités. « Tous les biens, « dit l'article 516, sont meubles ou immeubles. »

7. Envisagés sous le second, les biens appartiennent à l'État, à des communes ou établissemens publics, à des particuliers, ou ils n'appartiennent à personne : comme les objets abandonnés, les animaux sauvages. Mais d'après ce qui vient d'être dit, la dénomination générique de *choses* convient mieux aux animaux sauvages, puisqu'on ne les possède pas, qu'on peut seulement les posséder.

8. Les deux premiers chapitres de ce titre du Code renferment les règles sur lesquelles repose la distinction des biens en *meubles* et en *immeubles*, et le troisième contient les principes généraux qui régissent les biens dans leurs rapports avec ceux qui les possèdent. Nous n'anticiperons pas.

9. En consacrant un titre spécial à la distinction des biens, les rédacteurs du Code n'ont point simplement entendu suivre une marche tracée par la doctrine, et établir une distinction de pure théorie, qui eût plutôt appartenu à la science qu'à la loi; ils y ont été déterminés par des motifs d'un ordre plus élevé.

En effet, les dispositions de la loi ne sont pas les mêmes par rapport à tous les biens indistinctement : les unes concernent les biens mobiliers, les autres s'appliquent seulement aux immeubles; et sans des distinctions précises à cet égard, tout n'aurait été que confusion et désordre dans la législation.

10. Ainsi, ces distinctions sont nécessaires (1) pour déterminer la composition de la communauté entre époux; pour faire connaître ce qui peut ou non être hypothéqué; pour savoir, dans le cas où un citoyen lègue tous ses biens meubles, ou tous ses immeubles, ce qui est compris dans sa libéralité. Elles sont utiles aussi pour indiquer l'espèce de saisie que l'on peut exercer sur tel ou tel bien; pour appliquer les règles touchant la prescription, déterminer, dans plusieurs cas, le pouvoir du tuteur, la capacité du mineur émancipé, celle de la femme mariée, et sous plusieurs autres rapports encore. Il importe donc de poser avec soin les règles sur lesquelles elles sont établies.

11. Auparavant, il convient d'expliquer quelques autres distinctions des biens, qui, pour être moins importantes, n'en ont pas moins leur utilité pratique.

---

(1) Elles l'étaient encore bien plus anciennement, à cause de la diversité des systèmes sur les successions , dont les uns déféraient le mobilier à telle classe d'héritiers , et les immeubles, en qualité de propres, à telle autre classe. L'abolition du régime féodal , des bénéfices, des offices héréditaires , la suppression des propres, des droits de dîmes et d'une foule d'autres, ont grandement simplifié la législation à cet égard; mais elles n'ont pas pour cela détruit l'utilité , disons mieux , la nécessité de la distinction.

Suivant l'une de ces distinctions, les biens sont corporels ou incorporels. Cette distinction dérive de la nature même des choses; les lois n'y peuvent rien changer. Elle est même la première dans l'ordre des idées, parce qu'elle embrasse tous les biens quelconques.

Les biens corporels sont ceux qui ont une existence matérielle, ceux qui tombent sous nos sens, que nous pouvons voir et toucher : comme une maison, une statue.

Les biens incorporels, et dont il est parlé dans plusieurs dispositions du Code, notamment dans les articles 1607, 1693, 2075, sont ceux qui n'ont aucune existence physique, que nous ne concevons que par la pensée, et qui consistent dans un droit : telle est une créance, un droit d'hérédité ou d'usufruit; car, quoique l'argent qui est l'objet de la créance, les biens de la succession, le fonds sur lequel réside le droit d'usufruit, aient une existence corporelle, néanmoins le *droit* d'exiger cet argent, de recueillir les biens de l'hérédité, de jouir du fonds, droit que nous considérons seul ici, n'a par lui-même aucune existence physique ; il ne peut être conçu que par l'entendement. Aussi tant que l'hérédité n'est pas acceptée, c'est un droit, une chose incorporelle ; dès qu'elle est acceptée, il n'y a plus de droit d'hérédité, mais seulement des biens, dont les uns peuvent être corporels et les autres incorporels.

Les biens incorporels n'ont d'existence que par

l'effet de la loi; ils sont, d'après cela, mobiliers ou immobiliers, selon que les choses auxquelles s'applique le droit qui les représente sont mobilières ou immobilières. C'est ainsi que l'usufruit d'un bien meuble est un bien mobilier incorporel, et l'usufruit d'un immeuble un bien incorporel immobilier.

12. Une autre distinction des choses est en choses fongibles et choses non fongibles.

Une chose est fongible relativement à une autre, parce que, dans le paiement ou la restitution qu'on doit en faire, elle la représente, étant de même espèce et qualité : *una res alterius vice fungitur.* Les choses non fongibles sont celles qui ne sont point ainsi représentées par d'autres, et qui doivent, au contraire, être payées ou restituées en nature, c'est-à-dire identiquement.

Les premières sont l'objet de la compensation légale, mais non les secondes. (Art. 1291.)

Ainsi, dix mesures de blé sont des choses fongibles par rapport à dix autres mesures de blé de même espèce et qualité; et c'est pour cette raison que les choses *quæ numero, pondere mensuráve constant*, sont dites choses fongibles, parce qu'elles sont généralement représentées dans le paiement qui doit en être fait, dans la restitution qui en doit avoir lieu, par d'autres de même espèce et bonté : d'où l'on appelle ordinairement choses *fongibles* celles qui se consomment naturellement ou civile-

ment par l'usage que l'on en fait, comme le vin,
l'argent monnayé; car le vin se consomme *natu-
turellement* par l'usage, et l'argent monnayé, *civilement*, par l'emploi qui en est fait.

13. Mais ce n'est pas, comme on l'a dit bien souvent par erreur, parce qu'une chose se consomme
par le premier usage qu'elle est fongible : elle n'est
telle que parce que la loi ou les parties l'ont considérée comme pouvant être représentée par une
autre semblable ; d'où il suit qu'une chose qui
ordinairement se consomme, au moins civilement
par l'usage, peut n'être point fongible dans le contrat dont il s'agit, tandis qu'une autre, non susceptible de consommation naturelle ou civile par le
premier usage, pourra cependant l'être : tel est le
cas (1) où je vous prête, non pour les consommer,
mais seulement à commodat, par exemple, pour
vous servir de jetons au jeu, vingt pièces d'or
auxquelles j'attache un prix d'affection, parce que
je les ai reçues d'une personne dont la mémoire
m'est chère, et que, pour cela, je veux conserver :
vous ne pourrez contre mon gré me restituer vingt
autres pièces d'or, ni m'opposer, pour vous libérer,
la compensation d'une somme que je vous devrais

---

(1) Tel est aussi celui donné comme exemple par tous les auteurs,
où je prête à commodat, *et tantùm ad ostentationem*, à un caissier
dont la caisse doit être inspectée prochainement par son supérieur,
un ou plusieurs sacs d'argent, afin qu'il puisse montrer par-là qu'il
est en règle.

de mon côté. (Art. 1293). *Vice versá,* celui dont vous êtes héritier unique m'a légué un cheval *in genere*, et celui auquel j'ai succédé seul vous en a légué un aussi indéterminément : aucun des deux legs n'a été exécuté; ils s'éteindront réciproquement l'un par l'autre. Le cheval qui m'est dû par vous représente celui que je vous dois, puisque si vous me le livriez, je pourrais vous le livrer à mon tour. On peut même étendre l'exemple à des choses immobilières : supposez que celui dont vous êtes l'unique héritier m'ait vendu un arpent de terre de telle commune, mais indéterminément; que le mien ait fait à votre profit une vente semblable et qu'aucun des deux contrats n'ait été exécuté : la décision sera la même; l'un des arpens dans le cas donné, représente parfaitement l'autre : tous deux sont respectivement choses fongibles.

L'application des principes sur lesquels repose cette distinction des choses en fongibles et non fongibles, se fera successivement quand nous traiterons de l'usufruit, de la compensation, du prêt, etc.

Voyons maintenant quels sont les biens meubles, et quels sont les biens immeubles. Ce sera l'objet des deux chapitres suivans.

CHAPITRE PREMIER.

Des Immeubles.

SOMMAIRE.

14. *Il y a quatre espèces de biens immeubles.*
15. *Utilité de ne les pas confondre et de traiter chacun d'eux séparément.*
16. *Exemple tiré des servitudes.*
17. *Autre exemple tiré d'une action tendante à revendiquer un immeuble.*

14. Il y a quatre espèces de biens immeubles :

1° Les immeubles par leur nature ;

2° Les immeubles par destination ;

3° Les biens immeubles par l'objet auquel ils s'appliquent ;

Et 4° les immeubles par la détermination de la loi.

15. Comme il peut y avoir des différences, en droit, entre ces diverses espèces de biens immobiliers, il convient de ne les pas confondre : par exemple, les immeubles par destination n'étant tels qu'autant que la destination subsiste, il suit que dès qu'elle vient à cesser, la chose perd sa qualité d'immeuble. Voilà pourquoi une glace placée par le propriétaire sur un parquet faisant corps avec la boiserie, et qui est immeuble par destination, se trouve hypothéquée avec la maison, dont elle est censée faire partie. Mais dès que,

détachée, elle a passé dans la main d'un tiers, le créancier hypothécaire ne peut l'y suivre, comme il pourrait y suivre la maison elle-même, attendu que les meubles n'ont pas de suite par hypothèque (art. 2119), ce qui ne veut pas dire que l'action hypothécaire n'a pas lieu pour suivre des meubles hypothéqués comme meubles, puisque l'article précédent avait déjà déclaré que les meubles ne sont pas susceptibles d'hypothèque; mais ce qui signifie que les meubles hypothéqués avec un immeuble, comme accessoires de cet immeuble, ne peuvent être suivis par action hypothécaire, parce que, par leur séparation d'avec le fonds, ils ont perdu leur qualité d'immeubles, qu'ils ne devaient qu'au lien de l'accession.

16. Une servitude établie est un immeuble par l'objet auquel elle s'applique, et elle ne pourrait être vendue ou hypothéquée qu'en vendant ou hypothéquant le fonds auquel elle est due; tandis qu'un immeuble est vendu ou hypothéqué par lui-même.

17. Un immeuble peut être vendu sur expropriation forcée poursuivie par le créancier du propriétaire; mais l'action pour *revendiquer* un immeuble n'est point par elle-même la matière d'une expropriation. Elle peut sans doute être exercée par le créancier de celui à qui elle appartient, et au nom de celui-ci, en vertu de l'article 1166, et l'immeuble ainsi rentré dans la main

de ce dernier peut être ensuite vendu sur expropriation ; mais quant à l'action elle-même, il nous
paraît impossible d'en faire l'objet d'une expropriation directe.

Ces seuls exemples suffisent pour démontrer
que les diverses sortes d'immeubles demandent à
être traitées séparément, ainsi que nous le ferons.

SECTION PREMIÈRE.

Des Immeubles par leur nature.

SOMMAIRE.

18. *Les fonds de terre et les bâtimens sont immeubles par leur
nature, quoiqu'en réalité les bâtimens ne soient immeubles
que par incorporation, par accession.*

19. *Les tuyaux et autres objets de même nature servant à la
conduite des eaux, sont immeubles par l'effet du même
principe.*

20. *Les constructions simplement posées sur le sol sont meubles.*

21. *Il est indifférent, quant à sa qualité d'immeuble, qu'un
bâtiment ait été construit par un tiers ou par le propriétaire.*

22. *Les moulins à vent ou à eau, fixés sur piliers ou faisant
partie du bâtiment, sont pareillement immeubles par leur
nature.*

23. *Ils le sont certainement quand ils sont placés sur une rivière
non navigable ni flottable.*

24. *Mais quand ils sont placés sur une rivière dépendante du
domaine public, et qu'ils appartiennent à un particulier,
ce n'est pas par les principes ordinaires de l'accession qu'ils
sont immeubles.*

25. *Les mines, bâtimens, machines, puits, galeries, etc., pour
l'exploitation des mines, sont également immeubles.*

l'usufruitier et de l'emphytéote, les fruits pendans par branches ou racines sont immeubles.

44. *Il en est de même des pépinières.*

45. *Et des fleurs et arbustes, encore qu'ils soient dans des pots ou caisses, s'ils ont été placés à perpétuelle demeure par le propriétaire ou celui qui jouit comme lui.*

18. Les immeubles par leur nature sont les choses qui ne peuvent changer de place, et qui sont le produit de la nature, c'est-à-dire les fonds de terre (Art. 518.), quel que soit le mode de leur culture, une forêt, un étang, peu importe. Cependant cet article qualifie aussi immeubles par leur nature les bâtimens, parce qu'ils font en quelque sorte partie du fonds sur lequel ils sont construits, ce qui a fait établir la règle *quod solo inædificatur, solo cedit* (1). Mais il est plus exact de dire que le bâtiment, ouvrage de l'art, et non de la nature, est immeuble par accession, et que le sol sur lequel il repose est immeuble par sa nature. Puisque la loi lui donne cette qualification, nous la lui conserverons : elle nous fournira même une raison de plus pour décider une question importante que nous agiterons au n° 80 *infrà*.

19. Comme les bâtimens sont qualifiés immeubles par leur nature, à cause de leur incorporation avec le sol, par la même raison on doit regarder comme

---

(1) §. 29, INSTIT., *de rerum divis.*

tels les tuyaux et autres objets de même nature qui servent à la conduite des eaux dans une maison ou autre héritage : ils font aussi partie du fonds auquel ils sont attachés. (Art. 523.)

20. Et comme ce n'est que par leur incorporation avec le fonds que les bâtimens sont immeubles, il s'ensuit que les constructions qui seraient simplement posées sur le sol, sans fondemens ni pilotis, comme une boutique construite pour subsister seulement pendant la durée d'une foire, n'ont point la qualité d'immeubles, mais bien celle de meubles (1).

21. Il est indifférent, quant à sa qualité d'immeuble, qu'un bâtiment ait été construit par un tiers, comme un simple détenteur, un fermier, ou par le propriétaire lui-même : dans tous les cas, le principe *quod solo inædificatum est, solo cedit*, exerce son empire, et par conséquent le bâtiment est immeuble comme le sol. Mais l'action qui compète au tiers pour obtenir une indemnité, s'il y a lieu, ou pour enlever les constructions, et dont nous parlerons ultérieurement en expliquant l'article 555, est mobilière par l'objet auquel elle s'applique, parce que, dans toutes les hypothèses, cette action *tendit ad quid mobile.* Comme telle,

---

(1) *Voy.* la L. 18, ff. *de act. empti et venditi.*

elle fait partie du legs du mobilier laissé par le tiers; elle entrerait dans la communauté qui existerait entre lui et sa femme, etc.

22. Par suite du principe que ce qui est incorporé au sol est immeuble comme le sol lui-même, les moulins à vent ou à eau, fixés sur piliers, ou faisant partie du bâtiment, sont pareillement im meubles par leur nature (Article 519.)

Cet article dit « fixés sur piliers *et* faisant partie « du bâtiment »; il semble donc exiger, pour que le moulin soit immeuble, la double condition qu'il soit fixé sur pilier *et* qu'il fasse partie du bâtiment. Mais il n'est cependant pas douteux que l'une ou l'autre de ces circonstances ne soit suffisante. Un moulin à vent, par exemple, construit sur un socle en maçonnerie, quoique séparé de la maison d'exploitation, qui se trouve même sur un autre fonds, et tel qu'on en voit en si grand nombre dans les environs de Paris, est réellement immeuble, puisqu'il fait, par son incorporation avec le sol sur lequel il est bâti, partie du sol lui-même. L'article 531 confirme d'ailleurs cette décision en exigeant, pour qu'une usine soit mobilière, qu'elle ne soit pas fixée sur des piliers, *et* qu'elle ne fasse pas partie du bâtiment; donc si l'une de ces conditions ne se rencontre pas, si l'usine est fixée sur des piliers, quoiqu'elle ne fasse pas partie du bâtiment, *vel vice versâ*, elle n'est pas meuble, et si elle n'est pas meuble, elle est

IV.   2

immeuble, puisque tous les biens sont meubles ou immeubles (1).

23. Il est bien certain, d'après l'article 519, que les moulins à eau, ou toute autre usine, placés sur une rivière non navigable ni flottable, et fixés sur piliers, sont immeubles : c'est l'application de la règle *quod solo inædificatum est*, et du principe que les propriétaires riverains des rivières qui ne sont point dépendantes du domaine public, sont censés propriétaires du lit de la rivière; principe d'après lequel ils profitent de l'île formée dans son sein, et ont le droit de jouir des eaux, à la charge de les rendre à leur cours naturel à la sortie de leurs fonds, pour que les riverains inférieurs en puissent jouir à leur tour.

24. Mais en est-il de même quand l'usine, quoique fixée sur piliers, est placée sur une rivière navigable ou flottable (2)? L'article précité admet-il une distinction à cet égard?

Le sol de ces rivières appartient à l'État; et

---

(1) Pothier, *Traité de la communauté*, n° 36, décide, comme nous, en s'autorisant de l'article 352 de la coutume d'Orléans, et de l'article 90 de celle de Paris, que « un moulin à vent est censé « faire partie du sol sur lequel il est placé, parce qu'il y est placé « à perpétuelle demeure, quoiqu'il n'y soit point attaché »; et il n'exige pas pour cela que ce moulin fasse partie du bâtiment.

(2) *Voy.*, relativement à ce qu'on doit entendre par rivière *flottable*, n° 298, *infrà*.

c'est par ce motif que, dans notre législation (1), l'île qui s'y forme lui appartient, à l'exclusion des propriétaires riverains, qui ont seulement droit à l'alluvion, et à la charge par eux de laisser le chemin de halage.

Si la question devait se décider suivant les principes généraux qui régissent le droit d'*accession*, il est clair que l'usine ne serait immeuble qu'autant qu'elle appartiendrait elle-même à l'État, et qu'elle serait meuble quand, en vertu d'une concession spéciale du gouvernement pour un temps ou à perpétuité, concession nécessaire pour que l'usine ait pu être légalement construite, elle l'aurait été par un particulier; car si, selon ces mêmes principes, l'accessoire suit le sort de la chose principale et participe de sa qualité, ce n'est que par rapport au propriétaire de cette chose, et non par rapport au tiers qui a fait les constructions. C'est ainsi que, d'après l'article 555, les constructions et plantations faites par un tiers avec ses matériaux, sont, par rapport au propriétaire, immeubles comme le fonds lui-même; mais le droit du tiers, soit pour obtenir une indemnité, soit pour les enlever, n'est, comme nous l'avons dit, qu'un droit purement mobilier, parce que dans toutes les hypothèses la réclamation de ce tiers ne peut avoir pour objet qu'une chose mobilière.

---

(1) Il en était autrement suivant le droit romain. *Voy.* le §. 22, INSTIT., *De rerum divis.*

Mais la question ne doit pas se décider par les principes purs de l'accession ; ce sont ceux qui régissent le *droit de superficie* qui doivent servir à la résoudre. En effet, en concédant la faculté d'établir l'usine, l'État concède par cela même le droit de superficie sur la partie de la rivière sur laquelle elle sera établie; or, ce droit est la faculté d'avoir un édifice sur le sol d'autrui comme sur son propre fonds, nonobstant le principe, *quod solo inædificatum est, solo cedit*, principe qui fléchit précisément dans ce cas, non d'après le droit pur, mais *tuitione prætoris*. Et ce droit d'avoir comme sien un édifice sur le sol d'autrui, produit, pendant la durée de la concession, les avantages attachés à la propriété pleine : d'où les lois romaines qui nous l'ont transmis considéraient le superficiaire comme propriétaire de la surface, et lui donnaient, en conséquence, comme à l'emphytéote (1), l'action réelle (*utilis*) contre le tiers détenteur (2); elles lui permettaient aussi d'établir sur le fonds, sinon *ipso jure, saltem tuitione prætoris*, un droit de servitude ou d'usufruit (3), et de faire, en un mot, tout ce que le propriétaire peut faire dans les cas ordinaires. L'article 41 du titre 27 de l'ordonnance de 1669, sur les *eaux et foréts*, partant

---

(1) On confond même souvent le droit de *superficie* avec celui d'*emphytéose*, depuis que, par extension, on a appliqué ce nom aux concessions de maisons faites à ce titre.

(2) L. 1, *princip.*, ff. *de Superficiebus*.

(3) *Dictâ lege 1, § 9.*

de ces principes, dit : « La propriété de tous les
« fleuves et rivières portant bateaux, de leurs
« fonds, *sans artifice et ouvrages des mains*, dans
« notre royaume et terres de notre obéissance, fait
« partie du domaine de notre couronne, nonob-
« stant tous titres et possessions contraires, sauf les
« droits de pêche, *moulins, bacs et autres usages*
« *que les particuliers peuvent y avoir par titres et*
« *possessions valables, auxquels ils seront main-*
« *tenus.* » La déclaration du mois d'avril 1683, en
registrée le 21, contient les mêmes règles et fait les
mêmes exceptions ; et il est bien évident que les
particuliers sont maintenus comme propriétaires
d'un droit immobilier, et non pas comme propriétaires d'une chose simplement mobilière.

N'avons-nous pas d'ailleurs l'exemple du cas
où les divers étages d'une maison appartiennent
à différens maîtres ? (Art. 664.) Assurément le propriétaire de l'étage supérieur a un droit immobilier, quoiqu'il ne soit propriétaire ni du sol, ni des
étages inférieurs.

D'après cela, on doit donc regarder le moulin
ou toute autre usine, fixé par des piliers, quoique
sur une rivière dépendante du domaine public,
comme immeuble ; et c'est probablement pour ce
motif que l'article 519 ne fait aucune distinction.
Il dit même que les moulins à vent ou à eau fixés
sur des piliers sont immeubles par *leur nature*, ce
qui exclut l'application des règles sur l'accession,
quoique nous reconnaissions volontiers que ce qui

n'est que l'effet de l'art, une construction quelconque, n'est réellement pas à proprement parler immeuble par sa nature, mais bien plutôt par accession. Pothier, dans son *Traité de la communauté*, n° 37, dit aussi, sans distinguer entre le cas où l'usine est placée sur une rivière dépendante du domaine public, et le cas contraire, que « les « moulins, bateaux de blanchisseurs et autres « usines, fixés sur des pilotis, sont immeubles, « mais que ceux que l'on voit sur la Loire et sur « d'autres rivières, non fixés par des pilotis, sont « meubles, suivant la coutume d'Orléans, contraire « en cela à celle de Berri, qui les déclare immeu- « bles. » Cet auteur ayant même d'abord donné comme exemple les bateaux mobiles qui sont sur la Loire, à Orléans, entend évidemment, lorsqu'il parle ensuite des bateaux fixés sur pilotis, et qu'il considère comme immeubles, appliquer sa décision à ceux qui sont situés sur la même rivière, ou tout autre faisant partie du domaine public. Nous avons insisté sur ce point à cause de son importance et des doutes qu'il ferait naître si l'on n'envisageait la question que d'après les règles ordinaires du droit d'accession.

25. Les mines, bâtimens, machines, puits, galeries et autres travaux établis à demeure pour l'exploitation de la mine, sont pareillement immeubles (1). Nous en parlerons plus loin.

_____

(1) Art. 8 de la loi du 21 avril 1810, bulletin, n° 5401.

Les chevaux employés à l'exploitation dans l'intérieur de la mine sont immeubles aussi, mais ils ne le sont que par destination.

Les matières extraites sont meubles (1), ainsi que les chevaux destinés à les transporter.

26. Les récoltes pendantes par racines et les fruits des arbres non encore recueillis sont pareillement immeubles. (Art. 520.) Ils sont censés faire partie du fonds auquel ils sont attachés.

Dès que les grains sont coupés et les fruits détachés, ils sont meubles, quoiqu'ils ne soient pas encore enlevés ; et si une partie seulement de la récolte est coupée, cette partie seule est meuble. (*Ibid.*)

27. Ces règles reçoivent leur application à une foule de cas, en considérant la personne qui jouit de l'immeuble, ou qui en a attribué la jouissance à un autre.

Ainsi, suppose-t-on que le fonds est soumis à un droit d'usufruit, les fruits pendans par branches ou racines au moment où l'usufruit s'ouvre, appartiennent à l'usufruitier ; et ceux qui sont dans le même état au moment où il cesse, appartiennent au propriétaire. (Art. 585.)

28. Il en est de même quant aux fruits des propres des époux mariés sous le régime de la

---

(1) Article 9 de la loi du 21 avril 1810, précitée.

communauté, et perçus pendant son cours ; ils font partie de la communauté (art. 1401); et ceux qui sont pendans à l'époque de sa dissolution appartiennent à l'époux propriétaire du fonds, sauf, comme nous le dirons dans la suite, l'indemnité qui peut être due à la communauté pour les frais des labours et semences.

Ceux produits par les immeubles de la femme mariée sans communauté, et perçus pendant le mariage, appartiennent au mari. (Art. 1530 et 1533 analysés.)

On suit d'autres principes sous le régime dotal · à la dissolution du mariage, les fruits des immeubles dotaux se partagent entre le mari et la femme, ou leurs héritiers, à proportion du tems qu'il a duré pendant la dernière année ; et l'année commence à partir du jour où il a été célébré. (Art. 1571.)

29. Les règles consacrées par l'article 520 reçoivent aussi leur application au contrat de louage.

Il est de la nature de ce contrat que le bailleur procure au preneur une jouissance de la chose louée, c'est-à-dire qu'il lui procure les produits qu'elle peut naturellement donner ; en conséquence, si, pendant la durée du bail, la totalité ou la moitié au moins d'une récolte est enlevée par cas fortuits, le fermier a droit à une remise de partie du prix de sa location, à moins qu'il n'ait pris sur lui les cas fortuits, ou, si le bail

est fait pour plusieurs années, qu'il ne soit indemnisé par les récoltes précédentes ou futures.
(Art. 1769, 1772.) Au lieu que si la perte des fruits
arrive après leur séparation de la terre, quoique
avant leur enlèvement du champ, il n'a droit à
aucune remise (art. 1771), parce qu'il en est devenu propriétaire ; et *res perit domino.*

30. Puisque les fruits pendans par branches ou
racines sont immeubles, les principes du droit
voudraient qu'on ne pût les saisir par saisie mobilière sur le propriétaire du fonds, sur le possesseur,
qui lui est assimilé, ni sur l'usufruitier, qui jouit
comme lui, mais seulement par la saisie de l'immeuble dont ils font partie. On s'est néanmoins
écarté de la sévérité de ces principes : l'on peut saisir
sur eux ces fruits par *saisie-brandon*, et cette saisie
est mobilière. On a pensé que des fruits destinés
à être coupés à une époque très-prochaine devaient
être considérés comme des meubles, parce qu'ils
doivent devenir tels par la perception qui va en
être faite. Cette fiction a dû d'autant plus facilement être admise, qu'elle est tout à la fois dans
l'intérêt du débiteur et du créancier : du débiteur,
en ce qu'elle lui sauve les frais considérables d'une
saisie immobilière, et l'expropriation de l'immeuble
ou du droit d'usufruit ; du créancier, en ce qu'elle
lui épargne les longueurs, les difficultés et les
chances de nullité d'une saisie de cette nature.
Mais lorsque les fruits sont saisis sur un fermier

ou sur celui qui a acheté la récolte, on ne s'écarte réellement pas des principes, puisque, dans leurs mains, ces fruits ne peuvent être autre chose que des meubles.

S'ils étaient détachés, ce serait par saisie-exécution qu'ils devraient être saisis, n'importe qu'ils le fussent sur le propriétaire du fonds ou sur tout autre.

31. Et quand le fonds lui-même est saisi, les fruits échus depuis la dénonciation de la saisie, ou les fermages, si l'immeuble est affermé, sont immobilisés pour être distribués avec le prix de l'immeuble par ordre d'hypothèque. (Art. 689-691 , Cod. de procéd.)

32. L'article 521 porte : « Les coupes ordinaires « des bois taillis ou de futaies mises en coupes « réglées, ne deviennent meubles qu'au fur et à « mesure que les arbres sont abattus. »

Cette disposition paraît superflue en la rapprochant de celle de l'article précédent, qui dit, même à l'égard des fruits ordinaires, tels que les grains, qu'il n'y a que ceux qui sont détachés de la terre qui ont la qualité de meubles. Mais ce n'est que par rapport aux conséquences que la séparation du sol peut avoir sur les droits respectifs du propriétaire et de l'usufruitier, de l'héritier et du légataire, et peut-être de quelques autres personnes encore, que le législateur a cru devoir rédiger ainsi sa disposition; il a voulu décider par-là que

les bois mis en coupes réglées ne sont pas meubles
du moment que la coupe doit en être faite, tant
qu'ils ne sont pas abattus, et par conséquent que,
quand bien même, par exemple, l'époque d'une
coupe ordinaire de taillis ou de haute futaie serait
arrivée avant la cessation de l'usufruit, l'usufruitier qui ne l'aurait pas faite n'aurait point pour
cela d'indemnité à réclamer; il a même cru devoir s'en expliquer spécialement au titre de l'*Usufruit.* (Art. 590.) On suit, il est vrai, un principe
contraire en matière de communauté (art. 1403);
mais c'est pour prévenir les avantages indirects
entre époux.

33. Quant aux futaies non mises en coupes
réglées, comme elles ne pouvaient donner lieu au
même doute, l'article 521 ne s'en occupe pas.

Mais il n'est pas moins certain que ces futaies,
comme celles mises en coupes réglées, deviennent
meubles par leur séparation du fonds. L'arbre
une fois détaché du sol a perdu le caractère qui le
rendait immeuble; ce n'est plus un arbre, c'est
du *bois.*

34. Il y a cependant d'importantes différences
entre ces diverses espèces de bois.

Ainsi, 1° l'usufruitier jouit de ceux qui sont
mis en coupes réglées, taillis ou futaies, et non des
autres. (Art. 590, 593.)

2° La communauté perçoit de même sur les
propres des époux les bois mis en coupes réglées,

en suivant l'ordre et l'aménagement des coupes (art. 1403); tandis que si une futaie non mise en coupes réglées est abattue sur le propre de l'un d'eux, les produits n'en tombent dans la communauté qu'à la charge d'une récompense pour l'époux propriétaire du fonds. (Art. 1433.)

35. 3° S'il s'agit d'une coupe ordinaire de taillis ou de futaie, faite à son époque ordinaire, le créancier hypothécaire ne peut, ni l'empêcher, ni prétendre qu'en la faisant le débiteur a, par son fait, diminué les sûretés qu'il lui avait données par le contrat, ou que l'immeuble a subi un dépérissement qui le rend insuffisant pour garantir le paiement de la créance; qu'il y a lieu, en conséquence, ou au remboursement actuel, en vertu de l'article 1188, ou au moins à un supplément d'hypothèque, conformément à l'article 2131. Car lorsque la coupe est parvenue à l'époque où elle doit être faite, elle est un véritable fruit, telle qu'une récolte de blé, de vin, de foin; et comme le créancier ne pourrait empêcher de lever cette récolte, ni prétendre que son gage s'en trouve diminué, de même il ne peut empêcher la coupe, ni réclamer l'application des dispositions précitées (1).

36. 4° Au contraire, si le débiteur abat sur le

_____

(1) *Voy.* l'arrêt de la Cour de cassation, du 26 janvier 1808. Sirey, 1809, 1, 65.

fonds qu'il a hypothéqué une futaie non mise en coupes réglées, il diminue par cela même la valeur de l'immeuble, valeur qui consistait en grande partie dans la futaie, et il s'expose à l'application de ces dispositions (1).

Le créancier peut même s'opposer à la coupe ; et en cas de saisie du fonds, le tribunal, sur la demande du saisissant, peut prononcer la nullité de la vente, même d'une coupe ordinaire, si l'acheteur n'a pas un titre avec date certaine, antérieure à la dénonciation de la saisie. (Art. 1328, Code civil, et 690, Code de procédure, combinés.)

37. 5° Les coupes ordinaires peuvent, comme fruits, être valablement vendues ou faites par le mineur émancipé, par celui qui est sous l'assistance d'un conseil judiciaire, par la femme séparée de biens, et par le tuteur (2). Au lieu que pour les futaies non mises en coupes réglées, ces personnes n'ont pas capacité ou qualité pour en disposer, sans remplir les formalités prescrites pour l'aliénation des biens immobiliers.

38. 6° Une coupe réglée de bois taillis ou de futaie peut être saisie par *saisie-brandon* comme tout autre espèce de fruits. En disant que cette saisie

---

(1) Lacombe, au mot *Arbres*, n° 1, rapporte un arrêt du 17 juillet 1777, rendu au parlement de Paris, qui a décidé que le créancier a le droit d'exiger le remploi du prix de la coupe, ou le remboursement de sa créance.

(2) *Voy.* tom. 3, n° 547.

« *ne pourra être faite* que dans les six semaines
« qui précèdent l'époque ordinaire de la maturité
« des fruits, » l'article 626 du Code de procédure
n'est pas contraire à cette décision : il sera observé,
si la saisie a lieu dans l'année où la coupe doit
être faite, et dans les six semaines qui précédent
l'époque où il est permis de couper les bois,
suivant les règlemens.

Au contraire, une futaie non mise en coupe
réglée ne peut être saisie principalement; elle ne
peut l'être qu'avec le fonds, et par conséquent
immobilièrement.

39. 7° Mais lorsque les bois sont abattus, il
n'y a plus de distinction à faire, et les créanciers,
soit du propriétaire du fonds, s'il ne les a pas
aliénés, soit de celui qui les a acquis, dans le cas
contraire, peuvent les saisir par simple saisie-
exécution, comme chose mobilière, sauf les dispositions des articles 689 et 690 du Code de procédure.

40. Quoique les fruits pendans par branches
ou racines et les bois non coupés soient immeubles,
cela n'est pas néanmoins d'une vérité absolue.

Ainsi, à l'égard du fermier ou de l'acheteur de
la récolte ou de la coupe, ou même d'une futaie
non mise en coupes réglées, les fruits et les bois
ne sont que des choses mobilières, parce que le
droit, qui est de faire la perception de ces mêmes
fruits ou de ces mêmes bois, a uniquement pour

objet une chose mobilière qui, à ce titre, ferait partie du legs de leur mobilier et entrerait dans leur communauté. Cela est si vrai, que dans le cas de la saisie du fonds, et en supposant au fermier ou à l'acheteur un bail ou un acte d'achat ayant date certaine antérieure au commandement, ces objets ne seraient point immobilisés, comme ils le seraient, si le propriétaire n'avait conféré à aucun autre le droit de les percevoir.

41. C'est d'après ces principes que la vente, même d'une futaie non mise en coupes réglées, ne donne lieu au droit de mutation que sur le pied de la vente des choses mobilières (1), et que, quand même l'acheteur deviendrait, peu de tems après l'achat de la futaie, acquéreur du fonds, la régie ne pourrait prétendre, comme elle l'a quelquefois soutenu avec succès, qu'en réalité la futaie n'a été vendue que comme accessoire du fonds, que les parties n'ont fait des actes séparés qu'afin d'éluder le droit proportionnel sur les ventes d'immeubles, et, en conséquence, que c'est ce droit qui lui est dû aussi pour la futaie elle-même : il ne lui est pas permis d'interpréter les actes contrairement à leur teneur (2).

42. C'est aussi d'après ces mêmes principes

---

(1) Loi du 22 frimaire an 7, art. 323.

(2) *Voy.* l'arrêt de cassation, du 8 septembre 1813. Sirey, 1816, 1, 15.

que la Cour suprême a cassé (1) un arrêt de la
Cour de Colmar, qui avait jugé qu'une vente
de fruits sur pied était une vente immobilière,
laquelle ne pouvait en conséquence être opposée
à des tiers faute d'avoir été transcrite, et qu'elle
a aussi annulé (2) une décision de la Cour de
Lyon, portant que l'action de l'acquéreur d'une
coupe de baliveaux tenant encore au sol, est une
action réelle immobilière (3). Enfin, la même Cour
a rejeté le pourvoi formé contre un arrêt de celle
de Besançon, qui avait décidé avec raison qu'une
vente de coupe de bois de haute futaie est une
vente mobilière, non sujette à la prescription d'un
an, établie par l'article 1623 du Code civil, contre
l'action en paiement de l'excédant de contenance

---

(1) Le 19 vendémiaire an 14. L'arrêt est au *Répertoire* de M. Merlin,
au mot *Fruits*.

(2) Voir l'arrêt de cassation, du 5 octobre 1813. Sirey, 1813,
1, 465. On en trouve un autre dans ce recueil, du 29 mars 1816
(1817, 1, 7), qui a notamment jugé que le droit d'exploiter une
carrière est un droit mobilier.

(3) C'est bien une véritable action *réelle*, mais mobilière ; et le
principe consacré par la Cour de cassation, que l'action n'est que
personnelle, parce qu'elle est mobilière, et en conséquence que le
tribunal de la situation des baliveaux était incompétent, nous paraît tout-à-fait mal fondé : aussi nous ne saurions approuver l'arrêt
sous ce rapport. *Réel* vient de *res* ; or, les choses, considérées comme
biens, sont mobilières ou immobilières ; et l'article 59 du Code
de procédure porte qu'en matière *réelle* la demande sera portée au
tribunal de la situation, et en matière *mixte*, comme était celle
dont il s'agit, au tribunal de la situation ou à celui du défendeur,
au choix du demandeur.

ou en diminution du prix dans le cas contraire (1).

Il est donc hors de toute contradiction que des récoltes quelconques sont des choses mobilières dans la main d'un fermier ou d'un acheteur, et, dès lors, que la vente de ces objets est une vente de meubles. Peu importe que, d'après l'article 555, conforme en cela au droit romain (2), la plante d'un tiers placée sur mon fonds par lui, moi ou tout autre, soit censée en faire partie dès qu'elle y a jeté des racines, et qu'elle m'appartienne à ce titre, sauf l'indemnité qui pourrait être due au tiers ; car ce principe s'allie très-bien avec ceux qui veulent que les fruits, considérés sous un autre point de vue, et dans leurs rapports avec celui qui les a achetés, ou qui a acquis par bail le droit de les percevoir, ne soient que des choses mobilières, puisque, quant à lui, ils ne pourraient être immeubles, ni par droit d'accession, ni sous aucun autre rapport quelconque.

43. Ainsi, par abstraction et en ne consultant que les principes purs de l'accession, il est certain que les fruits pendans par branches ou racines sont immeubles; et c'est sous ce point de vue que les articles 520 et 521 les considèrent. Mais en réalité, et quand il s'agit de déterminer qu'elle est la nature du droit du fermier ou de l'acheteur,

---

(1) Cet arrêt se trouve aussi au *Répertoire* de M. Merlin, au mot *Vente*, § 8, art. 7.

(2) *Voy.* aux Inst., § 31, *de rerum divis.*

IV.   3

et par quels principes ce droit doit être régi, il est certain aussi que c'est un droit mobilier, parce qu'il consiste uniquement dans la faculté de couper ces fruits, qui, par leur séparation du fonds, sont à l'instant même des choses mobilières.

Comme le possesseur du fonds est, quant aux fruits et sous plusieurs autres rapports encore, considéré comme propriétaire, qu'il est *penè loco domini*, ainsi que nous l'expliquerons ultérieurement; on doit dire que les fruits pendans par branches ou racines sont immeubles à son égard, comme ils le sont à l'égard du propriétaire du fonds, bien qu'il ne les fasse siens que lorsqu'ils sont détachés de la terre : c'est une vérité de principes.

Il faut en dire autant de l'usufruitier, qui jouit comme le propriétaire lui-même, et conséquemment qui le remplace dans les limites de son droit. Enfin, cela est également vrai à l'égard de l'emphytéote.

44. Les arbres des pépinières qui n'appartiennent point à un fermier sont pareillement immeubles dans la main du propriétaire du sol, tant qu'ils ne sont pas arrachés.

Pothier, *Traité de la communauté*, n° 34, modifie toutefois cette règle pour le cas où « les « plants ont été arrachés de la terre qui les a « produits et ont été transplantés dans une autre « pour y rester en dépôt, s'y nourrir et s'y for- « tifier jusqu'à ce qu'on les en arrache pour être

« vendus. Ils conservent leur qualité de meubles,
« qu'ils ont acquise lorsqu'ils ont été arrachés de
« la terre où ils sont nés et il ne sont pas censés faire
« partie de la terre où ils ont été transplantés, n'y
« ayant point été plantés pour perpétuelle demeure
« et n'y étant que comme en dépôt, jusqu'à ce
« qu'ils soient arrachés pour être vendus. »

Nous n'adoptons cette modification que pour
le cas où les plants ont été arrachés étant déjà
très-avancés, et pour rester seulement en dépôt
dans le nouveau lieu. S'ils y étaient placés pour
s'y *fortifier*, comme le dit Pothier, ils seraient
immeubles, comme fruits de la terre. Les légumes
plantés, comme ceux qui sont semés, ne sont
pas moins immeubles tant qu'ils ne sont pas
coupés, et cependant ils ne sont pas, non plus,
plantés à perpétuelle demeure.

45. A l'égard des fleurs ou des arbustes, placés
par le propriétaire ou celui qui jouit comme lui,
ils sont incontestablement immeubles s'ils sont
plantés en pleine terre; mais on décide généralement le contraire, s'ils sont dans des caisses
ou des pots (1), même quand les pots seraient
mis en terre (2).

---

(1) Pothier, au même endroit; mais cela tient à ce que cet auteur
écrivait sous l'influence de principes qui n'admettaient pas encore
l'immobilisation des choses par la seule *destination* du père de famille, si ce n'est dans un bien petit nombre de cas.

(2) M. Delvincourt.

Nous tombons d'accord qu'ils ne sont pas immeubles par leur *nature;* mais nous croyons qu'ils le sont par *destination* quand ils ont été placés à perpétuelle demeure par le propriétaire ou celui qui jouit comme lui; ce qui est une question de fait, qui, dans la plupart des cas réclamera une solution affirmative. Par exemple, les orangers du jardin des Tuileries sont évidemment destinés à son embellissement perpétuel, et l'on doit, selon nous, les regarder comme immeubles. Il en est de même des arbustes qu'un propriétaire place dans son jardin pour l'orner et l'embellir. Sans doute ces objets sont sujets à être détachés du fonds, transportés dans un autre jardin, vendus, donnés, etc.; mais ils ont cela de commun avec les animaux attachés à la culture, et une foule d'autres objets qui sont cependant immeubles. Pothier convient que les ognons des fleurs, même ceux qu'on retire de terre pendant l'hiver, restent toujours immeubles par destination, pourvu qu'ils aient été mis en terre au moins une fois : or, des arbustes plantés dans des caisses ou des pots, placés pour l'ornement du jardin, sont au moins aussi bien destinés à orner perpétuellement ce jardin, que des ognons de fleurs arrachés pour être ensuite replantés.

Nous concluons de là que la vente, le don ou le legs d'un jardin comprendrait les arbustes et les fleurs mis ou non en caisses, mais à perpétuelle demeure, s'il n'y avait pas de réserve à cet égard.

SECTION II.

Des Immeubles par destination.

SOMMAIRE.

46. *Sont immeubles par destination les objets mobiliers attachés à un fonds, par le propriétaire du fonds, à perpétuelle demeure.*

47. *Secùs s'ils ont été placés par un fermier ou locataire.*

48. *Les meubles incorporés au fonds, même par le non propriétaire de ce fonds, sont immeubles par rapport au propriétaire.*

49. *Sont immeubles aussi par destination, les animaux que le propriétaire livre au fermier ou métayer pour la culture : conséquence quant aux saisies.*

50. *Dans les principes du Droit romain et de l'ancienne jurisprudence, les animaux, quoique attachés à la culture, étaient meubles. L'ordonnance sur les substitutions a commencé à changer le Droit à cet égard.*

51. *Les animaux livrés au fermier pour la culture forme le cheptel de fer : nature de ce cheptel.*

52. *En quoi celui livré au colon ou métayer diffère du premier.*

53. *Dès que les animaux sont aliénés, ils perdent aussitôt la qualité d'immeubles; mais ils ne la perdent pas par la seule expiration du bail.*

54. *Ceux placés par le fermier sont meubles, et peuvent être saisis sur lui mobilièrement.*

55. *Texte des art. 524 et 525.*

56. *Les animaux placés par le propriétaire, quoique non livrés à un fermier ou métayer, sont également immeubles par destination.*

57. *Les ustensiles aratoires placés par le propriétaire, et les semences mises par lui, sont immeubles par l'effet du même principe : elles le sont même avant d'avoir été jetées en terre.*

58. Et quoique le propriétaire cultive par ses mains.

59. Ces objets, placés pour la culture du fonds par l'usufruitier, l'emphytéote et le tiers possesseur, sont pareillement immeubles par destination; et ils le sont par rapport à eux, tant que dure leur jouissance.

60. Les pigeons des colombiers, les lapins des garennes et les poissons des étangs, sont aussi des accessoires du fonds.

61. Ainsi que les ruches à miel.

62. Et les pressoirs, chaudières, alambics, cuves et tonnes.

63. Ainsi que les ustensiles nécessaires à l'exploitation des forges, papeteries et autres usines.

64. La forge d'un serrurier ou de tout autre forgeron, les cuves et chaudières des brasseurs et teinturiers, sont meubles quand elles sont placées dans un bâtiment dont ils ne sont que locataires.

65. Les presses des imprimeries, les métiers des tisserands, sont meubles, même quand ils sont placés par le propriétaire du fonds.

66. Les machines et décorations d'un théâtre sont pareillement meubles.

67. Les pailles et engrais qui sont dans un fonds de terre sont immeubles: il en est de même du foin destiné à la nourriture des animaux attachés à la culture.

68. Les glaces placées sur un parquet qui fait corps avec la boiserie, sont de même immeubles.

69. Les échalas le sont aussi dès qu'ils ont servi une fois.

70. Autres menus objets également immeubles par destination.

46. Sont immeubles par destination les objets mobiliers qui ont été attachés à un fonds par le *propriétaire*, à perpétuelle demeure, pour le service et l'exploitation de ce fonds. (Art. 524.)

47. S'ils ont été placés par un fermier ou loca-

taire, ils ne sont point immeubles par destination, puisqu'on ne peut supposer à ce fermier ou à ce locataire l'intention de les avoir placés à perpétuelle demeure sur un fonds dont il n'avait que temporairement la jouissance : il ne les y a placés que pour rendre cette jouissance plus agréable ou plus utile.

48. Il est néanmoins possible que certains objets placés par le non-propriétaire soient immeubles sous un autre rapport, par *incorporation*, du moins à l'égard du propriétaire du fonds, qui a le droit de les conserver moyennant indemnité (1) (art. 555). Il faut donc faire, à ce sujet, une distinction qui, loin d'être arbitraire, ressort de la combinaison des articles 522, 524 et 525, d'une part, avec les articles 523, 551 et 555, d'autre part.

Ainsi, quant à ceux qui sont séparés du fonds, comme les animaux attachés à la culture, les instrumens aratoires, placés par le fermier, ce sont des meubles sous tous les rapports, et relativement à qui que ce soit; mais ceux qui sont incorporés au fonds, comme des tuyaux servant à la conduite des eaux dans une maison ou dans un fonds de terre, ou des constructions, ce sont des immeubles par *incorporation*, par accession, par qui que ce soit qu'ils aient été placés ou faites,

(1) Pothier, *de la Communauté*, n° 63.

bien que l'action du tiers, pour obtenir une indemnité ou pour enlever ces objets, soit mobilière, suivant les principes précédemment exposés (1); car tout ce qui s'unit et s'incorpore à la chose, participe de sa nature, et appartient au propriétaire, s'il entend conserver la chose unie en payant l'indemnité qui peut être due au tiers. (Art. 551-555 précités.)

Au contraire, lorsqu'il n'y a pas incorporation, mais simple placement, il faut, d'après l'article 524, pour que ce placement attribue à la chose unie la qualité d'immeuble, qu'il y ait destination perpétuelle, et la loi, avec raison, ne la reconnaît que dans le placement fait par le propriétaire (2).

D'après cette distinction, toute chose immeuble par destination est bien immeuble aussi par accession, mais toute chose qui serait immeuble par accession si elle était placée par le propriétaire, n'est pas immeuble par destination.

49. Les animaux que le propriétaire du fonds livre au fermier ou métayer (3) pour la culture, estimés ou non, sont censés immeubles tant qu'ils demeurent attachés au fonds par l'effet de la convention. (Art. 522.)

---

(1) *Voy.* aussi Pothier, *de la Communauté*, n° 37.

(2) Ou celui qui le représente, parce qu'il jouit comme lui. C'est ce que nous allons démontrer tout à l'heure.

(3) *Métayer* est le nom que, dans plusieurs provinces, l'on donne au colon partiaire, parce que ordinairement il cultive à moitié fruits.

En conséquence, ils ne peuvent être saisis que sur le propriétaire, et seulement avec le fonds (Art. 592. Cod. de Procéd.)

Ceux qu'il donne à cheptel, à d'autres qu'au fermier ou au métayer, sont meubles. (Art. 522, Cod. civ.)

59. Suivant le droit romain, les animaux, même ceux employés à la culture, ne sont pas censés faire partie du fonds; ils ne sont immeubles sous aucun rapport (1); et ce n'a été que par l'article 6 de l'ordonnance de 1747, sur *les substitutions*, que l'on a commencé à leur donner cette qualité, en décidant qu'ils seraient compris dans la disposition des biens fonds donnés ou légués à charge de restitution.

Cette sage décision a été reproduite dans le Code, au titre des *donations et des testamens* (art 1064); mais c'est sans beaucoup d'utilité, puisqu'on avait déjà adopté, dans le titre que nous expliquons, le principe que les animaux attachés à la culture par le propriétaire, sont immeubles par destination, ce qui ne permettait plus de douter qu'ils ne fussent compris, comme accessoire, dans la donation ou le legs du fonds, et affectés, comme lui, de la charge de restitution.

---

(1) *Instrumentum fundi* (ce qui est placé sur le fonds pour son exploitation) *non est pars fundi*. L. 2, § 1, ff. *de instrum. leg.* Pothier, *de la communauté*, n° 43. *Voy.* aussi les lois 15 et 16, ff. *de actionibus empt. et vend.*

Pothier, dans son traité *de la Communauté*, n° 44, a signalé le système du droit romain comme contraire aux intérêts de l'agriculture, et c'est aux excellentes raisons qu'il a exposées à ce sujet, et à la disposition de l'ordonnance précitée, que nous sommes redevables de cette importante amélioration.

51. Les animaux livrés au fermier par le propriétaire, pour la culture, forment ce qu'on appelle le *cheptel de fer* (art. 1811). Ce cheptel a cela de particulier que, bien que l'estimation n'en transfère pas la propriété au fermier, elle le met néanmoins à ses risques (Art. 1822), contre la règle *res perit domino*.

52. Il n'en est pas ainsi du cheptel livré au métayer ou colon partiaire : s'il ne périt par cas fortuit qu'en partie seulement, la perte est bien supportée par ce dernier et par le bailleur (art. 1810 et 1830 combinés); mais s'il périt en entier, sans la faute du colon, la perte est pour le bailleur seul (art. 1827), lors même que celui-ci ne serait qu'un fermier, comme il arrive souvent.

53. Puisque ce n'est que tant que les animaux, livrés au fermier ou au colon partiaire, restent attachés au fonds par l'effet de la convention, qu'ils sont censés immeubles, il suit de là que si le propriétaire les vend au fermier, colon partiaire, ou tout autre, ils perdent aussitôt cette

qualité, quoiqu'ils ne soient pas encore sortis du fonds.

Mais ils ne la perdent toutefois pas par la seule expiration du bail; car ils sont toujours immeubles en vertu de l'article 524 ; ils sont toujours placés par le propriétaire du fonds pour la culture et l'exploitation de ce fonds.

54. Ceux qui sont placés par le fermier , quoique pour la culture, sont meubles; ils peuvent, en conséquence, être saisis sur lui par saisie-exécution (594. Cod. de Procéd.), et ils entrent dans sa communauté et dans le legs de son mobilier.

55. D'après l'article 524, « les objets que le pro-
« priétaire du fonds y a placés pour le service
« et l'exploitation de ce fonds, sont immeubles par
« destination.

« Ainsi, sont immeubles par destination, quand
« ils ont été placés par le propriétaire pour le ser-
« vice et l'exploitation du fonds ,
    « Les animaux attachés à la culture;
    « Les ustensiles aratoires;
    « Les semences données aux fermiers ou colons
« partiaires;
    « Les pigeons des colombiers;
    « Les lapins des garennes;
    « Les ruches à miel;
    « Les poissons des étangs;
    « Les pressoirs, alambics, cuves et tonnes;

« Les ustensiles nécessaires à l'exploitation des
« forges, papeteries et autres usines;

« Les pailles et engrais. »

Et suivant l'article 525, « le propriétaire est
« censé avoir attaché à son fonds des effets mobi-
« liers à perpétuelle demeure, quand ils y sont
« scellés en plâtre ou à chaux ou à ciment, ou
« lorsqu'ils ne peuvent être détachés sans être frac-
« turés et détériorés, ou sans briser et détériorer
« la partie du fonds à laquelle ils sont attachés.

« Les glaces d'un appartement sont censées mises
« à perpétuelle demeure, lorsque le parquet sur
« lequel elles sont attachées fait corps avec la
« boiserie; il en est de même des tableaux et au-
« tres ornemens.

« Quant aux statues, elles sont immeubles lors-
« qu'elles sont placées dans une niche pratiquée
« exprès pour les recevoir, encore qu'elles puis-
« sent être enlevées sans fracture ou détério-
« ration. »

56. Nous allons rapidement passer en revue ces
différens objets.

Les animaux attachés à la culture : dans l'art.
522 on a parlé de ceux que le propriétaire du fonds
livre au fermier ou au métayer; il s'agit ici de ceux
attachés à un fonds qu'il cultive lui-même, ou dont
un autre jouit comme lui en qualité de possesseur,
d'usufruitier, ou d'emphytéote; autrement cette dis-

position ne serait qu'une répétition de la précédente.

Les animaux achetés pour être revendus après avoir été engraissés sur le fonds, suivant l'usage de beaucoup de propriétaires, ne sont pas censés faire partie du fonds (1); ils ne sont pas *attachés à la culture.*

On ne doit pas, non plus, regarder comme immeubles les chevaux employés au service d'une brasserie, d'un moulin, d'une blanchisserie, même quand le brasseur, etc., serait propriétaire de la maison. Ils ne sont point attachés à la *culture*; ils sont seulement employés à l'exercice de la profession. Aussi a-t-on jugé, avec raison, que le cheval et la charrette d'un brasseur avaient pu être saisis par saisie-exécution (2).

57. *Les ustensiles aratoires :* ceux placés par le fermier sont meubles.

_____

(1) D'après la loi 9 ff, *de Instruct. vel. instrum. leg.*, combinée avec la précédente, le legs d'un fonds *instructus*, ou *cum instrumento*, ne comprend pas les brebis qui ont été placées principalement pour en retirer un produit par le croît et la laine; mais si le fonds est un pacage, comme ce n'est que par le moyen du troupeau que l'on en retire des fruits, le troupeau n'est pas, il est vrai, compris dans le seul legs du fonds, mais il l'est dans le legs du fonds *cum instrumento*. Dans notre Droit, le legs du fonds emporte implicitement tous les accessoires de ce fonds. (Art. 1018.)

(2) Arrêt de la Cour de Bruxelles, du 22 janvier 1807. *Jurisprudence du Code civil*, tome 10, page 189.

On a toutefois jugé, dans une autre circonstance, que les tonneaux servant au transport de la bière sont immeubles, comme objets nécessaires à l'exploitation de la brasserie. Ces deux décisions peuvent se concilier, en ce que les animaux ne sont censés attachés au fonds *pour son exploitation*, qu'autant qu'ils sont attachés *à la culture.*

Les semences données aux fermiers ou aux colons partiaires : mais faut-il qu'elles aient été jetées en terre pour être immeubles ?

Et ne sont-elles immeubles qu'autant qu'elles ont été données à un fermier ou à un colon partiaire ?

D'après les principes du droit romain, les semences ne sont immeubles qu'autant elles ont été jetées : *quæ sata sunt, solo cedere intelliguntur* (1). Jusque-là, elles sont seulement considérées comme faisant partie de ce qui est nécessaire à l'exploitation du fonds, *instrumentum* (2), entrant, à ce titre, dans le legs du fonds légué *cum instrumento*, mais non dans le simple legs du fonds (3).

Pothier (4) paraît avoir suivi cette doctrine ; il dit : « Les semences qui ont été *jetées* dans une terre, « font aussitôt partie de la terre dans laquelle elles « ont été jetées ». Mais c'est parce que, s'attachant aux principes du droit romain, alors les seuls en vigueur, cet auteur ne voit l'immobilisation à l'égard des semences, comme à l'égard d'une foule d'autres objets, que dans l'accession par le fait de l'incorporation ou par l'impossibilité de déplacer la chose sans la démonter, et la rendre ainsi mobile. Au lieu

---

(1) Instit., §. 32, *de Rerum divis.*

(2) L. 12, *Princip.*, ff. *de instruct. vel instrum. legato.*

(3) Le legs du fonds *cum instrumento, vel instructo*, renferme en en effet deux legs, dans le droit romain : L. 1re, au même titre. Mais, comme nous l'avons dit, suivant le Code, tout ce qui est un accessoire de la chose léguée est compris dans le legs de cette chose.

(4) *Traité de la Communauté*, n° 33.

que le Code s'est attaché, avec raison, à la destination
du propriétaire, sans considérer si l'objet est uni
plus ou moins étroitement au fonds, ou s'il est plus
ou moins facile à déplacer; et il se détermine, à cet
égard, par les rapports moraux plutôt que par l'u-
nion physique. Il est facile de concevoir comment
cette différence de principes entraîne sur plusieurs
de ces objets des solutions différentes. D'ailleurs,
en ce qui concerne les semences, après avoir dit
que les fruits qui tiennent encore au sol sont immeubles par nature, qu'elle eût été l'utilité de déclarer que les semences jetées en terre sont immeubles par *destination?* Il est bien évident qu'elles ne
pouvaient être qu'immeubles, par l'effet de leur incorporation avec le sol, comme les fruits déjà nés;
tandis que cela était nécessaire à dire pour le cas
où elles ne seraient point encore jetées en terre,
parce que l'accession corporelle n'existant pas,
c'était la destination du propriétaire qui pouvait
seule déterminer leur qualité d'immeubles. Il s'o-
père à leur égard cette substitution perpétuelle (1)
qui s'opère à l'égard d'un troupeau par la naissance
des nouvelles têtes qui remplacent les anciennes.
Il faut donc tenir pour principe que, placées par
le propriétaire, elles sont immeubles, même avant
d'être jetées en terre, et qu'elles ne pourraient être
saisies sur lui par simple saisie-exécution, ni sur
le fermier ou le métayer par aucune saisie quel-

(1) L. 12, *Princip.*, ff. *de instruct. vel instrum. legat.*

conque, parce que ce n'est pas plus leur chose que le cheptel, les engrais ou tout autre objet nécessaire à la culture et à l'exploitation du fonds.

58. Et en disant que les semences données au fermier ou colon partiaire par le propriétaire sont immeubles par destination, l'article 524 ne doit point être entendu dans un sens limitatif: elles sont également immeubles, et, par les mêmes motifs, quoique le propriétaire cultive par lui même, ou que le fonds appartenant à une femme mariée, il soit cultivé par le mari qui a le droit d'en jouir. Celui-ci devra toujours les laisser à la cessation de sa jouissance. Elles ne se trouveraient pas, non plus, comprises dans le legs que le propriétaire, même cultivant par ses mains, ferait de son mobilier, encore que le legs ne s'ouvrît qu'après la perception des fruits, les grains étant battus ou non. Par leur reproduction successive, ces semences sont censées attachées au fonds à perpétuelle demeure; aussi Pothier lui-même professe-t-il que les ognons des fleurs, mis en serre pendant l'hiver, pour être replantés au printemps, sont censés faire partie du jardin, pourvu qu'ils y aient été plantés au moins une fois; or, l'analogie est parfaite. L'intérêt de l'agriculture est d'ailleurs le même dans ce cas que dans celui où les semences sont livrées au fermier ou au colon.

59. Comme l'usufruitier d'un fonds a un droit dans la chose, un droit immobilier; qu'il représente,

dans les limites de ce droit, le propriétaire lui-même, qu'il jouit comme lui, nous décidons que les animaux qu'il a placés sur le fonds pour la culture, ainsi que les instrumens aratoires et les semences qu'il a mis sur ce fonds, sont pareillement immeubles. Ces objets ne tombent point dans sa communauté, et on ne peut les saisir sur lui par saisie exécution, mais seulement par saisie du droit d'usufruit lui-même. A la vérité, dès que l'usufruit s'éteindra, le droit de l'usufruitier, quant à ces objets, ne sera plus qu'un droit mobilier, parce que la cause qui les rendait immeubles ne subsiste plus ; mais tant que cette cause subsistera, ce droit participera de la nature du droit principal, qui est immobilier (art. 526). Il répugnerait, en effet, aux principes du Code sur la matière, que l'un des époux, par exemple, usufruitier d'un fonds sur lequel il avait, lors de son mariage, placé des animaux pour la culture, parce qu'il n'y en avait pas, fût obligé, en reprenant son droit d'usufruit, à la dissolution de sa communauté, d'en acheter de nouveaux, de ses propres deniers, pour cultiver le fonds. Il n'a entendu mettre en commun que la jouissance ou les produits du droit, et non ce qui en est un accessoire ; et pourtant, dans le système contraire, les animaux, comme chose mobilière, seraient entrés dans la communauté, sans indemnité pour lui ; ce qui ne serait pas juste (1).

---

(1) Pothier avait déjà signalé ce grave inconvénient à l'égard des

Sans doute, la lettre des articles 522 et 524 n'est pas en faveur de cette décision, puisque ces animaux, ces instrumens aratoires et ces semences n'ont pas été placés par le propriétaire, et qu'on ne peut dès lors supposer qu'ils ont été mis sur le fonds à perpétuelle demeure; mais l'esprit de la loi la protége, parce que l'usufruitier représente, dans les limites de son droit, le propriétaire lui-même, puisqu'il jouit comme lui, à la charge d'user de la chose en bon père de famille : et cette obligation, il ne pourrait la remplir, s'il ne plaçait sur le fonds des animaux pour la culture, quand il n'y en a pas. Il donne donc à ces animaux et à ces semences une destination, si non perpétuelle, du moins permanente, qui doit durer autant que sa jouissance, ce qui suffit pour que les objets participent de la nature de son droit, qui est immobilier.

Nous en disons autant à l'égard de l'emphytéote, qui a même un droit plus étendu que celui de l'usufruitier, puisqu'il est généralement d'une plus longue durée, qu'il ne s'éteint pas par sa mort, et qu'il est, même dans les emphytéoses établies sous

---

propres de la femme, dont le mari a la jouissance durant la communauté ; il lui paraissait, avec raison, extrêmement rigoureux que les animaux et autres objets réputés par le Code immeubles par destination quand ils ont été placés par le propriétaire, tombassent, comme chose mobilière, dans la communauté, et que la femme, à la dissolution du mariage, fût obligée d'en acheter d'autres, de ses deniers, pour cultiver ses biens. Or, cet inconvénient serait le même dans le cas où elle n'aurait que l'usufruit, si l'on suivait un système opposé à notre sentiment.

le Code, un droit réel immobilier, ainsi que nous le démontrerons à la section suivante.

Et la raison est la même quant au tiers possesseur, puisque, tant qu'il n'est pas évincé, il est considéré *tanquàm dominus*, et qu'il fait les fruits siens comme le propriétaire, tant qu'il est de bonne foi.

60. *Les pigeons des colombiers, les lapins des garennes, les poissons des étangs:* les pigeons mis dans une volière, les lapins renfermés dans un clapier, les poissons placés dans un vivier, sont meubles. Ne jouissant pas de leur liberté naturelle, comme ceux qui sont dans un colombier, dans une garenne, ou dans un étang, ils ne sont pas censés possédés uniquement par la possession du fonds; ils sont, au contraire, possédés comme choses mobilières.

61. *Les ruches à miel:* Pothier (1) s'est élevé contre la décision de Chopin et de Lebrun, suivant lesquels les ruches à miel sont immeubles par accession. Il ne voyait d'accession des abeilles que par rapport à la ruche qui les renferme, et non par rapport au fonds. Le Code a tranché la question en faveur du sentiment de Chopin et de Lebrun, et c'est avec raison, car les abeilles sont généralement nourries par le fonds; et si la ruche n'en fait pas partie intégrante, comme le colombier, la garenne ou l'étang, il n'est pas moins vrai

---

(1) *Ibid*, n° 42.

qu'elle peut être considérée comme immeuble par destination, puisqu'elle y est placée à perpétuelle demeure, comme moyen de produit obtenu à l'aide du fonds, qui nourrit principalement les abeilles.

62. *Les pressoirs, chaudières, alambics, cuves et tonnes :* pour les pressoirs, le même auteur (1), interprétant l'art. 90 de la coutume de Paris et l'art. 363 de celle d'Orléans, qui décidaient qu'un pressoir est réputé immeuble, comme faisant partie de l'édifice où il est construit, dit que cela n'est vrai que pour les *grands pressoirs à arbre ou à roue* et non quant aux *petits pressoirs à auge,* qui peuvent facilement être transportés d'un lieu à un autre sans être démontés; il dit aussi « qu'il ne « peut être douteux que les cuves dont nous nous « servons dans nos maisons de vignes, qui ne « sont point enfoncées en terre ni cohérentes, et « qui peuvent, par conséquent, facilement se « déplacer, sont de purs meubles; qu'elles ne « sont pas censées faire partie du lieu où elles se « trouvent, *quia sunt magis instrumenta fundi,* « *quàm pars fundi* »; et il porte la même décision pour les tonnes qui ne sont pas enfoncées en terre. Ces décisions sont le résultat des principes de l'ancien Droit, comme nous l'avons dit plus haut, mais elles sont repoussées par le Code

(1) *Ibid*, n° 49.

civil : les pressoirs, cuves et tonnes, quelles qu'en soient la dimension, la forme ou leur plus ou moins d'adhérence au fonds, sont immeubles, non pas, il est vrai, comme partie intégrante du fonds, mais par destination, absolument par l'effet du même principe que les instrumens aratoires qui, suivant le Droit romain et selon Pothier lui-même, n'étaient que des meubles, *instrumenta fundi, sed non pars fundi.* Le Code ne distingue pas non plus entre les chaudières enfoncées en terre, les alambics scellés par un travail en maçonnerie, et les chaudières ou alambics mobiles : la destination du proprié-taire suffit pour rendre ces objets immeubles quoi qu'ils ne soient pas incorporés au fonds. Généralement les tonnes, et surtout les cuves, ne le sont pas davantage, et elles ne sont pas moins immeubles d'après l'article 524.

Les tonneaux sont meubles, parce qu'ils sont destinés, non-seulement à contenir le vin, mais encore à le transporter et à être vendus avec lui, du moins ordinairement. Les tonnes étant d'une plus grande capacité, ne sont destinées qu'à le contenir; elles restent dans le fonds.

63. *Les ustensiles nécessaires à l'exploitation des forges, papeteries et autres usines :* de quelque poids et valeur que soient ces objets, ils sont im-meubles, s'ils ont été placés par le propriétaire du fonds : la loi ne fait à cet égard aucune dis-tinction, et c'est une nouvelle preuve que celle

apportée par Pothier au sujet des petits pressoirs doit être rejetée, puisque ces petits pressoirs sont des ustensiles nécessaires à la vinification, par conséquent à l'exploitation du fonds, comme les ustensiles sont nécessaires à l'exploitation de l'usine. Il en est d'eux comme des instrumens aratoires, que la facilité de les transporter n'empêche pas d'être immeubles par destination.

64. La forge d'un serrurier ou de tout autre forgeron, les cuves et chaudières des brasseurs, des teinturiers, des tanneurs, assises en terre, sont incontestablement immeubles, si elles ont été établies par le propriétaire du fonds; mais elles sont meubles, si elles ont été placées par un locataire. L'article 524 ne les répute immeubles par destination qu'autant qu'elles l'ont été par le propriétaire du fonds, pour le service et l'exploitation de ce fonds, quoique, à vrai dire, ce soit plutôt pour l'exercice de la profession de la personne, que pour le service du bâtiment.

65. Quant aux presses d'une imprimerie, aux métiers des tisserands, comme ils peuvent facilement être enlevés, ils ne sont immeubles sous aucun rapport (1), même quand ils ont été placés par le propriétaire du fonds. Ils sont destinés

_____

(1) *Voy.* Pothier, *de la Communauté*, n° 51, qui dit que la question a été ainsi jugée relativement aux presses du célèbre *Robert Étienne.*

à l'exercice de la profession et non au service de
la maison.

66. Pour les machines, décorations et autres
effets mobiliers d'un théâtre, une décision du
ministre des finances, en date du 4 mars 1806 (1),
porte que ces objets ne peuvent être réputés
immeubles par destination; ce qui doit s'entendre
même du cas où ils ont été placés par le propriétaire du théâtre; car, à l'égard d'un locataire, la
chose ne pouvant être la matière d'un doute, la
décision n'aurait pas eu d'objet. Cependant il
faut convenir qu'elle sort par cela même des
principes du droit commun, tels que les art. 524
et 525 les consacrent.

67. *Les pailles et engrais :* ils sont immeubles
quand ils sont dans un fonds de terre, et non
quand ils sont dans les maisons de ville.

On doit aussi regarder comme immeubles par
destination le foin nécessaire à la nourriture des
animaux attachés à la culture du fonds. Sans lui,
l'exploitation ne pourrait avoir lieu; aussi le colon
sortant est-il obligé de le laisser sans indemnité
à son successeur, comme il l'a reçu lui-même
de celui qui l'a précédé. Tel est généralement
l'usage suivi dans les anciennes provinces du Bour-
bonnais, du Forêt et de l'Auvergne.

---

(1) Elle se trouve dans le *Journal de Jurisprudence du Code civil*,
tome 6, page 365.

Mais le foin destiné à être vendu est meuble.

Sont meubles aussi les pailles et engrais qui sont l'objet d'un commerce (1).

68. *Les glaces, quand le parquet sur lequel elles sont placées fait corps avec la boiserie :* ce qui prouve que la boiserie elle-même est immeuble. Elle est en effet un complément de l'appartement; telle a été sa destination : elle a été placée *ad integrandam domum,* comme dit Pothier.

Et il faut observer que ces glaces ne cessent pas d'être immeubles par cela seul qu'elles ont été détachées pour être repassées au tain (2).

69. Les échalas sont immeubles dès qu'ils ont été placés une fois en terre, et ils conservent cette qualité, même après avoir été arrachés pour être mis à couvert pendant l'hiver; ils l'ont de même quoi qu'ils aient été placés par un fermier ou un usufruitier, parce que, en les plaçant dans le fonds, ceux-ci sont censés avoir agi comme mandataires du propriétaire lui-même (3).

70. Il est encore quelques autres objets immeubles par destination, et qui ne sont cependant

---

(1) La loi 17, § 2, ff. *de actionib. empt. et vend.*, porte que les engrais achetés pour être revendus ne sont point censés compris dans la vente du fonds, tandis que ceux qu'il a produits sont censés en faire partie, et être compris dans la vente qui en est faite.

(2) *Quæ detracta sunt ut reponantur, sunt adhùc pars ædium.* L. 17, §. 10, ff. *de actionibus emp. et vend.* précitée.

(3) Pothier, n° 38.

pas scellés au fonds : tels sont les clefs des appartemens; peu importe qu'elles aient été fournies
par le propriétaire, ou qu'elles aient été faites sur
la demande du locataire. Celui-ci ne peut les
retenir; il a seulement, comme dit Pothier, le
droit de répéter le prix qu'elles lui ont coûté,
s'il a mis le propriétaire en état de les lui fournir.

On regarde aussi comme immeubles par destination, les volets mobiles d'une boutique, le
couvercle d'un puits, les râteliers d'une écurie,
bien qu'ils puissent être enlevés sans détérioration
ni fracture; car il manquerait quelque chose au
principal, s'il en était dépourvu. Ils ont été placés
à perpétuelle demeure.

SECTION III.

Des immeubles par l'objet auquel ils s'appliquent.

SOMMAIRE.

même à vie, à moins, dans l'un ou l'autre cas, que les parties n'aient entendu le contraire et que ce ne soit une location que nomine tenùs.

§. II.

De l'emphytéose et du droit de superficie, considérés comme droits immobiliers.

75. *Définition de l'emphytéose.*

76. *Droit antérieur aux lois des 11 août 1789, et 29 décembre 1790. Disposition de celle du 17 juillet 1793.*

77. *Les emphytéoses à tems ne sont pas devenues remboursables par ces lois : celle du 29 décembre 1790 permet, au contraire, d'en établir de pareilles.*

78. *Celles qui, depuis cette loi, auraient été établies à perpétuité, se sont confondues avec le bail à rente, et sont devenues, comme lui, rachetables ; mais le contrat n'est pas nul.*

79. *Dans les emphytéoses à perpétuité constituées avant ou depuis 1789, le droit de propriété a passé tout entier sur la tête du preneur, et le bailleur n'a plus eu qu'un droit de rente.*

80. *On peut encore aujourd'hui créer des droits de superficie ou d'emphytéose dont la durée n'excède pas quatre-vingt-dix-neuf ans, et ils laisseront la propriété dans la main du concédant, et conféreront néanmoins au concessionnaire un droit réel immobilier, susceptible d'hypothèque, comme l'usufruit. Controversé.*

81. *On peut, pour prévenir toute difficulté à cet égard, les stipuler sous la forme d'un usufruit* répété.

§. III.

Des champarts, baux à locatairies, et baux à complant.

82. *Ce qu'on entend par* champart.

83. *Avant la loi du 17 juillet 1793, les droits de champart*

étaient de trois sortes. De ceux que cette loi a supprimés sans indemnité, et de ceux dont la loi du 29 décembre 1790 à autorisé le remboursement.

84. *Avis du conseil d'État du 4 thermidor an VIII, qui décide que les preneurs par* baux à complant, *c'est-à-dire de terres pour être plantées ou entretenues en vignes, même en perpétuel, ne peuvent rembourser malgré le bailleur, attendu qu'ils ne jouissent que comme des colons.*

85. *Nature du droit du bailleur et du droit du preneur dans les champarts proprement dits, dans les baux à locatairie, et dans les baux à complant, lorsque la concession n'était ou n'est que temporaire.*

86. *Et dans le cas où elle était ou est à perpétuité.*

87. *Dans cette dernière hypothèse, la loi du 29 décembre 1790 est encore applicable avec toutes ses conséquences, même aux constitutions de cette nature faites sous le Code.*

88. *Circonstances qui peuvent servir à distinguer les baux à complant, des champarts ou baux à locatairie, tous créés en perpétuel, et dont les effets sont si différens.*

§. I V.

Du bail à domaine congéable.

89. *Définition et nature de ce bail.*

90. *Diverses lois qui le concernent.*

91. *Le bailleur conserve la propriété du fonds et peut toujours y rentrer : c'est une sorte de vente à réméré perpétuel. Le preneur est propriétaire des édifices et autres superficies. Il a un droit réel immobilier, qu'il peut hypothéquer.*

92. *L'aliénation qu'il fait de son droit au profit d'un tiers est soumise au droit proportionnel pour aliénation d'immeubles, quoique les indemnités qui lui sont dues pour ses édifices et superficies par le propriétaire retrayant soient choses mobilières.*

§. V.

Des servitudes et services fonciers considérés comme
immeubles.

93. *Les servitudes et services fonciers ne sont autre chose que
des qualités actives et passives des héritages, et conséquemment, sont immeubles comme eux.*

§. VI.

Des actions tendant à revendiquer un immeuble.

94. *L'action en revendication d'un immeuble est un droit immobilier.*

95. *Il en est de même de celle-pour obtenir un immeuble légué
ou donné.*

96. *De celle en réméré en matière de vente d'immeubles.*

97. *De celle en rescision pour cause de lésion de plus des sept
douzièmes dans le prix de vente d'un immeuble, nonobstant la faculté qu'a le défendeur de retenir l'immeuble
en payant un supplément de prix. Arrêt qui a cependant
jugé le contraire.*

98. *Le legs d'un immeuble, si mieux n'aime l'héritier payer une
somme à la place, est un droit immobilier; conséquence.*

99. *La nature du droit qui comprend une chose immobilière et
une chose mobilière dues sous une alternative, se détermine
par la qualité de celle qui est payée.*

100 *Les actions en nullité, en rescision ou en révocation de
contrats translatifs de propriétés immobilières, sont généralement des droits immobiliers.*

101. *Mais l'action pour avoir quelque chose de mobilier ne
cesserait pas d'être mobilière parce qu'elle serait accompagnée d'une hypothèque.*

71. « Sont immeubles par l'objet auquel ils s'ap-
« pliquent, porte l'article 526,

« L'usufruit des choses immobilières;

« Les servitudes et services fonciers;

« Les actions qui tendent à revendiquer un im-

« meuble. »

Nous en parlerons successivement; nous traite-rons aussi de quelques autres droits connus sous les noms de *droit de superficie*, *d'emphytéose*, *de champart*, *baux à locatairie*, *baux à complant*, *et domaine congéable.*

§. Ier.

De l'usufruit des choses immobilières, du droit d'u-sage et d'habitation, considérés comme immeu-bles, et, par occasion, du bail à longues années, ou à vie.

72. L'usufruit des choses immobilières est im-meuble comme elles; il participe de leur nature; aussi, est-il susceptible d'hypothèque comme l'im-meuble lui-même (art. 2118.): seulement, d'après le principe *resoluto jure dantis, resolvitur jus ac-cipientis*, principe consacré par l'article 2125, l'hy-pothèque s'éteint lorsqu'il prend fin.

Le mot *usufruit* n'est pas pris ici dans un sens rigoureusement propre; il s'entend aussi des droits d'usage et d'habitation, lesquels ne peuvent même exister que sur un immeuble, tandis que l'usufruit peut subsister aussi sur des meubles.

73. Mais le droit résultant d'un bail à ferme ou

à loyer est mobilier : par le bail le preneur acquiert seulement une action contre le bailleur ou
ses héritiers, afin qu'ils le *fassent jouir* de la chose
louée, et il n'acquiert aucun droit dans la chose
même; au lieu que l'usufruitier, par la nature de
l'usufruit, a directement et immédiatement un
droit dans celle qui en est grevée; il a ce que la
doctrine nomme le droit dans la chose, le *jus in
re : ususfructus est jus in corpore, quo sublato,
ipsum tolli necesse est* (1). Voilà pourquoi l'usufruitier peut hypothéquer son droit d'usufruit,
tandis que le fermier ou le locataire ne peut hypothéquer son droit de bail.

Cette importante différence dans la nature de
ces deux droits ressortirait assez clairement de
celle que présentent les définitions légales de l'un
et de l'autre, quand bien même elle ne serait pas
fondée, comme elle l'est, sur des principes con-
stans.

En effet, d'après l'article 578, « l'usufruit est le
« *droit de jouir* des choses dont un autre a la pro-
« priété, *comme le propriétaire lui-même*, à la charge
« d'en conserver la substance »; et suivant les articles 1709 et 1719, « par le contrat de bail, le bail-
« leur s'oblige à *faire jouir* le preneur de la chose
« louée. »

L'usufruitier n'a donc pas besoin qu'on le *fasse
jouir* comme le fermier; il jouit de lui-même, en

---

(1) L. 2, ff. *de usufructu*, etc.

vertu de son droit sur le corps de la chose (1); il jouit comme le propriétaire ; et si celui-ci a quelque obligation à remplir, par exemple, celle de garantie dans le cas où l'usufruit est établi à titre onéreux (2), cette obligation ne dérive pas de la nature du droit, mais de l'engagement particulier du concédant; car, par l'usufruit, le propriétaire est seulement *tenu de souffrir* que l'usufruitier jouisse, ce qui est le propre des servitudes, lesquelles consistent à *souffrir* et non à faire : or, l'usufruit est une espèce de servitude.

Au lieu que par le contrat de louage, le bailleur *s'oblige personnellement à faire jouir le preneur de la chose louée,* tellement que, sans parler des différences qui existent sous d'autres rapports, s'il n'y a point de récolte, il n'est pas dû de prix ; tandis qu'en matière d'usufruit, le prix promis et non payé devrait l'être, lors même que la chose assujétie viendrait à périr par cas fortuit. Et cette obligation du bailleur n'est pour le preneur qu'une créance indéterminée, consistant uniquement dans le droit qu'elle lui donne de le contraindre à le *faire jouir,* à le mettre à même de percevoir les fruits de la chose louée, ou à payer les dommages et intérêts, droit par conséquent mobilier, puisque ces fruits ou ces dommages-intérêts sont des choses mobilières.

---

(1) *Est jus in corpore,* L. 2 , ff. *de usufructu,* etc. , précitée.
(2) Et même quand il est donné par contrat de mariage. (Art. 1440, 1547.)

Enfin, c'est parce que le contrat de louage n'en-
gendre point un droit dans la chose louée, mais
une simple action personnelle contre le bailleur et
ses héritiers, que la célèbre loi *Emptorem* (1) décide que, lorsque le bailleur a vendu le fonds loué,
sans charger l'acquéreur de l'entretien du bail, celui-ci n'est pas obligé de l'entretenir, et peut expulser le fermier; car n'étant pas tenu des obligations du bailleur, dont il n'est pas l'héritier, et
l'immeuble n'étant point lui-même grevé par le
bail, il est clair qu'il ne devait pas être forcé
d'exécuter sur sa chose, et sur *sa chose libre*, le
contrat d'un autre qu'il ne représente point. Mais
si, au lieu d'un bail, c'eût été un droit d'usufruit,
non-seulement l'acquéreur du fonds n'aurait pu
expulser l'usufruitier, mais celui-ci, dans le cas où
il eût été troublé dans sa jouissance, aurait eu
contre lui ou tout autre, l'action appelée *confessoire*, afin qu'il fût tenu de reconnaître le droit
d'usufruit et d'en souffrir l'exercice.

A la vérité, la loi *Emptorem* est abrogée par
l'article 1743 du Code, en ce sens du moins que
« si le bailleur vend la chose louée, l'acquéreur ne
« peut expulser le fermier qui a bail authentique
« ou dont la date est certaine, à moins qu'il (le
« vendeur) ne se soit réservé ce droit par le con-
« trat de bail. » Mais il ne faut pas inférer de cette
disposition, introduite principalement en faveur

---

(1) 9. **Cod.** *de locato conducto.*

de l'agriculture (1), afin qu'un fermier ne fût pas retenu de faire des améliorations par la crainte d'être *expulsé*, que le droit de bail a changé de nature, que de simple droit mobilier qu'il était anciennement, il s'est transformé en droit réel immobilier ; car l'article 526, qui énumère les biens qui ont la qualité d'immeubles, ne permet pas de le supposer. Nous reviendrons sur ce point au titre du *Louage.*

74. Pothier (2) est parfaitement d'accord avec nous sur ces principes ; mais, selon lui, le bail à *longues années* (3) est un droit immobilier, comme l'usufruit des immeubles.

Il n'a cependant pas adopté le sentiment des anciens auteurs, qui, en général, voyaient un usufruit, non-seulement dans la vente à vie, mais encore dans le bail à vie : il dit à ce sujet, dans son traité *du Louage* (n° 27) : « Quoique les baux « à vie soient présumés tenir plutôt de la nature « des baux à rente, que des simples baux à loyer « ou à ferme, et renfermer une constitution d'u-

---

(1) Nous disons *principalement*, parce que la disposition peut aussi être invoquée par les locataires de maisons dont les baux ont date certaine antérieure à la vente.

(2) *De la communauté*, n° 71.

(3) On entend généralement par bail à *longues années* celui qui excède neuf ans. On y voyait anciennement une sorte de démembrement de la propriété : aujourd'hui c'est un bail comme un autre, avec les mêmes effets, sauf la durée. Mais ceux qui n'ont que l'administration des biens, ou qui n'ont pas le libre exercice de leurs droits, ne peuvent consentir un bail à longues années.

IV.   5

« sufruit, néanmoins on peut faire aussi de simples
« baux à loyer ou à ferme d'héritages pour le tems
« de la vie du locataire ou fermier, ou pour le tems
« de celle du bailleur. »

Cela est encore moins douteux sous le Code,
s'il est possible, puisqu'il ne limite en aucune manière la durée des baux quand ils sont consentis
par le propriétaire ayant le libre exercice de ses
droits ; aussi la doctrine de Pothier, qui regardait
comme immobilier le droit résultant d'un bail à
longues années, ne saurait-elle être admise aujourd'hui.

Que dans l'appréciation des caractères du contrat, les tribunaux appelés à les juger y voient,
selon l'intention des parties, les termes dont elles
se seront servies, un droit d'usufruit à tems ou un
droit de superficie ou d'emphytéose, nous le concevons parfaitement ; mais si le contrat ne leur
paraît qu'un bail, il ne constitue qu'un droit purement mobilier, encore qu'il fût à vie : seulement,
cette circonstance et celle que le prix ne serait
point payable annuellement, pourraient les déterminer à décider que ce n'est point un louage, mais
bien un droit de la nature de ceux susnommés ;
car c'est plutôt aux choses qu'aux termes qu'on
doit s'attacher dans l'interprétation des contrats
(art. 1156). Dans le doute, ils devraient incliner
pour le louage, attendu que la servitude du fonds
ne se présume pas.

Cela nous amène naturellement à parler du droit

d'emphytéose, de superficie et de plusieurs autres plus ou moins analogues.

§. II.

De l'emphytéose et du droit de superficie considérés comme droits immobiliers.

75. L'emphytéose est la concession d'un fonds par une des parties à l'autre, pour le cultiver (1), en percevoir tous les produits, en supporter les charges, moyennant une redevance annuelle (2).

Cette redevance est payée en reconnaissance du droit de propriété, que se réserve le concédant.

76. Avant les lois des 11 août 1789 et 18-29 décembre 1790, l'emphytéose pouvait être établie à perpétuité, ou pour un tems, ordinairement beaucoup plus long que celui d'un simple bail.

Le concédant, même dans celles établies à per-

---

(1) Dans le Droit romain, ce fut originairement la concession des terres conquises, incultes et livrées pour être défrichées, plantées, ensemencées. On les appelait *agri vectigales*, parce que, abandonnées par l'État aux vétérans de l'armée, ces champs étaient soumis à un impôt envers le fisc, mais fort léger. Dans la suite il y eut, comme dans notre ancienne jurisprudence, les emphytéoses ecclésiastiques et les emphytéoses séculières.

(2) Rien n'empêcherait cependant de stipuler un prix déterminé; car ce contrat n'a plus d'autres règles que celles que lui impriment les conventions des parties; mais alors ce serait plus spécialement un droit de superficie.

pétuité, était censé avoir conservé un droit de propriété sur le fonds ; il avait ce qu'on appelait le *domaine direct*, et l'emphytéote le *domaine utile.*

Toutes celles qui étaient établies à perpétuité sont devenues rachetables par ces lois, aux taux et conditions exprimés par la dernière : elles ont été, sous ce-rapport, considérées comme le bail à rente foncière en perpétuel.

Et toutes celles qui étaient entachées de féodalité ont été supprimées, sans indemnité, par la loi du 17 juillet 1793.

77. Mais les emphytéoses à tems ne sont pas devenues remboursables par ces lois. L'article 1er de celles des 18-29 décembre 1790, après avoir dit que toutes les rentes foncières perpétuelles, soit en nature, soit en argent, les champarts de toute espèce et sous toute dénomination, sont rachetables, et avait défendu de créer à l'avenir aucune redevance foncière non remboursable, ajoute de suite : « Sans préjudice des baux à rente ou emphy- « téose, non *perpétuels*, et qui seront exécutés pour « toute leur durée, et pourront être faits à l'avenir « pour 99 ans et au-dessous, ainsi que les baux à « vie, même sur plusieurs têtes, à la charge qu'elles « n'excèdent pas le nombre de trois. »

78. On a donc pu, depuis cette loi, créer encore de véritables emphytéoses ; mais celles qui auraient été établies à perpétuité, se confondant avec le bail à rente foncière en perpétuel, dont la nature a

changé avec la nouvelle législation, la redevance due en reconnaissance du domaine direct pourrait être rachetée, nonobstant toute convention contraire. La propriété *entière* se trouverait ainsi transférée au preneur, et le bailleur ne serait qu'un créancier d'une rente rachetable et mobilière, puisqu'aujourd'hui toutes les rentes sont mobilières et rachetables. (Art. 529 et 530.)

Tels seraient les effets du contrat; mais il ne serait pas nul : il n'y aurait que la clause relative à la *perpétuité* qui le serait. La Cour de Colmar, par son arrêt du 25 mai 1821, avait prononcé, sur la demande des bailleurs, la nullité d'une constitution emphytéotique à perpétuité, passée postérieurement à la loi de 1790, sur le fondement que cette loi la prohibait; mais sa décision a été cassée le 15 décembre 1824 (Sirey, 25-1-290), « attendu « que cette loi ne prononce pas la nullité des con-« stitutions en perpétuel; qu'elle se borne seulement « à les déclarer rachetables à la volonté du pre-« neur. » C'était créer une nullité; c'était d'ailleurs aller contre l'esprit qui a présidé à cette loi, portée uniquement en faveur des preneurs.

79. En résumé, dans les emphytéoses à perpétuité constituées avant ou depuis 1789, le droit de propriété a passé tout entier, d'après celle de 1790, sur la tête de l'emphytéote, et le bailleur n'a réellement plus eu depuis sa promulgation qu'une simple créance, par la faculté acquise au preneur de rembourser la redevance, faculté qu'il a tou-

jours. On lit dans l'avis du Conseil d'État, approuvé le 7 mars 1808 (1) : « 1° la disposition du décret du « 17 nivose an 13 ne peut s'entendre que de l'em- « phytéose à terme, par laquelle le bailleur, en cé- « dant la jouissance, se réserve la propriété, de « manière qu'elle repose toujours sur sa tête ; et elle « ne doit plus s'étendre aux titres qui, qualifiés « d'emphytéoses perpétuelles, abandonnent en- « semble la jouissance et la propriété ; ce qui n'est « autre chose qu'une *aliénation absolue, qui fait* « *reposer la propriété sur la tête de l'acquéreur à* « *pareil titre.*

« 2° A l'égard des redevances créées par des em- « phytéoses perpétuelles, elles doivent être consi- « dérées comme abolies toutes les fois que, des ti- « tres y relatifs, il résulte que des redevances sont, « ou recognitives de la seigneurie directe réservée « par le bailleur, ou mélangées de droits recogni- « tifs de cette seigneurie ; et en tout autre cas, ces « redevances sont maintenues. » Mais elles sont rachetables.

D'après cela, dans les emphytéoses à terme, le concédant a conservé la propriété.

80. Nous avons dit au § précédent que l'on peut encore établir aujourd'hui des droits de superficie ou d'emphytéose, qui auront, comme anciennement, le caractère de droits immobiliers. C'est ce

---

(1) *Voy.* aussi celui du 2 février 1809, bulletin n° 4121.

qu'il s'agit de démontrer, car cette opinion a ses adversaires (1).

La question se réduit à savoir si la loi de 1790, qui autorise formellement les constitutions qui n'excèdent pas 99 ans, a été abrogée par le Code civil, ou pour mieux dire, par la loi de germinal an 12 sur la réunion des lois qui le compose.

On lit dans l'exposé des motifs de celle relative à la distinction des biens, par M. Treilhard, que « les seules modifications dont les propriétés soient « susceptibles dans notre organisation politique et « sociale, sont celles-ci: ou l'on a une propriété « pleine et entière, qui renferme également et le « droit de jouir et le droit de disposer ; ou l'on n'a « qu'un simple droit de jouissance, sans pouvoir « disposer du fonds ; ou enfin on n'a que des ser- « vices fonciers à prétendre sur la propriété d'un

---

(1) M. Delvincourt estime que l'emphytéose est remplacée par le bail ou louage, parce qu'on peut aujourd'hui faire des baux de la durée qu'il plaît aux parties de convenir ; et selon ce jurisconsulte, ces baux ne produisent point de droit réel au profit du preneur ; conséquemment celui-ci ne peut hypothéquer son droit, comme l'usufruitier peut hypothéquer le sien.

M. Toullier reconnaît qu'on peut, il est vrai, créer des emphytéoses ; qu'elles sont même encore en usage dans plusieurs provinces ; mais que le Code les a retranchées du nombre des biens que la loi de brumaire an 7 déclarait susceptibles d'hypothèque, et qu'il serait cependant bien utile qu'une loi s'expliquât sur ce point.

Enfin M. Favard dit dans son Répertoire, au mot *Emphytéose*, que le Code ne les a pas mises au nombre des biens que la loi de brumaire déclarait expressément susceptibles d'hypothèque, et toutefois que rien n'empêche de les y soumettre par une convention expresse.

« tiers, services qui ne peuvent être établis que
« pour l'usage et l'utilité d'un autre héritage; ser-
« vices qui n'entraînent aucun assujétissement de
« la personne; services enfin qui n'ont rien de com-
« mun avec les dépendances féodales brisées pour
« toujours. »

Telle est en effet la disposition de l'article 543;
mais la question n'est pas résolue négativement par
là ; car le droit de superficie ou d'emphytéose est
aussi un droit de *jouissance* du fonds dont un autre
a la propriété. Il est vrai que ce n'est point un usufruit ordinaire, puisqu'il ne s'éteint pas, comme
l'usufruit, par la mort de celui au profit duquel il
a été établi. Il est vrai aussi que l'article 526, en
énumérant les biens immeubles par l'objet auquel
ils s'appliquent, mentionne formellement l'usufruit
et garde le silence sur le droit de superficie ou
d'emphytéose. Enfin, l'article 2118 dit que les seuls
biens susceptibles d'hypothèque sont les biens immobiliers, leurs accessoires réputés immeubles et
l'usufruit des mêmes biens. Il ne parle nullement
de l'emphytéose, que la loi de brumaire an 7 déclarait cependant textuellement susceptible d'hypothèque comme l'usufruit; d'où il paraîtrait résulter,
il faut l'avouer, que c'est parce que l'emphytéose
n'est plus un droit réel immobilier, puisque autrement elle serait, aussi bien que l'usufruit, et même
avec plus de raison encore, susceptible d'hypothèque; qu'on a pu, dans le système du Code, ne
voir qu'un contrat de louage, n'importe la durée,

dans ce qu'anciennement on appelait *emphytéose*
ou *droit de superficie.*

Mais ces objections ne sont pas invincibles.

Si l'article 526 parle de l'usufruit des choses immobilières, et se tait sur l'emphytéose, ce n'est point
une raison de conclure qu'il l'exclue du nombre
des biens immobiliers : sa disposition n'est point
conçue dans un sens restrictif, autrement il faudrait
dire, contre tous les principes, que les droits d'u-
sage et d'habitation, dont il ne parle pas non plus,
ne sont pas des droits réels immobiliers. Le mot
usufruit, dans cet article, se prend pour droit de
jouissance, comme le démontre l'article 543 : Or,
cette expression a une signification plus étendue
que la première; elle embrasse tous les titres en
vertu desquels vous avez le droit de jouir, de vous·
même (1), de la chose d'autrui, comme l'usage,
l'habitation et l'emphytéose, dont nous parlons.

Et quant à la disposition de l'article 2118, elle
ne fournit, dans le système contraire, qu'une pétition de principes; car, en admettant que l'emphytéose ne se trouvât pas comprise dans l'expression
usufruit, elle n'en serait pas moins susceptible d'hypothèque comme bien immobilier, en vertu du premier paragraphe de cet article. En effet, pourquoi
les parties ne pourraient-elles établir sur le fonds
un droit réel immobilier au profit du preneur, sous

_____

(1) Ce qui ne comprend pas, par conséquent, le simple louage ,
dans lequel le bailleur *fait* jouir le preneur.

la dénomination d'emphytéose ou de droit de surface, puisqu'elles le peuvent sous celle d'usufruit?

L'article 686 autorise les propriétaires à établir
sur leurs fonds telles servitudes que bon leur semble, pourvu qu'elles ne soient pas créées en faveur
de la personne, et qu'elles n'aient d'ailleurs rien
de contraire à l'ordre public : or, dans le sens de
la restriction, l'emphytéose n'est pas plus censée
établie en faveur de la *personne*, que ne l'est l'u-
sufruit lui-même ; et assurément elle n'est pas plus
que lui contraire à l'ordre public. Ce qui contra-
rierait l'esprit de la loi (1), ce serait l'établissement
d'une emphythéose moyennant une redevance perpétuelle ; mais ce n'est pas de cela qu'il s'agit.

Ainsi, puisque je puis, même sous le Code,
concéder mon fonds pour 99 ans, moyennant une
rente annuelle, je ne vois pas pourquoi je ne
pourrai le faire à titre d'emphytéose, et conférer
par là un droit réel immobilier au preneur, qui a
intérêt à le prendre à ce titre plutôt qu'à celui
de simple usufruit, parce que l'usufruit, même
constitué pour un temps déterminé, s'éteint par
la mort de l'usufruitier ; et qui a intérêt aussi à le
prendre à ce titre plutôt qu'à ferme ou à loyer,
puisque le simple bail ne constitue qu'un droit
purement mobilier, non susceptible d'hypothèque,
et moins avantageux encore sous d'autres rapports,
que ne l'est le droit réel immobilier.

---

(1) Celle des 18 — 29 décembre 1790 défend positivement d'en
constituer de pareilles.

Nous ajouterons encore une nouvelle démonstration, puisée dans l'article 518, qui déclare immeuble, par *leur nature*, les moulins à eau fixés
sur piliers, sans distinguer s'ils sont ou non placés
sur une rivière dépendante du domaine public; et,
comme nous l'avons établi précédemment (1),
quand ces moulins sont sur une rivière appartenant à l'État, ils ne peuvent être immeubles, dans
la main des particuliers qui en sont propriétaires,
que par l'effet des principes du droit de superficie ou d'emphytéose; car, comme l'État est un
tiers par rapport aux propriétaires de ces moulins, il est clair, d'après la règle *quod solo inædificatum est, solo cedit*, règle consacrée par les articles 551 et 555, que la propriété n'en pourrait
appartenir qu'à l'État lui-même (2); et pourtant il
n'y prétend rien. Les propriétaires, au contraire,
possédent les usines comme de véritables biens immobiliers, et ils les hypothèquent journellement :
donc ce que l'État fait sur *son sol*, les particuliers
peuvent le faire sur le leur. Il n'y a là rien de
contraire à l'ordre public, ni aux principes du
droit, et dès-lors la convention doit être respectée
et produire tous ses effets; c'est une loi que les par-

---

(1) N° 24.

(2) Aujourd'hui encore l'État fait souvent des concessions em-
phytéotiques pour quatre-vingt-dix-neuf ans; et assurément les
preneurs entendent bien acquérir par là le droit réel immobilier.

Les communes en font aussi parfois avec l'autorisation nécessaire.

ties se sont faites pour elles-mêmes et leurs successeurs, et qu'elles doivent observer. (Art. 1134)

Quant au silence de l'article 2118 relativement à l'emphythéose, on peut naturellement l'expliquer par celui que garde tout le Code sur cette espèce de droit; mais ne l'ayant point expressément méconnu, n'ayant point abrogé la loi du 29 novembre 1790, qui le consacre, il nous paraît impossible de croire qu'il soit interdit aux particuliers de le constituer et de lui donner tous les effets qu'il avait jadis, sauf la perpétuité, ainsi que les redevances qui auraient trait à la féodalité. Il serait injuste, et ce serait en quelque sorte une rétroactivité donnée à la loi, que d'interdire à ceux qui avaient des emphythéoses avant le Code, et qui les ont conservées, le droit de pouvoir les hypothéquer aujourd'hui. C'est cependant ce qui résulterait de cette manière d'interpréter cet article 2118.

81. Au reste, on peut prévenir la difficulté : nous stipulons valablement pour nos héritiers comme pour nous; nous sommes même généralement censés le faire (art. 1122). Rien n'empêche donc de stipuler un usufruit *répété* sur la tête des héritiers et même des héritiers de ceux-ci jusqu'à l'expiration du temps convenu, et sans décroissement (1) pour le cas de mort de l'un d'eux.

(1) Ce qui serait même sous-entendu.

De cette manière, si, d'après les principes du droit
d'usufruit, celui du preneur s'éteint par sa mort,
du moins il en naîtra de suite un nouveau au
profit de ses héritiers, et par conséquent il n'y
aura plus de doute sur la nature du droit, ni
sur la question de savoir s'il est susceptible d'hypothèque. Les lois romaines nous offrent de nombreux exemples de ces usufruits *répétés*, et la Cour
de Paris, par son arrêt du 26 mars 1813 (1), a jugé,
conformément à ces principes, qu'on avait pu, par
donation ou testament, établir un usufruit au
profit de plusieurs têtes successivement (2), et que
ce n'était point là une substitution de la nature
de celles qui sont prohibées par l'article 896.

Mais cette voie que nous indiquons pour prévenir toute difficulté sur le point en question, ne
nous paraît utile à prendre que sous ce rapport ;
car nous pensons que, en convenant simplement
d'une emphythéose ou d'un droit de surface, les
parties sont censées avoir voulu constituer cette
espèce d'usufruit, plus étendu encore que l'usufruit ordinaire, et par conséquent immobilier
comme lui. Le preneur aura ainsi la faculté de
bâtir sur le fonds, de changer le mode de jouis-

---

(1) Sirey, 13, 2, 360.
(2) Mais il fallait pour cela que toutes les personnes comprises
dans la libéralité fussent au moins conçues à l'époque de la donation
ou à celle du décès du testateur (art. 906) ; ce qui n'est pas exigé
quand la constitution est faite à titre onéreux, puisque nous stipulons
pour nos héritiers indistinctement, conçus ou non au moment de
l'acte.

sance, sans avoir généralement à craindre d'être attaqué pour avoir altéré la substance, comme pourrait l'être l'usufruitier ordinaire qui ne jouirait pas *per modum constitutum.*

§. III.

Des champarts, baux à locatairie, et baux à complant.

82. Il existe une autre espèce de droit connu sous le nom de *champart,* et qui est encore d'un usage fréquent dans plusieurs départemens, comme la Loire, l'Allier et surtout la Loire-Inférieure. Ce droit consiste dans une certaine *quotité* des fruits d'un héritage que l'on a donné à cultiver, sous cette condition, à perpétuité ou pour un temps, généralement plus long que celui des baux passés aux colons partiaires ordinaires.

On l'appelle aussi dans quelques contrées *terrage* ou *agrier;* dans d'autres, *droit de tiers,* de *quart,* de *cinquain;* et dans plusieurs, *bail à locatairie* ou *à complant* (1).

On appelle même *champart,* mais improprement, l'amodiation en perpétuel d'un fonds moyennant une certaine *quantité* de fruits payable chaque année, par exemple, dix mesures de froment; mais c'est plutôt un bail à rente qu'un véritable champart, dont le nom vient de *campi pars,* c'est-à-dire,

_____

(1) Cette dernière dénomination est donnée aux baux de terrains livrés pour être plantés ou entretenus en vignes.

par métonymie, une part aliquote des fruits du champ.

83. Avant la loi du 17 juillet 1793, les droits de champart étaient de trois sortes :

Les uns purement seigneuriaux ;

Les autres fonciers, mais mélangés de droits seigneuriaux ;

Et enfin ceux purement fonciers.

Cette loi a supprimé, sans indemnité, ceux des deux premières classes (1) ; mais elle n'a point aboli les champarts purement fonciers : seulement, ceux constitués en perpétuel, même moyennant une certaine portion aliquote des fruits du fonds, et que l'on désignait, dans plusieurs endroits, sous le nom de *baux à localairie perpétuelle* (2), sont devenus rachetables d'après la loi des 18-29 décembre 1790, précitée (3); et encore, est-il nécessaire de faire,

---

(1) Si l'on eût alors suivi des principes de législation, l'on se serait contenté de supprimer ce qui, dans la redevance, avait trait à la féodalité, et l'on aurait maintenu la redevance principale, qui était le véritable prix de l'aliénation du fonds.

(2) C'est la même chose que les baux *à culture perpétuelle ;* aussi la Convention, par son décret du 2 prairial an 2, a-t-elle appliqué à ces baux les dispositions de la loi des 18—29 décembre 1790.

(3) Titre I, art. 2. « Les rentes ou redevances foncières établies « par les contrats connus, en certains pays, sous le titre de *loca-* « *tairie perpétuelle*, sont comprises dans les dispositions et prohi- « bitions de l'article précédent, sauf les modifications ci-après sur « le taux du rachat. »

Art. 10. « Quant aux rentes et redevances foncières qui consistent « en une certaine portion des fruits récoltés annuellement sur le « fonds, il sera procédé, par des experts que les parties nomme-

à cet égard, une distinction entre les baux à locatairie perpétuelle ou champarts perpétuels, et les
baux établis à perpétuité, connus dans quelques
départemens, notamment dans celui de la Loire-
Inférieure, sous la dénomination de *baux à complant.*

84. Au sujet de ces derniers, on avait élevé la
question de savoir si les preneurs pouvaient rache-

« ront, ou qui seront nommés d'office par le juge, à une évaluation
« de ce que le fonds peut produire en nature dans une année com-
« mune. La quotité de la redevance annuelle sera ensuite fixée dans
« la proportion de l'année commune du fonds; et ce produit annuel
« sera évalué dans la forme prescrite par l'article 6 ci-dessus, pour
« l'évaluation des rentes en grains. »

Cet article porte : « L'évaluation du produit annuel des rentes et
« redevances foncières non stipulées en argent, mais payables en
« nature de grains, denrées, fruits de récolte ou service d'hommes,
« bêtes de somme ou voitures, se fera d'après les règles et les dis-
« tinctions ci-après :

« A l'égard des redevances en grains, il sera formé une année
« commune de leur valeur, d'après le prix des grains de même
« nature, relevé sur les registres du marché du lieu où se devait
« faire le paiement, ou du marché le plus prochain, s'il n'y en a
« pas dans le lieu. Pour former l'année commune, on prendra les
« quatorze années antérieures à l'époque du rachat; on retranchera
« les deux plus fortes et les deux plus faibles, et l'année commune
« sera formée sur les dix années restantes. (Art. 7.)

« Il en sera de même pour les redevances en volailles, agneaux,
« cochons, beurre, fromage, cire et autres denrées, dans les lieux
« où leur prix est porté dans les registres des marchés. » (Art. 8.)

La suite de cet article règle le cas où il n'était point d'usage de
tenir des registres du prix des ventes de ces sortes de denrées dans
les lieux où les redevances devaient être payées; et l'article suivant
statue sur le rachat des rentes et redevances foncières stipulées en
service de journées d'hommes, de chevaux, bêtes de travail et de
somme, ou de voitures.

ter la redevance à *l'instar* des rentes foncières, ou
même si ces redevances ne devaient pas être considérées comme seigneuriales et féodales, et, dès lors,
comme supprimées sans indemnité.

Mais le Conseil d'État, par un avis du 4 thermidor an VIII, inséré au Bulletin des lois, « consi-
« dérant que *les preneurs de baux à complant, ou*
« *baux de vigne à portion de fruits, ne possédant*
« *qu'au même titre et de la même manière que les*
« *fermiers ordinaires, sauf la durée de la jouis-*
« *sance...* » a déclaré qu'on doit maintenir ou conserver, dans les mains des bailleurs ou de leurs représentans, la propriété des biens concédés sous
le titre de *bail à complant* dans le département-de
la Loire-Inférieure; et que la portion des fruits
que se sont réservée les bailleurs doit leur être
payée sans difficulté par les preneurs, lesquels ne
peuvent forcer les bailleurs d'en recevoir le rachat.
Il en doit être de même dans les autres lieux où ces
baux étaient en usage.

85. Ainsi, pour les cas non prévus, le bail à complant est assujéti aux règles des baux à ferme; et
conséquemment le droit du preneur est un simple
droit de culture, un droit mobilier.

Et quant aux champarts proprement dits, ou
baux à locatairie, le concédant, dans les concessions temporaires, a évidemment conservé la propriété pleine et absolue, et le preneur n'a eu et n'a
encore qu'un simple droit de culture, comme celui

IV. 6

d'un colon partiaire ordinaire, dont il diffère seulement sous le rapport d'une jouissance de plus longue durée, d'une portion de fruits plus considérable, et peut-être sous quelques autres encore, mais non sous celui dont nous nous occupons principalement ici. Ce droit est donc mobilier.

A cet égard, il n'y a aucune distinction à faire entre les baux établis avant la loi des 18 - 29 décembre 1790, et ceux établis depuis, même sous le Code : dans toutes les hypothèses, le concédant est un bailleur, comme en matière de bail à métairie, et le preneur un simple colon : le premier est propriétaire du fonds, le second, simplement locataire associé quant aux fruits.

86. Mais dans les concessions à perpétuité faites avant la loi de 1790, même moyennant une portion aliquote des fruits annuels du fonds, le bailleur a bien eu, il est vrai, jusqu'à cette loi, la propriété de l'immeuble, et avec des effets plus pleins encore que dans l'emphytéose perpétuelle ; mais cette loi ayant autorisé le remboursement de la redevance dans ce cas, comme dans celui de bail à rente en perpétuel, elle a, par cela même, transféré ce droit de propriété au preneur, en métamorphosant celui du bailleur en une simple créance remboursable à volonté.

87. Et comme cette loi a défendu de créer à l'avenir aucune espèce de redevance perpétuelle, même celles connues sous le nom de baux à lo-

catairie, puisqu'elle les a soumises au rachat comme les autres, si, nonobstant sa défense, il en a été établi, on leur appliquera ce qui vient d'être dit au sujet des emphytéoses constituées à perpétuité depuis cette loi.

Au reste, comme le Code ne s'occupe pas de cette matière, et que s'il parle des rentes établies à perpétuité pour prix ou comme condition de la vente ou cession d'un immeuble, c'est pour dire qu'elles sont essentiellement rachetables (art. 530), ce qui rentre parfaitement dans le système de la loi ci-dessus, nous conclurons de son silence qu'il n'a point, non plus, abrogé la prohibition portée par elle, et, dès lors, que les baux à *locatairie perpétuelle* créés sous son empire sont rachetables comme ceux établis antérieurement; que le preneur a le droit de propriété pleine sur le fonds, et que le concédant n'a qu'une simple créance, c'est-à-dire un droit purement mobilier.

Le remboursement se ferait au taux et suivant les conditions déterminées par la loi précitée.

88. Mais puisqu'il y a dans les effets une si notable différence entre les baux dits à *complant*, et les champarts ou baux à locatairie en perpétuel ordinaires, il importe donc beaucoup de ne pas les confondre. Trois choses peuvent les faire distinguer : 1° la circonstance que la concession a été faite d'un terrain pour être planté ou entretenu

en vignes, ce qui peut sans doute se rencontrer aussi dans les baux à locatairie ordinaires, mais ce qui est nécessaire pour qu'il y ait bail à *complant;* 2° les termes du contrat; 3° enfin les localités; car dans certains départemens, comme nous l'avons dit, ces baux, quand il s'agit de terrains livrés pour être plantés ou entretenus en vignes, sont, dans l'usage et la pensée des contractans, de vrais baux à complant, plutôt que de simples champarts : les bailleurs ont entendu conserver la propriété, du moins l'avis du Conseil d'État précité l'a supposé, par exception à la disposition générale de la loi de 1790, qui avait supposé le contraire. La raison de cette divergence doit sans doute plutôt se chercher dans *les époques,* que dans une différence des principes de la matière; mais comme la loi de 1790 était, en ce point, une véritable violation des droits de la propriété et des conventions entre associés, cet avis, qui en a du moins atténué les effets, est digne de faveur et doit être suivi.

§. IV.

Du Bail à Domaine congéable.

89. C'est, dit M. Guyot dans son Répertoire, une espèce de *tenue* singulière qui a lieu en Bretagne, et qui consiste dans la concession d'une terre, maison et superficie, à la charge, par le preneur, de payer une rente au bailleur, qui a le droit de le congédier à sa volonté, en lui rem-

boursant le prix de la superficie à dire d'experts.

Par ce bail le propriétaire aliène la propriété des édifices et des superficies, sous la simple faculté de les racheter sur le pied de l'estimation qui en sera faite; mais il n'aliène pas le fonds.

Ce bail, sous certains rapports, est même plus avantageux au colon que l'emphytéose et que le bail ordinaire, dans lesquels le preneur peut simplement enlever ses constructions en remettant les choses au même état.

90. Les baux à domaine congéable ont donné lieu à la loi des 7 juin - 6 août 1791, qui les a maintenus, en les purgeant toutefois de tout ce qui s'y trouvait de droits féodaux, abolis par les lois des 4 août 1789, 15 mars 1790, et 13 avril 1791.

A l'assemblée législative, les partisans des tenanciers parvinrent à faire rendre, le 27 août 1792, une loi qui, en déclarant les domaniers propriétaires incommutables du *fonds*, comme des édifices et superficies, leur permit de racheter, comme rentes foncières, les redevances stipulées par leurs baux.

Mais cette loi, attentatoire à la propriété, a été abrogée par celle du 9 brumaire an VI, qui a remis en vigueur la loi du 6 août 1791.

91. On doit donc regarder ces baux comme une aliénation de la jouissance et de la superficie, mais non du droit de propriété dans le fonds, puisque le bailleur peut toujours y rentrer, en

remboursant les superficies et autres améliorations. C'est une sorte de vente à réméré perpétuel.

Le preneur peut aliéner son droit, il peut aussi l'hypothéquer (1); mais, d'après la règle *resoluto nure dantis, resolvitur jus accipientis*, les aliénations et constitutions d'hypothèques s'évanouiront devant le retrait, et les biens rentreront francs et quittes dans la main du bailleur. (Art. 2125 et 2182.)

92. De ce que le preneur n'a pas la propriété pleine et entière, ses cessionnaires ont plusieurs fois prétendu ne devoir pas à la régie les droits de mutation sur le pied de la vente d'immeubles; mais leur prétention a été rejetée par la Cour suprême, qui a décidé que si, par rapport au propriétaire, le droit du tenancier est mobilier quant aux indemnités qui peuvent lui être dues lors du retrait, les édifices sont immeubles à l'égard de l'acquéreur ou cessionnaire, conformément à l'article 69 de la loi du 22 frimaire an VII, et à l'art. 9 de la loi du 16 août 1791 (2).

---

(1) Comme ces baux sont encore en très-grand usage dans la ci-devant Bretagne, et avec les effets dont nous parlons, c'est une nouvelle preuve de la justesse de notre opinion, que les droits de superficie et d'emphytéose, même créés sous le Code, sont des droits réels immobiliers, par conséquent susceptibles d'hypothèque.

(2) *Voy.* au recueil des *Questions de Droit* et au *Répertoire* de M. Merlin, mot *Domaine congéable*, les arrêts de cassation du 25 nivose an 10, et ventose an 12.

§ V.

Des servitudes et services fonciers considérés comme immeubles.

93. Ces droits ne nous appartiennent qu'en raison de l'héritage auquel ils sont attachés, et comme des qualités de cet héritage : *quid aliud sunt jura prædiorum, quàm prædia qualiter se habentia : ut bonitas, salubritas, amplitudo* (1)? Ils sont donc immobiliers comme le fonds lui-même. En sorte que celui qui vend, lègue ou hypothèque un immeuble auquel il est dû un droit de servitude, vend, lègue ou hypothèque par cela même la servitude; et *vice versâ*, si c'est l'immeuble grevé qui est vendu, légué ou hypothéqué, il est aussi vendu, légué ou hypothéqué avec la charge dont il est affecté.

Par *services fonciers*, les rédacteurs du Code ont entendu comprendre toute espèce de servitude due à un fonds. Ce n'est pas le moment d'entrer dans de plus grands développemens à cet égard.

§. VI.

Des Actions tendant à revendiquer un immeuble.

94. Si Paul possède, de bonne ou mauvaise foi, n'importe, un immeuble qui m'appartient, et que lui a vendu Jean, mon action pour le revendiquer est un droit immobilier, parce qu'elle représente

(1) L. 86, ff. *de Verb. signif.*

l'immeuble lui-même, d'après le principe *qui actionem ad rem recuperandam habet, rem habere videtur* (1).

95. L'action pour obtenir un immeuble légué est par conséquent immobilière, puisque le legs donne au légataire un droit à la chose à partir de la mort du testateur, et transmissible à ses héritiers (art. 1014.). Même décision à l'égard de celle pour se faire délivrer un immeuble donné entre vifs (art. 938.), ou vendu. (art. 1583).

96. Celle en réméré, en matière de vente d'immeuble, s'appliquant à l'immeuble, et pouvant s'intenter contre tout détenteur quelconque, est pareillement immobilière. Il en était autrement dans les principes de la législation romaine : le pacte de réméré ne produisait qu'une obligation personnelle de la part de l'acheteur envers le vendeur de lui revendre la chose, mais non le droit en la chose elle-même, si le vendeur ne lui en avait pas simplement livré la possession à précaire ; d'où il résultait que celui-ci n'avait pas d'action contre les tiers détenteurs.

97. L'action en rescision pour cause de lésion de plus des sept douzièmes dans le prix de vente d'un immeuble s'intente valablement contre les tiers (art. 1681) ; c'est donc un droit réel immobilier, nonobstant la faculté qu'a le défendeur d'é-

---

(1) L. 15, ff. *de Regulis juris.*

carter l'action et de retenir l'immeuble, en offrant
le supplément du juste prix moins un dixième ; car
le vendeur n'a pas le droit de conclure, même sous
l'alternative, au paiement de ce supplément. Ce
paiement est une pure faculté que la loi accorde à
l'acheteur. Or, la nature d'un droit se détermine
par la chose que l'on peut demander, et non d'après
celle que le débiteur, par quelque circonstance particulière, peut payer pour se libérer (1).

98. Si donc une personne me lègue telle maison,
si mieux n'aime son héritier me payer à la place
dix mille francs, l'objet qui est réellement légué
est la maison, et les dix mille francs sont *tantùm
in facultate solutionis.* (2) Le droit est donc immobilier, et, comme tel, il est propre à l'époux marié
en communauté : en telle sorte que si les dix mille
francs lui sont payés à la place de l'immeuble durant la communauté, ils n'y tomberont qu'à la
charge de reprise (3).

---

(1) La Cour de cassation a toutefois jugé, le 23 prairial an 12
(Sirey, tom. 4, part. 1, pag. 369), que l'action en rescision pour
cause de lésion est mobilière, « attendu, dit l'arrêt, qu'elle a pour
objet principal et direct, le supplément du juste prix de l'immeuble
vendu. » C'est précisément le contraire ; elle a pour direct et principal objet la restitution de l'immeuble , sauf au défendeur à le retenir en offrant ce supplément. Cet arrêt est entièrement opposé
aux vrais principes, tels que nos auteurs les plus exacts les ont
toujours professés.

(2) Pothier, *de la Communauté,* n° 75 ; et *Traité des Obligations ,*
n° 244.

(3) Pothier, *de la Communauté,* n° 75.

99. Mais si le legs était de la maison, ou de dix mille francs, la nature de la chose ainsi léguée sous cette alternative, se déterminerait par celle qui serait payée par l'héritier, si le choix ne m'avait pas été accordé, ou par celle *demandée* par moi, si le choix m'appartenait (1) : en conséquence, si c'était la chose mobilière qui fût payée, elle entrerait dans la communauté sans récompense.

100. Toutes les actions en nullité ou en rescision de contrats translatifs de propriété immobilière, pour violence, dol, erreur, incapacité ou autre cause; celles en révocation des donations d'immeubles pour survenance d'enfans, inexécution des conditions, et, dans un certain cas, pour ingratitude, tendant toutes à la revendication d'un immeuble, sont, par cela même, des droits immobiliers par l'objet auquel ils s'appliquent.

101. Mais l'action pour avoir quelque chose de mobilier ne cesserait pas d'être mobilière, parce qu'elle serait accompagnée d'une hypothèque. Peu importe que l'hypothèque ne puisse résider que sur un immeuble : son objet n'étant que d'assurer le paiement de la créance (art. 2114), et cette créance étant quelque chose de mobilier, il est conséquent que l'hypothèque elle-même soit de cette nature (2), quoique sous le rapport de la faculté qu'a le créan-

---

(1) Pothier, *de la Communaute*, n° 74.
(2) Pothier, *de la Communauté*, n° 76.

cier de suivre l'immeuble dans toutes mains, elle soit un droit réel. C'est d'après ce principe que, suivant l'article 778 du Code de procédure, « tout « créancier peut prendre inscription pour conser- « ver les droits de son débiteur ; mais le montant « de la collocation de celui-ci est distribué, comme « chose mobilière, entre tous les créanciers inscrits « ou opposans avant la clôture de l'ordre. » En sorte que celui qui aurait une hypothèque générale sur tous ses biens ne serait pas préféré, sur le montant de cette collocation, à un simple créancier chiro- graphaire.

SECTION IV.

Des Immeubles par la détermination de la loi.

SOMMAIRE.

102. *Le Code civil qualifie meuble toutes les rentes, ainsi que les actions sur les compagnies de finances , etc.; mais des dispositions ultérieures ont autorisé des dérogations à ce principe.*

103. *Décret du 16 janvier 1808, relatif à l'immobilisation des actions sur la Banque de France.*

104. *Statut du 1ᵉʳ mars 1808, relatif à l'immobilisation de ces mêmes actions et des rentes sur l'État, pour la formation d'un majorat. Décret du 21 décembre suivant relatif au même objet.*

105. *Décret du 16 mars 1810, qui a étendu les dispositions des précédens aux actions des canaux d'Orléans et du Loing.*

102. Le Code civil déclare meubles toutes les rentes, soit sur l'État soit sur particuliers, ainsi

que les actions de la Banque de France et autres compagnies de finance, de commerce ou d'industrie; mais depuis sa publication, diverses dispositions ont autorisé l'immobilisation des rentes sur l'État, et ont ainsi créé une quatrième classe de biens immobiliers, que, pour cette raison, nous appelons immeubles par la détermination de la loi.

A la vérité, ces dispositions ne sont que de simples décrets; mais ils ont, aux termes de la constitution de l'an 8, et suivant la jurisprudence constante de la Cour de cassation, acquis force de loi pour n'avoir pas été attaqués, pour cause d'inconstitutionnalité, dans les dix jours de leur insertion au bulletin des lois.

103. Par celui du 16 janvier 1808, art. 7 (1), les propriétaires d'actions de la Banque de France peuvent, en déclarant leur volonté dans la forme du transfert des rentes, leur imprimer le caractère d'immeubles; auquel cas, ces actions sont soumises aux dispositions du Code touchant l'aliénation des immeubles et aux privilèges et hypothèques sur immeubles proprement dits.

104. D'après le statut du 1er mars 1808 (2), ces actions et les rentes sur l'État peuvent aussi être immobilisées pour la formation d'un majorat; mais d'après le décret du 21 décembre suivant (3),

---

(1) Bull., n° 2959.
(2) Bull., n° 3207.
(3) Bull., n° 4029.

ces actions et ces rentes reprennent leur nature primitive de choses mobilières, si la demande en institution est rejetée ou retirée.

105. Enfin, par décret du 16 mars 1810 (1), ces dispositions ont été appliquées aux actions des canaux d'Orléans et du Loing.

CHAPITRE II.

Des Meubles.

SOMMAIRE.

106. *Les meubles sont de deux sortes : division du chapitre.*

106. Les meubles sont de deux sortes :
Les meubles par leur nature ;
Les meubles par la détermination de la loi. (Art. 527.)
Nous traiterons de chaque espèce en particulier, et nous expliquerons, dans une troisième section, quel est le sens des mots *meuble*, *meubles meublans*, *biens meubles*, *mobilier*, *effets mobiliers*.

SECTION PREMIÈRE.

Des Meubles par leur nature.

SOMMAIRE.

107. *Meubles par leur nature.*
108. *Quand toutefois ils ne sont pas devenus immeubles par incorporation ou même par simple destination.*

---

(1) Bull., n° 5355.

107. « Sont meubles par leur nature, les corps « qui peuvent se transporter d'un lieu à un autre, « soit qu'ils se meuvent par eux-mêmes, comme « les animaux, soit qu'ils ne puissent changer de « place que par l'effet d'une force étrangère, « comme les choses inanimées. (Art. 528.)

108. Il faut toute fois combiner cette définition avec les principes précédemment exposés sur les immeubles par incorporation ou même par simple destination, objets qui sont, il est vrai, meubles par leur nature, mais qui ont perdu cette qualité par leur accession à un immeuble, et sont, par cette raison, devenus immeubles pour tout le tems qu'ils resteront attachés au fonds.

109. Puisque les corps qui peuvent se transporter d'un lieu à un autre sont meubles par leur nature, l'article 531 paraît superflu. «En effet, les bateaux « dit-il, les bacs, navires, moulins et bains sur « bateaux, et généralement toutes usines non « fixées par des piliers, et ne faisant point partie « de la maison, sont meubles : la saisie de quel- « ques-uns de ces objets peut cependant, à cause « de leur importance, être soumise à des formes « particulières, ainsi qu'il sera expliqué dans le « Code de procédure civile. (1). »

Ce texte, disons nous, paraît d'autant plus su- perflu, que l'on avait dit, par l'article 519, que les moulins à vent ou à eau fixés sur piliers et (2) fai- sant partie du bâtiment, sont immeubles; d'où il suivait nécessairement que ceux qui ne sont pas fixés sur piliers, et qui ne font point, non plus, partie de l'édifice, sont meubles, attendu que tous les biens sont meubles ou immeubles. (Art. 516.)

Mais comme cette disposition se trouvait dans les coutumes de Paris (3), d'Orléans (4) et plusieurs autres (5), qui contenaient aussi le principe que les choses qui peuvent se transporter d'un lieu à un autre sont meubles, les rédacteurs du Code ont

---

(1) *Voy.* l'article 620 de ce Code.
(2) C'est-à-dire *ou.* Voy. *suprà,* n° 22.
(3) Article 90.
(4) Article 352.
(5) La seule Coutume du Berri déclarait immeubles les moulins assis sur bateaux mobiles. (Tit. 4, art. 3.)

jugé utile de la rappeler pour écarter le doute
que l'importance et la valeur de quelques-uns de
ces objets auraient pu faire naître, et surtout pour
établir le principe que la saisie qui en serait faite
pourrait être soumise à des règles spéciales.

110. Les matériaux assemblés pour la construction d'un édifice sont meubles, tant qu'ils ne sont
pas employés. (Art. 532) (1).

Ils deviennent immeubles au fur et à mesure de
leur adhérence au sol par l'emploi qui en est fait
dans la construction : d'où il suit que si l'un des
époux mariés sous le régime de la communauté
avait réuni sur son terrain des matériaux pour la
construction d'un édifice, il ne devrait, il est vrai,
aucune indemnité à la communauté pour ceux qui
se trouveraient déjà employés au jour de la célébration du mariage; mais, à moins de convention
contraire dans le contrat, il lui en devrait une
pour ceux employés depuis, quoiqu'ils fussent
préparés, façonnés (art. 1437); car il aurait employé à son profit personnel des objets entrés en
communauté, d'après les articles 532 et 1401,
combinés.

111. Les matériaux provenant de la démolition
d'un édifice sont pareillement meubles. (Art. 532.)

Cela est vrai, même dans le cas où le propriétaire, en démolissant l'édifice, se serait proposé

---

(1) L. 17, § 10, ff. *de Act. empt. et vend.*

d'en reconstruire de suite un autre, à la même place, avec les mêmes matériaux. Par la démolition, ces matériaux ont cessé d'être immeubles; et tant qu'un nouvel emploi ne leur fera pas acquérir de nouveau cette qualité, ils conserveront celle de meubles, qu'ils ont prise par leur séparation d'avec le fonds. C'est d'après ce principe que la Cour royale de Lyon a jugé (1) valable la *saisie-exécution* de matériaux provenant de la démolition d'une salle de bains, qui n'avait cependant été démolie que pour être reconstruite de suite, et principalement avec les même matériaux.

112. Il en est autrement des objets simplement détachés pour être réparés et replacés aussitôt la réparation faite : ils conservent leur qualité d'immeubles, suivant la règle du droit romain, *ea quæ ex ædificio detracta sunt ut reponantur, ædificii sunt* (2).

113. Pothier appliquant cette règle au cas d'une maison détruite par incendie ou tombée de vétusté, dit (3) que « les matériaux qui en proviennent conservent leur qualité d'immeubles tant « qu'ils peuvent paraître destinés à la reconstruc- « tion de la maison , et ils ne la perdent que « lorsque le propriétaire paraît avoir abandonné le « dessein de rebâtir. »

---

(1) Le 23 décembre 1811, Sirey, 13, 2, 307.
(2) L. 17, § 10, ff. *de Act. empt. et vend.* précitée.
(3) Dans son *Traité de la Communauté*, n° 62.

IV.   7

Indépendamment de ce que ce changement de dessein n'est pas facile à constater; qu'il serait surtout, dans la plupart des cas, très-difficile de préciser l'époque où le propriétaire a abandonné son projet, et conséquemment celle où les matériaux sont devenus meubles, nous croyons que ce jurisconsulte applique mal la loi sur laquelle il fonde sa décision. Cette loi parle d'une séparation faite volontairement, dans le but de replacer la chose séparée, comme serait une porte détachée pour y mettre de nouvelles bandes, ou pour lui donner plus de jeu; tandis que, dans le cas qu'il présente, l'édifice est détruit en totalité : il n'y a plus de principal, et, dès lors, plus d'accessoire. La séparation a eu un effet absolu, parce qu'elle n'a pas eu lieu en vue de replacer la chose, mais bien par force majeure. Les matériaux ne serviraient qu'à la construction d'un autre édifice, et non *ad reintegrandam domum*, comme dans le cas prévu au texte ci-dessus; par conséquent, ils ne feraient point partie de l'ancien, qui ne subsiste plus : ils doivent donc être assimilés à ceux qui ont été assemblés pour en construire un nouveau. Il y a encore plus de raison de le décider ainsi dans ce cas, que dans celui jugé par la Cour de Lyon, où l'intention du propriétaire n'était pas douteuse.

Il est vrai qu'en déclarant meubles les matériaux provenant d'un édifice, l'article 530 parle de ceux qui proviennent de la *démolition* de cet édifice, et que ce terme indique plutôt une sépa-

ration opérée par la main de l'homme, que celle
résultant d'une force majeure ; car, dit l'académie,
« démolir, c'est détruire, abattre pièce à pièce ; »
tandis que dans le cas dont il s'agit, la destruction
s'est opérée par incendie ou vétusté. Mais le principe n'en est pas moins le même ; il est toujours vrai
de dire que l'édifice était, par rapport aux matériaux considérés séparément, l'objet principal,
comme l'était le fonds par rapport à l'édifice ; et
cet édifice étant détruit, les matériaux n'accèdent
plus, ni médiatement ni immédiatement, à un fonds.
Ils ne peuvent, non plus, être rangés dans les
immeubles par destination, puis qu'aucune disposition du Code ne les y range.

114. Notre décision, au reste, ne fait aucun préjudice à l'époux commun en biens, propriétaire de
l'édifice, si cet édifice est détruit pendant le mariage,
attendu que, si, d'après ce que nous avons dit au
n° 110, cet époux doit récompense à la communauté, comme ayant employé à la reconstruction,
et dans son intérêt particulier, des objets devenus communs, de son côté, la communauté lui doit
indemnité pour s'être enrichie de choses provenant de son propre (art. 1403 et 1433) : il se ferait
compensation.

Mais la question peut présenter de l'intérêt dans
d'autres cas, notamment dans celui où la destruction
de l'édifice a eu lieu avant le mariage, et que les
matériaux sont encore sur place ; dans celui aussi de

saisie-exécution, et dans celui où le propriétaire léguerait son mobilier. Mais dans ce dernier, le point de savoir si le légataire aurait droit à ces matériaux ne devrait pas se décider par les seuls principes sur la distinction des biens; on devrait aussi considérer quelle a été l'intention du testateur, et, pour la connaître, il faudrait surtout s'attacher au projet qu'il avait, ou non, de reconstruire à la même place avec les mêmes matériaux. Dans ce cas, et peut-être dans quelques autres analogues, la distinction de Pothier devrait être suivie.

115. Au surplus, en posant la règle que les matériaux provenant de la démolition d'un édifice sont meubles, même lorsqu'on les destinerait à servir à la construction d'un nouveau bâtiment, nous n'avons pas entendu restreindre la modification qu'elle souffre, au seul cas où l'objet détaché momentanément ne serait que de peu d'importance relativement au tout, comme une porte pour être réparée, une glace pour être repassée au taim. Nous décidons aussi que si, pour réparer une couverture ou exhausser un édifice, on en descend la charpente, les bois et les tuiles conservent leur qualité d'immeubles. C'est parfaitement le cas de l'exception de la loi romaine, *ea quæ ex ædificio detracta sunt ut reponantur, ædificii sunt ;* car l'édifice subsiste toujours. Au lieu que dans l'espèce jugée par la Cour de Lyon, et dans celle donnée

comme exemple par Pothier, il était détruit en
totalité; il n'y avait plus, par conséquent, de
principal qui attirât toujours à lui l'accessoire :
tout l'édifice lui-même était devenu meuble; aucun
des objets qui avaient servi à sa construction ne pouvait être considéré comme en faisant encore partie;
en un mot, ce n'était plus le cas de la loi romaine.

SECTION II.

Des Meubles par la détermination de la loi.

SOMMAIRE.

116. *Texte de l'article 529. Division de la section.*

§. Ier.

Des Actions qui ont pour objet des sommes ou des effets
mobiliers.

117. *Les actions qui ont pour objet des sommes ou des effets
mobiliers, exigibles ou non, sont mobilières. Vice de
rédaction de l'article 529.*

§. II.

Des Actions ou intérêts dans les compagnies de finance, de
commerce ou d'industrie.

118. *Les actions ou intérêts dans les compagnies de finance, de
commerce ou d'industrie, sont des droits mobiliers par
rapport à chaque associé, tant que dure la société, même
lorsqu'elle possède des immeubles.*

119. *A l'égard des tiers, la société est un débiteur ordinaire,
qui peut, en conséquence, avoir hypothèque sur les immeubles qu'elle possède.*

120. *Il en est autrement des créanciers particuliers d'un associé.*

121. *Ceux-ci ne peuvent, non plus, provoquer le partage des biens de la société avant sa dissolution , si ce n'est dans le cas où l'associé le pourrait lui-même.*

122. *Ils peuvent cependant, même durant la société , saisir mobilièrement et faire vendre son action ou son intérêt.*

123. *Si la société subsiste encore après la mort d'un associé qui a légué son mobilier, son intérêt appartient au légataire, et le résultat du partage est sans influence sur l'effet du legs.*

124. *Mais si le sociétaire meurt après la dissolution de la société, le droit du légataire, quant à l'action ou l'intérêt du testateur, se détermine par l'effet du partage.*

125. *Il en est de même si la société est du nombre de celles qui se dissolvent par la mort de l'un des associés.*

126. *Dans tous les cas où le testateur a simplement légué son droit ou son action, le légataire lui est pleinement subrogé.*

127. *Quand le sociétaire , marié avant la formation de la société ou pendant son cours, a adopté le régime en communauté , son droit, tel qu'il se déterminera par le partage, appartient à la communauté, encore qu'il échût des immeubles à son lot.*

128. *S'il s'est marié depuis la dissolution de la société, mais avant le partage, ce sera le partage qui déterminera ce qui doit, ou non, entrer dans sa communauté.*

§. III.

Des rentes considérées comme biens meubles.

129. *Toutes les rentes indistinctement sont aujourd'hui des meubles.*

130. *Anciennement, au contraire, il y avait des distinctions à faire à ce sujet.*

131. *Ce qu'on entendait par rentes foncières.*

132. *Ce contrat avait beaucoup d'analogie avec la vente et le louage.*

133. *On appelait rente foncière , mais improprement, la con-*

cession d'un fonds moyennant une redevance d'une part aliquote des fruits de ce fonds. C'était un champart ou un bail à locatairie.

134. Le bail à rente pouvait être fait à perpétuité, ou pour un certain temps ; et, même dans ce dernier cas, il différait beaucoup du louage.

135. Le preneur pouvait, en délaissant le fonds, se décharger de l'obligation de servir la rente, s'il ne s'était pas personnellement obligé à la servir.

136. Ce qui avait lieu quand le preneur ou le tiers détenteur ne payait ni délaissait

137. Avant les lois des 9 - 11 août 1789, et 18 - 29 décembre 1790, les rentes foncières, à l'exception de celles établies sur les maisons de villes et faubourgs, n'étaient point rachetables contre le gré du créancier.

138. Ces lois ont rendu remboursables toutes les rentes foncières quelconques établies à perpétuité.

139. Elles n'ont toutefois pas défendu de créer des rentes ou autres redevances pour un temps n'excédant pas 99 années, ou sur plusieurs têtes n'excédant pas le nombre de trois.

140. Les rentes constituées sous l'empire de ces lois sont régies par elles, et non par le Code.

141. Tout en autorisant le rachat des rentes établies en perpétuel, ces mêmes lois leur ont néanmoins conservé le caractère d'immeuble avec tous ses effets.

142. Ce caractère leur a été enlevé par la loi du 11 brumaire an VII, sur le régime hypothécaire.

143. Dans les rentes foncières créées avant le Code, le preneur qui ne s'est point personnellement obligé peut encore aujourd'hui s'affranchir du service de la rente en délaissant l'immeuble.

144. Texte de l'article 530.

145. La faculté de rembourser la rente ne s'applique pas aux constitutions temporaires n'excédant pas 99 ans.

146. Dans ces constitutions, la propriété du fonds reste dans la

main du concédant, et le droit du preneur est, ou un louage seulement, ou un droit d'usufruit à temps, ou une emphytéose, selon l'intention des contractans.

147. *La rente établie à perpétuité peut être constituée de deux manières : ou* pour *le prix du fonds et à la place de ce prix, d'abord déterminé; ou* comme *condition directe et immédiate de la cession, à titre onéreux ou gratuit, du fonds.*

148. *Divers exemples de l'un et l'autre cas.*

149. *Le droit du concédant est mobilier dans tous deux.*

150. *Dans l'un et l'autre, le concédant peut stipuler que le remboursement ne lui sera pas fait avant trente ans.*

151. *Même dans celui où la rente est la condition directe de la cession, le concessionnaire ne peut aujourd'hui, à moins de convention contraire, s'affranchir de la rente par l'abandon du fonds.*

152. *Dans ce même cas, le cédant a son privilège comme tout vendeur; il ne l'a pas dans l'autre : l'action* venditi *est éteinte par la novation.*

153. *Dans le premier, il peut demander la résiliation du contrat et sa rentrée dans le fonds, encore que le cessionnaire n'ait pas cessé pendant deux ans de remplir ses obligations; sauf aux tribunaux à user de la faculté que leur laisse l'article 1655.*

154. *Il peut aussi exercer cette action contre les tiers détenteurs, quoiqu'ils ne se soient point obligés au service de la rente, qu'ils aient transcrit et purgé les hypothèques.*

155. *Ces décisions ne sont point applicables à l'autre cas.*

156. *Conditions que le créancier peut mettre au rachat de la rente.*

157. *La convention que le remboursement sera fait à un taux supérieur au taux légal, est nulle ou valable, d'après une distinction.*

158. *Celle que le rachat ne pourra être fait avant un tems excédant trente ans, n'est pas nulle; elle est seulement réductible à ce terme.*

159. *Si le créancier n'a fait aucune réserve relativement au rem-*
    boursement, le débiteur peut le faire quand bon lui sem-
    blera, en offrant un paiement intégral, au taux fixé par
    la loi.

§. IV.

De la nature des charges des notaires, avoués, etc., de celle
de la propriété littéraire ou de toute production du talent
ou de l'industrie, et d'un fonds de commerce.

160. *Anciènnement, les offices de judicature et une foule d'au-*
    tres étaient immeubles quand ils étaient vénaux.

161. *Toutes les charges ont cessé d'être vénales; mais, d'après*
    la loi de finance de 1816, plusieurs, en réalité, sont
    devenues cessibles.

162. *Elles sont toutefois un droit mobilier.*

163. *Est pareillement mobilière la propriété littéraire, ainsi que*
    toute production du talent et de l'industrie.

164. *Un fonds de commerce est également mobilier.*

165. *Importance de la qualification de ces divers objets sous le*
    rapport de la composition de la communauté entre époux,
    et des dispositions testamentaires. Renvoi.

116. D'après l'article 529, sont meubles par la
détermination de la loi:

« 1° Les obligations et actions qui ont pour ob-
« jet des sommes exigibles ou des effets mobiliers;

« 2° Les actions ou intérêts dans les compagnies
« de finance, de commerce ou d'industrie, encore
« que des immeubles dépendans de ces entreprises
« appartiennent aux compagnies:

« Ces actions ou intérêts sont réputés meubles
« à l'égard de chaque associé seulement, tant que
« dure la société;

« 3° Sont meubles aussi par détermination de la
« loi, les rentes perpétuelles ou viagères, soit sur
« l'état, soit sur des particuliers. »

Nous traiterons dans un 4ᵉ § de la nature des
charges de notaires, avoués et autres fonctionnaires, de celle des productions littéraires ou autres analogues, et d'un fonds de commerce.

§. Iᵉʳ.

Des Actions qui ont pour objet des sommes ou des effets mobiliers.

117. En déclarant meubles par la détermination
de la loi, les obligations (1) et actions, l'article 530
parle de celles qui ont pour objet des sommes *exigibles* ou des effets mobiliers : or, on entend généralement par créance *exigible*, celle dont on peut,
dès à présent, exiger le paiement; c'est dans ce
sens que ce mot est employé aux articles 1291,
2148 du Code civil, 551 du Code de procédure,
et plusieurs autres; et cependant le droit serait certainement mobilier quoique le créancier ne pût encore l'exercer, soit parce qu'il serait conditionnel,
soit parce que le terme ne serait pas encore échu.

On ne justifierait pas l'emploi inutile de ce mot
exigible en disant qu'il a été mis dans l'article afin
de ne point préjuger la question de savoir si les
rentes établies pour prix ou comme condition de

---

(1) C'est-à-dire les créances.

la cession d'un immeuble, et dont le capital, de droit commun, n'est point exigible, seraient meubles ou immeubles (1); car l'article lui-même, par sa dernière disposition, déclare indistinctement meubles les rentes perpétuelles ou viagères, soit sur l'État, soit sur des particuliers. Ainsi, cette expression est superflue; elle n'exprime point une condition nécessaire pour qu'une créance, ou l'action qui la représente, soit mobilière.

§. II.

Des Actions ou intérêts dans les compagnies de finance, de commerce ou d'industrie.

118. Les actions ou intérêts (2) dans les compagnies de finance, de commerce ou d'indus-

---

(1) Il faut toutefois convenir que ce mot est employé dans l'article 584 du Code civil, avec distinction des créances qui ont un terme d'échéance, d'*exigibilité*, et des capitaux de constitutions de rente, qui, de droit commun, n'en ont pas.

(2) L'*action* est le droit de l'associé dans une société anonyme. L'*intérêt* est le droit de l'associé en nom collectif.

Le montant de l'action est en raison de la mise de fonds, quoique presque toujours, dans les sociétés anonymes, sa valeur augmente ou diminue en raison du plus ou moins de prospérité de l'entreprise. Ainsi, les actions de la Banque de France, qui étaient dans l'origine de 1000 francs chaque, et qui ont ensuite été portées à 1200 francs, sont aujourd'hui d'une valeur commerciale qui dépasse 2000 francs.

L'action est souvent divisée en coupons d'action, qui sont d'une valeur égale.

Dans certains cas, elle se transmet par transfert : telles sont celles sur la Banque de France; dans d'autres, elle est établie sous la forme d'un titre au porteur, et se transmet, par conséquent, par

trie (1), sont des droits mobiliers par rapport à chaque associé, tant que dure la société, lors même qu'il y a des immeubles dépendans de la société. (Art. 529).

119. Comme ce n'est que par rapport à chaque associé seulement que l'action ou l'intérêt est meuble, il suit de là que les créanciers de l'être moral appelé *société* peuvent avoir hypothèque sur ses immeubles, comme un créancier sur les immeubles de son débiteur, et qu'ils en poursuivent l'expropriation suivant les formes prescrites pour la vente forcée des immeubles : la société représente, à son égard, un débiteur ordinaire.

120. Mais, il suit aussi que la femme, ou tout autre créancier d'un associé, ne peut avoir d'hypothèque sur les immeubles de la société, ni les faire

---

la simple tradition du titre. (Art. 34, 35 et 36, Cod. de comm.)

L'intérêt n'a point, à proprement parler, de *quantùm* ou valeur connue ; il faut, pour la connaître, une liquidation. Il consiste dans une quote-part du droit intégral dont se compose la société, tel qu'un tiers, un quart.

Quant aux sociétaires commanditaires, ce sont de simples bailleurs de fonds : leur droit n'est ni une *action* proprement dite, ni un *intérêt*, tel que nous venons de le définir ; mais il participe de l'une et de l'autre, sous plusieurs rapports, et il est également mobilier à l'égard de chaque associé tant que dure la société, et même après son extinction, du moins généralement.

(1) Et d'après l'article 8 de la loi du 21 avril 1810, sur *les Mines*, dont nous parlerons ultérieurement, les actions ou intérêts dans une société ou entreprise pour l'exploitation d'une mine, sont également meubles, bien que l'article 32 de cette loi dise positivement que l'exploitation des mines n'est pas considérée comme un commerce, et, en conséquence, qu'elle n'est pas sujette à patente.

saisir, même pour la part de l'associé, puisque celui-ci n'a individuellement qu'un droit mobilier, une véritable créance sur la société.

121. Ce créancier ne pourrait, non plus, provoquer le partage des biens qui la compose, pour exercer ses droits sur la part d'immeubles qui pourrait revenir à l'associé son débiteur (1), si ce n'est, toutefois, dans le cas de dissolution de la société, ou lorsque l'associé, par l'effet de quelqu'autre circonstance, aurait le droit de le provoquer lui-même; alors, et d'après l'article 1166, il pourrait exercer ce droit. Au lieu que les créanciers particuliers d'un héritier, s'ils ne peuvent, il est vrai, poursuivre l'expropriation de sa part indivise dans les immeubles de la succession, ils peuvent du moins en provoquer le partage (art. 2205), afin de pouvoir ensuite faire saisir et vendre les objets échus au lot de leur débiteur. Cette différence tient à ce qu'en matière de succession, chaque héritier peut, de droit commun, sortir de l'indivision (art. 815-816), et ses créanciers peuvent exercer son droit (art. 1166); tandis que dans les sociétés de commerce ou d'industrie, chaque associé ne peut sortir d'indivision quand bon lui semble; il est obligé de se conformer aux statuts de l'association : or, ses créanciers ne peuvent, à cet égard, exercer que les droits qui lui compètent.

---

(1) Ce qui ne pourrait guère avoir lieu que dans les sociétés en nom collectif.

122. Mais puisque les actions ou intérêts sont meubles par rapport à chaque associé, tant que dure la société, ils peuvent être saisis mobilièrement par ses créanciers; et s'il y a lieu d'en poursuivre l'expropriation, elle doit être faite après trois publications, en l'étude d'un notaire, ainsi que l'a décidé la Cour de Paris, le 2 mai 1811 (1).

123. Si la société subsiste encore après la mort d'un associé qui a légué son *mobilier*, son intérêt ou son action appartient au légataire, et le résultat du partage est sans influence sur l'effet du legs; en sorte que, lors même qu'il écherrait des immeubles à ce lot, ces immeubles entreraient dans le legs, en vertu de l'article 1014, qui donne au légataire un droit à la chose léguée dès la mort du testateur. En effet, à cette époque l'associé n'avait qu'un droit purement mobilier, puisque, nous le supposons, la société n'était pas dissoute. Sans doute d'après l'article 883, le partage est simplement déclaratif de propriété, et ce principe s'applique aux partages des communautés et des sociétés, en général, comme à ceux des successions (art. 1476-1872); mais les effets de celui des sociétés dont nous parlons ne remontent pas à une époque antérieure à celle de la dissolution de la société : car ce ne peut être que de cette époque que chaque as-

---

(1) Sirey, 1814, 2, 213. L'arrêt a aussi jugé que la vente n'était point du ministère des commissaires-priseurs, mais bien de celui des notaires.

socié est censé propriétaire exclusif des objets tombés à son lot, puisque, pendant le cours de la société, il n'avait qu'une créance sur cet être moral, et non une copropriété quelconque dans les objets qui lui appartenaient; à la différence du cas où il s'agit d'une société civile, d'une communauté ou d'une hérédité, cas dans lequel l'associé, le communiste ou l'héritier au lot duquel tombe un immeuble, est censé en avoir été propriétaire du moment où cet immeuble est entré dans la société, la commnuauté ou le patrimoine du défunt, parce qu'il prend, quant à cet immeuble, leur lieu et place, et qu'il est censé continuer leur possession. Mais cela ne peut se dire des sociétés de commerce ou d'industrie, dans lesquelles chaque associé n'a réellement qu'une créance tant que dure la société. Or, comme elle subsistait encore à la mort du testateur, le legs de son mobilier comprenait donc son intérêt ou son action; et ce droit, ainsi déterminé quant à sa nature, et acquis au légataire dès la mort du testateur, n'a pu s'évanouir, ni même s'altérer, par un événement postérieur, par le partage.

124. Mais si le sociétaire meurt après la dissolution de la société, n'importe que le testament ait été fait avant ou depuis, comme son droit n'était plus simplement mobilier, qu'il était alors indéterminé quant à sa nature, on rentre dans le droit commun, et le principe de l'article 883 réclame

son application; en sorte que s'il n'échoit que des meubles à ce lot, le légataire du mobilier y aura droit à l'exclusion des autres héritiers du sociétaire; mais s'il échoit des immeubles, il n'y pourra rien prétendre : en un mot, le partage sera déclaratif du droit qu'avait le testateur, au moment de sa mort, dans les objets de cette société, lors de sa dissolution, et il en déterminera la nature sous le rapport de la qualité de meuble ou d'immeuble. Aussi, tous les intéressés peuvent-ils y intervenir pour la conservation de leurs droits.

125. Si la société était du nombre de celles qui se dissolvent par la mort de l'associé, le legs de son mobilier ne comprendrait pas, non plus, nécessairement son intérêt dans la société. Ce serait encore le partage qui en déterminerait la nature, et qui réglerait en conséquence le droit du légataire. En effet, le légataire n'est point saisi à une époque où le droit du testateur est encore d'une nature exclusivement mobilière; il ne commence à être investi que du moment seulement où ce droit devient indéterminé par la dissolution de la société : le changement de nature du droit social et la dévolution du legs s'opèrent au même moment, de sorte qu'il n'est pas possible de dire que, même pendant un instant de raison, le légataire a eu dans son legs, comme chose purement mobilière, l'intérêt du testateur dans la société.

126. Au surplus, dans tous les cas, si l'associé

lègue simplement son intérêt, son action ou son droit dans la société, le légataire lui est absolument subrogé, et il aura ce qu'aurait eu le testateur si le partage s'était fait avec lui.

127. Voyons maintenant le cas où un associé est marié en communauté.

Ou il était marié lors de la formation de la Société de commerce,

Ou il s'est marié pendant son cours,

Ou il s'est marié après sa dissolution, mais avant le partage.

Dans les deux premiers cas, le droit, comme chose mobilière, a été acquis à la communauté, en vertu de l'article 1401 ; et l'événement du partage qui attribuerait, par supposition, des immeubles au lot de l'associé, ne doit, non plus, exercer aucune influence sur ce droit. La communauté a été substituée à l'époux quant à la créance qu'il avait sur la Société ; elle en est cessionnaire, comme si un autre associé lui avait vendu son action, et conséquemment, c'est avec elle et non avec l'époux qu'a lieu le partage.

Cela est vrai, même par rapport aux immeubles possédés par la Société antérieurement au mariage de l'associé ; la rétroactivité des effets du partage, comme nous l'avons dit, ne remonte pas au-delà de l'époque où la Société s'est dissoute.

128. Mais dans le dernier cas, celui où le sociétaire s'est marié depuis la dissolution de la So-

IV.   8

ciété, son droit n'était plus simplement mobilier, si la Société possédait des immeubles ; il était indéterminé ; car l'article 530 ne déclare meubles les actions et intérêts dans ces sociétés, par rapport à chaque associé, que tant que dure la Société. Ce sera donc l'événement du partage qui déterminera la nature de ce droit, et fera connaître ce qui doit entrer dans la communauté de l'associé, et ce qui doit appartenir en propre à ce dernier. Ce cas est semblable à celui d'une succession composée de meubles et d'immeubles, et qui échoit à l'un des époux pendant la communauté, ou qui, échue avant le mariage, se partage durant son cours : quant aux objets qui composent l'hérédité, meubles et immeubles, l'époux n'avait qu'un droit indéterminé, et c'est, d'après l'article 883, le partage qui le détermine. S'il en est autrement du cas où la communauté s'est formée avant ou depuis que la Société a été contractée, mais avant qu'elle fût dissoute, c'est parce que durant cette Société, le droit de chaque associé est purement mobilier, et qu'étant ainsi devenu la chose de la communauté, qui est, par rapport à l'époux sociétaire, un véritable cessionnaire, ce droit ainsi acquis ne peut lui être enlevé par un événement postérieur. En un mot, dans ce cas, le droit de l'associé était déterminé à l'époque où sa communauté s'est formée ou existait encore ; dans l'autre, ce droit était indéterminé, en sorte que la communauté n'a acquis que l'éventualité, c'est-à-dire ce que le partage assignerait de meubles à l'époux.

§. III.

Des Rentes considérées comme biens-meubles.

129. Suivant l'article 529, toutes les rentes, soit viagères, soit perpétuelles, sur l'État (1) ou sur particuliers, sont meubles.

Il n'y a d'exception aujourd'hui à ce principe que pour les rentes sur l'État immobilisées par leurs propriétaires, suivant ce que nous avons dit plus haut.

130. Il n'en était pas ainsi anciennement : les rentes viagères étaient bien généralement, il est vrai, choses mobilières, même lorsque le service en était garanti par une hypothèque; mais quant aux rentes dites *foncières*, et même, dans plusieurs coutumes, quant aux rentes dites *constituées*, rentes dont les effets sont régis par les art. 1909 à 1913, elles étaient réputées immeubles.

131. Ainsi, les rentes foncières étaient partout immobilières; elles n'existent plus aujourd'hui avec les mêmes caractères et les mêmes effets. Nous devons néanmoins en exposer succinctement les principes; ils nous seront nécessaires pour résoudre une foule de questions qui s'offrent encore sur cette

---

(1) D'après la loi du 8 nivôse an 6, les rentes sur l'État sont insaisissables.

Quant à la saisie des rentes sur particuliers, voyez les art. 636 et suivans du Cod. de procéd.

importante matière, dont les rédacteurs du Code n'ont parlé qu'après avoir achevé leur ouvrage, et comme par réminiscence. Il eût été à désirer qu'ils eussent aussi réparé l'oubli qu'ils ont commis à l'égard des droits d'emphythéose, de surface et autres analogues, qui demandent vivement qu'une loi règle les difficultés qu'ils font naître, surtout, ainsi qu'on l'a vu précédemment, en ce qui concerne le droit d'hypothèque.

Pothier, qui a traité *ex professo* du bail à rente, le définit ainsi : « Le bail à rente simple est un « contrat par lequel l'une des parties baille et cède « à l'autre un héritage ou quelque droit immobilier, « et s'oblige de le lui faire avoir à titre de proprié- « taire, sous la réserve qu'il fait d'un droit de rente « annuelle d'une certaine somme d'argent ou d'une « certaine quantité de fruits qu'il retient sur ledit « héritage, et que l'autre partie s'oblige récipro- « quement envers elle de lui payer tant qu'elle « possédera ledit héritage. »

132. Ce contrat avait beaucoup d'analogie avec la vente et le louage; il différait cependant de l'un et de l'autre sous plusieurs rapports, comme on le verra successivement par le développement de la matière.

133. « La rente, dit Pothier, peut consister en « une quotité de fruits, par exemple, la sixième « gerbe de blé qui sera recueillie dans l'héritage; « tant de pintes de vin par poinçon de vin qui sera

« recueilli. Cette espèce de rente s'appelle cham-
« part (1). »

Mais ce n'était pas la rente foncière proprement
dite, parce que, dans ce cas, le bailleur n'avait
point conféré au preneur le droit de propriété
sur l'héritage, comme dans celui de rente : c'é-
tait un véritable champart ; mais abusivement
on lui donnait aussi dans la pratique le nom de
rente foncière : comme, *vice versâ*, on appelait
quelquefois champart le droit à une certaine *quantité* de fruits payable annuellement, et constitué
pour la concession d'un droit immobilier, tandis
que c'était uniquement une rente foncière. Cette
confusion dans les noms avait fini par en amener
une grande dans les choses.

134. « Le bail, dit le même auteur, peut être
« fait à perpétuité ou pour un certain temps, et il
« est de l'essence que le bailleur se retienne par le
« bail dans l'héritage un droit de rente annuelle et
« perpétuelle, ou pour le temps déterminé, si le
« bail est temporaire. »

Dans ce cas-là même, le bail à rente différait
beaucoup du bail à ferme ou à loyer, lequel n'attribuait et n'attribue encore aujourd'hui au preneur
aucun droit réel sur le fonds, mais un simple droit
personnel contre le bailleur et ses héritiers ; tandis
que le bail à rente lui conférait un droit dans la

---

(1) Ou, dans plusieurs lieux, bail à locatairie.

chose, et la propriété elle-même, si le bail était à perpétuité.

135. Comme ce n'était que tant que le preneur conserverait le fonds, qu'il était soumis à l'obligation de payer la rente, il se trouvait déchargé de cette obligation quand le fonds périssait en totalité; il pouvait même aussi s'en affranchir en le restituant non détérioré par sa faute, à moins qu'il n'eût renoncé à cette faculté, soit expressément, soit tacitement par la clause *de fournir et faire valoir*, clause d'un assez fréquent usage, mais qui n'obligeait que le preneur et ses héritiers, et non ses successeurs à titre particulier, comme l'acheteur, le donataire et le légataire.

136. Si le preneur ou le tiers-détenteur ne servait pas la rente, alors de deux choses l'une : ou le pacte commissoire avait été inséré dans le contrat, par exemple, *que le bail serait résolu à défaut de paiement de la rente pendant trois ans*; ou la condition résolutoire n'y était pas exprimée. Dans le premier cas, le créancier, après sommation faite au preneur ou au détenteur, à l'expiration du temps fixé, avait, du moins généralement (1), le droit de faire prononcer la résiliation du bail et sa rentrée dans le fonds; dans le second, les tribunaux accordaient un délai au preneur ou

---

(1) Car dans certaines coutumes le pacte commissoire était réputé comminatoire.

au détenteur mis en demeure, et s'il ne satisfaisait point au jugement, la résolution pouvait être prononcée.

137. Avant les lois des 9-11 août 1789, et 18-29 décembre 1790, les rentes foncières, à l'exception de celles établies sur les maisons de villes et faubourgs, n'étaient point rachetables contre le gré du créancier, parce que le prix de l'aliénation n'était pas un capital, comme dans la vente proprement dite, mais une rente représentant le fonds pour le bailleur, qui ne l'avait aliéné que sous la condition qu'on lui servirait cette rente : or, nul ne peut être forcé de céder son droit, si ce n'est pour cause d'utilité publique.

138. Mais puisqu'on peut être forcé de le céder pour cette cause, les ordonnances de nos rois avaient appliqué ce principe au remboursement des rentes constituées sur les maisons de villes et faubourgs après le premier acensement ou autres rentes, parce qu'un grand nombre de propriétaires de maisons grevées de plusieurs rentes, qui en absorbaient ou diminuaient considérablement le revenu, les laissaient tomber en ruine. L'utilité publique réclamait donc contre un tel état de choses.

Et comme généralement les fonds grevés de rentes n'étaient pas aussi bien cultivés que ceux qui en étaient affranchis ; qu'ils n'étaient pas non plus d'une transmission aussi facile que les fonds

libres; que ces charges, enfin, donnaient naissance à une multitude de difficultés et de procès,
les lois ci-dessus citées transformant le droit ex-
ceptionnel en droit général et absolu, ont déclaré
remboursable, malgré le créancier, toute espèce
de rentes foncières établies à perpétuité, et tous
les droits de champart en perpétuel, sous quelque
dénomination qu'ils aient été créés, même ceux
établis moyennant une certaine *quotité* des fruits
annuels du fonds.

139. Elles n'ont toutefois pas défendu d'établir
des rentes *foncières*; l'article 1er de celle des 18-
29 décembre 1790 autorise même formellement,
comme on l'a vu, la constitution des baux à rente
ou à emphytéose pendant un temps qui ne peut
excéder 99 ans, ou sur plusieurs têtes, n'excédant
pas le nombre de trois.

140. D'où il suit que les rentes foncières créées
depuis ces lois (mais avant le Code), sont régies
par les principes qui régissaient anciennement les
rentes de cette nature, sauf ce qui concerne le
remboursement : aussi a-t-il été décidé par la Cour
de cassation (1) que le débiteur d'une rente créée
en l'an 2, pour prix de la cession d'un fonds,
ne pouvait être contraint au rachat, en vertu de
l'article 1912 du Code, pour le seul défaut de paiement des arrérages pendant deux ans écoulés sous

_____

(1) Arrêt de rejet, du 5 mars 1817. Sirey, 18-1-74.

le Code, « attendu, porte l'arrêt, que l'article 1912 « du Code civil n'étant relatif qu'aux débiteurs de « rentes constituées, on ne peut en étendre les dis- « positions aux rentes foncières (1). »

141. Toutefois, ces mêmes lois, tout en autorisant le rachat des rentes foncières et autres droits analogues, établis à perpétuité, n'ont point enlevé à ces droits, tant qu'ils ne seraient pas remboursés, leur qualité d'immeubles; au contraire, ce caractère leur a été expressément conservé avec tous ses effets.

142. Mais celle du 11 brumaire an 7 sur le *régime hypothécaire*, tout en maintenant les hypothèques établies sur les rentes foncières et autres prestations rachetables, les a rendues mobilières, en déclarant (chap. 2, art. 7) qu'elles ne seraient plus, à l'avenir, susceptibles d'hypothèque. La Cour

---

(1) Cet arrêt n'est pas en opposition avec celui qu'a rendu la même Cour, le 16 juin 1818; savoir que le débiteur d'une rente établie pour prix de la cession d'un fonds faite en 1718, avec clause qu'à *défaut de paiement des arrérages pendant trois années, le vendeur rentrerait dans le fonds aliéné*, avait pu être expulsé pour défaut de service de la rente pendant ce temps écoulé sous le Code, nonobstant l'exception tirée de ce que la clause, dans le pays où l'acte avait été passé, était réputée comminatoire; car, ainsi que l'a jugé la même Cour, le 11 juin 1816, la condition résolutoire était sous-entendue dans les baux à rentes consentis avant les lois nouvelles, pour le cas où le preneur ne servirait pas la rente, comme elle l'est sous le Code en général, d'après les articles 1184 et 1654; or, dans l'espèce de l'arrêt du 16 juin 1818, le pacte commissoire avait été formellement convenu.

suprême l'a ainsi jugé, par arrêt de cassation, le 29 juin 1813 (1).

143. Puisque les rentes foncières créées avant le Code sont régies par les lois en vigueur lors de leur constitution, le preneur, même direct, qui ne s'est point *personnellement* obligé au service de la rente, peut encore aujourd'hui s'en décharger en déguerpissant, pourvu qu'il rende le fonds non détérioré par sa faute. A plus forte raison, un simple détenteur a-t-il la même faculté.

144. Voyons maintenant ce que décide le Code relativement aux rentes connues, avant sa publication, sous la dénomination de rentes foncières.

Il n'admet point les rentes de cette nature. La discussion à laquelle l'article 530 a donné lieu, discussion solennelle, lumineuse, dans laquelle les avantages et les inconvéniens attachés à cette sorte de contrat ont été présentés sous toutes les faces, et, de part et d'autre, avec la plus grande profondeur et la plus rare habileté, ne permet pas le moindre doute à cet égard. Aujourd'hui, même pour cession directe d'immeubles, il ne peut être créé que des rentes de la nature de celles qu'on appelait et qu'on appelle encore rentes *constituées*.

Rappelons cet article, qui a été intercalé dans le Code après son entière composition.

« Toute rente établie à perpétuité pour le prix

_____

(1) Sirey, 13, 1, 382.

« de la vente d'un immeuble, ou comme condition
« de la cession à titre onéreux ou gratuit d'un fonds
« immobilier, est essentiellement rachetable.

« Il est néanmoins permis au créancier de régler
« les clauses et conditions du rachat. Il lui est aussi
« permis de stipuler que la rente ne pourra lui
« être remboursée qu'après un certain tems, le-
« quel ne peut jamais excéder trente ans : toute
« stipulation contraire est nulle. »

De ces dispositions découlent les conséquences
suivantes :

145. La cession qui ne serait faite que pour un
temps n'excédant point 99 ans, ou pour une rente
établie au profit de plusieurs têtes, n'excédant pas
le nombre de trois, ne serait point remboursable
contre le gré du cédant. La loi des 18-29 décembre 1790 en contient la disposition expresse, et
le Code ne statue que sur les rentes établies à *perpétuité.* Il n'a point entendu proscrire les conventions dont cette même loi n'avait pas cru devoir
changer les effets ; et celle dont il s'agit n'étant
point prohibée, doit produire les siens. Mais aussi,
quand bien même la rente ne serait point établie
à perpétuité, si elle l'était pour un tems excédant
99 ans, elle serait remboursable comme celles constituées réellement en perpétuel. La loi ci-dessus
s'appliquerait également en ce point, car le Code la
confirme, loin de l'abroger.

146. Dans les constitutions n'excédant pas 99 ans,

la propriété du fonds reste dans la main du constituant; et aujourd'hui que l'on peut faire des
baux à longues années, sans donner pour cela au
preneur un droit dans la chose, le *jus in re*, celui
qu'il aurait serait, ou un simple droit de louage, ou
bien un droit d'usufruit à temps ou d'emphytéose,
selon l'intention des contractans, qui s'apprécierait,
comme nous l'avons dit (1), par les termes du contrat et les circonstances du fait.

Si l'on jugeait que c'est un louage, le droit serait purement mobilier; il tomberait, à ce titre,
dans la communauté du preneur, entrerait dans le
legs de ses biens meubles, et le produit, en cas de
vente, serait distribué entre ses créanciers comme
chose mobilière.

Si l'on jugeait que c'est un usufruit à temps ou
un droit d'emphytéose, il serait immobilier et régi
dans tous ses effets par les principes qui régissent
les droits de cette nature.

147. L'article 530 prévoit que la rente constituée en perpétuel peut être établie de deux manières : ou *pour* le prix de la vente d'un immeuble,
ou *comme condition* de la cession, à titre onéreux
ou gratuit, d'un fonds immobilier.

Dans le premier cas, elle n'est point établie
comme prix ou condition de la cession de l'immeuble; elle l'est *pour* le prix de la vente, quoique
ce soit dans le même contrat, ce qui suppose qu'elle

_____

(1) *Suprà*, n° 74.

ne l'est point directement et immédiatement, mais au contraire qu'un prix est d'abord déterminé entre les parties, et qu'à la place et pour le paiement de ce prix, l'acquéreur du fonds s'oblige à servir une rente annuelle et perpétuelle : il s'opère une novation de l'obligation relative au prix fixé, à laquelle obligation est substituée celle qui résulte de la constitution de rente, quoique ce soit, encore une fois, par un seul et même contrat (1).

Dans le second, la rente est le prix direct de la vente ou cession; il n'y en a pas d'autre de convenu entre les parties : elle en est la condition; et si, sous plusieurs rapports, la distinction n'a aucune importance, il n'en est pas de même sous plusieurs autres, ainsi qu'on va le voir. Elle est, au surplus, fondée sur les principes; mais nous avouerons que, dans beaucoup de cas, elle ne ressortira pas évidemment du contrat : ce sera aux tribunaux à interpréter le véritable sens de ses clauses, comme ils l'ont déjà fait plusieurs fois sur le même cas (2).

---

(1) Il suffit en effet, pour que la novation puisse avoir lieu, qu'il y ait une obligation préexistante, ne fût-ce que d'un instant de raison. La L. 44, §. 6, ff. *de Oblig. et act.*, nous en offre un exemple fort clair, et Pothier, dans son traité *des Obligations*, en donne de semblables.

(2) *Voy.* notamment l'arrêt de la Cour de Grenoble, confirmé par la Cour de cassation, le 12 janvier 1814 (Sirey, 14, 1, 189), qui a jugé qu'une cession de droits immobiliers, même faite dans un contrat ancien, pour une rente que le preneur *s'était réservé la faculté de pouvoir rembourser moyennant une somme fixée*, n'était point une rente *foncière*, mais une simple rente *constituée*. Elle était en effet dénaturée.

148. Il n'y aurait aucun doute dans cette espèce : *Je vous vends* ou *cède tel fonds moyennant*
20,000 *fr.*, *pour lesquels vous me servirez une rente*
annuelle et perpétuelle de 1000 *fr.* : dans ce cas, il
existe une obligation primitive, celle de payer
20,000 fr.; mais elle est éteinte à l'instant par une
novation qui lui substitue celle de servir une rente
de 1000 fr. En vain dirait-on que la novation ne
se présume pas (art. 1273) : ici elle ressort de la
nature de la convention.

La rente se trouve donc être une véritable rente
du nombre de celles qu'on nomme *constituées*, et
elle eût été telle dans l'ancien Droit comme aujourd'hui ; en sorte qu'elle eût été régie, non par
les principes qui régissaient les rentes foncières,
mais par ceux qui régissent les rentes constituées
pour aliénation d'un capital : en conséquence,
l'acheteur eût pu rembourser le capital pour se
libérer du service de la rente, et il n'aurait pas eu,
comme dans la rente foncière, la faculté de dé-
guerpir pour s'en affranchir.

Si la clause était ainsi conçue : *Je vous vends* ou
cède tel fonds moyennant 20,000 *fr.*, *pour lesquels*
il vous sera loisible de me servir une rente annuelle
et perpétuelle de 1000 *fr.*, le prix serait toujours
les 20,000 fr., et la rente serait *tantùm in facultate*
solutionis.

Si elle était en ces termes : *je vous vends* ou
cède tel fonds moyennant 20,000 *fr. ou pour une*
rente annuelle et perpétuelle de 1000 *fr.*, votre

obligation serait alternative, et se déterminerait par le choix que vous feriez. Si c'était pour la rente, ce serait la rente qui serait établie directement et principalement; et, à cet égard, le choix se manifesterait par le premier acte de paiement.

Enfin, si elle portait: *Je vous vends* ou *je vous cède tel fonds moyennant une rente de* 1000 *fr.*, *que vous pourrez éteindre moyennant* 18,000 *fr.*, la rente serait également le prix direct du fonds (1).

149. Ces distinctions n'apportent aucune différence à la nature du droit du concédant; dans tous les cas il est mobilier, c'est toujours une créance; tandis qu'anciennement, dans les pays où les rentes constituées pour aliénation d'un capital étaient choses mobilières, elles auraient eu leur importance. Elles l'auraient eue aussi sous le rapport du remboursement, qui était facultatif dans les rentes de cette dernière espèce, et non dans les autres, ainsi que relativement au droit de se libérer du service de la rente par le déguerpissement du fonds, si la rente eût été purement foncière, droit qu'il n'aurait pas eu, si elle eût eu le caractère de rente constituée.

150. Il n'y a pas, non plus, de distinction à faire aujourd'hui entre les deux cas quant au droit qu'a

---

(1) Si la somme était de 20,000 fr. il serait assez inutile de faire cette stipulation; le droit commun la rendrait superflue, puisque le remboursement, de droit commun, se fait sur le pied du denier vingt, c'est-à-dire de 20,000 fr. pour une rente annuelle de 1000 fr.

le concédant de stipuler que le remboursement ne
pourra lui être fait avant un certain tems, qui peut
aller jusqu'à trente ans, quoique, lorsqu'il s'agit
d'une rente constituée pour aliénation réelle d'un
capital mobilier, ce terme ne puisse excéder dix
années (art. 1911); car l'article 530, avons-nous
dit, prévoit clairement les deux modes de constitution de la rente, et il autorise indistinctement
le concédant à stipuler que le remboursement ne
pourra lui être fait avant trente ans.

151. Et, lors même que la rente serait la condition directe de la cession du fonds, sans détermination préalable d'un prix en capital, l'acquéreur
par contrat passé sous le Code, ne pourrait, comme
l'aurait pu et comme le pourrait encore le preneur
à rente foncière proprement dite par bail passé
avant le Code, se décharger du service de la rente
par le déguerpissement, s'il ne s'était réservé cette
faculté. La nature de la rente foncière a totalement
changé, ou plutôt cette rente n'existe plus; or, la
faculté de délaisser tenait à la nature de ce contrat,
par conséquent elle a disparu avec la cause qui
la produisait : *cessante causâ, cessat effectus.* Si
nous décidons le contraire quant aux rentes établies avant le Code, même depuis les lois de 1789
et 1790, même depuis celle du 11 brumaire an 7,
qui a mobilisé toutes les rentes foncières, en maintenant néanmoins les droits d'hypothèque dont
elles étaient grevées, c'est parce que le Code n'a

d'effet rétroactif que dans les points sur lesquels il s'explique formellement à cet égard, cas heureusement très-rares, et au nombre desquels n'est point celui dont il s'agit ; en sorte qu'il est vrai de dire que les lois nouvelles, en établissant en faveur du débiteur la faculté de se libérer, n'ont point entendu lui ravir l'avantage que le droit commun et la nature du contrat lui attribuaient. Mais quant à celles constituées sous le Code, elles emportent pour le cessionnaire du fonds l'obligation personnelle d'en payer le prix tel qu'il a été convenu, ou, si la cession a été faite à titre gratuit, d'exécuter les conditions sous lesquelles la donation a été faite, puisqu'une donation même faite à un mineur et dûment acceptée, est obligatoire pour lui comme pour le majeur : car tel est le sens de l'article 463. En un mot, la qualité d'acheteur ou de cessionnaire du fonds emporte par elle-même l'obligation personnelle qui résultait anciennement de la simple clause de *fournir et faire valoir.*

152. Mais si, quant aux points dont nous venons de parler, il n'y a aucune différence à faire entre le cas où la rente est établie *pour* le prix déterminé d'un immeuble, et celui où elle est établie directement *comme* prix ou condition de la cession de cet immeuble, il n'en est toutefois pas de même relativement au privilège du vendeur.

Ainsi, dans le cas où je vends ou cède un immeuble moyennant une rente perpétuelle de 1,000 fr.,

IV.   9

par exemple, j'ai mon privilège comme tout vendeur d'immeuble ; et non-seulement je puis m'inscrire utilement dans la quinzaine de la transcription faite par un tiers détenteur, conformément à l'article 834 du Code de procédure, mais encore je conserve, suivant le même article, tous mes autres droits comme vendeur. Car qu'importe que le prix de la vente consiste en une rente ou en un capital déterminé, payable en vingt, trente ou cinquante années ? La loi ne fait et ne pouvait raisonnablement faire aucune distinction à cet égard : elle qualifie *vente*, dans l'article 530, l'abandon d'un fonds moyennant une rente établie à perpétuité. Je puis donc m'inscrire sur le sous-acheteur, et ainsi de suite, tant que mon privilège ne sera pas éteint, et, d'après l'article 2180, il ne le sera par la prescription au profit de l'acquéreur, que par le laps de tems qui lui sera nécessaire pour acquérir la propriété par ce moyen. Toutefois, celui-ci pourra joindre à sa possession celle des acquéreurs qui l'ont précédé, mais non celle du premier, attendu que, par rapport à moi, il ne pouvait prescrire à l'effet d'acquérir l'immeuble, mais seulement à l'effet de se libérer de l'action personnelle que j'avais contre lui, et par suite de mon privilège, ainsi qu'il résulte clairement de l'article précité.

Si, au contraire, la rente n'a été établie qu'indirectement, à la place d'un prix déterminé et pour le paiement de ce prix, l'action *venditi* est éteinte, et je n'ai plus de privilége : je ne puis avoir sur l'immeuble qu'une hypothèque, et seulement encore si elle m'a été consentie avec toutes les formalités requises.

153. Par suite des mêmes principes, on doit décider, dans le cas où la rente est constituée directement comme condition de la cession, que, indépendamment du droit que j'ai d'exiger le remboursement du capital de la rente pour défaut du service des arrérages pendant deux ans, et pour les autres causes prévues à l'article 1912 (puisqu'il y a réellement rente constituée), je puis, en vertu de l'art. 1654, si le cessionnaire ne remplit pas ses engagemens, demander la résiliation du contrat et ma rentrée dans le fonds, quand même la cessation du paiement des arrérages ne durerait pas depuis deux années; sauf aux tribunaux, si le pacte commissoire n'a pas été inséré dans le contrat, à user de la faculté que leur laisse l'article 1565. Mais s'il s'y trouve, ils doivent appliquer sévèrement la disposition de l'article suivant, qui leur défend d'accorder aucun délai.

154. Et ce droit d'obtenir, sous les distinctions ci-dessus, la résiliation du contrat, je puis aussi l'exercer contre les tiers détenteurs tant qu'ils n'ont pas prescrit la propriété, lors même qu'ils auraient purgé les hypothèques. C'est aujourd'hui une jurisprudence constante, que l'action en résiliation, attribuée par l'article 1654, est écrite sur l'immeuble, et qu'elle le suit en toutes mains,

parce que le premier acquéreur n'a pu transmettre à ses successeurs qu'un droit affecté de la chance de résolution dont il était affecté dans la sienne, suivant la règle *nemo plus juris in alium tranferre potest, quàm ipse habet*, maxime consacrée par l'article 2125, relativement à l'hypothèque, et par l'article 2182 par rapport à la propriété elle-même. Or, la purge des hypothèques ne détruit point ce droit, qui est tout-à-fait indépendant du privilège, puisqu'il est fondé sur la propriété (1), dont l'aliénation est subordonnée à la condition *sine quá non* que le prix serait payé. A plus forte raison, les hypothèques ou autres droits réels consentis par l'acquéreur ou ses ayant-cause s'évanouiraient-ils devant la résiliation du contrat, attendu que je reprends l'immeuble en vertu du titre originaire, par conséquent pour une cause antérieure à la concession de ces mêmes droits, et que c'est alors le cas de cette autre règle, *resoluto jure dantis, resolvitur jus accipientis*, comme en matière de reméré, de rescision pour cause de lésion, etc. (2).

---

(1) *Voy.*, à cet égard, les arrêts des 11 mars et 15 novembre 1816, rendus par la Cour de Paris (Sirey, 17, part. 2, pag. 1 et 209), et celui de cassation, du 16 août 1820 (Sirey, 21, 1, 103.) Ils ont tous jugé, et avec raison, que le vendeur a même contre les tiers qui ont transcrit et purgé, l'action en résiliation consacrée par l'article 1654, pour défaut de paiement de prix. Le dernier de ces arrêts a même décidé en ce sens à l'égard d'une vente faite anciennement dans le ressort du parlement de Paris, quoique le vendeur eût suivi la foi de l'acheteur en lui accordant terme pour le paiement.

(2) *Voy.* en ce sens l'arrêt de la Cour de cassation, du 16 juin 1811. Sirey, 11, 1, 337.

155. Au lieu que si la rente n'a été établie qu'en paiement d'un prix déterminé, pour en tenir lieu, et non comme condition directe de la cession, je n'ai plus l'action *venditi*, puisque je suis censé payé du prix de l'aliénation par l'effet de la novation dont nous avons parlé; et le défaut de paiement des arrérages ne peut plus donner lieu qu'au remboursement du capital de la rente; il faut même pour cela que le service n'en ait pas été fait pendant deux ans : en un mot, on applique à ce cas les règles sur les rentes constituées pour aliénation d'un capital, et les tiers détenteurs ne peuvent être tenus que de l'action hypothécaire, et s'il y a hypothèque.

156. Il est permis, comme on l'a vu, au créancier de régler les clauses et conditions du rachat, et de stipuler que la rente ne pourra lui être remboursée avant un certain tems, qui ne peut excéder trente année.

Ces conditions peuvent être, par exemple, que le remboursement se fera en un seul paiement, ou en plusieurs, aux époques qui seront déterminées par le créancier lorsqu'il lui sera offert; que le débiteur l'avertira tant de mois ou d'années à l'avance, afin de lui donner le tems de trouver un placement sûr et avantageux, etc. etc.

157. Mais le créancier peut-il stipuler que le remboursement lui sera fait à un taux supérieur

au taux légal, par exemple, à trente fois le montant de la rente?

Et s'il stipulait qu'il ne pourra lui être fait avant un tems excédant trente années, la clause serait-elle nulle, ou simplement réductible, comme en matière de réméré (Art. 1660.)?

Nous croyons que la première question doit se décider par une distinction. Si le créancier a stipulé le remboursement à un taux évidemment exagéré, afin de le rendre pour ainsi dire impossible par le tort qu'il causerait au débiteur, la clause doit être réputée non 'écrite, et le rachat peut avoir lieu suivant le taux légal, c'est-à-dire moyennant vingt fois le montant de la rente ; mais s'il ne l'a stipulé qu'à un taux n'excédant que d'une manière peu considérable le taux ordinaire, par exemple, à raison de 22 et même jusqu'à 25 fois le montant de la rente, la convention doit être respectée (1).

Ce n'est point là une usure prohibée; c'est la stipulation conditionnelle d'un prix de vente un peu plus élevé que celui qui eût été censé représenté par

---

(1) Pothier, *Contrat de bail à rente*, n° 29, incline à cette décision ; il dit : « Pourrait-on valablement convenir par le bail que « la rente serait rachetable d'une plus grosse somme, portée sur le « pied du denier vingt-cinq ou trente ? Pour la négative on dira « que la faculté de racheter ces rentes étant accordée par la loi, « pour une raison d'intérêt public (il agite la question à l'égard de « celles établies sur les maisons de ville et faubourgs); de même « que pour cette raison on n'y peut déroger directement, on ne

la rente tant qu'elle aurait subsisté. Il faut sans doute que la loi, qui veut que la rente soit essentiellement rachetable, ne soit pas éludée; mais aussi l'on ne doit pas perdre de vue qu'elle permet au créancier de régler les clauses et conditions du rachat, et qu'elle laisse conséquemment aux parties une certaine latitude à cet égard.

158. La seconde question doit être décidée en ce sens, que le tems sera restreint à trente années à partir du contrat. Il est vrai que l'article 530 ne dit pas, comme l'article 1660, que le délai sera réductible, qu'il dit même que toute convention contraire à celle qu'il autorise est nulle; mais il y a même raison qu'en matière de réméré : c'est également le cas de dire *utile per inutile non vitiatur.* Ce qu'il y a dans la clause de contraire aux dispositions de la loi, c'est l'excédant des trente années ; or nous le regardons comme nul. Nous appliquons donc l'article suivant son esprit, et même sa teneur.

159. Cette faculté qu'a le créancier de régler les conditions du rachat et de stipuler que le remboursement ne pourra lui être fait avant un certain

---

« doit pas, par la même raison, y pouvoir former indirectement
« atteinte par une clause qui rend le rachat plus difficile et plus
« onéreux. Néanmoins, j'inclinerais à penser que la clause est va-
« lable, pourvu que la somme ne fût pas une somme exorbitante
« qui surpassât la valeur de la rente; l'esprit de la loi n'ayant été
« que d'empêcher que ces rentes ne pussent absolument être ra-
« chetables. »

tems, ne s'applique point aux rentes établies avant la promulgation de l'article 530 : les débiteurs avaient acquis, par la loi de 1789-1790, le droit de se libérer suivant le mode, aux taux et conditions déterminés par cette loi, et le Code n'a pu le leur enlever.

Bien mieux, si, dans un contrat passé sous le Code, le créancier n'a fait aucune stipulation relative aux conditions et à l'époque du remboursement, il est censé avoir consenti à l'accepter quand il lui sera offert : le débiteur a conséquemment acquis le droit de se libérer quand bon lui semblera, en offrant intégralement le capital, au taux réglé par la loi, et ce droit ne peut lui être enlevé par le refus du créancier de recevoir ce qui lui est dû.

§. IV.

De la nature des Charges des notaires, avoués, etc.;
de celle de la Propriété littéraire ou de toute pro-
duction du talent ou de l'industrie, et d'un Fonds
de commerce.

160. Anciennement, les offices de juridicature et une foule de charges étaient immeubles; la coutume de Paris portait, par son article 95 : « office « vénal est immeuble. » Celle d'Orléans (art. 485) renfermait la même disposition, et l'édit de mars 1683 avait rendu les offices immeubles quant *à tous effets;* en sorte que le prix s'en distribuait par ordre d'hypothèque, comme celui des immeubles proprement dits.

161. Les charges ont cessé d'être vénales ; mais, d'après la loi de finance de 1816, les notaires, avoués et autres fonctionnaires, qui ont fourni le supplément de cautionnement déterminé par cette loi, sont autorisés, ainsi que leurs héritiers, à présenter un successeur à l'agrément du Roi. Par là, leurs charges sont réellement devenues *cessibles :* elles ont acquis une valeur pécuniaire qui augmente leur patrimoine.

162. Mais on ne saurait aujourd'hui les considérer comme des choses immobilières ; les lois qui leur donnaient anciennement cette qualité ont été abrogées, et ni celle de 1816, ni aucune autre, ne la leur attribue. A l'égard des choses incorporelles, telles que sont les objets dont il s'agit ici, la qualité de meubles ou d'immeubles ne peut résulter que de la détermination de la loi ou de la nature de la chose matérielle à laquelle elles s'appliquent, conformément à l'art. 526 ; or, en ce qui concerne les charges, le Code civil n'a rien déterminé : et, soit que l'on envisage la clientelle ou *pratique* qui, même dans l'ancienne jurisprudence était regardée comme chose mobilière, soit que l'on considère le droit de présentation, la charge ne peut être que meuble, puisque la clientelle ne donne que des produits mobiliers, et que le droit de présentation procure des valeurs de même nature. La mobilisation des rentes est encore un puissant argument en faveur de cette décision.

163. Par l'effet des mêmes principes, sont meubles aussi la propriété littéraire, celle qui est le produit de l'exercice des beaux arts, comme les planches d'un graveur, et les droits et privilèges attachés aux brevets d'invention et à toutes les productions du talent et de l'industrie.

164. Un fonds de commerce est pareillement meuble ; sa valeur est tout entière dans l'achalandage, les marchandises et les objets nécessaires à l'exercice de la profession, toutes choses mobilières.

165. Sous le rapport de la composition de la communauté entre époux, et sous d'autres encore, la qualité de chose mobilière que nous donnons ici aux charges, à la propriété littéraire et à tout autre droit résultant des travaux de la science et du talent, peut faire naître une foule de questions, qui trouveront plus convenablement leur place au titre du *Contrat de mariage*. Là nous examinerons aussi quel peut être, quant aux droits respectifs des époux et de la communauté, l'effet d'une loi nouvelle qui rangerait parmi les biens meubles ce qui était immeuble avant elle, comme on l'a vu à l'égard des rentes, et *vice versâ*.

SECTION III.

Signification des mots MEUBLE, MEUBLES MEUBLANS, BIENS MEUBLES, MOBILIER, EFFETS MOBILIERS.

SOMMAIRE.

166. *Pour compléter le système de la distinction des biens, les auteurs du Code ont cru devoir donner la signification légale des divers termes qui s'y rapportent.*

16'. *Mais toutes les définitions données sur ce sujet ne satisfont pas entièrement le jurisconsulte.*

168. *Texte de l'article* 533.

169. *Sens des mots* mon meuble, mes meubles, *employés par le testateur.*

170. *L'article* 533 *dit bien ce que ne comprend pas le mot* meuble *dans le cas qu'il prévoit, mais il ne dit pas ce qu'il comprend.*

171. *Ce mot n'est jamais employé par la loi dans un sens aussi restreint que celui qu'elle lui attribue par cet article.*

172. *Il en est autrement à l'égard des dispositions de l'homme ; mais l'addition du mot* immeubles, *dans l'acte, fait, par son opposition avec le mot* meubles, *disparaître le sens restreint de ce dernier, et lui donne la même signification que celle des termes* biens meubles.

173. *Cette signification peut être restreinte par quelque indication.*

174. *Signification des mots* mes meubles en totalité, *sans désignation du lieu de leur situation.*

175. *Celle des mots* tous mes meubles *serait la même dans le même cas.*

176. *Le mot* meuble, *quoique employé seul dans la disposition de l'homme, sans autre addition ni désignation, exclut d'autres objets que ceux mentionnés à l'article* 533.

177. *Il en comprend toutefois d'autres qui ne sont pas vulgairement désignés sous le nom de* meubles meublans.

178. *Signification des mots* meubles meublans, biens meubles, mobilier, effets mobiliers, *d'après les articles* 534 *et* 535.

179. *Il est douteux que, dans la pensée de tous ceux qui ne sont pas familiarisés avec le Code, les termes* mobiliers, effets mobiliers, *doivent comprendre tous les biens mobiliers quelconques.*

180. *La vente ou le don d'une* maison meublée *ne comprend que les meubles meublans.*

181. *Ce que comprend la vente ou le don d'une maison* avec tout ce qui s'y trouve.

166. Pour compléter le système de la distinction des biens, les auteurs du Code ont cru, avec raison, devoir déterminer la signification de divers termes qui désignent d'une manière plus ou moins générale les choses mobilières, parce que le sens de ces mots, surtout du terme *meuble*, est plus ou moins étendu, s'applique à un plus ou moins grand nombre d'objets, selon l'esprit de la disposition dont ils font partie.

167. Mais, il faut le dire, les définitions données à ces termes sont loin de satisfaire entièrement le jurisconsulte qui compare attentivement la signification attribuée par la loi, dans les articles que nous allons expliquer, aux expressions *meuble*, *mobilier*, *effets mobiliers*, avec celle qu'on y attache dans le langage usuel. On est porté à croire qu'en les consacrant, ces définitions, on s'est plutôt arrêté à la manière dont ces termes avaient été interprétés dans tel ou tel cas pour mesurer l'étendue de la disposition d'un testateur, qu'on ne s'est réellement attaché à l'acception vulgaire et générale dans laquelle ils sont pris. C'est par les développemens successifs de ce sujet que la justesse de cette remarque ressortira tout entière.

168. Suivant l'article 533, « le mot *meuble*, em-
« ployé seul dans les dispositions de la loi ou de
« l'homme, sans autre addition ni désignation, ne
« comprend pas l'argent comptant, les pierreries,
« les dettes actives, les livres, les médailles, les

« instrumens des sciences, des arts et métiers, le
« linge de corps, les chevaux, équipages, armes,
« grains, vins, foins et autres denrées; il ne com-
« prend pas non plus ce qui fait l'objet d'un com-
« merce. »

169. Une première observation à faire sur cette
disposition, c'est que le mot *meuble*, pour être employé correctement, par l'homme ou par la loi,
même dans le sens restreint qu'elle lui attribue ici,
doit généralement l'être au pluriel, bien que dans
cet article il soit employé au singulier; car autrement il n'indiquerait grammaticalement qu'un objet, qu'un meuble, tandis qu'il est destiné, même
lorsqu'il est employé seul, sans autre addition ni
désignation, à exprimer une classe d'effets mobiliers, au moins les *meubles meublans*.

Nous n'inférons toutefois pas de là que si un testateur, au lieu de dire *je lègue à Paul mes meubles*, disait, *je lègue à Paul mon meuble*, le legs
serait censé n'être que d'un seul objet, à prendre
parmi ceux qui sont implicitement compris dans le
mot *meuble*, employé seul, sans addition ni désignation, et que ce legs serait ainsi restreint à une valeur presque nulle; nous croyons, au contraire,
qu'il comprendrait tout ce que comprend ce mot
d'après l'article 533, à moins toutefois que l'intention du disposant ne fût contraire; ce qui s'estimerait par le contexte du testament et par les circonstances de la cause.

Vice versâ, de ce que le testateur se serait servi de ce mot au pluriel, qu'il aurait dit *mes meubles*, ce terme n'aurait toujours que le sens que lui attribue cet article, puisqu'autrement il faudrait lui donner celui qui est attaché aux expressions *biens meubles*, *mobilier*, *effets mobiliers*, ce qui serait contraire à la signification attribuée à chacun de ces termes, comparativement à celle qu'a le mot *meuble*, employé seul.

170. Une seconde observation qui se présente sur ce même article, c'est que s'il nous dit ce que ne comprend pas le mot *meuble*, employé seul dans les dispositions de la loi ou de l'homme, sans autre addition ni désignation, d'autre part, il ne nous dit pas ce qu'il comprend : d'où naît la double question de savoir s'il exclut uniquement les objets qu'il énumère spécialement, et, en sens inverse, s'il ne comprend que les meubles connus sous le nom de *meubles meublans*, double question que nous résoudrons bientôt.

171. Enfin, nous ne voyons pas que, dans aucune de ses dispositions quelconques, la loi ait employé ce mot *meuble* dans un sens aussi restreint que celui qu'elle lui assigne ici. En effet, dans tous les articles où il est employé seul, de deux choses l'une : ou il n'est pas, à cause du rapport de ces mêmes articles avec d'autres qui les précédent ou les suivent sur le même sujet, dans la même loi, et qui parlent des immeubles, censé employé seul,

mais bien par opposition à cette dernière expression; ou, si l'on voulait prétendre qu'il est employé
seul, parce que, dans le même article, il n'est pas
fait mention des immeubles, il aurait réellement
un sens infiniment plus étendu que celui qui
lui est attribué par le texte que nous expliquons.

. Ainsi, dans les articles 452 et 453 (et surtout dans
le dernier), où il est employé seul, sans aucune
addition quelconque, il est clair que ce mot embrasse même les objets exceptés par l'article 533 (1);
et sa signification a au moins la même étendue dans les articles 805 et 825, 2101 et 2102,
2119 et 2279, et quelques autres encore, dont le
sens ne peut être douteux. A la vérité, ceux qui
les précèdent ou les suivent plus ou moins immédiatement, dans la même loi, parlent des immeubles; en sorte que le mot *meuble*, quoique employé seul dans un article, ne l'est, en réalité,
dans les dispositions de la loi sur la matière, que
par opposition évidente au mot *immeubles* : tels
sont, par exemple, les articles 2118 et 2119 com-
parés l'un à l'autre. Mais notre observation n'en
subsiste pas moins, puisqu'on ne pourrait citer un
seul cas où ce mot *meuble* se trouve employé seul,
dans les dispositions de la loi, sans autre addition
ni désignation , pour exprimer uniquement les
choses qu'il est censé comprendre, dans le même

(1) Si ce n'est toutefois les meubles incorporels.

cas, d'après l'article 533. Sous ce rapport, cet article ne renferme donc qu'une pure abstraction.

172. Mais il en est autrement à l'égard des *dispositions de l'homme*; car si un testateur lègue simplement ses *meubles*, sans autre addition ni désignation, aucun des objets énumérés à cet article ne se trouvera compris dans le legs. Au lieu que s'il léguait à l'un ses *meubles* et à l'autre ses *immeubles*, sans aucune désignation restrictive, l'opposition que cette dernière expression formerait avec la première étant fortement caractérisée, elle indiquerait suffisamment qu'il a entendu léguer au premier tout ce qui n'est pas immeuble, c'est-à-dire tous ses *biens-meubles*. Dans ce cas, le sens du mot *meuble* aurait une signification aussi étendue que celle des termes *biens-meubles, mobilier, effets mobiliers*, expressions qui par elles-mêmes embrassent tous les biens, moins les immeubles.

Et l'étendue du legs serait la même, encore que celui des immeubles ne fût pas contenu dans la même clause, ni même dans une clause suivant ou précédant immédiatement celle qui renfermerait le legs des meubles; car ces diverses clauses devraient être rapprochées, comparées entre elles, et de leur combinaison résulterait cette démonstration évidente que le mot *meuble* n'a pas été employé *seul dans les dispositions de l'homme, sans autre addition ni désignation*, par conséquent, que son sens, dans la pensée du testateur, a été plus étendu qu'il ne l'est d'après l'article 533.

173. Cette interprétation fléchirait toutefois devant d'autres termes du testament qui indiqueraient, au contraire, que le disposant n'a point voulu donner au mot *meuble* un sens aussi étendu: par exemple, s'il avait désigné les objets, ou s'il avait restreint sa disposition à une classe de meubles ou à ceux situés dans tel endroit, etc., le sens de ce mot recevrait une limitation de ces diverses désignations ou restrictions.

174. En supposant même qu'il n'eût pas parlé de ses immeubles, s'il avait légué ses *meubles en totalité*, sans désignation du lieu de leur situation, sans aucune restriction ni limitation, tous les biens-meubles qu'il posséderait seraient compris dans le le legs; car ces mots *en totalité* forment une *addition* qui efface le sens restreint attaché à l'expression *meuble* employée seule.

175. Et comme le mot *tous*, sans désignation quelconque, a la même signification que les mots *en totalité*, il comprendrait pareillement tous les biens mobiliers. Ici, l'addition au mot *meuble* n'est pas, il est vrai, dans l'ordre des termes, puisqu'au contraire le mot *tous* précéde le mot *meubles*; mais elle est dans les choses, dans la pensée du testateur, dans la disposition elle-même, dont elle augmente évidemment l'objet.

IV. 10

176. Voyons maintenant si ce mot, employé seul dans les dispositions de l'homme, sans autre addition ni désignation, n'exclut pas d'autres objets que ceux mentionnés à l'article précité.

Evidemment il ne comprend pas les collections de tableaux ou de porcelaines qui peuvent être dans des pièces ou galeries particulières, non pas parce que ces collections ne font point partie des meubles d'un appartement (art. 534), car il est des objets qui ne sont point vulgairement regardés comme *meubles meublans*, et qui cependant sont compris dans la signification, quoique très-restreinte, du mot *meuble* employé seul : telle est l'argenterie; mais elles n'y sont point comprises, parce qu'il y aurait de l'inconséquence à les y comprendre quand les médailles en sont exceptées. Il en faut dire autant des portraits de famille; il y a même une raison de plus, celle puisée dans le prix d'affection attaché à ces tableaux.

Si les pierreries n'y sont pas comprises, on ne voit pas pourquoi les montres et autres objets de cette nature le seraient; on ne voit pas non plus pourquoi on y comprendrait l'or et l'argent en lingots, quand l'argent comptant n'y est pas compris ; les bœufs, vaches et autres animaux, quand les chevaux en sont exceptés; et enfin, on ne concevrait pas le motif qui porterait à faire entrer, dans la signification de ce terme, la charrette d'un voiturier, quand le cheval n'y entre point et quand les équipages n'y figurent pas non plus.

Excepté l'or et l'argent en lingots, tous ces objets, et beaucoup d'autres encore, ont, sous le rapport de leur détermination, du service auquel on les emploie, une parfaite analogie avec ceux énumérés à l'art. 533, et la raison qui met ces derniers en de hors de la signification légale du mot *meuble* employé seul, demande aussi que les autres n'y soient pas soumis. Si, en léguant simplement ses *meubles*, tel individu n'entend point léguer ses chevaux, ses équipages, ses pierreries; tel autre, en faisant le même legs, doit être censé n'avoir pas entendu léguer ses bœufs ou ses vaches, son char ou sa charrette, sa montre ou son *nécessaire.*

177. Mais, comme nous l'avons dit, l'argenterie destinée au service de la table est comprise dans la signification de ce terme. Ce n'est pas là, il est vrai, à proprement parler, un *meuble meublant,* puisqu'elle est plutôt employée à l'usage direct et immédiat de la *personne,* qu'à l'ameublement et à l'ornement de la maison ou de l'appartement; mais quant à l'objet de sa destination, elle doit être assimilée à la vaisselle de porcelaine, qui est meuble meublant quand elle ne forme pas une collection particulière; en conséquence, elle doit être comprise dans la signification du mot meuble, quoique employé seul dans la disposition de l'homme, sans autre addition ni désignation.

On trouverait peut-être encore quelques autres objets qui ne sont pas, dans le langage usuel, mis

au nombre des *meubles meublans*, et qui sont ce
pendant compris dans la signification du mot *meu
ble* employé seul, comme n'en étant pas exclu
explicitement ni implicitement par l'article 533

178. « Les mots *meubles meublans* ne compren
« nent que les meubles destinés à l'usage et à l'or
« nement des appartemens, comme tapisseries, lits
« siéges, glaces (1), pendules, tables, porcelaine
« et autres objets de cette nature.

« Les tableaux et les statues qui font partie du
« meuble d'un appartement, y sont aussi compris
« mais non les collections de tableaux qui peuven
« être dans les galeries ou pièces particulières.

« Il en est de même des porcelaines : celles-là
« seulement qui font partie de la décoration d'un
« appartement sont comprises sous la dénomina-
« tion de *meubles meublans*. (Art. 534.)

« L'expression *biens-meubles*, celle de *mobilier*
« ou d'*effets mobiliers*, comprennent généralement
« tout ce qui est censé meuble d'après les règles ci-
« dessus établies (art. 535) », c'est-à-dire tout ce
qui est censé meuble, non d'après les articles 533
et 534, mais tout ce qui est censé meuble suivant
les articles 528 et 529 : en d'autres termes, elles
comprennent tout ce qui n'est pas immeuble par
l'une des quatre causes précédemment expliquées.

179. La première de ces expressions a le sens

---

(1) Non immeubles par destination.

le plus naturel : quand on parle des *biens meubles* , évidemment on entend exclure les biens immeubles, et par conséquent comprendre tous les
biens qui n'ont pas cette dernière qualité.

Mais il est permis de douter que, dans la pensée
de tout testateur qui ne connaît pas la signification
légale des mots *mobilier, effets mobiliers* , et il en
est assurément un bien grand nombre, ces mots
renferment un sens aussi étendu que celui qui
leur est donné par cette disposition. Il est même
permis de croire que beaucoup de personnes en
léguant simplement leur *mobilier* ou leurs *effets
mobiliers*, n'entendent point léguer leurs créances,
leurs contrats de rentes et une foule d'autres choses
qui se trouvent cependant comprises sous ces dénominations. Pour un grand nombre, *mobilier*,
effets mobiliers , sont les choses qui servent à l'u-
sage des appartemens et de la personne : on dit
souvent, en parlant de la fortune d'un particulier, il a tant en biens-fonds, tant en rentes ou
argent placé ; *son mobilier vaut tant* ; voulant indiquer, par cette dernière expression, les choses
qui meublent ou garnissent son habitation , ainsi
que celles qui servent directement au besoin de sa
personne.

Lors de la publication du Code , cette erreur a
dû d'autant plus facilement se commettre, que ces
termes étaient loin d'avoir le même sens dans
toutes les coutumes, et dans l'opinion des jurisconsultes eux-mêmes : comme nous l'avons dit, ce

sont des décisions rendues sur des cas particuliers, et par interprétation de diverses clauses testamentaires, qui ont fini par le leur attribuer, surtout dans le ressort du parlement de Paris. Mais la loi devenant générale, elle devait peut-être ne leur donner une signification aussi étendue que dans ses *seules dispositions*, et non dans celles de *l'homme*, à moins que l'intention bien manifeste du testateur ne l'eût ainsi voulu.

Ces expressions eussent dû comprendre, sans doute, la plupart des objets mentionnés à l'article 533, et qui ne sont pas compris dans le mot *meuble* employé seul; mais, seules et sans aucune addition ni désignation, elles auraient pu ne pas renfermer les contrats de rentes, les créances, et même l'argent comptant.

180. La vente ou le don d'une maison meublée ne comprend que les meubles meublans. (Art. 535.)

181. La vente ou le don d'une maison avec tout ce qui s'y trouve, ne comprend pas l'argent comptant, ni les dettes actives et autres droits dont les titres peuvent être déposés dans la maison. (Art. 536.)

Mais, porte ce même article, tous les autres effets mobiliers y sont compris.

Malgré la généralité de cette disposition, nous ne saurions penser que les hardes et le linge de corps du *vendeur*, qui habiterait la maison au moment du contrat, ainsi que ceux de sa famille, dussent être compris dans la vente. Il est invraisemblable qu'il ait entendu sortir de la maison sans ces objets ; il est pareillement invraisemblable qu'il ait entendu comprendre ses pierreries et celles à l'usage de son épouse; et la règle que tout pacte obscur ou ambigu s'interprète contre le vendeur (art. 1602), ne saurait, quant à ce point, fournir une décision contre lui, puisqu'il n'y a point de pacte sur cet objet; conséquemment il ne saurait être obscur ni ambigu : ce serait plutôt l'article 1156 qui devrait régir la cause.

Si le don était fait par testament, ces objets, mais ceux-là seulement encore qui seraient à l'usage personnel du testateur, se trouveraient aussi compris dans le don.

S'il était fait par acte entre vifs, il ne serait valable, quant aux effets mobiliers, que pour ceux dont un état estimatif, signé du donateur et du donataire, ou de ceux qui accepteraient pour lui, aurait été annéxé à la minute de la donation (art. 948); ce qui prévient la difficulté.

CHAPITRE III.

Des Biens dans leur rapport avec ceux qui les possèdent.

SOMMAIRE.

182. Nous venons de considérer les biens relativement à leur qualité de meubles ou d'immeubles; maintenant nous avons à les envisager dans leur rapport avec ceux qui les possèdent; et, considérés sous cet aspect, les biens peuvent être divisés en trois grandes classes :

Ceux qui appartiennent à l'État, et que, pour cette raison, on appelle *biens nationaux;*

Ceux qui appartiennent à des communes, communautés ou établissemens publics;

Ceux enfin qui appartiennent à des particuliers, et dont le Code s'occupe plus spécialement : nous en traiterons dans les titres suivans.

183. Comme division des *biens*, cette même division est complète; elle embrasse en effet tous les biens d'après la signification propre de ce mot. Mais si c'était celle des *choses*, elle serait incomplète en ce qu'elle ne comprendrait pas celles qui ne sont l'objet d'aucune propriété, ni publique ni privée, et dont l'usage est commun à tous, choses que, par ce motif, les jurisconsultes romains appellent *res communes*, comme l'air, l'eau courante, la mer.

Les animaux qui jouissent de leur liberté naturelle, les pierres précieuses et les coquillages trouvés sur le bord de la mer ou dans son sein, sont aussi pour eux des choses qui n'appartiennent à personne, *res nullius.*

De ces diverses choses, plusieurs peuvent devenir l'objet d'une propriété, même privée; mais aussi plusieurs d'entre elles ne sauraient être l'objet d'une propriété, même publique.

Des lois de police règlent la manière de jouir des unes et des autres (714); nous en parlerons avec plus d'étendue dans la suite.

184. Nous traiterons, dans une première section, des biens nationaux;

Dans une seconde, des biens communaux, ou des établissemens publics;

Et dans une troisième, des droits que l'on peut avoir sur les biens.

SECTION PREMIÈRE.

Des Biens nationaux.

SOMMAIRE.

185. *Les biens nationaux sont ceux qui appartiennent à l'État. On ne dit plus que ce sont les biens de la couronne; mais, sous plusieurs rapports, les biens de la couronne sont les biens de l'État.*

186. *Anciennement, les biens de l'État se confondaient avec ceux de la couronne. Ces principes ont été changés par la création de la liste civile.*

187. *Les biens que possède le Prince à son avènement se confondent encore aujourd'hui avec le domaine de l'État : loi du 8 novembre 1814.*

188. *Cela n'empêche toutefois pas le Roi d'acquérir des domaines privés; mais s'il n'en a pas disposé, ils se réunissent, à sa mort, au domaine de l'État.*

185. Les biens nationaux sont ceux qui appartiennent à l'État, c'est à dire à l'universalité des citoyens qui composent le grand corps que l'on

nomme nation ; ce sont des choses publiques , *res
publicæ.* La forme du gouvernement monarchique,
du moins en France et en Angleterre, n'altère en
rien la justesse de cette définition ; car, même les
biens affectés à la splendeur du Trône (1) font partie
des biens de l'État, sous le triple rapport de leur
origine , de leur destination et de leur inaliénabi-
lité : le Roi en a simplement la jouissance. La loi
du 8 novembre 1814 consacre positivement ces
principes de notre droit public moderne. Mais sous
quelques autres rapports, les biens de la Couronne
ne doivent pas être confondus avec ceux de l'État.

186. Anciennement, le Roi n'avait pas de biens
en propre (2) ; ceux qu'il possédait à son avènement
se confondaient avec le domaine de l'État ; mais
alors il n'y avait pas de loi qui réglât la dépense
annuelle du Souverain : elle n'avait d'autre limite
que celle qu'y mettaient sa sagesse et l'esprit d'ordre
et d'économie de ses ministres ; son trésor et celui
de l'État ne faisaient qu'un. C'est l'assemblée constituante qui, par ses décrets de 1790 et 1791 , a
introduit cette grande et importante division , em-
pruntée à l'Angleterre, et qui est la source la plus

---

(1) La liste civile se compose de deux sortes de biens : 1° d'une
somme annuelle qui est fixée à l'avènement du Prince , et pour toute
la durée de son règne ; 2° des palais , châteaux et parcs royaux, du
mobilier qui les garnit, des forêts spécifiées dans les actes législatifs ,
des diamans de la couronne, etc. , etc. (Loi du 8 novembre
1814.)

(2) *Voy.* Favard de Langlade, *Répertoire*, au mot *Liste civile.*

féconde du crédit public, par la confiance qu'elle inspire aux gouvernés que le produit de leurs tributs ne sera pas livré à la discrétion des ministres, ni employé à des objets étrangers à l'intérêt général, et que le Trône, d'ailleurs richement doté, n'éprouvant aucun de ces embarras de finance nés trop souvent de la facilité de dépenser sans mesure, conservera dans toutes les circonstances la splendeur dont il doit toujours être environné.

187. Les anciens principes, à cet égard, n'ont pas été totalement changés, mais ils ont été modifiés par la nouvelle législation.

Ainsi, au moment où le Prince monte sur le Trône, sa personne privée s'évanouit et se confond encore, pour ainsi dire, dans la personne publique, qui n'est plus qu'une seule et même chose que l'État; et par voie de conséquence, les biens qu'il possédait deviennent, comme anciennement, les biens de l'État, et se réunissent, de plein droit, à son domaine. (Art. 20 de la loi du 8 novembre 1814, précitée.)

188. Cette confusion de la personne publique du Roi avec l'État, et par suite de son patrimoine avec le domaine public, ne l'empêche toutefois pas d'acquérir des domaines privés : l'article 18 de la même loi lui en reconnaît formellement le droit; et, suivant l'article 21, ces biens sont à sa libre disposition pendant sa vie; il peut même en disposer par acte de dernière volonté; mais s'il meurt sans l'avoir fait, ces mêmes biens se réunissent, de plein droit,

et sous la déduction des dettes, au domaine de l'État, qui est considéré comme successeur *in universum jus.*

189. Cette première distinction établie entre les divers biens de l'État, nous en ferons une autre également importante, afin de connaître quels sont ceux de ces biens qui, quoique appartenant à l'État, sont réellement dans le commerce, et peuvent, en conséquence, être aliénés et prescrits, et ceux, au contraire, qui sont inaliénables, et, par suite, imprescriptibles.

Les uns sont essentiellement biens publics, et font partie du domaine public tant qu'ils conservent leur destination. Ainsi, « les chemins, routes « et rues à la charge de l'État, les fleuves et rivières « navigables et flottables, les rivages, lais et relais « de la mer, les ports, les havres, les rades, et gé- « néralement toutes les portions du territoire fran- « çais qui ne sont pas susceptibles d'une propriété « privée, sont considérés comme des dépendances « du domaine public. (Art. 538.) »

Par la même raison, « les portes, murs, fossés, « remparts des places de guerre et des forteresses, « font aussi partie du domaine public. (Art. 540.)»

Mais si la destination de tel ou tel de ces biens venait à changer, si, par exemple, la mer venait à se retirer comme elle l'a fait à Harfleur, Aigues-mortes et autres lieux, ou si un chemin, une route ou une rue à la charge de l'État, venait à être sup-

primé, les ports, havres, rades ou chemins, ain
devenus aliénables, seraient susceptibles d'êti
prescrits, quoique appartenant à l'État.

C'est d'après ce principe que l'article 541, e
disposant que les terrains, les fortifications et rer
parts des places qui ne sont plus places de guerr
appartiennent à l'État, porte néanmoins que c
biens peuvent être aliénés, et que la proprié
peut en être acquise contre lui par prescription

Au moyen de cette distinction se concilient pa
faitement les dispositions des articles 2226 et 222
Suivant le premier, « on ne peut prescrire le de
« maine des choses qui ne sont pas dans le con
« merce, » c'est-à-dire des choses qui ne peuver
être l'objet d'une propriété privée, ou au moii
communale ; d'après le second , « l'État est soum
« aux mêmes prescriptions que les particuliers , (
« peut également les invoquer. »

Toutes les fois donc que les biens ci-dessus n'ai
ront pas perdu leur destination, ils seront hors d
commerce, inaliénables, et par conséquent impre
criptibles; mais, au contraire, quand ils l'auror
perdue, ils seront rentrés dans le commerce (
dès lors, devenus prescriptibles.

190. Nous avons dit que les chemins, routes (
rues à la charge de l'État sont des dépendances d
domaine public; il y a trois espèces de chemins

Ceux qui sont à la charge de l'État, et qu'on ar
pelle *routes :* il y en a de plusieurs classes.

Les chemins vicinaux ou communaux.

Et enfin les chemins établis pour le service des héritages.

Les premiers sont biens de l'État ; les seconds biens communaux, et sont à la charge des communes ; et les derniers biens particuliers. Ceux-ci sont souvent établis pour l'exercice d'un droit de servitude. Nous en parlerons au titre *des Servitudes.*

191. La question de savoir si un chemin est communal ou non est de la compétence du préfet du département, sauf le recours au ministre de l'intérieur ; mais celle de savoir à qui appartient le terrain sur lequel il est frayé est de la compétence des tribunaux. Dans le cas où il est jugé que ce terrain appartient à un particulier, le chemin n'en doit pas moins être continué, sauf indemnité au propriétaire (1).

192. Quant aux *rues*, celles qui sont la continuation et la communication des routes à la charge de l'État, sont censées faire partie des routes elles-mêmes : les autres sont réputées chemins vicinaux ou communaux, et sont à la charge des communes.

193. *Les fleuves et rivières navigables ou flottables :* le fleuve conserve son cours (2) et son nom

---

(1) Décret du 16 octobre 1813. Bulletin n° 9781.

(2) Le Rhin se perd dans les sables à plusieurs lieues de la mer, et cependant c'est un fleuve.

jusqu'à la mer, où il va se perdre. La rivière se jette dans un fleuve ou une autre rivière : le Rhône, la Loire et la Seine sont des fleuves ; la Saône, l'Allier et la Marne sont des rivières.

C'est à l'autorité administrative à décider si une rivière est navigable, flottable ou non, parce que c'est à elle à déterminer les signes auxquels on reconnaît la propriété publique (1).

194. Les rivages de la mer s'étendent jusqu'où parvient ordinairement le plus grand flot de mars sur les grèves (2), point facile à reconnaître par le *galet* ou gravier qu'elle y dépose. Ce n'est donc pas jusqu'où l'eau parvient quelquefois par l'effet des ouragans et des tempêtes, et encore moins le point le plus éloigné où reflue la mer dans ses affluens.

Ainsi, comme les rives des fleuves et rivières navigables ou flottables appartiennent aux propriétaires riverains, à la charge par eux de laisser le marchepied ou chemin de halage (art. 556 et 650), l'État n'est point propriétaire des rives des fleuves et rivières qui se jettent dans la mer jusqu'au lieu où remonte le flot ; car il reflue souvent à de fort grandes distances.

C'est à l'administration à déterminer le point où finit le rivage de la mer, et où commence la rive de l'affluent.

---

(1) Arrêté du directoire, du 2 nivôse an 6. Voy. *infrà*, n° 298.
(2) Ordonnance de la marine de 1681, liv. 6, tit. 7, art. 1er. La

195. « Tous les biens vacans et sans maître, et
« ceux des personnes qui décèdent sans héritiers,
« ou dont les successions sont abandonnées, ap-
« partiennent aussi à l'État ». (Art. 539.)

Nous traiterons plus loin des choses *perdues*, et
au titre *des Successions,* de celles qui sont en déshérence.

Le trésor, dont nous parlerons aussi ultérieurement, est sans contredit un bien vacant et sans
maître (art. 716), et néanmoins il n'appartient pas
à l'État.

Mais il en possède d'autres que ceux qui viennent d'être indiqués, comme les forêts nationales,
les édifices ou monumens publics qui n'appartiennent pas à des villes ou communes, etc.

196. Ces biens sont évidemment dans le commerce; ils sont aliénables par vente, échange, prescription ou autrement : ils n'ont pas besoin pour
cela, comme les premiers, de changer de destination : ils étaient aliénables avant de tomber dans
le domaine de l'État, et ils conservent cette qualité après y être tombés; car l'État est par rapport
à eux comme un citoyen par rapport à son patrimoine; et telle est la raison pour laquelle il est,
quant à ces biens, soumis aux mêmes prescriptions que les particuliers. (Art. 2227.)

---

loi romaine dit également que le rivage de la mer s'étend *quò usquè*
maximus fluctus à mari pervenit. L. 96 , ff. *De verb. signif.*

IV.   11

197. Toutefois, les biens aliénables de l'État ne peuvent être aliénés *directement* (1) qu'en vertu d'une loi, et en observant les formalités prescrites, ainsi que le porte celle des 22 novembre—1er décembre 1790, article 8.

198. Les lais et relais (2) de la mer peuvent cependant être concédés par le gouvernement aux conditions qu'il juge convenables (3) : et les biens acquis par un mort civilement, depuis la mort civile encourue (4), et qu'il laisse à son décès, appartiennent, il est vrai, à l'État par droit de déshérence, mais il est loisible au Roi d'en faire, au profit de la veuve, des enfans et parens du condamné, telles dispositions que l'humanité lui suggèrera. (Art. 33.)

199. Relativement aux biens qui lui appartiennent et qui sont dans le commerce, l'État étant assimilé aux propriétaires, les contestations qui s'élèvent entre lui et les citoyens, quant à ces mêmes biens, sont de la compétence des tribunaux ordi-

---

(1) Nous disons *directement*, puisqu'ils peuvent être prescrits, ce qui est une aliénation, mais une aliénation indirecte. Au surplus, comme la loi autorise cette prescription, il est vrai de dire que tous les biens de l'État ne peuvent être aliénés qu'en vertu d'une loi.

(2) Ce sont ces parties de terrain que la mer, en se retirant, laisse à découvert d'une manière permanente, et qui, parfois, peuvent être livrées à la culture. Elles font en quelque sorte partie du rivage, comme accessoire, ayant été elles-mêmes partie réelle du rivage.

(3) Loi du 16 septembre 1807, art. 41.

(4) Car, pour ceux qu'il avait lors de la mort civile, ils ont été dévolus à ses héritiers légitimes ou *ab intestat*. (Art. 25.)

naires, pourvu toutefois qu'il ne s'agisse pas de l'exécution ou de l'interprétation d'un acte émané de l'autorité administrative, cas dans lequel c'est à cette autorité à connaître de la contestation.

Le motif de cette restriction a été de protéger les acquéreurs de biens dits *nationaux* contre les attaques auxquelles ils auraient pu être exposés à raison de leurs acquisitions. L'État leur a garanti la jouissance de ce qui a été porté dans le contrat de vente, sauf aux tiers leurs recours contre lui, s'il y a lieu.

Mais les envahissemens commis par des tiers, ou par les acquéreurs sur leurs voisins, sans que, dans l'un ou l'autre cas, la question doive se décider par les actes d'aliénation faits par l'État, sont du ressort des tribunaux.

200. C'est le préfet du département où siége le tribunal devant lequel la demande doit être portée, qui est le défenseur des intérêts de l'État, tant en demandant qu'en défendant; et suivant l'article 69 du Code de procédure, c'est en la personne de ce fonctionnaire que l'État doit être assigné.

201. Les actions qui intéressent le domaine de la couronne sont suivies au nom et à la diligence du ministre de la maison du Roi, ou de l'intendant par lui commis : c'est contre lui qu'elles sont dirigées, et les jugemens prononcés. Néanmoins, conformément au Code de procédure civile, les assignations lui sont données en la personne des

procureurs du Roi et procureurs-généraux, lesquels sont tenus de plaider et défendre les causes du Roi, soit dans les tribunaux, soit dans les cours. (Article 14 de la loi du 8 octobre 1814.)

202. Quant aux biens d'un hospice, on ne peut les considérer comme propriété nationale; conséquemment, les contestations qui peuvent s'élever au sujet de ces biens ne sont point de la compétence de l'autorité administrative, mais de celle des tribunaux.

SECTION II.

Des Biens communaux et d'établissemens publics.

SOMMAIRE.

203. *Quels sont les biens communaux.*
204. *Ce qu'on entend par communes.*
205. *Comment les communes sont administrées.*
206. *Quand, par l'effet d'une mesure administrative, plusieurs communes sont réunies en une seule, les habitans de chacune d'elles conservent exclusivement la propriété ou la jouissance de leurs communaux.*
207. *Un ou plusieurs habitans ne peuvent réclamer, comme particuliers, un droit qui appartient à la commune. C'est le maire, et au nom de la commune, qui doit exercer l'action ou y défendre.*
208. *L'ordonnance du 23 juin 1819 a remédié autant qu'il était possible dans l'état des choses, aux abus qui étaient résultés de la fameuse loi du 10 juin 1793, qui avait autorisé le partage des biens communaux.*

209. *Ces biens, comme ceux de l'État, ne peuvent être aliénés qu'en vertu d'une loi : formalités à suivre.*

210. *Les communes n'ont pas besoin d'être autorisées par une loi pour faire les acquisitions qui leur sont nécessaires ; il suffit d'une ordonnance royale.*

211. *Il en est de même des échanges de quelques portions de terrain faits de commune à commune, ou entre une commune et un particulier : la loi du 2 prairial an V qui voulait aussi une loi pour autoriser ces échanges est tombée depuis long-tems en désuétude.*

212. *Règles touchant les baux des biens communaux, des biens des hospices ou autres établissemens publics.*

213. *Les communes, les hospices et tout autre établissement d'utilité publique, ont besoin de l'autorisation royale pour pouvoir profiter des dispositions à titre gratuit faites à leur profit : restriction.*

214. *Ils ne peuvent transiger sans une autorisation expresse du Roi : formalités à suivre.*

215. *Les communautés des villes, bourgs, ou villages, ne peuvent suivre aucune action en justice, soit en demandant, soit en défendant, sans y être autorisées par le conseil de préfecture : conséquences.*

216. *Généralement, les contestations relatives aux biens communaux sont de la compétence des tribunaux : modification pour le cas où ces biens ont été partagés en exécution de la loi du 10 juin 1793.*

217. *Quant aux biens qui n'ont pas été partagés, les habitans ne peuvent en changer le mode de jouissance sans une autorisation du Roi : décret du 9 brumaire an XIII.*

218. *Les biens qui appartenaient, avant la révolution, au clergé et aux corps ecclésiastiques, ont tous été réunis au domaine de l'État.*

219. *Le concordat de 1801 a maintenu les principes de l'assemblée constituante, en déclarant le clergé et les établis-*

semens ecclésiastiques inhabiles à posséder des biens im-meubles; et toutefois il a autorisé les communes à procurer aux archevêques et évêques diocésains, aux curés et desservans, un logement et un jardin convenables.

220. *La loi du 2 janvier 1817 a changé cet état de choses : texte de cette loi.*

221. *Les biens acquis par les corps ecclésiastiques peuvent être aliénés en vertu d'une ordonnance royale; et ils sont prescriptibles.*

222. *Ceux des hospices et autres établissemens publics, sont soumis à des règles particulières, soit quant à leur aliénation, soit quant à leur administration : ils sont également prescriptibles.*

223. *Quant à ceux qui appartiennent à des particuliers, ces derniers en ont la libre administration sous les modifications établies par la loi.*

203. Les biens communaux, porte l'art. 542, sont ceux à la propriété ou au produit desquels les habitans d'une ou plusieurs communes ont un droit acquis.

204. L'article 8 du titre 2 de la constitution le 1791 définit ainsi les communes : « Les citoyens « français, considérés sous le rapport des relations « sociales qui naissent de leur réunion dans les « villes et dans certains arrondissemens du terri-« toire des campagnes, forment les *communes.* »

La division territoriale des communes, désignées avant la révolution sous les noms de villes, bourgs, paroisses ou communautés, avait déjà été maintenue telle qu'elle existait, par la loi du 14 décembre 1789.

Celle du 28 pluviose an VIII a régularisé cette division (1).

205. Suivant cette loi, chaque commune est régie par un conseil municipal, présidé par un maire, qui, en cas d'absence, maladie ou autre empêchement, est remplacé par un adjoint.

Les fonctions de ce conseil, relatives au *pouvoir municipal*, sont déterminées par la loi du 14 décembre 1789, et consistent, en général,

A régir les biens et revenus communs des villes, bourgs, paroisses et communautés;

A régler et acquitter celles des dépenses locales qui doivent être payées des deniers communs;

A diriger et faire exécuter les travaux publics qui sont à la charge de la communauté;

A administrer les établissemens qui appartiennent à la commune, qui sont entretenus de ses deniers, et qui sont particulièrement destinés à l'usage des citoyens dont elle est composée.

Ces fonctions sont exercées, sous la surveillance et l'inspection des assemblées administratives (aujourd'hui des préfets), par le maire, qui a seul le droit d'agir au nom de la commune, qu'il représente, suivant l'article 13 de la loi du 28 pluviose

(1) *Voy.* aussi l'arrêté du Gouvernement, du 9 fructidor an IX.

an VIII, précitée, et de l'article 7 de l'arrêté du gouvernement du 2 pluviose an IX.

Les conseils municipaux ont, en outre, plusieurs attributions, qui leur sont déléguées par l'administration comme étant d'intérêt non local, mais général. Les articles 51, 54 et 56 de la même loi en contiennent l'énumération, que nous supprimons comme étrangère à notre sujet.

206. Lorsque, par mesure administrative, plusieurs communes sont réunies en une seule, les habitans de chacune d'elles conservent exclusivement la propriété ou la jouissance de leurs biens communaux. La loi du 10 juin 1793 décide en effet que, dans le cas où une municipalité se trouve composée de plusieurs communes ou sections de communes, les habitans de la commune ou de la section conservent, seuls, droit aux biens qui lui appartiennent ou dont elle a la jouissance.

207. Ainsi, les habitans d'un hameau ou d'un village forment une commune ou section de commune, lorsqu'ils réclament, non comme particuliers, mais en nom collectif, un droit commun à tous les habitans du hameau ou du village (1).

S'ils réclamaient individuellement, et non en qualité d'habitans de tel village ou de telle portion de commune, ce serait une question de pur in-

---

(1) *Voy.* aux *Questions de Droit*, de M. Merlin, au mot *Vaine pâture*, l'arrêt de la Cour de cassation, du 10 nivose an XIII; et dans Sirey, celui du 24 avril 1809, tome 9, part. 1, pag. 260.

térêt privé; car l'administration des biens communaux et l'exercice de toutes les actions actives et passives, résidant sur la tête du maire, aux termes des lois des 29 vendémiaire an V et 28 pluviose an VIII, toutes les fois que des particuliers veulent revendiquer la propriété d'un droit ou d'un terrain prétendu communal, c'est le maire seul, et au nom de la commune, qui doit exercer l'action ou y défendre (1); et si le maire ne défend pas avec assez de zèle ou de force les intérêts de la commune, les habitans doivent réclamer auprès de l'autorité supérieure administrative, qui, selon les lois, peut agir pour la conservation des droits compromis de cette même commune (2).

208. Depuis la publication de la loi du 10 juin 1793, qui avait autorisé le partage des biens communaux, les usurpations de ces biens avaient été souvent favorisées d'une manière plus ou moins directe; la loi du 9 ventose an XII, dont le but était de les réprimer, est demeurée elle-même presque sans exécution : mais l'ordonnance du 23 juin 1819 a apporté à cet état de choses tout le remède qu'il était possible d'apporter à un mal qui croissait de jour en jour avec rapidité.

---

(1) *Voy.* l'arrêt de la Cour de cassation, du 15 novembre 1808. Sirey, 1809, 1, 107.

(2) Voir au *Répertoire* de M. Favard de Langlade l'article *Commune*, où tout ce qui est relatif aux biens communaux est traité avec une parfaite connaissance des règles de la matière.

Nous n'en expliquerons pas les dispositions ; attendu qu'elles statuent sur un objet qui ne rentre qu'indirectement dans notre sujet (1).

209. Les biens communaux, comme ceux de l'État, ne peuvent être aliénés qu'en vertu d'une loi (2).

Aujourd'hui, la demande en aliénation doit être formée par le conseil municipal, conformément à l'article 15 de la loi du 28 pluviose an VIII ; il faut que sur cette demande il intervienne un avis du préfet, qui ne le donne qu'après avoir entendu le sous-préfet, et que l'autorisation d'aliéner soit accordée par une loi rendue sur la proposition du Roi.

210. Les communes n'ont pas besoin, il est vrai, d'être autorisées par une loi pour faire les acquisitions qui leur sont nécessaires, comme un presbytère, une maison pour y placer la mairie, ou un collège ; mais ces acquisitions doivent être précédées de formalités propres à garantir que les intérêts des communes ne seront pas sacrifiés par connivence, incurie ou légèreté. Elles sont proposées par le maire ; le conseil municipal ordonne, avant d'émettre son avis, qu'une estimation sera faite ; le sous-préfet, le préfet, le ministre de l'intérieur sont consultés ; le comité de l'intérieur pro-

---

(1) On peut la voir au *Répertoire* de M. Favard, *ibid.*
(2) Lois des 5 août 1791, 2 prairial an V, et 9 ventose an XII.

pose un projet d'ordonnance, et le Roi accorde l'autorisation en pleine connaissance de cause (1).

211. Les échanges de quelques portions de terrain, que des convenances particulières rendent souvent utiles entre des communes et d'autres communes, ou entre des communes et des particuliers, ont lieu dans la même forme que les acquisitions ; et les mêmes précautions sont apportées à la surveillance des intérêts de la commune, surtout de ses habitans les plus pauvres.

Les dispositions de la loi du 2 prairial an V, qui voulait que les communes ne pussent faire d'échange sans y être autorisées par une loi particulière, étaient impraticables, dit M. Favard de Langlade (2), et elles sont tombées en désuétude par la seule force des choses.

212. Quant aux baux des biens communaux, ils ne peuvent être consentis que d'après des formalités spéciales (art. 537-1712). Nous en parlerons en traitant du *Louage* (3).

Ces baux ne peuvent être consentis pour un temps excédant neuf années, sans une ordonnance spéciale du Roi (4).

---

(1) M. Favard de Langlade, voy. *Commune*, sect. 4, §. 7.

(2) Au même endroit.

(3) *Voy.* au reste, quant à ces formalités, le *Répertoire* de M. Merlin, au mot *Bail*, §. 18.

(4) Arrêté du Gouvernement, du 7 germinal an IX.

Cependant les maisons appartenant aux hospices, et non affectées à l'exploitation des biens ruraux, peuvent être affermées par baux

S'il s'agit d'interpréter les clauses des baux, la connaissance en appartient à l'autorité administrative ; mais s'il s'agit de tout autre objet, la contestation est de la compétence des tribunaux (1).

Ce que nous venons de dire sur les baux des biens des communes est applicable, en général, à ceux des biens de l'État et des biens appartenans aux hospices ou autres établissemens publics : l'article 1712 porte que tous ces baux sont soumis à des règles particulières.

213. Les communes, ainsi que les hospices et tout autre établissement d'utilité publique, ont même besoin de l'autorisation royale pour pouvoir profiter des dispositions à titre gratuit faites à leur profit. (Art. 910.)

Elles peuvent cependant accepter, sans une autorisation spéciale du gouvernement, les dons et legs qui n'excèdent pas 300 francs ; il suffit en ce cas de l'autorisation du sous-préfet, au moyen de laquelle le maire a qualité pour accepter, sans préjudice toutefois de l'approbation de l'évêque diocésain dans le cas où le don serait fait à la charge de service religieux (2).

à longues années, ou à vie, aux enchères, en séance publique, après affiches ; mais ces baux n'ont d'exécution qu'après l'approbation de l'autorité chargée de la surveillance immédiate (aujourd'hui le sous-préfet). Article 15 de la loi du 16 messidor an VII.

(1) Décret du 3 juillet 1806, et arrêt de cassation du 2 décembre de la même année, rapportés au *Répertoire* de M. Merlin, *loco citato*.

(2) Décret du 12 août 1807, qui a rendu applicable aux dons

214. Les communes et établissemens publics ne peuvent transiger sur leurs biens sans une autorisation expresse du Roi. (Art. 2045.)

La transaction ne peut être faite qu'après une délibération du conseil municipal (1), prise sur l'avis de trois jurisconsultes désignés par le préfet, et sur l'autorisation donnée par lui, d'après l'avis du conseil de préfecture; et, pour être obligatoire, elle doit être homologuée par une ordonnance du Roi (2).

215. Les communautés des villes, bourgs ou *villages*, ne peuvent suivre aucune action en justice, soit en demandant, soit en défendant, sans y être autorisées par le conseil de préfecture (3). L'autorisation n'est pas seulement exigée dans l'in-

---

faits aux fabriques, aux établissemens d'instruction publique et aux communes, l'arrêté du 4 pluviose an XII, qui attribuait cette faculté aux commissions administratives des hôpitaux et aux administrateurs des bureaux de bienfaisance; mais, d'après un autre décret, du 4 mai 1809, c'est au bureau de bienfaisance, et non au maire de la commune, à recevoir l'autorisation pour accepter et placer une somme léguée aux *pauvres*. *Voy.* aussi l'ordonnance du 2 avril 1817 (Bull. n° 1995), relative à l'exécution de la loi du 2 janvier 1817.

(1) Quand il s'agit des intérêts d'une commune; car s'il s'agit de ceux d'un établissement public, par exemple, d'un hospice, la délibération est prise par les administrateurs.

(2) *Voy.* l'arrêté du Gouvernement, du 21 frimaire an XII, et le décret du 17 juillet 1808, en les combinant.

(3) Loi du 28 pluviose an VIII, art. 4. Voir aussi le décret du 10 mars 1807.

Et pour le cas où plusieurs sections de communes sont en contestation sur leurs intérêts respectifs, *voy.* l'arrêté du Gouvernement, du 24 germinal an IX, qui trace la marche à suivre.

térêt des communes, mais aussi afin qu'elles n'inquiètent pas sans motif les particuliers (1).

Elle est tellement de rigueur, que si elle n'est point intervenue, les jugemens, même ceux rendus en faveur des communes ou sections de communes, sont absolument nuls ; et la nullité n'est point couverte par l'autorisation obtenue ensuite par la commune pour défendre à la demande en cassation ; elle peut même être opposée par l'adversaire de la commune, quoiqu'il ne l'ait fait valoir ni en première instance, ni en appel (2).

Le jugement doit même faire mention de l'autorisation, sinon elle est réputée n'avoir pas été obtenue (3).

Ainsi donc les particuliers ne peuvent régulièrement assigner une commune ou section de commune qu'après en avoir obtenu la permission par écrit du conseil de préfecture, à peine de nullité des jugemens qui seraient rendus. Ils doivent donner copie de la permission avec l'exploit de la demande (4).

Cette autorisation ayant pour principal objet d'empêcher les communes de soutenir un procès

---

(1) *Voy.* l'arrêt de la Cour de cassation du 15 prairial an XII. Sirey, an XII, part. 1, pag. 280.

(2) Arrêts de cassation du 12 frimaire an XIV (Sirey, 6, 2, 766), et du 16 mai 1810. Sirey, 11, 1, 121.

(3) Arrêt de cassation du 3 juin 1812. Sirey, 13, 1, 65.

(4) Arrêté du Gouvernement du 17 vendémiaire an X, qui ordonne l'exécution de l'édit du mois d'avril 1683, qui le prescrivait ainsi.

injuste et onéreux, l'administration peut la refuser, en ce sens qu'elle peut ordonner à la commune de passer condamnation, mais non en ce sens que le demandeur puisse être entravé dans l'exercice de son droit (1).

Les communes autorisées à plaider en première instance, et qui ont obtenu un jugement favorable, n'ont pas besoin d'une nouvelle autorisation pour défendre ce jugement en appel (2); mais l'autorisation leur serait nécessaire pour appeler d'un jugement qui les aurait condamnées. Elle n'est cependant pas requise pour se pourvoir en cassation (3)

Elle n'est pas, non plus, exigée, quant aux actes conservatoires des droits des communes, comme l'a jugé la Cour suprême par son arrêt du 28 brumaire an XIV. Sirey, 6, 1, 88.

Elle est nécessaire pour se pourvoir au Conseil d'État contre un arrêté du préfet ou du conseil de préfecture (4).

216. Généralement, les contestations relatives aux biens communaux sont de la compétence des

---

(1) *Voy.* l'ordonnance du 20 janvier 1819. Sirey, 20, 2, 174.

(2) Ni pour interjeter appel incidemment; car cet appel est en quelque sorte une défense à l'appel principal; et voilà pourquoi il peut être interjeté en tout état de cause. (Art. 443, Cod. de procéd.)

(3) Ces décisions sont fondées sur l'édit du mois d'août 1764, art. 43, qui est encore en vigueur, ainsi que l'a jugé la Cour de cassation les 1er floréal an IX et 4 fructidor an XI.

(4) Décret du 30 novembre 1811. Sirey, 12, 2, 164.

tribunaux; mais lorsque, en exécution de la loi du
10 juin 1793, qui, en autorisant le partage des
biens communaux, a dépouillé les communes, et
a eu des effets si désastreux pour les habitans pauvres, ces mêmes biens ont été partagés, les contestations élevées entre la commune et les coparta-
geans détenteurs ou occupans, depuis cette loi, ont
été du domaine des conseils de préfecture (1); et
toutes les usurpations de biens communaux commises depuis la même loi jusqu'à celle du 9 ventose
an XII, soit qu'il y ait eu ou non un partage exécuté, doivent pareillement être jugées par ces conseils, s'il s'agit de l'intérêt de la commune vis-à-vis
des usurpateurs. Mais les usurpations d'un copar-
tageant ou d'un tiers sont du ressort des tribunaux
civils (2).

217. Au surplus, d'après le décret du 9 brumaire an XIII, les communautés d'habitans qui n'ont
point partagé leurs biens communaux en vertu de
cette loi du 10 juin 1793, et qui ont, au contraire,
continué le mode de jouissance de ces biens, ont
dû continuer à en jouir de la même manière; et ce
mode de jouissance ne peut être changé que par
une ordonnance royale, rendue sur la demande des
conseils municipaux, après que le sous-préfet et le

---

(1) Loi du 9 ventose an XII, art. 6.
(2) Voir l'avis du Conseil d'Etat, approuvé le 18 juin 1809. Et
voir aussi l'ordonnance du 23 juin 1819, citée plus haut, relative
aux usurpations commises sur les biens des communes.

préfet auront donné leur avis : en sorte que si un bien communal servant de pacage est resté déclos, ni le maire ni le conseil municipal ne peuvent le faire clore, ni exiger de chaque habitant une redevance de leur seule autorité ; mais ils peuvent délibérer sur cet objet, prendre l'avis du sous-préfet sur la délibération, et la transmettre au préfet qui peut l'approuver, la modifier ou la rejeter en conseil de préfecture, sauf, de la part du conseil municipal, et même d'un ou plusieurs habitans ou ayant droit à la jouissance, le recours au Conseil d'État. (Art. 5 dudit décret.)

218. Quant aux biens qui appartenaient aux corps ecclésiastiques avant la révolution, l'assemblée constituante les a tous réunis au domaine de l'État par son décret du 2 novembre 1789, en accordant à leur place aux ecclésiastiques un traitement en argent. Ces biens ont été aliénés, à l'exception de ceux qui sont restés annexés au domaine public, comme les forêts d'une certaine étendue, et les édifices qui ont été affectés à quelque établissement public.

219. Le concordat de 1801 (1) est intervenu ; loin de s'éloigner des principes de l'assemblée constituante, il les a confirmés en déclarant le clergé et les établissemens ecclésiastiques inhabiles à posséder et acquérir des biens immeubles.

---

(1) Décrété le 18 germinal an 10.

Cependant par l'article 71 de cet acte, les conseils généraux de départemens ont été autorisés à procurer aux archevêques et évêques un logement convenable.

L'article 72 porte que les presbytères et les jardins attenans, non aliénés, seront rendus aux curés et desservans des succursales; et que, à défaut de ces presbytères, les conseils généraux des communes sont autorisés à leur procurer un logement et un jardin convenables.

Mais, suivant l'article 73, « les fondations qui ont « pour objet l'entretien des ministres et l'exercice « du culte, ne peuvent consister qu'en rentes constituées sur l'État, qui doivent être acceptées par « l'évêque diocésain, et qui ne peuvent être exécutées qu'avec l'autorisation du gouvernement. »

D'après ces dispositions, il est clair que les édifices destinés au logement des archevêques, évêques, curés ou desservans, et les jardins attenans, sont des propriétés communales, et non des propriétés ecclésiastiques.

220. Mais la loi du 2 janvier 1817 a rendu aux établissemens ecclésiastiques la faculté d'acquérir des immeubles, sous certaines conditions. Elle est ainsi conçue :

« Art. Ier. Tout établissement ecclésiastique re-« connu par la loi, pourra accepter, avec l'autori-« sation du Roi, tous les biens meubles ou *immeu-« bles*, ou rentes qui leur seront donnés par actes

« entre-vifs ou par acte de dernière volonté. »

« Art. 2. Tout établissement ecclésiastique re-
« connu par la loi, pourra également, avec l'au-
« torisation du Roi, acquérir des biens *immeubles*
« ou des rentes. »

« Art. 3. Les immeubles ou rentes appartenant à
« un établissement ecclésiastique seront possédés
« à perpétuité par le dit établissement, et seront
« inaliénables, à moins que l'aliénation n'en soit
« autorisée par le Roi. »

221. Ainsi, à la différence des biens communaux,
qui ne peuvent être aliénés qu'en vertu d'une loi,
les biens appartenant aux établissemens ecclésiastiques peuvent être aliénés d'après une ordonnance
royale.

Mais les uns et les autres sont prescriptibles :
l'article 2227 est applicable à tous.

222. Les biens des hospices et autres établissemens d'utilité publique, sont, comme ceux des
communes, soumis à des règles particulières, soit
quant à leur aliénation, soit quant à leur administration; ils sont pareillement prescriptibles d'après
cet article 2227.

223. Quant aux biens qui appartiennent à des
particuliers, ceux-ci en ont la libre disposition,
sous les modifications et conditions établies par la
loi. (Art. 537.)

C'est l'objet des titres suivans du Code.

SECTION III.

Des Droits que l'on peut avoir sur les biens.

SOMMAIRE.

224. *Distribution des matières de la section.*

§ Ier.

Du droit réel et du droit personnel.

225. *Ce qu'on entend, dans la doctrine, par le* droit réel *et par le* droit personnel.

226. *Selon les principes du droit romain, la propriété n'était pas transférée par le seul effet des conventions; il fallait, de plus, la tradition.*

227. *Les mêmes principes étaient observés, à peu de chose près, dans beaucoup de nos anciennes provinces.*

228. *Sous le régime hypothécaire de brumaire an VII, le contrat ne suffisait point, non plus, pour conférer d'une manière stable la propriété à l'acquéreur; il fallait, en outre, la transcription : il la faut encore en matière de donation d'immeubles.*

229. *Les articles* 1140 *et* 1583 *témoignent, par leur rapprochement, que les rédacteurs du Code ont d'abord été indécis s'ils ne conserveraient pas le régime de brumaire; mais le doute s'évanouit devant d'autres dispositions du Code.*

230. *En principe, même en matière de meubles, corps certains, la propriété est aujourd'hui transférée par le seul effet de la convention.*

231. *Cas dans lesquels elle ne l'est que par la tradition, et où, par conséquent, l'obligation ne confère qu'un simple droit personnel.*

232. *La propriété, ou le domaine, est un droit réel : elle produit la* revendication *quand on a perdu la possession de la chose.*

233. *L'action appelée en droit romain* publicienne, *serait égale-*

ment bien fondée chez nous dans les cas où elle était admise suivant les principes de ce droit, du moins généralement : développemens.

234. *Application de l'article* 1328, *suivant lequel les actes sous seing privé n'ont date certaine à l'égard des tiers que de l'une des matières qu'il exprime.*

235. *Si les titres avaient la même date, et qu'ils émanassent du même, ou de divers, non propriétaires, le possesseur actuel serait préféré.*

236. *Le second droit réel est l'hérédité : en quoi il consiste.*

237. *Le troisième est le droit de servitude : en quoi il consiste.*

238. *Le quatrième est le droit d'hypothèque : son effet.*

239. *Les droits de révocation, de rescision ou d'annulation de contrats par lesquels on a transféré des biens immobiliers, sont généralement aussi des droits réels, parce que l'action représente la chose.*

§. II.

De la Possession considérée comme distincte du droit de propriété, et comme droit réel.

240. *Ce qu'est la possession.*

241. *Comment elle s'acquiert, se conserve et se perd.*

242. *Celui qui détient au nom d'autrui ne possède pas ; il est seulement* in possessione.

243. *La possession a de puissans effets : les principaux.*

244. *On peut joindre à sa possession, celle de son auteur, de quelque manière qu'on lui ait succédé.*

245. *La possession est-elle un droit réel ? oui, si elle est annale, et non précaire* ab adversario : *elle peut donc être réclamée de tout détenteur actuel.*

246. *Non dans le cas contraire ; mais le fait d'expulsion autorise celui qui a été expulsé à se faire rétablir dans la possession par celui qui l'a expulsé, quand même cette possession ne serait pas annale: ici l'action est personnelle.*

224. Suivant l'article 543, « on peut avoir sur
« les biens,

« Ou un droit de propriété,

« Ou un simple droit de jouissance,

« Ou seulement des services fonciers à prétendre.

On peut y avoir également un droit d'emphytéose ou de superficie, comme dans le domaine
congéable. Nous en avons parlé au chapitre 1ᵉʳ.

Enfin, on peut avoir sur les biens un simple
droit de possession, comme dans le gage (art. 2076),
ou par suite de l'acquisition d'une chose qui n'appartenait pas au vendeur ou donateur, ou même
par l'effet d'une pure usurpation. Nous aurons donc
à considérer la possession, abstraction faite de la
propriété, et comme droit réel; et nous traiterons
ultérieurement des droits de *jouissance* et des *services fonciers.*

Il importe aussi d'expliquer ce qu'on entend en
jurisprudence par *droit réel* et *droit personnel.*
Nous commencerons par là.

§ Iᵉʳ.

Du droit réel et du droit personnel.

225. La doctrine établit relativement aux biens
deux espèces de droits : le droit dans la chose, *jus
in re*, et le droit à la chose, *jus ad rem*, ou *in personam.* Cette distinction vient de ce que les actions,
qui sont les moyens par lesquels on exerce les

droits en justice, sont de deux sortes, les unes réelles, les autres personnelles (1).

Suivant les docteurs, le droit dans la chose est *une faculté appartenant à une personne sur une chose, sans égard à une autre personne* (2). Ce droit affecte tellement la chose, que celui à qui il appartient peut l'exercer contre tout individu qui la possède, nonobstant la bonne foi de celui-ci ; car, quoique la bonne foi ait de puissans effets, elle ne suffit néanmoins pas pour m'enlever le droit qui m'est acquis : *id quod nostrum est, sine facto nostro ad alium transferri non potest* (3). Les lois ont introduit d'autres moyens de l'éteindre: tel est celui de la prescription.

Le simple *jus ad rem* est le droit que nous avons *contre une personne pour qu'elle donne ou fasse quelque chose,* droit dérivant de son obligation, qui ne passe pas sa personne et celle de son héritier (4).

Un exemple fera mieux sentir la différence.

---

(1) *Actionum genera sunt duo : in rem, quæ dicitur* vindicatio ; *et in personam , quæ* condictio *appellatur.*

In rem *actio est per quam rem nostram quæ ab alio possidetur , petimus ; et semper adversùs eum est , qui rem possidet.*

In personam *actio est qua cum eo agimus qui obligatus est nobis ad faciendum aliquid , vel dandum : et semper adversùs eumdem locum habet.* L. 25 , *Princip.*, ff. *de Obligat. et actionib.*

(2) *Voy.* HUBERUS, *Prælect. ad Instit. de rerum divis. et acq. earum domin.*, §. 12 ; HEINNECCIUS, *Elementa juris*, n° 332.

(3) L. 11 , ff. *de Regul. juris.*

(4) Les mêmes, aux mêmes endroits.

226. Selon les principes du droit romain, la propriété n'était point transférée par le seul effet des conventions : *traditionibus et usucapionibus domi-nia rerum, non nudis pactis, transferuntur* (1). Ces conventions, dans les cas encore où elles étaient obligatoires (2), donnaient sans doute au créancier une action contre l'obligé pour que celui-ci fût tenu d'exécuter son engagement ; mais la propriété de la chose promise ne lui était réellement transférée que par la tradition, qui accompagnait ou suivait le contrat. Jusque-là, celui qui avait promis de livrer la chose par vente, stipulation, ou autre titre réputé acte entre vifs, en était encore propriétaire ; tellement qu'il avait le pouvoir d'en conférer valablement la propriété à une autre personne, en restant toutefois soumis aux suites de l'inexécution de son obligation personnelle.

Entr'autres textes, la célèbre loi *Quotiens*, 15 Cod. *de Rei vendic.*, nous offre une application frappante de ce principe. Cette loi suppose que le même immeuble a été vendu successivement à deux personnes par le même vendeur, et elle décide que ce n'est pas celui qui a le titre antérieur qui doit l'emporter sur la question de propriété de l'objet, mais celui à qui la tradition en a été faite le premier (3).

---

(1) L. 20, Cod. *de Pactis.*

(2) Car, en principe, les pactes ne l'étaient pas, et pourtant ils étaient des conventions.

(3) Pourvu, dit Voët, *ad Pandectas*, tit. *de Rei vindic.*, n° 20, qu'il ait payé son prix ou que le vendeur ait suivi sa foi, parce que

Ainsi, c'était la tradition, et non la convention, qui conférait la propriété des choses promises par engagement quelconque : l'achat, par exemple, était bien *titulus habilis ad acquirendum dominium,* au moyen de la tradition de la chose, si toutefois encore le vendeur en était propriétaire et capable de l'aliéner, mais ce n'était point, comme le legs, le fidei-commis, *modus acquirendi dominii.*

227. Les mêmes principes étaient observés, à peu de chose près, dans beaucoup de nos anciennes provinces. Dans plusieurs, c'était même par un acte de *dévestissement* que la propriété était conférée à l'acquéreur : c'était par cet acte que s'opérait la tradition.

228. A une époque encore plus rapprochée, sous le régime hypothécaire de brumaire an VII, le contrat ne suffisait point non plus pour conférer, d'une manière stable, la propriété à l'acquéreur ; il fallait, en outre, la transcription du contrat ; en sorte qu'entre deux acheteurs du même immeuble, la question de propriété ne se décidait point par l'antériorité du titre, fût-il authentique, mais par la priorité de la transcription du contrat. Cette transcription remplaçait la tradition des lois romaines, et la remplace encore en matière de donation de

---

sans cela, la tradition ne conférerait pas la propriété, suivant le §. *Venditæ res et traditæ*, 41. Jnstit., *de Rerum divis.* Mais au moyen de l'une ou l'autre de ces circonstances, la tradition, même feinte, opérait la translation de propriété.

biens susceptibles d'hypothèque. (Art. 939-941.)

229. Nous voyons même, par la combinaison des articles 1140 et 1583, que les rédacteurs du Code ont d'abord été indécis sur le point de savoir s'ils conserveraient le principe du régime de brumaire, et, pour ne point préjuger la question, cet article 1583 ne parle de la transmission de la chose vendue que d'une manière relative : « La propriété, « dit-il, est acquise de droit à l'acheteur, *à l'égard* « *du vendeur*, dès qu'on est convenu de la chose « et du prix, quoique la chose n'ait point encore « été livrée ni le prix payé. » Elle ne l'est donc pas à l'égard des tiers; de même qu'elle ne l'est pas à leur égard en matière de donation, tant que l'acte n'est pas transcrit. (Art. 939 et 941.) Aussi a-t-on prétendu, et même assez long-temps, que le Code lui-même consacrait à cet égard le système de la loi de brumaire; mais on a fini par voir que le doute que présentait l'article 1583 s'évanouissait devant les dispositions des articles 1138 et 2182, combinées, puisque le dernier, surtout, porte que le vendeur ne transmet à l'acquéreur que les droits qu'il avait sur la chose vendue : or, d'après l'article 1583 lui-même, il n'en avait plus par l'effet de la première vente; donc il n'a pu en transmettre par la seconde.

230. On peut même soutenir, sous ce rapport, que ce principe s'applique aussi au cas où il s'agit de choses mobilières déterminées, attendu que l'ar-

ticle 1138 ne distingue pas. Il est vrai, suivant l'article 1141, que, lorsque la chose que l'on s'est obligé de donner ou de livrer à deux personnes successivement est purement mobilière, c'est celle des deux qui en a été mise en possession réelle qui est préférée et en demeure propriétaire, encore que son titre soit postérieur en date, pourvu que sa possession soit de bonne foi ; mais cela tient à un principe particulier à notre droit français, *c'est qu'en fait de meubles, la possession vaut titre* (art. 2279) ; car le premier acheteur n'en était pas moins devenu propriétaire par le seul fait du consentement ; seulement il a perdu la propriété par la tradition faite à un autre, comme il aurait pu perdre celle d'une chose qui lui appartenait déjà depuis long-temps. La sûreté du commerce le voulait ainsi : aussi faut-il que le possesseur réel soit de bonne foi. Le premier acheteur ou donataire a d'ailleurs son action en dommages-intérêts contre celui qui n'a pas rempli, à son égard, l'engagement qu'il avait contracté.

231. Toutefois, comme ce n'est pas dans tous les cas que la propriété de la chose promise ou convenue peut être transférée par le seul fait de la promesse ou du consentement, la distinction introduite par la doctrine entre le *jus in re* et le *jus ad rem*, et qui est fondée sur les principes de la matière, reçoit encore son application.

Ainsi, dans tous les cas où la propriété ne peut être réellement transférée d'une personne à une

autre avec effet que par le paiement ou la délivrance, le droit du créancier n'est qu'un simple
jus ad rem: tels sont ceux où l'obligation a pour
objet une somme ou une certaine quantité de choses,
ou une chose indéterminée, comme un cheval en
général, ou plusieurs choses dues sous une alternative.

On peut joindre à ces cas celui où l'obligation
est de faire quelque chose, par exemple, de fa-
çonner une vigne, transporter une certaine quantité de marchandises dans tel endroit; et même
aussi celui où je me porte fort que Paul vous
vendra sa maison moyennant vingt mille francs :
dans tous ces cas, le contrat, évidemment, n'est
point translatif de propriété; il produit seulement
une action pour contraindre le débiteur à remplir
son engagement ou à satisfaire aux dommages-intérêts : c'est un *jus ad rem*, un simple droit *in
personam*, et ce sera l'exécution, le paiement, qui
conférera réellement le domaine de la chose au
créancier.

232. Ces principes posés, voyons maintenant
combien il y a de sortes de droits réels.

Sans parler d'un grand nombre qui existaient
anciennement, et qui sont abrogés, du moins pour
la plupart, tels que les dîmes, les champarts, tous
les droits féodaux, etc., on compte ordinairement
quatre espèces de droits réels, sans y comprendre
celui de possession.

1° La *propriété* ou le domaine, *dominium*, dont il sera parlé au titre suivant.

Elle produit l'action appelée revendication, *rei vindicatio*, au moyen de laquelle le propriétaire réclame sa chose contre tout détenteur, avec les fruits, selon la qualité du possesseur.

233. Selon nous, et aussi selon M. Delvincourt(1), il y aurait également lieu, dans notre droit, à l'action connue dans le droit romain sous le nom d'action *publicienne*, parce que cette action était fondée sur les principes de l'équité. Elle était donnée à celui qui, ayant un titre plus apparent, plus favorable que celui du possesseur actuel, par con-

---

(1) Voët, sur le titre *de Public. in rem act.*, n° 11, dit également, avec plusieurs docteurs, que cette action est conservée dans le droit moderne, sinon dans les termes, du moins dans les causes et les effets, et que dans la pratique on la confond volontiers avec la revendication proprement dite. Cela est d'autant plus raisonnable, que si celui qui exerce cette dernière action était obligé de prouver que la personne qui lui a transmis l'immeuble en était propriétaire, il serait souvent fort embarrassé pour faire cette preuve; car il faudrait, par cela même, qu'il prouvât que l'auteur de son auteur était lui-même propriétaire, et ainsi de suite, en remontant jusqu'à une époque assez reculée pour que la prescription eût pu s'acquérir par les possessions des divers vendeurs et acheteurs. Or, le principal objet de l'action publicienne était d'affranchir celui qui avait le titre le plus favorable, le plus apparent, de l'obligation de faire cette preuve. Il n'était assujetti qu'à prouver que son titre était plus apparent que celui du défendeur; ce qui supposait nécessairement qu'il avait acquis de bonne foi, comme dit Voët, n° 1. En un mot, celui à qui elle était donnée avait un quasi-domaine, que lui attribuait le *jus possidendi*, et qui lui donnait le droit d'agir tout comme le véritable maître; mais il est clair qu'elle n'avait pas lieu contre celui-ci.

séquent, un titre généralement antérieur, et qui n'ayant pas encore prescrit la propriété de la chose, en avait perdu la possession. Par exemple, Paul m'a vendu et livré un fonds dont il n'était pas propriétaire, et que je croyais lui appartenir ; avant d'en avoir prescrit la propriété, j'en ai perdu la possession par une cause quelconque : un tiers s'en est emparé sans titre, ou parce que ce même immeuble lui a été transmis par Paul, depuis mon acquisition. Je ne suis pas, il est vrai, propriétaire, puisque Paul qui me l'a vendu et livré ne l'était pas lui-même, et que je n'ai point encore prescrit ; or, en principe, il faut être propriétaire, et prouver qu'on l'est, pour pouvoir exercer la revendication avec succès. Néanmoins, je dois être préféré, et je puis agir par revendication comme si j'avais prescrit ; ce qui me serait surtout fort utile si je ne pouvais recouvrer la possession, soit parce que j'aurais succombé au possessoire, soit parce que j'aurais laissé écouler le délai utile pour agir par cette voie.

234. Mais si mon titre était sous seing privé, il faudrait, aux termes de l'article 1328, pour que je pusse l'opposer à mon adversaire, qu'il eût acquis une date certaine antérieure à celle du sien, s'il en avait un.

Il est clair toutefois, que cette condition ne serait pas nécessaire si j'avais acquis du véritable propriétaire, et lui d'un autre ; car j'aurais la propriété réelle, et il n'aurait qu'un simple titre. Sa bonne foi ne suffirait point pour le protéger.

Elle le serait, si nous avions acquis tous deux du même, propriétaire ou non ; mais la circonstance que l'adversaire possédait lorsque j'ai acquis, ne serait pas décisive contre moi qui ai un titre légalement antérieur au sien, puisque nous supposons qu'il lui est antérieur en date ; car j'ai pu croire que sa possession était à titre précaire, comme celle d'un fermier, d'un locataire.

235. Si les titres avaient la même date, et qu'ils émanassent du même individu propriétaire ou non, ou de divers, non propriétaires ni l'un ni l'autre, ce serait le possesseur actuel qui devrait l'emporter, quand même, dans ce dernier cas, les titres auraient des dates différentes ; d'où l'on voit de quelle importance peut être la possession.

236. 2° Le droit d'*hérédité*, c'est-à-dire le droit qu'a l'héritier de poursuivre celui qui détient les choses héréditaires, aux fins qu'il soit tenu de reconnaître la qualité du demandeur, et, en conséquence, de lui restituer l'hérédité avec toutes ses dépendances. C'est la *pétition d'hérédité* (1).

Cette seconde espèce de droit réel, il faut l'avouer, rentre beaucoup dans la première, la *propriété*, surtout dans notre législation où, d'après la maxime *le mort saisit le vif*, l'héritier est le conti-

---

(1) *Voy.* au tom. 1, n° 550 et suivans.

nuateur direct, et sans trait de temps, de la personne du défunt, et a de plein droit la propriété, et même la posssession, qu'avait celui-ci lors de son décès. (Art. 724.) Mais le droit réel consiste dans la *qualité* d'héritier, et l'action est le moyen de faire reconnaître cette qualité par le possesseur de l'hérédité : les biens ne sont que l'attribut de ce droit, et la restitution qu'en doit faire le tiers détenteur, la conséquence.

237. 3° Le droit de *servitude*, ou la faculté qu'a une personne d'exercer, sur l'héritage d'autrui, un droit de servitude, d'usufruit ou d'usage. Ce droit produit une action contre tout détenteur quelconque de cet héritage pour se voir condamner à souffrir l'exercice du droit, s'il s'y oppose. On appelle cette action *confessoire*. Nous en parlerons avec plus d'étendue au titre *des Servitudes*.

238. 4° Le droit d'*hypothèque*, dont l'effet est de suivre l'immeuble qui en est affecté en quelque main qu'il passe, pour que le détenteur soit tenu, s'il n'aime mieux payer la dette, de le délaisser, afin que le créancier le fasse vendre et soit payé sur le prix. C'est l'*action hypothécaire*. (Art. 2114.)

239. Les droits de révocation, de rescision ou d'annulation de contrats par lesquels on a transféré des biens immobiliers, sont généralement aussi des droits réels. L'action pour faire rescinder, révoquer ou annuler le contrat, n'est, il est vrai, don-

née que contre la partie ou ses héritiers ; mais, par des conclusions subséquentes, et, si l'on veut, dans la même instance, on poursuit la revendication de l'immeuble, laquelle est adjugée au demandeur si le contrat est anéanti. Aussi ce cas rentre-t-il dans la première espèce de droit réel, la propriété. *Nam is qui actionem habet ad rem recuperandam, rem ipsam habere videtur* (1). Il est même plus simple, en demandant la rescision ou révocation de l'acte contre la partie ou son héritier, de mettre en cause le tiers détenteur, si l'immeuble a été aliéné, afin de faire déclarer le jugement commun avec lui : on s'épargne un second procès.

Et dans le cas où la révocation a lieu de plein droit, la revendication peut être intentée directement, même contre les tiers ; il suffit de justifier du fait qui l'a opérée : tel est celui d'une donation révoquée pour survenance d'enfans (art. 963-966.) Mais ce n'est point le moment d'entrer dans de plus grands développemens sur ces principes.

§. II.

De la Possession considérée comme distincte du droit de propriété, et comme droit réel.

240. La possession est la détention ou la jouissance d'une chose ou d'un droit que nous tenons ou que nous exerçons par nous-mêmes ou par un

(1) L. 15 , ff. *de Regul. jur.*

autre qui la tient ou qui l'exerce en notre nom (art. 2228). Il faut en effet détenir la chose *cum animo sibi eam habendi;* c'est ce qui constitue la possession civile ou de droit.

241. Elle s'acquiert par le concours du fait et de l'intention, *animo et corpore* (1).

Mais elle se conserve par la seule intention (2), et peut de même se perdre par la seule volonté (3), à la différence de la propriété, qui ne peut se perdre que par l'abandon réel avec l'intention de n'avoir plus la chose (4).

242. Celui qui détient au nom d'autrui, comme le colon, le locataire, le dépositaire, ne possède pas; il n'a pas le *jus possidendi*, il est seulement *in possessione* : or, *aliud est esse in possessione, aliud est possidere* (5); aussi les actes de pure faculté ou de simple tolérance ne peuvent-ils fonder ni possession, ni prescription. (Art. 2232.)

243. La possession a de puissans effets : elle est la voie qui conduit à l'acquisition de la propriété par le moyen de la prescription quand celui de qui on a reçu la chose n'en était pas propriétaire,

---

(1) L. 8, ff. *de Acquir. vel amit. possess.* Les simples droits, ou choses incorporelles, ne tombent pas sous cette définition ; mais par analogie et extension, on a imaginé la *quasi*-possession.

(2) L. 4, Cod. *eod. titulo.*

(3) L. 3, §. 6, ff. *dict. tit.*

(4) L. 17, §. 1, *eod. tit.*

(5) L. 10, §. 1, *eod. tit.*

ou n'avait pas mission de l'aliéner, et même quand on s'en est emparé sans titre. Elle fait gagner les fruits à celui qui les perçoit de bonne foi sur la chose d'autrui, et elle dispense celui qui l'a de prouver son droit de propriété ; il est présumé posséder comme maître, en sorte que c'est à son adversaire, par conséquent au demandeur au pétitoire, à détruire l'effet de cette présomption, en prouvant qu'il est lui-même propriétaire : et *in pari causá*, le possesseur est maintenu (1). Il n'est donc pas étonnant que les hommes se la disputent avec une ardeur qui va quelquefois jusqu'à la violence.

Pour prévenir les risques et les voies de fait, les lois ont établi des moyens réguliers pour conserver paisiblement la possession, et pour recouvrer celle que l'on a perdue : tels étaient les *interdits* chez les Romains, et chez nous les actions possessoires.

244. On peut joindre à sa possession celle de son auteur, de quelque manière qu'on lui ait succédé. (Art. 2235.)

245. La possession est-elle un droit réel ?

Les interprètes du droit romain sont divisés sur cette question (2); mais suivant les principes du

---

(1) L. 2, Cod. *de Probat.* Et tel est le motif du conseil que donne Caïus dans la L. 24, ff. *de rei vind.* : *Is qui destinavit rem petere, animadvertere debet an aliquo interdicto possit nancisci possessionem, quia longè commodiùs est ipsum possidere, et adversarium ad onera petitoris compellere, quàm, alio possidente, petere.*

(2) Voir Heineccius, *Elementa juris*, n°ˢ 334 et 1129.

Il est cependant certain que l'interdit *undè vi*, institué pour re-

droit canonique, elle doit se résoudre affimative-
ment (1), et ce sont ces principes qui ont prévalu
dans notre législation.

En effet, d'après l'article 23 du Code de procédure, les actions possessoires, pour être recevables,
doivent, il est vrai, être intentées dans l'année du
trouble, par ceux qui, depuis une année au moins,
étaient en possession paisible par eux ou les leurs,
à titre non précaire; mais exercées dans l'année,
elles le sont efficacement; et ni cet article, ni aucun autre, n'exige que le défendeur soit lui-même
l'auteur du trouble, et qu'il soit ainsi obligé personnellement par son fait : il suffit qu'il possède la
chose pour que l'action soit valablement formée
contre lui, ce qui est bien le caractère des actions
réelles.

Nous raisonnons, comme on le voit, dans l'hypothèse d'une possession annale, possession que
les anciens jurisconsultes appellent *saisine*, pour
indiquer que le possesseur qui a possédé pendant

---

couvrer la possession, n'était donné que contre celui qui avait expulsé par violence : la loi 7, Cod. *undè vi*, est formelle à cet égard ;
d'où il est clair que cette espèce d'action était personnelle. *Voy.*
Vinnius, Instit. *de Interd.*, § 6. Néanmoins, d'après la constitution
de Justinien, qui est la loi dernière au Code, au même titre, cet
interdit était aussi donné contre celui qui, même sans violence, en
l'absence du maître, s'était emparé de l'immeuble ; tandis qu'avant
cet empereur il eût fallu, dans ce cas, que l'envahisseur eût fait
violence au maître lorsque celui-ci aurait voulu rentrer dans le fonds.

(1) Can. *Sæpè de restit. spoli.* Toutefois Vinnius professe, au même
endroit, qu'il faut, pour que l'action soit valablement intentée contre
le tiers, qu'il ait eu connaissance de l'expulsion violente lorsqu'il a
lui-même commencé à posséder. Cette opinion est contredite par
Perez et autres, et nous croyons qu'elle manque de justesse.

ce tems, *nec vi*, *nec clàm*, *nec præcariò ab adver-sario* (1), et qui n'a pas perdu sa possession depuis plus d'un an, doit être maintenu. Dans cette hypothèse, nul doute, selon nous, que l'action ne soit réelle, comme pouvant être exercée contre tout possesseur actuel.

246. Mais si l'on suppose qu'en l'absence d'un citoyen, un individu s'empare de son immeuble, et qu'avant d'avoir possédé une année, il soit expulsé, soit par le maître, soit par un tiers : dans ce cas, les lois romaines lui accordaient l'interdit *undè vi*, même contre le maître, encore que celui-ci eût été lui-même expulsé par violence (2), si toutefois la réexpulsion n'avait pas eu lieu soudainement, *sed ex intervallo* (3). Pour éviter autant que possible les voies de fait, elles avaient voulu que le premier expulsé recourût à la justice, au

---

(1) Pour être *maintenu*, il faut en effet posséder *nec vi*, *nec clàm*, *nec præcariò ab adversario*. C'est le cas de l'interdit *uti possidetis* des Romains, ou de notre véritable *complainte* ; c'est un interdit *retinendæ possessionis*, dans lequel le possesseur actuel est défendeur. *Voy.* le §. 5, INSTIT. *de Interd.* Si c'était par rapport à tout autre que l'adversaire, que l'une des parties possédât *vel vi*, *vel clàm*, *vel præcariò*, cette circonstance ne serait pas décisive pour le faire succomber au possessoire : L. 1, §. 9, et L. L. *sequen'*. ff. *uti possid.* ; et ces principes devraient être appliqués chez nous.

(2) En effet, dans cet interdit, qui est le principe et la source de notre *réintégrande*, celui-là même l'emportait qui possédait *vel vi*, *vel clàm*, *vel præcariò ab adversario*, §. 6. INSTIT., *de Interd.* Vinnius sur ce §., n° 5 ; car l'adversaire, c'est-à-dire le défendeur, ne devait pas lui faire violence.

(3) L. 3, §. 9, et L. 17, ff. *de vi et vi armatá.*

lieu de se la faire lui-même : cela était éminemment sage. Dans ce cas, nous convenons bien que l'action en réintégrande, en admettant qu'elle existe encore chez nous dans une pareille hypothèse, nonobstant la généralité des termes de l'article 23 du Code de procédure, qui n'accorde l'action possessoire qu'à ceux qui possédaient depuis *un an*, par eux ou les leurs, paisiblement et à titre non précaire ; nous convenons, disons-nous, que ce ne peut être qu'une action purement personnelle, une sorte d'action *in factum* ; car ici, celui qui avait envahi le fonds en l'absence du maître, l'a bien détenu, ce fonds, mais il ne l'a point légalement possédé, parce que la chose ne lui ayant point été livrée, et, lui, ne l'ayant point détenue pendant l'année, il n'a pu en acquérir que la simple détention natu- relle ou de fait, et non la possession de droit. C'est donc moins une action possessoire proprement dite, et pour recouvrer une possession perdue, qu'une action pour être rétabli dans cette détention de fait, dont, malgré son propre tort, on ne devait pas l'expulser par violence, puisque les lois ont créé des moyens pour faire rendre justice à qui elle est due ; et cette action, par cela même, ne peut être que personnelle, comme l'était l'interdit *undè vi*.

Au surplus, cette doctrine, qui accorde l'action dans ce cas, a ses adversaires, nous le savons ; mais elle a aussi ses défenseurs, et elle est fondée sur la raison, sur les vrais principes et sur les motifs d'ordre public les plus graves : elle est appuyée du

sentiment de M. Henrion de Pensey (1), qui s'exprime ainsi : « A mon retour d'un voyage de quel-
« ques mois, je trouve ma maison occupée, et j'y
« rentre par force. Si l'usurpateur, ainsi dépouillé,
« demande à être réintégré dans la maison, il l'ob-
« tient; mais comme il n'avait pas encore la pos-
« session annale, je puis, immédiatement après
« l'exécution du jugement, former contre lui une
« demande en complainte (2), et, sur cette de-
« mande, je suis rétabli dans mon ancienne pos-
« session; de manière, comme le dit *Beaumanoir*,
« que l'on peut intenter l'action en réintégrande
« pour telle chose qui emporterait *la hart.* »

Nous aurons à considérer la possession sous bien
d'autres rapports encore, notamment quant à l'acquisition des fruits, quant aux servitudes et à la
prescription; mais nous ne devons point anticiper.

---

(1) *Compétence des Juges de paix*, chapitre 52, qui renvoie au chapitre 34.

(2) Nous croyons que ce serait plutôt la réintégrande elle-même ; car elle n'est pas plus éteinte dans ce cas que la complainte ; et, d'après la constitution de Justinien, précitée, suivie dans l'ancien droit, l'interdit *undè vi*, qui, comme nous l'avons dit, est la source de notre réintégrande, se donnait même contre celui qui s'était emparé du fonds sans violence, en l'absence du maître. D'ailleurs, la complainte, comme le nom l'indique, est l'action de se plaindre du *trouble*, ce qui suppose une possession encore existante, et dans laquelle on est troublé; or, la réintégrande ayant pour objet de recouvrer la possession perdue, elle s'applique parfaitement à l'espèce. C'est cette confusion dans la dénomination de ces diverses actions qui a jeté tant de nuages et de difficultés sur ces matières. On peut les éclaircir en remontant aux vrais principes, et en les accordant avec ce que nos mœurs et nos usages ont introduit.

TITRE II.

De la Propriété.

Observations préliminaires.

SOMMAIRE.

247. Si l'on voulait remonter à l'origine du droit de propriété, on verrait facilement qu'il est né avec le genre humain. En considérant même l'homme dans cet état primitif que l'on nomme l'*état de nature*, et dont l'imagination des poëtes nous a fait de si brillans tableaux, la raison nous dit en effet que lui, aussi, employait son industrie à acquérir ce qui lui fallait pour subsister, et que le rapport qui existe entre la personne de l'homme civilisé et le toit sous lequel il a reçu la vie, existait pareillement entre la personne de l'homme de la nature et la cabane qu'il s'était construite pour y goûter les douceurs du repos.

248. Mais tout porte à penser que, dans les premiers âges, la terre était commune à tous les hommes, qu'aucun d'eux ne s'en était approprié une partie quelconque; car, alors peu nombreux, tous trouvaient suffisamment dans ses produits spontanés de quoi satisfaire à leurs besoins, et nul, par conséquent, ne dut désirer vivement la possession exclusive d'une portion du sol.

Long-tems même ils furent nomades, comme le sont encore aujourd'hui une partie de leurs descendans, tels que les Tartares, conduisant leurs troupeaux dans les pâturages les plus fertiles, qu'ils abandonnaient ensuite pour de plus fertiles encore.

249. Cependant la vieillesse, l'amour des lieux de la naissance ou la beauté d'une contrée nouvellement découverte, durent faire naître, dans un grand nombre, le désir de se fixer. La population s'augmenta encore sur ce point ; et les produits naturels de la terre commençant alors à devenir insuffisans, l'agriculture fut inventée pour y suppléer, et pour les remplacer par de meilleurs. Toutefois, celui qui se proposait de défricher le sol voulut le cultiver pour lui seul ; il n'entendit point que d'autres, étrangers à ses travaux, vinssent en recueillir les fruits ; et, pour les garantir de leurs atteintes, il occupa le lieu qu'il avait choisi : il en prit possession ; ce qui a fait dire à l'orateur romain que la terre était comme un théâtre, où chacun vient prendre sa place au lieu qui n'est point encore occupé.

Cette brillante métaphore, qui rend parfaitement la manière d'après laquelle les hommes ont successivement pris possession du sol, n'explique cependant pas avec la même justesse comment l'occupation a pu les en rendre propriétaires, puisque le spectateur entend quitter sa place après la représentation, tandis que celui qui avait défriché un terrain et qui en avait obtenu les fruits qu'il lui avait demandés, a dû naturellement vouloir en conserver la possession l'année suivante, et puis encore, en un mot, tant que ce sol répondrait à ses désirs et à ses soins : or, c'est ce long usage qui a établi entre le possesseur et la chose possédée ce rapport moral

que nous appelons *droit de propriété*, parce qu'en
effet elle a dû lui devenir *propre* par la jouissance
exclusive qu'il en a eue.

250. Si l'on en croyait, il est vrai, le plus élo-
quent, mais aussi le plus hardi des écrivains qui
ont traité ce grave sujet, le premier homme qui a
planté un pieu dans la terre pour en prendre possession, aurait commis envers ses semblables un
acte d'usurpation, en s'appropriant ce qui appartenait à tous, parce que la terre a été donnée aux
hommes à des titres égaux. Mais, en se prêtant à
sa pensée, en rejetant avec lui toute société civile
comme n'étant pas l'état pour lequel l'homme est
né, on ne peut nier, dans ce système, que la terre
n'eût dû demeurer stérile, telle qu'elle est sortie
de la main du Créateur, et qu'elle n'eût fini par se
couvrir de forêts et se peupler d'animaux destruc-
teurs qui auraient nui à la propagation du genre
humain; car qui eût voulu la cultiver sans avoir
exclusivement droit à ses produits, qui eût ainsi
songé à travailler pour les autres, et sans compensation?

N'est-il pas plus vrai de dire, au contraire, qu'elle
a été donnée aux hommes pour que chacun pût la
faire servir à ses besoins, et, à cet effet, la posséder? que lorsqu'ils étaient encore peu nombreux,
chacun a pu, sans injustice, sans nuire à ses semblables, qui pouvaient en faire autant, occuper
une portion du sol pour la défricher et en obtenir

des fruits qui fussent exclusivement pour lui et sa
famille? qu'il a pu, avec la même justice, conserver
sa possession pour obtenir de nouveaux produits,
et pour en obtenir encore? La raison nous dit
aussi que ce long usage a dû finir par créer le droit
de propriété, dont le principe fut dans l'occupation ; et ce droit s'étant perpétué et même étendu
chez les uns par le travail et l'industrie, et perdu
chez les autres par l'indolence et l'incurie, ou par
le choix d'autres moyens pour subsister, on s'explique comment, à la longue, les uns se sont trouvés
possesseurs du sol, et les autres exclus du partage.

251. Alors des migrations se sont opérées dans
des terres non encore habitées, et, d'abord, dans
les plus voisines du berceau du genre humain; plus
tard, des colonies se sont fondées dans des lieux
plus éloignés : là, chacun, selon ses inclinations
et son aptitude naturelle, a cherché ses moyens
d'existence, soit dans la chasse ou la pêche, soit
dans la culture du sol ou ses produits spontanés;
et ces nouveaux enfans des hommes ayant fait
comme avaient fait leurs pères dans les lieux les
premiers occupés, le sol envahi par eux a été peu
à peu possédé par chacun, et le droit de propriété
a fini par remplacer la simple occupation. C'est
probablement ainsi que les anciens colons sont
devenus propriétaires, soit que le sol ait été d'a-
bord partagé entre eux, soit qu'étant, par son
étendue, plus que suffisant pour les besoins de tous,

chacun ait, à son gré, choisi le lieu où il lui convenait d'asseoir son foyer.

252. Il est encore des portions du globe étrangères à toute propriété privée : l'intérieur de l'Afrique, si peu connu même de nos jours, en contient probablement un grand nombre, et l'Amérique en renferme aussi plusieurs. Mais ces parties de la terre ne sauraient être rangées dans cette grande communauté, que plusieurs des écrivains qui ont traité du droit naturel appellent *communauté négative,* pour indiquer que tous les hommes y ont des droits égaux, et par conséquent qu'aucun d'eux n'y a rien en propre ; car ces lieux sont occupés par des peuplades plus ou moins voisines de l'état de nature, dont chacune se regarde comme maîtresse du sol qui la nourrit, et le défend avec ardeur contre tout envahissement. Tel était généralement l'état de l'Amérique lorsqu'elle fut découverte.

253. Nous n'entrerons pas plus avant dans cette discussion, qui a enfanté tant de volumes ; le principe de la propriété est trop universellement reconnu pour qu'il soit utile de combattre les fausses et dangereuses théories qui eussent dû le renverser, s'il eût pu l'être, en excitant la jalousie de ceux qui ne possèdent pas contre ceux qui possèdent. Les lois de tous les peuples civilisés ont toujours eu pour principal objet de le garantir de toute atteinte ; et c'est pour obtenir cet immense bienfait que les individus se sont assemblés en corps de

nation, afin d'offrir à chacun, dans la réunion des forces de tous, un appui contre la violence de quelques-uns : en sorte que s'il est vrai que le droit de propriété soit le lien de toute société civile, il est vrai aussi que l'association elle-même n'a été formée que pour protéger ce droit déjà existant, quoique d'une manière imparfaite.

254. En effet, avant l'établissement de l'état civil, la propriété du sol n'était pas ce qu'elle est devenue par lui : elle se confondait avec la possession, qui en était le signe et la cause ; et comme cette possession ne pouvait être permanente, réelle, complète, ainsi que celle des choses mobilières, puisque l'absence, même momentanée du possesseur, la faisait évanouir, et que, présent, il ne pouvait occuper simultanément toutes les parties du champ qu'il avait cultivé, les envahissemens, et les combats qui en étaient la conséquence inévitable, durent être très-fréquens : c'est pour les prévenir que les associations ont été formées, et que des lois attribuèrent à la possession le caractère et les effets que nous attachons à la propriété, en établissant divers moyens pour contraindre celui qui s'en était emparé sans droit sur un autre, à la lui restituer. Le principal de ces moyens fut le droit de revendication.

Alors la propriété cessa d'être une simple préférence pour le premier occupant ; elle cessa de consister dans le fait d'une possession encore existante; elle fut, en un mot, distinguée de la détention réelle : elle devint une faculté inhérente à la personne, qui ne put se séparer d'elle sans son fait, et qui conséquemment l'accompagnait partout.

La possession elle-même eut ses caractères particuliers; elle fut, il est vrai, presque toujours considérée comme un simple *fait*, auquel, sans doute, des effets importans étaient attachés, mais un fait bien différent de la propriété, qui était devenu un *droit* stable et permanent.

255. Les lois ne se sont pas bornées à maintenir la propriété acquise; elles ont créé des manières de la transmettre d'une personne à une autre; d'où les jurisconsultes ont divisé les modes d'acquisition en deux classes : les uns, fondés sur le droit naturel ou des gens, et qui, par cette raison, sont communs à tous les hommes; les autres, introduits par le droit particulier de chaque peuple, et qui ne peuvent être invoqués que par ceux qui jouissent des droits civils de ce peuple.

C'est ainsi que, suivant les principes de la législation romaine, l'occupation, l'accession, la tradition, étaient, comme ils sont encore, des manières d'acquérir la propriété en vertu du droit naturel ou des gens, parce qu'on acquérait par tous ces modes avant l'état civil des Romains, et que depuis, tous les peuples en ont fait usage comme eux, et ont pu les invoquer même contre eux. Au lieu que l'hérédité, la donation à cause de mort, le legs et plusieurs autres titres encore, étaient des modes d'acquisition établis par leur droit civil, et qui ne pouvaient, en conséquence, être invoqués dans la cité romaine, que par les seuls citoyens Romains.

Cette distinction n'est pas étrangère à notre Droit, quoiqu'elle ait beaucoup perdu de son importance par la loi du 14 juillet 1819, qui a permis aux étrangers de succéder, recueillir et disposer en France comme les nationaux; car chez nous, aussi, on regarde comme manières de transmettre et d'acquérir, en vertu du droit civil, l'hérédité légitime ou testamentaire, et même les donations entre vifs; et telle est la raison pour laquelle un mort civilement ne peut ni transmettre ni acquérir à l'un de ces titres (1) (art. 25), tandis qu'il peut acquérir et transmettre par vente, échange et autres modes réputés du droit des gens (2).

256. Suivant le Code, la propriété s'acquiert et se transmet par succession, par donation entre vifs et testamentaire, et par l'effet des obligations. (Art. 711.)

Elle s'acquiert aussi par accession ou par incorporation et par prescription. (Art. 712.)

Elle s'acquiert, de plus, par l'occupation, par la perception des fruits et par la tradition, dans les

(1) Il peut cependant recevoir pour aliment.
(2) *Voy.* tom. I, n° 243 et suiv.

cas où le seul consentement ne suffit pas pour la transférer, et dont on a donné des exemples précédemment (1).

Nous parlerons, au livre troisième, de la transmission et acquisition de la propriété par succession, donation entre vifs ou testamentaire, par l'effet médiat (2) ou immédiat des obligations, et enfin de l'acquisition par prescription.

257. Nous traiterons toutefois ici du mode d'acquisition par occupation, dont le Code ne parle pas expressément, mais qu'il n'a cependant pas rejeté, comme on pourrait le croire d'après la disposition qui attribue à l'État tous les biens vacans et sans maître; car les animaux pris ou tués à la chasse appartiennent à celui qui s'en empare, et ils ne peuvent lui appartenir qu'à titre d'occupation. Ce ne sont même pas les seuls objets que les particuliers peuvent acquérir de cette manière, ainsi qu'on le verra bientôt.

Nous parlerons ensuite du droit d'accession.

Auparavant, il convient de développer la nature et les caractères de la propriété.

___

(1). N° 231.

(2) C'est-à-dire par tradition, délivrance ou paiement.

CHAPITRE PREMIER.

De la nature et des caractères de la propriété.

SOMMAIRE.

258. La propriété, d'après le Code, est le droit de jouir et de disposer des choses de la manière la plus absolue, pourvu qu'on n'en fasse pas un usage prohibé par les lois ou par les règlemens. (Art. 544.)

Propriétaire et maître, *dominus*, sont des termes synonymes, comme propriété et domaine. Le Code se sert indifféremment de ces diverses expressions ;

c'est ainsi, nótamment, qu'il dit qu'on ne peut prescrire le *domaine* des choses qui ne sont pas dans le
commerce (art. 2226), pour établir qu'on ne peut
en acquérir la propriété par ce moyen.

259. En définissant de la sorte la propriété, la loi
fait abstraction de la qualité du propriétaire, c'est-à-
dire de sa capacité; elle parle seulement du droit
de disposer de la chose, et non de l'exercice de ce
droit; car cette faculté, que donne le droit de propriété, de disposer des biens sur lesquels il réside, est exercée aussi bien par ceux qui nous représentent légalement, comme les tuteurs, etc., que
pas nous-mêmes, pourvu qu'ils n'excédent pas les
bornes de leurs pouvoirs.

260. Les principaux caractères de ce droit sont
donc la jouissance de la chose,

La disposition libre et exclusive de cette chose.

Quant à la jouissance, elle s'étend à tous les
produits. Nous en parlerons bientôt.

Puisque le droit de propriété donne la faculté de
disposer des choses de la manière la plus absolue,
le maître peut les aliéner comme bon lui semble,
les dénaturer, les détruire même. Il peut, à plus
forte raison, les abandonner quand il croit qu'elles
lui sont à charge, ou même qu'elles ont simplement
cessé de lui être utiles. Son pouvoir, en un mot,
n'a d'autres limites que celles que les lois ou les
règlemens y ont apportées dans l'intérêt général (1).

---

(1) *Dominium est jus utendi et abutendi quatenùs ratio juris patitur.*

261. Mais cet intérêt est plus puissant encore que le droit de propriété lui-même, et voilà pourquoi le propriétaire ne pourrait licitement détruire sa chose, si de cette destruction il pouvait résulter un préjudice pour autrui. Et le droit d'user de sa chose suivant sa volonté, d'en disposer selon son libre arbitre, reçoit lui-même, et par l'effet du même principe, des restrictions dans plusieurs cas. C'est ainsi, par exemple, qu'un propriétaire de grains n'a pas toujours la faculté de les exporter hors du royaume; que la loi assujétit les proprietaires de marais à opérer les desséchemens jugés nécessaires ou utiles par le gouvernement, ou à les laisser opérer par des concessionnaires, lorsqu'ils ne se sont point accordés pour les effectuer (1); qu'il n'est permis de construire des fours à chaux et autres établissemens insalubres, qu'à une certaine distance des villes et faubourgs (2); qu'on ne peut couper les bois en toute saison, ni les défricher sans la permission de l'administration, etc.

262. Et de ce que le droit de propriété nous donne, exclusivement à tout autre, la jouissance et la disposition des choses qui en sont l'objet, il s'ensuit que nul ne peut être contraint de les céder (art. 545); car, une fois la cession opérée, il

---

(1) *Voy.* la loi du 16 septembre 1807, art. 3-4 et suiv.
(2) Voir le décret du 15 octobre 1810, et l'ordonnance du 14 janvier 1815.

n'en *jouirait* plus ; il n'en pourrait plus *disposer.*

Mais comme chaque citoyen participe aux avantages que procure l'ordre social, chacun est censé, par cela même, avoir contracté l'obligation d'être utile autant qu'il serait en lui à ses concitoyens ; et pour accomplir cette obligation, il doit céder sa chose à la société si elle en a besoin : par exemple, pour tracer ou redresser une route, construire un canal, etc., etc.

Néanmoins la raison veut qu'il ne supporte que pour sa part les charges communes à tous ; aussi lui est-il dû une juste et préalable indemnité (*ibid.*)

Pour environner le droit de propriété de la plus grande inviolabilité possible, on avait d'abord demandé qu'un citoyen ne pût être dépossédé malgré lui qu'en vertu d'une loi ; mais on a senti que cette marche entraînerait des lenteurs, qui, dans beaucoup de cas, nuiraient à l'intérêt général, et l'on a pensé que toutes les garanties désirables se trouveraient dans l'emploi de formes propres à constater l'*utilité publique,* sans rien laisser à l'arbitraire.

263. La loi du 8 mars 1810, dont les dispositions détaillées ne pouvaient convenablement trouver place ici, règle ces formes ; elle règle aussi les formalités à suivre pour l'expropriation et la fixation du prix, si le propriétaire ne peut s'accorder avec l'administration ; enfin, et par exception au Code civil, qui dispose que l'indemnité doit être *préalable,* cette loi autorise l'administration, dans les cas

d'urgence, à prendre possession du fonds avant
même d'en avoir payé le prix, et elle détermine
spécialement la voie à suivre par le propriétaire
pour obtenir ensuite l'indemnité qui lui est due.

264. C'est aussi en vertu du principe que tout
citoyen peut être contraint de céder sa propriété
pour cause d'utilité publique, qu'un propriétaire
de grains peut être contraint, dans un temps de
disette, de les céder moyennant un juste prix ; que
celui dont le terrain enclavé n'a aucune issue sur
la voie publique, peut forcer son voisin à lui céder
un passage sur son fonds moyennant indemnité
(art. 682), attendu qu'il est de l'intérêt général
qu'un fonds ne reste pas inculte; que les habitans
d'un village ou d'un hameau peuvent exiger du
propriétaire d'une source l'eau qui leur est nécessaire, en lui en payant la valeur s'ils n'ont prescrit
l'usage à cette eau (art. 643); enfin, que celui
qui joint immédiatement le mur d'autrui a la faculté d'en acquérir la mitoyenneté (art. 661),
parce que la multiplicité des murs non nécessaires
serait contraire à l'intérêt public, surtout dans les
villes, dont ils gâteraient l'aspect, en nuisant
d'ailleurs à leur salubrité, et à la sûreté des citoyens.

265. Nous avons dit que l'on peut avoir sur les
biens, ou un droit de propriété plein et absolu,
ou un droit de jouissance, ou bien simplement
des services fonciers à prétendre.

Mais les auteurs considèrent la propriété sous un autre rapport.

Ainsi, disent-ils (1), on divise le domaine en domaine *plein* et en domaine moins *plein*. Le premier donne la faculté de disposer de la chose, d'en percevoir tous les produits, toute l'utilité, et de la revendiquer; le second attribue à un autre les émolumens de la chose, et même aussi le droit de la revendiquer. Dans ce dernier, l'un a ce qu'on appelle le domaine *direct*; et l'autre, le domaine *utile.*

Anciennement, on regardait le domaine comme *moins plein* dans plusieurs cas : dans ceux où il était grévé du droit de fief, du droit d'emphytéose ou du droit de superficie. Le fief est abrogé par nos lois, mais il subsiste encore dans la plupart des États de l'Europe; l'emphytéose et le droit de superficie peuvent encore être constitués pour un tems n'excédant pas 99 ans; et ils donnent, selon nous du moins (2), au preneur un droit réel, immobilier, susceptible d'hypothèque comme celui résultant de l'usufruit, lequel étant même généralement moins étendu, moins plein que l'emphytéose et la surface, peut, avec raison, être considéré, sous ce rapport, comme renfermé dans l'un ou l'autre de ces droits.

Le domaine direct appartient au seigneur du

---

(1) *Voy.* Heinneccius, *Elementa juris*, n° 337.

(2) *Voy. suprà*, n° 80.

fief, ou à celui qui a concédé l'emphytéose ou le droit de surface; et le domaine utile appartient au vassal, à l'emphytéote ou au superficiaire.

Les fiefs étaient inconnus dans le droit romain, mais l'emphytéose et le droit de superficie y étaient fort en usage.

266. Envisagée sous un autre point de vue, la propriété est tantôt *parfaite* et tantôt *imparfaite*.

Elle est parfaite dans le cas où le droit du propriétaire n'est pas sujet à s'évanouir par l'effet de quelque circonstance, telle qu'une condition résolutoire, le pacte de réméré, la charge de conserver et de rendre, etc.

Elle est imparfaite dans le cas contraire.

Ainsi, dans la donation avec stipulation du droit de retour, ou faite par une personne n'ayant pas d'enfans au moment de l'acte, la propriété du donataire devant se résoudre par son prédécès, ou par la survenance d'un enfant au donateur, elle sera imparfaite tant qu'il ne sera pas certain que ces événemens ne se réaliseront pas.

Il en est de même de celle de l'acquéreur à réméré : tant que le délai pour exercer le rachat ne sera pas expiré, cet acquéreur n'aura qu'une propriété imparfaite, puisqu'elle n'est point incommutable. Le grevé de restitution n'aura en aussi une propriété pleine et absolue que dans le cas où il ne laisserait pas d'enfans appelés à la substitution. On peut étendre ces décisions à toutes les

aliénations faites sous condition résolutoire, et
même à celles sujettes à annulation ou rescision.
Enfin, celui qui a reçu un immeuble *à non domino*, et même dans certains cas un meuble, n'en
devient propriétaire que par l'expiration du tems
nécessaire pour la prescription; jusque là, il n'a
point une propriété, même imparfaite, quoiqu'il
soit, sous plusieurs rapports, assimilé au propriétaire; il n'a que la possession.

267. Il résulte des principes sur lesquels cette importante distinction est établie, que, dans tous ces
cas, les hypothèques ou autres droits réels créés
sur les biens par celui qui en jouit, s'évanouissent
avec sa propriété imparfaite, et que les aliénations
qu'il a consenties tombent avec son droit résolu,
anéanti. (Art. 930-954-963-966-1664-1673-1681-
2125-2182, et autres.)

Au lieu que les charges constituées par le propriétaire incommutable ne s'évanouissent pas par
la cessation de son droit, opérée par vente au autrement; elles suivent l'immeuble en toutes mains.
(art. 2114.) Il est même quelques cas où, quoique
le droit de celui qui les a établies fût sujet à résolution ou à révocation par l'effet de telle circonstance, ces charges n'en subsistent pas moins,
nonobstant la résolution ou la révocation : les articles 132 et 958 nous en offrent des exemples.
Mais ce sont des exceptions à la règle, et qui sont
motivées par des considérations particulières.

CHAPITRE II.

De l'Occupation.

SOMMAIRE.

268. L'occupation est une manière d'acquérir la propriété en vertu du droit naturel ou des gens, par la prise de possession d'une chose qui n'appartient à personne, dans l'intention d'en devenir propriétaire.

On acquiert ainsi par le seul fait de la prise de possession.

269. Mais cela ne s'applique point aux immeubles vacans et sans maîtres, situés dans l'étendue du territoire français, ni aux biens quelconques des personnes décédées sans héritiers ou dont les succes-

sions ont été abandonnées; les articles 539 et 713 les attribuent à l'État; et, s'il est vrai que les particuliers peuvent les acquérir contre lui, ce n'est pas du moins par le fait seul de l'occupation, mais bien par la prescription.

Ce n'est pas non plus par l'occupation proprement dite que l'on acquiert la propriété des choses perdues; car, même dans le cas où elles restent à l'inventeur, il n'en devient maître qu'au bout d'un certain tems, ce qui constitue aussi une espèce de prescription *à l'effet d'acquérir.* D'après l'art. 717, ces choses, ainsi que les objets jetés à la mer pour alléger le vaisseau dans un gros tems, ou naufragés, sont régies par des lois particulières, dont nous retracerons successivement les principales dispositions.

270. Mais quant aux choses qui n'ont encore appartenu à personne, comme les animaux sauvages, les coquillages trouvés sur le bord de la mer, et les choses mobilières abandonnées par leur propriétaire dans l'intention de ne les avoir plus (1), elles appartiennent, dans notre droit comme dans le droit

---

(1) Il faut le concours de ces deux circonstances : d'où il suit que l'abandon qui n'a eu lieu que par force majeure, par exemple, pour éviter plus facilement un péril, n'est pas une cause légitime d'acquisition pour celui qui s'empare de la chose abandonnée. §. 47, INSTIT., *de rerum divis.;* et, *vice versâ,* l'intention de rejeter la chose, sans l'abandon réel, n'empêche point que la propriété n'en soit conservée; à la différence de la simple possession, qui se perd *solo animo.* L. 17, §. 1, ff. *de acquir. vel amit. possess.* Vinnius, sur le §. 46 INSTIT., *de rerum divis.*

romain (1), à celui qui les trouve et s'en empare;
et cette manière d'acquérir est incontestablement
celle connue en droit sous le nom *d'occupation;*
car, comme nous l'avons déjà dit, il est impossible
que ces choses lui soient acquises à un autre titre.

271. On rapporte aussi à l'occupation le butin
fait sur l'ennemi dans une guerre régulière : non
pas que l'ennemi ne soit bien propriétaire de ce qui
lui est enlevé, mais parce que l'état de guerre délie
les ennemis, les uns à l'égard des autres, de l'obligation de respecter le droit de propriété; en sorte
que les choses dont s'empare le plus fort sur le plus
faible, sont considérées comme biens vacans et sans
maître. C'est ce que nous expliquerons bientôt avec
plus d'étendue.

272. L'usage observé chez les Romains, de distri-
buer au peuple, lors de l'avènement des princes et
la nomination des consuls et des préteurs (2), des
pièces de monnaies et des médailles (3), et que
nous voyons encore pratiqué chez nous dans les
fêtes que l'on veut solenniser avec éclat et rendre

---

(1) L. 3, ff. *de acq. rer. domin.* ; et surtout L. 1, §. 1, ff. *de acquirend. vel amitt. possess.* ; et L. 1, ff. *pro derelicto.*

(2) *Voy.* §. 46 INSTIT., *de rer. divis.* Vinnius fait remarquer que,
bien que ce texte parle des préteurs et des consuls, néanmoins cet
usage n'a guère été pratiqué que sous les empereurs, et que l'on
trouverait peu d'exemples qu'il l'ait été par les magistrats, même
par les consuls. La justesse de cette opinion est douteuse, car avant
l'empire, *panem et circenses* était déjà un adage fort usité.

(3) On nommait ces choses *missilia*, parce qu'elles étaient *jetées*
à la multitude. On faisait aussi, comme chez nous, des distributions
de comestibles.

populaires, offrait, comme il l'offre encore, une manière d'acquérir qui tenait beaucoup de l'occupation; car celui qui s'emparait de ces choses en devenait à l'instant même propriétaire. Mais il est plus vrai de dire que celui que le sort favorisait les acquérait par le mode de la *tradition* (1), quoiqu'elles fussent ainsi livrées à personnes *incertaines*. C'était aussi une libéralité, et non un pur abandon, *derelictum*, attendu qu'on voulait gratifier le peuple, et non rejeter les choses comme inutiles.

273. Dans l'ordre des idées, le mode d'acquisition par l'occupation est le premier de tous; et, sous ce rapport, il méritait d'être présenté dans le Code avant l'accession, puisqu'il ne suppose aucune propriété déjà existante, qu'il est, comme dit Grotius, une manière d'acquérir *originaire*, *primaire;* au lieu que l'accession est une manière d'acquérir *secondaire* ou *dérivée*, qui suppose nécessairement une propriété déjà acquise.

L'occupation a pour objet, tantôt des choses animées, tantôt des choses inanimées : dans ce dernier cas elle se nomme spécialement *invention;* la chasse et la pêche se réfèrent au premier.

274. Dans une première section, nous traiterons de la chasse et de la pêche;

Dans une seconde, de l'invention;

Et dans une troisième, du butin fait sur l'ennemi.

---

(1) §. 46, Instit., *de rer divis.*

SECTION PREMIÈRE.

De la Chasse et de la Pêche.

SOMMAIRE.

§. II.

De la Pêche.

§. Ier.

De la Chasse.

275. Suivant les principes du droit naturel, et que les Romains avaient adoptés dans toute leur

étendue, l'occupation des animaux sauvages en
rend propriétaire celui qui s'en empare par force,
par ruse ou par adresse; la chasse est, en effet, un
des plus anciens modes d'acquisition que la nature
ait enseigné aux hommes.

Et l'on entend par animaux sauvages, tous ceux
qui vivent sous les eaux, dans les airs, ou qui,
répandus sur la surface de la terre, y jouissent
d'une entière liberté ; comme les cerfs, les lièvres,
les poissons, qui ne sont pas renfermés dans des
parcs ou enclos, des étangs ou viviers.

276. Les docteurs font en effet exception pour
les animaux renfermés dans ces lieux ou autres semblables. Vinnius, sur le §. 12 Instit. *de rerum divis.*,
cite plusieurs auteurs professant ce sentiment, sans
toutefois le partager en principe, attendu, dit-il,
que, même dans ce cas, ces animaux ne sont réellement possédés par personne : ils jouissent encore
de leur liberté naturelle, quoique d'une manière
restreinte. Il l'adopte néanmoins, à cause des usages
généralement reçus chez les peuples modernes.
Aussi, chez nous, celui qui soustrait frauduleusement du poisson dans un étang ou dans un vivier,
est passible de la peine de réclusion. (Art. 388 du
Cod. pén.)

Mais dès que les pigeons, les lapins et poissons
passent dans un autre colombier, garenne ou étang,
ils cessent d'appartenir à leur premier maître, et ils
appartiennent au propriétaire du colombier, de la

garenne ou de l'étang, pourvu qu'ils n'y aient point été attirés par fraude et artifice (art. 564). C'est ce qui sera expliqué plus loin.

277. Comme l'on n'acquiert la propriété des animaux sauvages que par la prise de possession, on la perd en perdant la possession elle-même ; et ils redeviennent alors la chose du premier occupant (1). C'est une différence notable d'avec les autres animaux et les choses inanimées, dont nous ne cessons pas d'être maîtres par cela seul que nous ne les possédons plus ; tellement que, nous pouvons les revendiquer tant que nous n'en avons pas laissé prescrire le domaine (2).

Quant aux animaux naturellement sauvages, mais apprivoisés, nous en conservons la propriété tant qu'ils conservent l'habitude d'aller et de revenir : dès qu'ils ont perdu l'esprit de retour, ils appartiennent au premier occupant (3).

Cependant, quant aux abeilles, le propriétaire de la ruche a le droit de réclamer l'essaim tant qu'il n'a pas cessé de le suivre (4) ; sinon, il appartient au propriétaire du terrain sur lequel il s'est fixé (5). Suivant le droit romain, il fallait, en outre, qu'une autre personne l'eût enfermé dans une ruche ; ce

---

(1) L. 3, §. 2, ff. *de acquir. rer. domin.*
(2) L. 5, §. 6, *eod. tit.*
(3) Même loi, §. 5.
(4) §. 14 INSTIT. *de rer. divis.*, et même loi, §. 4.
(5) Loi du 6 octobre 1791, tit. 1, sect. 3, §. 5.

IV.   15

qui était plus conforme aux principes purs de la matière, puisque *possessio retinetur solo animo, nisi alius eam adprehenderit.*

278. Il ne suffit pas de poursuivre l'animal, ni même de l'avoir blessé, pour en devenir propriétaire; il faut l'avoir pris réellement (1), parce que mille circonstances peuvent encore s'opposer à ce que nous puissions nous en emparer (2).

Les Romains avaient porté si loin ce principe, que Proculus, dans la loi 55, ff. *de Acquir. rerum domin.*, décide que si vous avez tendu un filet, et qu'un sanglier s'y soit pris, même de manière à n'en pouvoir sortir, en prenant moi-même le sanglier je ne m'empare pas d'une chose qui soit à vous, car vous n'en êtes pas encore devenu propriétaire, ne l'ayant pas encore pris corporellement; vous avez seulement contre moi l'action *in factum*, comme vous l'auriez si, après que vous auriez eu tiré le sanglier du filet, je lui avais donné la liberté sans votre aveu. Nous n'appliquerions pas ces principes dans toute leur rigueur (3).

_____

(1) §. 13, INSTIT., *de rer. divis.*

(2) Même §. 13.

(3) Et nous avouerons même que cette loi n'est pas entendue uniformément par tous les interprètes. Ainsi, par exemple, Cujas, *Observ.* IV, cap. 2, fait une distinction entre le cas où le chasseur a tendu le filet sur le fonds d'autrui ou sur le sien, et, dans le premier cas, s'il l'a tendu avec la permission du maître, ou sans son aveu; et il décide, dans cette dernière hypothèse, que le chasseur ne devient pas propriétaire du sanglier, mais que, dans les précédentes, il l'est devenu. Proculus, il est vrai, se demande s'il ne con-

279. Quand la propriété du sol s'est trouvée consolidée par l'organisation des sociétés, il a fallu, pour qu'elle ne fût pas constamment violée par l'exercice du droit de chasse, porter des lois pour la protéger; mais ces lois n'ont pas eu d'abord pour objet d'attribuer exclusivement au maître du terrain la faculté d'y chasser, et de le faire considérer comme seul propriétaire des animaux sauvages qui s'y trouvaient : ces animaux n'ont pas cessé d'être des choses communes à tous les hommes, et par conséquent de devenir la propriété du premier occupant, quel qu'il fût. Ces lois ont seulement attribué au propriétaire du terrain le droit, s'il prévoyait que l'on voulût y chasser, de défendre au chasseur d'entrer dans le fonds (1), et elles lui ont donné, en conséquence, une action contre lui, s'il avait méprisé sa défense (2), mais non la propriété ni la revendication des animaux que le chasseur avait pris ou tués : car cette défense ne pouvait changer la *condition* de ces animaux qui, par leur nature, appartiennent au premier occupant (3). Le

---

vient pas de faire ces distinctions ; mais il paraît les rejeter, et décider, dans tous les cas, que le chasseur n'est maître du sanglier qu'après s'en être emparé réellement, du moins tel est le sens qu'Accurse Balde, Azon et autres, prêtent à sa décision ; et nous croyons que c'est le véritable.

(1) §. 12 , INSTIT., *de rerum divis.*

(2) L. 13 , §. *ult.*, ff. *de injuriar. act.* Elles lui donnaient aussi l'action de la loi *Aquilia*, s'il avait commis du dégât.

(3) Vinnius sur le §. 12 précité.

Droit, comme on va le voir, est encore aujourd'hui le même sous ce rapport.

Si le propriétaire du fonds n'en avait point interdit l'entrée au chasseur, comme celui-ci ne lui avait fait aucune *injure* par le fait seul de la chasse, il n'était passible d'aucune action, même dans le cas où il aurait chassé à son insu (1); en sorte que la prohibition de chasser sur le terrain d'autrui sans l'assentiment du propriétaire, ne résultait pas, comme chez les peuples modernes, d'une loi générale, mais bien d'une interdiction spéciale de celui-ci.

280. Tels étaient aussi les principes suivis au commencement de la monarchie française; mais quand le régime féodal eut été organisé, le droit de chasse cessa non-seulement d'être une faculté naturelle et commune à tous les hommes, il cessa même d'être, pour la plupart, un attribut du droit de propriété : il devint un droit réel annexé à la seigneurie et à la haute justice, s'étendant sur toutes les terres qui y étaient comprises, et n'appartenant qu'au seigneur. Il fallut alors posséder des terres en fief pour avoir le droit d'y chasser (2); et par un oubli manifeste des principes du droit naturel et du droit de propriété, les mœurs et les lois, en cette matière,

---

(1) Vinnius au même endroit.

(2) Pothier, traité *du Droit de propriété*, n° 27 et suiv.

devinrent barbares à tel point qu'un homme pouvait être condamné aux galères, et même puni de mort, pour avoir tué un lièvre sur son propre fonds (1).

281. Comme ces lois étaient une conséquence du régime féodal, elles sont tombées avec la féodalité et les justices seigneuriales : les unes et les autres ont été abrogées par les décrets des 4-6-7-8 et 11 août, 21 septembre et 3 novembre 1789.

L'article 3 de ce dernier, qui forme la base de la législation actuelle en cette matière, porte : « Le « droit exclusif de la chasse et des garennes est « aboli; et tout propriétaire a le droit de détruire « et faire détruire, *seulement sur ses possessions,* « toute espèce de gibier, sauf à se conformer aux « lois de police qui pourront être faites relative- « ment à la sûreté publique.

« Toutes capitaineries, même royales, et toutes « réserves de chasse, sous quelque dénomination « que ce soit, sont pareillement abolies; et il sera « pourvu par des moyens compatibles avec le res- « pect dû aux propriétés et à la liberté, à la conser- « vation des plaisirs personnels du Roi. »

282. Pour l'exécution de ce décret, fut rendu

---

(1) *Voy.* entre autres l'édit de juin 1601, dont l'excessive rigueur contraste d'une manière frappante avec la générosité et la bonté du monarque qui le signa. Heureusement, pour l'honneur de l'humanité, il fut presque toujours regardé comme comminatoire dans ce qu'il portait de plus rigoureux.

celui des 22-30 avril 1790, dont nous croyons devoir transcrire ici les dispositions, à raison de leur importance et de leur fréquente application.

« Art. 1er. Il est défendu à toutes personnes « de chasser, en quelque temps et de quelque ma- « nière que ce soit sur le terrain d'autrui, sans « son consentement, à peine de vingt livres d'a- « mende envers la commune du lieu, et d'une in- « demnité de dix livres envers le propriétaire *des* « *fruits*, sans préjudice de plus grands dommages- « intérêts s'il y échoit.

« Défenses sont pareillement faites, sous ladite « peine de vingt livres d'amende, aux propriétai- « res ou possesseurs, de chasser dans leurs terres « non closes, même en jachères, à compter du jour « de la publication du présent décret jusqu'au pre- « mier septembre prochain, pour les terres qui « seraient alors dépouillées, et pour les autres terres, « jusqu'après la dépouille entière des fruits, sauf à « chaque département (aujourd'hui le préfet) à « fixer, pour l'avenir, le temps dans lequel la chasse « sera libre, dans son arrondissement, aux pro- « priétaires sur les terres non closes.

« Art. 2. L'amende et l'indemnité ci-dessus sta- « tuées contre celui qui aura chassé sur le terrain « d'autrui, seront respectivement portées à trente « livres, et à quinze livres, quand le terrain sera « clos de murs ou de haies ; et à quarante livres et « vingt livres, dans le cas où le terrain clos tien- « drait immédiatement à une habitation ; sans en-

« tendre rien innover aux autres lois qui protègent
« la sûreté des citoyens et de leurs propriétés, et
« qui défendent de violer les clôtures, et notam-
« ment celles des lieux qui forment leur domicile
« ou qui y sont attachées.

« Art. 3. Chacune des différentes peines sera dou-
« blée en cas de récidive. Elle sera triplée s'il sur-
« vient une nouvelle contravention, et la même
« progression sera suivie contre les contraventions
« ultérieures; le tout dans le courant de la même
« année seulement.

« Art. 4. Le contrevenant qui n'aura pas, hui-
« taine après la signification du jugement, satisfait
« à l'amende prononcée contre lui, sera contraint
« par corps, et détenu en prison pendant vingt-
« quatre heures pour la première fois : pour la se-
« conde, pendant huit jours; et pour la troisième
« ou ultérieure contravention, pendant trois mois.

« Art. 5. Dans tous les cas, les armes avec les-
« quelles la contravention aura été commise, *se-*
« *ront confisquées, sans néanmoins que les gardes*
« *puissent désarmer les chasseurs.*

« Art. 6. Les père et mère répondront des délits
« de leurs enfans mineurs de *vingt ans, non mariés*
« *et domiciliés avec eux*, sans pouvoir néanmoins
« être contraints par corps.

« Art. 7. Si les délinquans sont déguisés ou mas-
« qués, ou s'ils n'ont aucun domicile connu dans
« le royaume, ils seront arrêtés sur-le-champ, à la

« réquisition de la municipalité (aujourd'hui le
« maire).

« Art. 8. Les peines et contraintes ci-dessus se-
« ront prononcées sommairement et à l'audience,
« par la municipalité du lieu (1), d'après les rap-
« ports des gardes messiers, bangards, ou gardes
« champêtres, sauf l'appel, ainsi qu'il a été réglé
« par le décret du 23 mars dernier; elles ne pour-
« ront l'être que, soit sur la plainte du propriétaire
« *ou autre partie intéressée,* soit même, dans le cas
« où l'on aurait chassé en temps prohibé, sur la
« seule poursuite du procureur de la commune
« (aujourd'hui le procureur du Roi).

« Art. 9. A cet effet, le conseil général de chaque
« commune est autorisé à établir un ou plusieurs
« gardes messiers, bangards, ou gardes champêtres,
« qui seront reçus et assermentés par la municipa-

---

(1) Cela est changé : l'article 596 du Code *des Délits et des Peines*,
du 3 brumaire an IV, avait déjà abrogé cette disposition ; et comme
il n'y a point d'amende pour délit de chasse, dont le *maximum*
n'excède la compétence des tribunaux de simple police, il en résulte,
aux termes de l'article 179 du Code d'instruction criminelle, que
toute affaire relative à un délit de cette nature doit être portée devant le tribunal de police correctionnelle. C'est aussi la disposition
expresse de l'article 1er du décret du 4 mai 1812, relatif aux délits
commis en chassant avec armes, sans permis de les employer à cet
usage, et dont nous parlerons bientôt. *Voy.* Favard de Langlade,
Répertoire, à l'article *Chasse,* n° 19.

D'après l'avis du Conseil d'État, du 30 frimaire an XIV, approuvé le 4 janvier 1806, rapporté sous le même article, la juri-
diction des tribunaux correctionnels s'étend aussi aux délits de
chasse commis par les militaires même présens sous les drapeaux.

« lité, sans préjudice de la garde des bois et forêts,
« qui se fera comme par le passé, jusqu'à ce qu'il
« en ait été autrement ordonné.

« Art. 10. Les dits rapports seront dressés par
« écrit, ou faits de vive voix au greffe de la muni-
« cipalité, où il en sera tenu registre. Dans l'un et
« l'autre cas, ils seront affirmés entre les mains
« d'un officier municipal, dans les vingt-quatre
« heures du délit qui en sera l'objet, et ils feront
« foi de leur contenu jusqu'à la preuve contraire,
« qui pourra être admise sans inscription de faux.

« Art. 11. Il pourra être suppléé auxdits rapports
« par la déposition de deux témoins.

« Art. 12. Toute action pour délit de chasse sera
« prescrite par le laps d'un mois, à compter du jour
« où le délit aura été commis (1).

« Art. 14. Pourra également tout propriétaire et
« possesseur, autre qu'un *simple usager*, dans les
« temps prohibés par ledit article 1er, chasser et
« faire chasser, sans chiens courans, dans ses bois
« et forêts.

---

(1) Le délit de port d'armes sans permis n'étant pas, comme anciennement, un délit principal, n'étant, au contraire, un délit qu'en
raison du fait de chasse, il s'ensuit que les peines établies pour ce
délit, par le décret du 4 mai 1812, se prescrivent par le même
laps de tems que celles pour fait de chasse, suivant ce qu'a jugé la
Cour de cassation, le 1er octobre 1813, par arrêt rapporté au même
endroit.

Et comme le dit très-bien M. Favard, il y a même raison de le
décider ainsi lorsque le délit de port d'armes sans permis n'est pas
joint au délit de chasse, parce qu'on a chassé sur son terrain en
tems non prohibé.

« Art. 15. Il est pareillement libre, en tout
« temps, aux propriétaires ou possesseurs, et même
« aux *fermiers*, de détruire le gibier dans leurs ré-
« coltes non closes (1), en se servant de filets ou
« autres engins qui ne puissent pas nuire aux fruits
« de la terre, comme aussi de *repousser avec des*
« *armes à feu*, les bêtes fauves qui se répandraient
« dans lesdites récoltes. »

Enfin, l'article 16, qui a été ajouté au projet
primitif, parce que le Roi ne voulut sanctionner
le décret que sous cette condition, porte que « il sera
« pourvu, par une loi particulière, à la conserva-
« tion des plaisirs personnels du Roi ; et par pro-
« vision, en attendant que sa Majesté ait fait con-
« naître les cantons qu'elle veut réserver exclusi-
« vement pour sa chasse, défenses sont faites à
« toutes personnes de chasser et de détruire aucune
« espèce de gibier dans les forêts à elle apparte-
« nant, et dans les parcs attenant aux maisons
« royales de Versailles, Marly, Rambouillet, Saint-
« Cloud, Saint-Germain, Fontainebleau, Com-
« piègne, Meudon, Bois de Boulogne, Vincennes
« et Villeneuve-le-Roi ».

283. Il résulte de ces dispositions et des peines
qu'elles établissent contre ceux qui chassent chez
autrui, sans sa permission, que le gibier tué ou
pris par eux dans les lieux non clos, leur appar-

---

(1) **A** plus forte raison dans leurs récoltes closes.

tient, comme il appartenait suivant le droit romain, même au chasseur qui était entré dans un
fonds malgré la défense du propriétaire ; car, ainsi
que nous l'avons dit, l'animal qui jouit de sa liberté naturelle ne peut appartenir qu'à celui qui
s'en empare : l'oiseau, par exemple, qui vient se
percher sur mon arbre ne m'appartient pas plus
qu'à tout autre. D'ailleurs, la loi a réglé les droits
du propriétaire en lui accordant une indemnité
déterminée, sans préjudice de plus amples dommages-intérêts, s'il y échoit : il ne peut donc rien
prétendre au delà ; et nous n'hésitons pas à dire
que s'il dépouillait le chasseur de l'animal, sur le
prétexte que celui-ci l'a tué ou pris sur son terrain, il commettrait une véritable spoliation, à la
restitution de laquelle il devrait être contraint, si
le chasseur le demandait. Nous y verrions même
une renonciation au bénéfice de l'indemnité établie
par la loi : il serait censé s'être contenté, pour tous
dommages-intérêts, de ce qu'il aurait enlevé au
chasseur, et il devrait être déclaré non recevable
dans sa demande à fin d'indemnité.

284. Il résulte aussi de ces dispositions que, à
la différence du droit romain, suivant lequel le
chasseur n'était passible de l'action du propriétaire
qu'autant qu'il était entré sur son fonds *malgré sa
défense,* ou qu'il y avait commis du dégât, notre
législation accorde l'action *au propriétaire des fruits*
contre tous ceux qui ont, en un temps quelconque,

chassé sur le fonds sans sa permission : en sorte
que chez les Romains, plus rapprochés que nous
des principes du droit naturel, l'autorisation de
chasser se présumait, tandis que chez nous, le
droit de propriété, encore plus respecté, est exclusif de cette présomption.

285. L'usufruitier ayant le droit de jouir comme
le propriétaire (art. 578), et lui étant pleinement
substitué quant à la jouissance, on doit tenir qu'il
a le droit de chasse sur le fonds, et que le propriétaire ne l'a point, s'il ne se l'est pas réservé. Vainement dirait-on que, généralement du moins, le
gibier n'est pas un fruit du fonds, et conséquemment qu'il n'entre pas dans la jouissance de l'usufruitier; car il ne suit pas de là que le droit de
chasse en lui-même ne soit susceptible d'aucun
produit, et qu'il ne soit d'ailleurs au nombre des
agrémens que procure la chose. Or, l'usufruitier
jouit de tous les produits, à l'exception de ceux qui
lui sont spécialement refusés par la loi, tels que les
bois de haute futaie; il jouit pareillement de tous
les agrémens dont la chose est susceptible (1). Et

---

(1) Aussi les lois romaines lui donnent-elles formellement le droit
de chasser, et, même exclusivement, la chasse ou la pêche dans le
cas où le revenu du fonds consiste en cela.

Ainsi, dit la L. 62, *princip.*, ff. *de Usufructu : Usufructuarium
venari in saltibus vel montibus possessionis probè dicitur : nec aprum,
aut cervum quem ceperit, proprium domini capit : sed fructus aut jure
(civili), aut jure gentium suos facit.*

La loi 9, §. 5, au même titre, s'expliquant sur le cas où la chasse

comme il n'en jouirait pas avec la même étendue, si le propriétaire pouvait chasser et faire chasser sans sa permission, on doit décider que celui-ci n'en a pas le droit. L'article 1er de la loi ci-dessus établit l'indemnité au profit du propriétaire *des fruits,* ce qui doit évidemment, dans le cas d'usufruit, s'entendre de l'usufruitier; car bien qu'en droit pur, il ne devienne propriétaire des fruits que par la perception qu'il en fait, néanmoins, hors des cas où cette règle a son application pour déterminer ses droits respectivement à ceux du propriétaire, il est vrai de dire qu'il est considéré comme maître de ces mêmes fruits, tellement que ses créanciers personnels peuvent les faire saisir sur pied par saisie-brandon, et que, dans notre législation, la revendication lui est donnée contre ceux qui les ont coupés sans son aveu. Et le sens de cette loi est si peu douteux à cet égard, que la seconde disposition de cet article met sur la même ligne le *possesseur* et le propriétaire, soit pour leur défendre de chasser en temps prohibé, soit pour le leur permettre dans un autre

---

ou la pêche est réellement un produit du fonds, dit aussi : *Aucupiorum quoque et venationum reditum*, Cassius *ait* lib. VIII, JURIS CIVILIS, *ad fructuarium pertinere. Ergò et piscationum.*

Enfin la loi 26, ff. *de usuris et fruct.*, n'accorde, il est vrai, la chasse et la pêche à l'usufruitier qu'autant que le produit du fonds consiste en cela; mais alors il l'a exclusivement en vertu de son droit d'usufruit. Dans les autres cas, il a la faculté de chasser sur le fonds comme homme, en vertu du droit naturel ou des gens, ainsi que le dit clairement la loi 62 précitée, sans que le maître du fonds ait le droit de s'y opposer. Voët, tit. *de Usufruct.*, etc., n° 23.

temps. Or, le possesseur n'est pas plus maître des
fruits avant de les avoir perçus, que ne l'est l'usufruitier. L'article 8 porte aussi que les peines et
contraintes ne pourront être prononcées que sur
la plainte du propriétaire *ou autre partie intéressée,*
ce qui comprend clairemment l'usufruitier, et ce
qui démontre que le droit de chasse n'est pas exclusivement personnel au propriétaire, puisque lui
seul pourrait se plaindre de l'atteinte qui y a été
apportée, sauf à toute *autre partie intéressée* à poursuivre ses dommages-intérêts par toute autre voie,
si on lui avait fait du tort en chassant. Enfin, l'article 14 porte que tout propriétaire et *possesseur,*
autre qu'un *simple usager,* peut, même dans les
temps prohibés, chasser et faire chasser, sans chiens
courans, dans ses bois et forêts ; mais l'usufruitier
n'est pas un simple usager ; il ne partage pas, comme
lui, la jouissance de la chose avec le propriétaire ;
il l'a tout entière ; et la loi n'ayant apporté de limitation qu'à l'égard du simple usager, la conséquence est que le droit de chasse sur le fonds appartient à l'usufruitier.

C'est vainement aussi que l'on prétendrait que ce
droit est inhérent à la personne du propriétaire,
comme droit honorifique : cela était vrai anciennement ; il était même alors purement seigneurial,
tellement que le règlement du Conseil d'État du 3 octobre 1782, le considérant comme un exercice
noble, le concédait uniquement à la noblesse, et
défendait même de l'affermer. Mais cet ordre d'i-

dées a été changé par les lois abolitives de la féodalité ; et si le droit de chasse, d'après les lois nouvelles, est un attribut de la propriété, il n'est pas du
moins tellement inhérent à la personne du propriétaire qu'un autre ne puisse légitimement l'acquérir
et l'exercer exclusivement. Ce droit a cessé d'être
un privilége personnel : c'est un des agrémens de
la propriété, un des moyens de produit obtenu
à son occasion, et voilà tout. Hors de ces vérités
naturelles et légales on rentre dans un système incompatible avec nos mœurs actuelles. Peu importe
qu'il soit dans le domaine du souverain d'étendre
ou de restreindre la faculté de chasser, ainsi que
l'article 715 en consacre le principe, en disant que
*la chasse et la pêche sont soumises à des lois par-
ticulières* ; dans l'état actuel des choses, ce droit n'a
rien pour cela qui ressente le privilége personnel
ni le droit honorifique ; c'est simplement l'exercice
d'une faculté que nous tenons de la nature, mise en
harmonie avec les attributs du droit de propriété.

Enfin, il n'y a rien à conclure, contre cette opinion, de ce que l'usufruitier n'a pas droit au trésor
trouvé sur le fonds soumis à l'usufruit (art. 598) ;
car, quoique nous convenions sans peine que le
trésor, comme l'animal pris à la chasse, est acquis
à l'inventeur par droit d'occupation, il n'y a rien
à inférer de cette disposition contre notre décision,
puisque si c'est l'usufruitier qui l'a trouvé par le
pur effet du hasard, il y a droit pour la moitié
comme tout autre. La seule différence qu'il y ait à

cet égard entre les animaux sauvages et la moitié
du trésor attribuée à l'inventeur non propriétaire
du fonds, c'est qu'il est permis de faire la chasse aux
animaux, tandis qu'on n'a droit au trésor découvert sur le fonds d'autrui que pour moitié, et encore si on l'a trouvé par l'effet du hasard, ainsi
que nous l'expliquerons bientôt.

286. Cependant la Cour de Paris, réformant un
jugement du tribunal de Dreux, a jugé, non pas,
il est vrai, que l'usufruitier n'avait pas le droit de
chasse, mais que le fermier qui ne s'était pas réservé par son bail la faculté de chasser sur les fonds
affermés, ne pouvait l'exercer, « attendu, a dit la
« Cour, que le gibier qui se repeuple dans les terres
« ou dans les bois, ne peut être assimilé aux fruits
« produits par les terres ou les bois, et que le droit
« de chasse, qui est *une dépendance du droit de*
« *propriété*, ne peut appartenir au fermier qu'au-
« tant qu'il lui a été expressément conféré par le
« propriétaire (1). »

Nous ne saurions adopter cette décision : elle nous
paraît résulter d'une fausse application de la loi sur
la faculté de chasser, dans l'état actuel de nos mœurs,
et de l'oubli des principes du droit naturel sur
cette matière. C'est d'ailleurs décider la question
par la question ; c'est un arrêt non motivé.

Sans doute, le droit du fermier à cet égard ne

---

(1) Arrêt du 19 mars 1812, Sirey, 12, 2, 323.

saurait s'induire de l'article 13 de la loi du 30 avril
1790, qui permet, *même au fermier*, de détruire le
gibier *dans ses récoltes*; car ce n'est pas là une
concession du droit de chasse en général (1); mais
l'ensemble de la loi milite en faveur du fermier. On
ne peut, en effet, contester qu'il ne soit, aussi bien
que le possesseur, propriétaire *des fruits*, même pendans, puisque ses créanciers personnels peuvent
les faire saisir par saisie brandon; et il a même sur
lui cet avantage, que, dans aucun cas, il n'est
obligé de les restituer au propriétaire. Son droit, à
cet égard, est encore plus plein que celui de l'usufruitier, puisqu'il le transmet à ses héritiers. Or,
l'article 1er de cette loi établit l'indemnité due
pour fait de chasse, non pas absolument en faveur
du propriétaire, ainsi qu'on l'a dit abusivement
dans la cause; il l'établit en faveur du propriétaire *des fruits*, sans préjudice de plus grands
dommages intérêts, s'il y échoit. L'article 8 ne
donne pas non plus au propriétaire seul le droit
de se plaindre du fait de chasse, il le donne aussi
à *toute autre partie intéressée.* D'après cela, il
serait aussi absurde que celui qui doit recevoir
l'indemnité fût condamné à la payer, qu'il serait
contradictoire que celui qui a l'action pour fait
de chasse, quand un autre a chassé sans sa permission, fût lui-même soumis à cette action pour avoir

---

(1) Nous l'avouerons, on pourrait même induire de cette disposition une conséquence contraire, puisqu'elle est conçue dans un sens
restrictif.

chassé sur le même terrain, sans la permission d'un autre.

Cette loi, comme le dit expressément son préambule, a eu pour principal objet d'empêcher que l'on ne nuisît aux récoltes en chassant dans toutes les saisons de l'année, ainsi qu'on le faisait depuis le décret du 3 novembre 1789, mais non de faire du droit de chasse une sorte de privilége ou droit honorifique attaché à la personne du propriétaire : son but était entièrement opposé à un pareil système. Elle a sans doute vu dans la chasse, comme les décrets auxquels elle se réfère, un attribut du droit de propriété ou de possession, mais par cela même un attribut qui pouvant être cédé ou loué, fait partie de la jouissance comme agrément, et quelquefois comme un moyen de produit : or, si le fermier ne jouit pas de la même manière que l'usufruitier, et par conséquent de la même manière que le propriétaire, on ne peut nier du moins que, sous un autre rapport, il n'ait comme eux, à moins de stipulation contraire, la jouissance pleine et entière de la chose, le droit d'en percevoir tout l'émolument, de jouir aussi de tout l'agrément dont elle est susceptible; et pour apprécier son droit à cet égard, il n'est pas besoin de prétendre que le gibier est un fruit du fonds; on convient sans peine que, généralement (1), il

_____

(1) Car il est beaucoup de cas où réellement il en est un, ainsi que le disent les lois romaines.

n'en est pas un ; mais c'est un produit que l'on obtient à son occasion, et cela rentre dans l'*utilité* que
peut procurer la chose louée. Or, le fermier, ainsi
que l'usufruitier, ainsi que le possesseur, et plus
encore que ce dernier, a droit à toute cette utilité:
il peut même l'augmenter par tous moyens non
prohibés par la convention ou par la loi ; et nous
ajouterons que, généralement, ce sont ses fruits
qui nourrissent le gibier.

Dans la cause dont il s'agit, on a dit en faveur
du propriétaire que si le fermier, par la nature
seule du bail, pouvait chasser et permettre de
chasser, il pourrait, par cela même, défendre au
propriétaire de le faire, ce qu'on ne peut raisonnablement soutenir.

C'est une mauvaise argumentation; car c'est prouver un problème par un autre. La conséquence ne
nous paraît, en effet, nullement nécessaire, puisqu'à son égard, plus spécialement encore qu'à l'é-
gard du fermier, c'est une question d'intention ; et
tout doit porter à penser, surtout lorsqu'il s'agit
d'une propriété d'une certaine étendue, et qui notamment renferme des bois ou des landes, que le
bailleur est censé s'être réservé, pour lui et les
siens, la faculté de chasser, mais sans pour cela
avoir nécessairement entendu l'interdire au fermier.

En un mot, la faculté de chasser est de droit
naturel, et elle n'a été limitée par les lois précitées qu'à raison du respect dû à la propriété, c'est-

à-dire, pour en empêcher l'envahissement, même momentané : mais le fermier, qui a le droit d'aller et de venir sur le fonds, n'apporte, en chassant, aucune violation à ce droit sous ce rapport, puisqu'il ne commet aucun envahissement, aucun trouble; et on ne peut dire qu'il s'empare de la chose d'autrui, puisque les animaux sauvages n'appartiennent à personne. La question n'aurait même pu s'élever dans les principes du droit romain.

Au reste, dans l'espèce jugée par la Cour de Paris, le fermier avait chassé dans les bois, et il était accompagné d'un grand nombre de chasseurs : ces deux circonstances ont pu influer sur la décision.

287. Comme on vient de le voir, la loi des 22-30 avril 1790 régularise le droit de chasse; toutefois, quant aux moyens de l'exercer, cette loi n'est pas la seule disposition à observer.

Sans doute, le droit de port d'armes à feu et de toute autre arme non prohibée, était une conséquence du droit reconnu par la loi précitée (1), de chasser sur ses possessions, et du principe de la légitime défense de soi-même et de ses propriétés; ce droit est même rangé, par l'article 42 du Code pénal actuel, au nombre des droits civils (2). Mais

---

(1) Néanmoins, le décret des 10 - 14 août 1789 porte que « dans « chaque municipalité il sera dressé un rôle des hommes sans aveu, « sans métier ni profession, et sans domicile constant, *lesquels* « *seront désarmés.* »

(2) *Voy.* l'avis du Conseil d'État approuvé le 17 mai 1811, en-

il ne s'étend pas *au port d'armes pour l'exercice de la chasse*, même sur son terrain. Le décret du 11 juillet 1810 y a mis une condition, en exigeant de *quiconque* voudrait chasser, d'être muni d'un permis de port d'armes pour la chasse. Ce même décret en fixe le prix à trente francs, et le permis n'est valable que pour une année; il est délivré par le préfet du département, sur le vu de la quittance du receveur de l'enregistrement, constatant que trente francs (aujourd'hui quinze francs) ont été versés à cet effet.

288. Mais comme ce décret n'établissait aucune peine contre ceux qui auraient chassé sans permis de port d'armes pour la chasse, il en a été rendu un autre le 4 mai 1812, ainsi conçu :

« Art. 1er. Quiconque sera trouvé chassant, et
« ne justifiant point d'un port d'armes de chasse,
« délivré conformément à notre décret du 11 juillet
« 1810, sera traduit devant le tribunal de police
« correctionnelle, et puni d'une amende qui ne
« pourra être moindre de 30 fr., ni excéder 60 fr.

« Art. 2. En cas de récidive, l'amende sera
« de 60 fr. au moins, et 200 fr. au plus. Le tri-
« bunal pourra, en outre, prononcer un empri-
« sonnement de six jours à un mois.

---

tièrement en ce sens; en sorte que l'individu qui porte un fusil sur la route, sans permis de port d'armes, ne commet pas une contravention. Elle ne résulterait que du port d'armes pour la chasse sans permis.

« Art. 3. Dans tous les cas il y aura lieu à la
« confiscation des armes; et si elles n'ont pas été
« saisies, le délinquant sera condamné à les rap-
« porter au greffe ou à en payer la valeur, sui-
« vant la fixation qui en sera faite par le jugement,
« sans que cette fixation puisse être au-dessous
« de 5o fr.

« Art. 4. Seront, au surplus, exécutées les dis-
« positions de la loi des 22-3o avril 1790, con-
« cernant la chasse, laquelle sera publiée dans les
« départemens où elle ne l'a pas encore été. »

289. Il n'est pas besoin de dire que ces décrets
sont un excès de pouvoir, puisqu'ils établissent un
impôt pour l'exercice d'une faculté reconnue par
la loi, et que le second porte même une peine,
toutes choses qui sont du domaine de la loi. Mais
n'ayant point été attaqués pour cause d'inconstitutionnalité, dans les dix jours de leur insertion
au Bulletin des lois, ils ont, aux termes de la
constitution de l'an VIII, acquis force de loi; et
cela est d'autant moins douteux que l'article 77 de
celle de finance du 28 avril 1816, en a implicitement, mais nécessairement ordonné l'exécution,
en fixant à 15 francs par an le prix du permis du
port d'armes pour la chasse.

290. En résumé., on commet le délit de chasse
en chassant sur le fonds d'autrui sans la permission du propriétaire ou du possesseur du fonds,

ou du propriétaire *des fruits*, suivant les distinctions précédentes ;

En chassant sur son propre fonds en tems prohibé ;

En chassant même sur son propre fonds en tems non prohibé, mais sans la permission de celui qui en a l'usufruit.

Et l'on commet le délit de port d'armes, si l'on n'a pas obtenu de permis, quoique l'on chasse sur son terrain ; mais le port d'armes, hors de l'exercice de la chasse, est au nombre des droits civils des Français.

291. On peut aujourd'hui louer le droit de chasse ; on peut même en faire l'objet d'un droit d'usage irrégulier, puisque la loi ne le défend pas ; et dans ce cas, ce sera un droit réel, semblable à celui qui naît de la constitution du droit d'usage : ce sera une espèce de servitude du nombre de celles que, dans la doctrine, on appelle *servitudes personnelles*, comme étant établies sur un fonds, non pour l'utilité ou l'agrément d'un autre fonds, mais pour l'utilité ou l'agrément d'une personne. Nous expliquerons cela avec plus d'étendue au titre des *Servitudes*, en analysant la loi 8, ff. *de Servitutibus*.

292. Mais on ne pourrait, d'après l'article 686, stipuler que le propriétaire du fonds A aura à perpétuité, le droit de chasse sur le fonds B : ce serait une de ces servitudes que le Code a voulu proscrire, en les qualifiant de servitudes établies au

profit des personnes. En effet, ce ne serait point une servitude réelle ordinaire, puisque la chasse ne saurait procurer une utilité quelconque au fonds de celui qui aurait le droit de chasser : elle pourrait seulement donner de l'utilité et de l'agrément au propriétaire de ce fonds. Ce ne serait pas non plus, comme l'usufruit, l'usage ou l'habitation, une servitude personnelle, devant s'éteindre, comme eux, par la mort de la personne, puisqu'elle ne serait point établie au profit d'un individu déterminé, mais bien au profit du propriétaire du fonds, quel qu'il fût : or, ce sont les droits de cette nature que l'on a voulu prohiber, à cause de leur affinité avec les droits féodaux, et à raison de la prééminence qu'ils donneraient à l'un des héritages sur l'autre; ce qui est interdit par l'article 638.

§. II.

De la Pêche.

293. La pêche est l'emploi d'un moyen quelconque pour s'emparer des poissons; en sorte que l'on pêche quoique l'on ne prenne rien, et l'on peut être passible des peines portées contre ceux qui pêchent sans en avoir le droit. Ce mot s'entend aussi du droit de pêcher, et même quelquefois du résultat obtenu par la pêche.

Nous le prenons ici dans une acception plus déterminée, comme moyen d'acquérir le poisson qui n'appartient à personne, ce qui, par conséquent, est exclusif de la pêche faite dans les lacs, étangs ou viviers qui appartiennent aux particuliers, par le propriétaire, ou par celui qui le représente, puisque ce ne serait alors que l'exercice du droit de propriété déjà acquis.

294. En considérant même, ainsi que nous le faisons ici, la pêche comme moyen d'acquérir, il faut distinguer si elle a lieu dans la mer, dans les ports, les havres, les rades et sur les grèves, ou si elle a lieu dans les fleuves et rivières navigables ou flottables, ou enfin, dans les cours d'eau qui ne sont ni navigables ni flottables.

La pêche dans la mer, dans les ports, les havres, les rades et sur les grèves, est soumise à de nombreux règlemens, suivant les lieux où elle se fait et les diverses espèces de poissons. Nous ne pouvons les rapporter (1).

Tous les Français ont le droit de l'exercer librement, en se conformant à ces mêmes règlemens.

Et cette faculté peut même être exercée dans les

(1) Nous nous bornerons à dire que, d'après l'ordonnance sur *la Marine*, qui n'est abrogée en ce point par aucune loi, ceux qui ont trouvé du poisson à lard échoué sur le rivage n'en ont que le tiers : les deux autres tiers se partagent entre l'amiral et l'État (art. 29 du titre IX, liv. IV) ; mais, dit M. Favard, au mot *Propriété*, sect. 1re, la portion qui appartenait anciennement à l'amiral appartient aujourd'hui à l'État.

Et par poisson à lard on entend les baleines, marsouins, veaux de mer, et autres, qui ont beaucoup de graisse propre à faire de l'huile.

Le domaine a même un droit exclusif sur les dauphins, esturgeons, saumons et truites, réputés poissons royaux, lorsqu'ils sont

fleuves et rivières qui se jettent dans la mer, jusqu'au point où parvient l'eau salée. C'est l'administration qui détermine ce point : au-dessus, la
pêche cesse d'être libre, et elle est régie par l'administration des *Eaux et forêts*.

295. Comme l'État est propriétaire des fleuves
et rivières navigables ou flottables, le droit de
pêche, qui est un attribut de la propriété, lui appartient exclusivement dans ces cours d'eau. L'ordonnance des *Eaux et forêts*, de 1669 (art. 41 du
tit. xxvii), consacrait ce principe de droit public,
exprimé aussi dans la déclaration de 1683, enre-
gistrée le 21 mai. Il n'y avait exception que pour
le cas où des particuliers avaient acquis ce droit
par *un titre exprès, ou une possession légitimée.*

Cette exception a fait naître la question de savoir si les droits de pêche exercés par les particuliers dans les fleuves et rivières navigables, étaient
supprimés, pour cause de féodalité, par les mêmes
lois qui avaient anéanti les droits féodaux.

Un avis du Conseil d'État, du 30 messidor an XII,
approuvé le 11 thermidor suivant, l'a décidée par

---

trouvés sur le rivage, sous la seule déduction du salaire de ceux qui
les ont trouvés et mis en lieu de sûreté. (*Ibid*, art. 1, tit. iv, liv. v.)

S'ils ont été pris en pleine mer, ou conduits et chassés sur les
grèves par l'industrie des pêcheurs, ils appartiennent en entier à
ceux qui les ont trouvés. (Art. 42, tit. ix, liv. iv; art. 3, tit. iv,
liv. v.)

Voy. au *Répertoire* de Favard de Langlade, au mot *Pêche*, le detail
des règlemens relatifs à la pêche maritime.

l'affirmative (1), sur le fondement que le décret du 30 juillet 1793 avait déclaré féodal tout droit de pêche dans les rivières indistinctement.

296. La loi du 14 floréal an X, sur les contributions indirectes de l'an XI (2), a confirmé les anciens principes; elle porte ,

Titre V, art. 12 : « A compter du premier vendé-
« miaire prochain, nul ne pourra pêcher dans les
« fleuves et rivières navigables, s'il n'est muni d'une
« licence (3), ou s'il n'est adjudicataire de la ferme
« de la pêche, conformément aux articles suivans :

« Art. 13. Le gouvernement déterminera les par-
« ties des fleuves et rivières où il jugera la pêche
« susceptible d'être mise en ferme, et il règlera,
« pour les autres, les conditions auxquelles seront
« assujétis les citoyens qui viendront y pêcher
« moyennant une licence.

« Art. 14. Tout individu qui, n'étant ni fermier,
« ni pourvu de licence, pêchera dans les fleuves et
« rivières navigables, autrement qu'à la ligne flot-
« tante *et* (4) à la main, sera condamné,

---

(1) *Voy.* cet avis dans le même Répertoire , *eodem loco.*
(2) Bulletin n° 1490.
(3) C'est-à-dire , d'une autorisation que le Gouvernement donne à un particulier , de pêcher sur une partie de rivière navigable ou flottable , moyennant une somme annuelle payée au domaine public.
(4) Ce qui n'exprime pas deux exceptions , comme s'il y avait « ou à la main » , mais une seule. Arrêt de cassation , rapporté au *Répertoire* de Favard , et rendu en conformité de l'arrêté du Gouvernement , du 17 nivose an 12 , interprétatif de cet article , et portant « avec une ligne flottante *tenue* à la main. »

« 1° A une amende qui ne pourra être moindre
« de 50 fr. ni excéder 200 fr. ;

« 2° A la confiscation des filets et engins de
« pêche;

« 3° A des dommages intérêts envers le fermier
« de la pêche, d'une somme pareille à l'amende.

« L'amende sera double en cas de récidive.

« Art. 15. Les délits seront poursuivis et punis
« de la même manière que les délits forestiers.

« Art. 16. Les gords, barrages, et autres éta-
« blissemens fixes de pêche, construits ou à con-
« struire, seront pareillement affermés, après qu'il
« aura été reconnu qu'ils ne nuisent point à la na-
« vigation, qu'ils ne peuvent produire aucun atté-
« rissement dangereux, et que les propriétés voi-
« sines n'en peuvent souffrir de dommage.

« Art. 17. La police, la surveillance et la con-
« servation de la pêche, seront exercées par les
« agens et préposés de l'administration forestière,
« en se conformant aux dispositions prescrites pour
« constater les délits forestiers.

« Art. 18. Les fermiers de la pêche pourront
« établir des gardes-pêche, à la charge d'obtenir
« l'approbation du conservateur des forêts, et de
« les y faire recevoir comme les gardes fores-
« tiers. »

Un arrêté du gouvernement du 17 nivose an XII
(8 janvier 1804) (1), porte que l'article 14 ci-dessus

---

(1) Bulletin n° 3396.

de la loi du 14 floréal an X, sera exécuté selon sa forme et teneur.

297. L'adjudication de la ferme du droit de pêche est annoncée par des affiches, et précédée d'une estimation et du dépôt du cahier des charges.

Elle est faite dans les mêmes formes et devant les mêmes autorités que celle des coupes de bois.

Les fermiers ne peuvent avoir plus de huit associés ; ils ne peuvent céder leur bail qu'à des particuliers qui seront agréés par le conservateur forestier de l'arrondissement, et dont ils seront responsables (1).

L'arrêté du gouvernement du 26 messidor an VI, ordonne l'exécution des art. 5, 6, 7, 8, 9, 10, 15, 17 et 18 du titre XXXI de l'ordonnance de 1669 sur *les Eaux et forêts*, et défend aussi aux pêcheurs de pêcher en tems prohibé et de se servir d'aucuns engins et harnois interdits par les anciennes ordonnances (2), à peine de 100 francs d'amende (3); ce qui s'applique pareillement à la pêche dans les rivières non navigables ni flottables, ainsi que l'a jugé la Cour suprême par deux arrêts de cassation

_____

(1) *Voy.* le *Répertoire* de Favard de Langlade, aux mots *Pêche*, sect. 3, et *Bois*, sect. 1.

(2) Voyez-en le détail dans le même ouvrage, sect. 3, §. 2 de l'article *Pêche*.

(3) Et non pas seulement à celle de 50 fr. à 200 fr., déterminée par l'art. 14 de la loi du 14 floréal an 10; car cette loi n'a pas dérogé, en ce point, à l'ordonnance de 1669. Ainsi jugé par deux arrêts de cassation, l'un du 2 mars 1809, l'autre du 12 juin 1821, rapportés par Favard au même endroit.

rendus dans la même affaire, et dont le dernier est du 20 août 1812 (1).

298. Comme la loi du 14 floréal an X n'attribue expressément à l'État le droit exclusif de pêche que dans les fleuves et rivières navigables, sans s'expliquer sur les rivières seulement *flottables*, et que l'avis du Conseil d'État du 30 pluviose an XIII, relatif à la propriété de la pêche dans les rivières de l'État, ne parlait, non plus, que des rivières navigables, quelques personnes, dit M. Favard, en avaient conclu que la pêche, dans les rivières simplement flottables, appartenait aux communes; mais c'était une erreur, puisque tous ces cours d'eau appartenant indistinctement à l'État, la pêche doit lui appartenir dans les uns comme dans les autres.

Néanmoins, un avis du Conseil d'État du 21 février 1822, a établi, quant aux rivières flottables, une distinction importante. Il est ainsi conçu :

« Le Conseil d'État, sur le renvoi qui lui a été
« fait, par M. le Garde des sceaux, d'un rapport
« transmis par M. le Ministre des finances, re-
« latif aux droits de pêche dans les rivières flotta-
« bles et non navigables; vu la lettre de M. le Mi-
« nistre des finances, du 26 décembre 1821, qui
« propose de soumettre à l'examen du Conseil les
« deux questions suivantes :
« 1° *Le droit de pêche dans les rivières flot-*

---

(1) Ils sont pareillement rapportés par M. Favard , *eod. loco.*

« *tables et non navigables appartient-il à l'État?*

« *Y a-t-il lieu, dans le cas de l'affirmative, de ré-*
« *former l'avis du Conseil d'État du* 30 *pluviose*
« *an XII ?*

« Vu la décision du même ministre du 6 novem-
« bre 1820, qui prescrit la mise en ferme des parties
« des rivières de la Meurthe et de la Moselle, qui
« ne sont que flottables;

« L'avis du comité des finances, du 6 octo-
« bre 1820, sur les deux questions ci-dessus;

« La loi du 14 floréal an X ;

« L'article 538 du Code civil;

« L'avis du Conseil d'État du 30 pluviose an XIII,
« relatif à la propriété des droits de pêche dans les
« rivières non navigables;

« Considérant que, dans l'acception commune,
« on confond, sous la dénomination de *rivières*
« *flottables*, deux espèces de cours d'eau très dis-
« tincts, savoir :

« 1° Les rivières flottables *sur trains* ou *radeaux*,
« au bord desquels les propriétaires riverains sont
« tenus de livrer le marche-pied déterminé par l'ar-
« ticle 650 du Code civil, et dont le curage et l'en-
« tretien sont à la charge de l'État ;

« 2° Les rivières et ruisseaux flottables à *bûches*
« *perdues*, sur le bord desquels les propriétaires
« riverains ne sont assujétis qu'à livrer passage,
« dans le tems du flot, aux ouvriers du com-
« merce du bois chargés de diriger les bûches
« flottantes, et de pêcher les bûches submergées;

« Considérant que les rivières flottables *sur trains*
« ou *radeaux* sont, de leur nature, navigables pour
« toute embarcation du même tirant d'eau que le
« train ou radeau flottant;

« Que les rivières flottables de cette espèce ont
« été considérées comme rivières navigables, soit
« par l'ordonnance de 1669, soit par les premières
« instructions données pour l'exécution de la loi
« du 14 floréal an X;

« Que, dès lors, les rivières flottables sur trains
« ou radeaux, dont l'entretien est à la charge de
« l'État, se trouvent comprises parmi les rivières
« navigables, dont la pêche peut, aux termes de la-
« dite loi, être affermée au profit de l'État;

« Qu'il est impossible, au contraire, d'appliquer
« les dispositions de ladite loi aux cours d'eau qui
« ne sont flottables qu'à bûches perdues, et qui ne
« peuvent, sous aucun rapport, être considérées
« comme rivières navigables;

Est d'avis,

« 1° Que l'État a droit d'affermer, en vertu de
« la loi du 14 floréal an X, la pêche des rivières
« qui sont navigables sur bateaux, trains ou ra-
« deaux, et dont l'entretien n'est pas à la charge
« des propriétaires riverains;

« 2° Que ce droit ne peut s'étendre, en aucun
« cas, aux rivières ou ruisseaux qui ne sont flot-
« tables qu'à bûches perdues. »]

299. Le droit de pêche dans les rivières non

navigables ni flottables appartenaient anciennement, comme effet du régime féodal, au seigneur
du fief, ou au seigneur haut justicier ; à ce titre, il
a été aboli par le décret du 30 juillet 1793.

Mais alors il s'est agi de savoir à qui des communes ou des propriétaires riverains appartiendrait
ce droit ?

Le Conseil d'État, consulté sur ce point, a
donné un avis, approuvé le 30 pluviose an XIII (1),
dont il a déjà été parlé, et qui porte que « la pêche
« dans les rivières non navigables ne peut dans
« aucun cas appartenir aux communes ; que les pro-
« priétaires riverains doivent en jouir, sans pouvoir
« cependant exercer ce droit autrement qu'en se
« conformant aux lois générales ou règlemens lo-
« caux concernant la pêche, ni le conserver lorsque,
« par la suite, une rivière, aujourd'hui réputée
« non navigable, deviendrait navigable ; et en con-
« séquence, que tous les actes de l'autorité admi-
« nistrative qui auraient mis des communes en
« possession de ce droit doivent être déclarés nuls. »

300. Un autre avis du Conseil d'État, approuvé
le 19 octobre 1811 (2), a pareillement décidé que
le droit de pêche sur les rivières non navigables
est inhérent à la propriété des terrains riverains ;
qu'il en est inséparable ; conséquemment, qu'on ne

(1) Bull. n° 932.
(2) Bull. n° 7460.

peut aliéner ce droit en conservant la propriété des dits terrains.

301. Chaque riverain ne peut pêcher que devant son fonds : au-dessus ou au-dessous, il cesse d'être riverain.

302. Les agens forestiers constatent les délits de pêche commis dans les rivières non navigables comme dans les autres, soit parce qu'on a pêché en tems prohibé, soit parce qu'on a pêché avec des engins défendus, soit enfin parce qu'on a pêché devant le fonds d'autrui sans permission.

Et les peines sont les mêmes, soit qu'on pêche en tems prohibé, ou avec des engins défendus.

Il faut voir, au surplus, pour la pêche et la police sur les rivières non navigables, la loi du 14 floréal an XI (1), relative au curage et à l'entretien des digues, des canaux et rivières non navigables.

303. Le délit de pêche, même commis dans les rivières non navigables ni flottables, ne se prescrit pas par un mois, comme le délit de chasse, mais seulement par trois mois, lorsque les delinquans ont été désignés dans les procès-verbaux; car ce fait n'est pas régi par la loi du 30 avril 1790, sur la chasse; il l'est par celle du 29 septembre 1791, dont l'article 8 du titre IX est ainsi conçu : « Les « actions en réparation de délit seront intentées,

_____

(1) Bulletin n° 2763.

« au plus tard, dans les *trois mois*, du jour où ils
« auront été reconnus, lorsque les délinquans se-
« ront désignés dans les procès-verbaux (1).»

SECTION II.

De l'Invention.

SOMMAIRE.

3o4. *Division de la section.*

§. Ier.

Des choses inanimées qui n'ont encore appartenu à personne,
ou qui ont été volontairement abandonnées.

3o5. *Les coquillages, les coraux, les pierres précieuses, trouvés*
dans le sein de la mer ou sur ses bords, appartiennent,
sous certaines limitations, au premier occupant.

3o6. *Il en est de même des varechs et autres plantes marines,*

3o7. *Ainsi que des choses mobilières rejetées par leurs maîtres.*

§. II.

Du Trésor.

3o8. *Ce qu'on entend, en droit, par trésor.*

3o9. *A quel titre il est acquis à l'inventeur, et à quel titre au*
propriétaire du fonds.

3io. *Définition du trésor suivant le droit romain, différente en*
un point de celle du Code.

3ii. *L'ancienneté des monnaies n'est pas exigée par lui pour*
qu'il y ait trésor ; mais moins elles seront anciennes,
plus forte sera la présomption qu'elles appartiennent au
maître du fonds.

---

(1) *Voy.* dans le *Répertoire* de M. Favard, au mot *Pêche*, deux
arrêts de cassation rendus en ce sens le même jour, 8 décembre 1820.

§. III.

Des Choses perdues ou égarées.

326. *Cela n'est cependant pas vrai indistinctement : décisions du ministre des finances.*

327. *Celui qui trouve une chose et ne fait pas sa déclaration, commet-il un vol dans le sens des lois pénales ? divers arrêts qui l'ont ainsi jugé.*

328. *L'action du propriétaire contre le domaine, quand la chose a été déposée, dure trente ans.*

329. *Celle qu'il a contre l'inventeur qui n'a pas fait le dépôt, dure aussi trente ans.*

330. *Celui qui a perdu la chose peut encore la réclamer de l'inventeur à qui elle a été rendue par le domaine après le dépôt, et son action dure également trente ans à compter du jour où l'objet a été trouvé.*

§. IV.

Des Choses jetées à la mer dans un gros tems, ou qui ont été naufragées.

331. *C'est l'ordonnance de la Marine qui régit ces objets.*

332. *Effets tirés du fond de la mer ou trouvés sur les flots ou sur les grèves.*

333. *Effets trouvés au moment ou à la suite d'un naufrage.*

334. *Fonctions des juges de paix, relativement à la conservation des effets provenans d'échouement, bris ou naufrage.*

304. A l'invention se rapportent :

Les choses inanimées qui n'ont encore appartenu à personne ou qui ont été abandonnées;

Le trésor ;

Les choses perdues ou les *épaves* (1).

Ce sera la matière des trois paragraphes suivans.

---

(1) Ce mot vient de *expavescere*, s'effaroucher, parce que ce sont le plus souvent des animaux effarouchés qui se perdent ou s'égarent.

Dans un quatrième, nous parlerons des choses jetées à la mer dans un gros tems, ou naufragées, et qu'on appelle *épaves maritimes*.

§. Ier.

Des choses inanimées qui n'ont encore appartenu à personne, ou qui ont été abandonnées.

305. Tels sont les coquillages et les pierres précieuses que l'on trouve sur les bords de la mer ou dans son sein. Celui qui s'en empare le premier en devient propriétaire par le fait seul de l'occupation (1).

L'ordonnance de 1681, sur *la Marine*, porte (art. 29, tit. ix liv. iv), comme règle générale, que « les choses du cru de la mer, comme ambre, « corail, poissons à lard, et autres semblables, qui « n'auront appartenu à personne, demeureront à « ceux qui les auront tirées du fond de la mer ou « pêchées sur les flots; et s'ils les ont trouvées sur « les grèves ils n'en auront que le tiers. »

Les deux autres tiers devaient être partagés entre le domaine et l'Amiral, dont la portion aujourd'hui ne peut appartenir qu'à l'État.

Le Code civil (art. 717), dit que « les droits sur « les effets jetés à la mer, sur les objets que la mer « rejette, de quelque nature qu'ils puissent être,

---

(1) §. 18, Instit. *de rer. divis.* L. 3, *Princip.* ff. *de acquir. rerum dom.* L. 1, §. 1, ff. *de acquirend. vel amitt. possess.*

« sont réglés par des lois particulières. » Comme il n'en a point été rendu sur les objets dont parle cet article, c'est aux lois antérieures qu'il faut recourir, et notamment à cette ordonnance (1).

306. C'est là aussi que nous puisons les règles concernant les plantes et herbages qui croissent sur les rivages de la mer, dont parle aussi l'article 717, et que l'on connaît sous la dénomination de *varech*. Cette plante est un engrais utile ; elle sert même à d'autres usages.

Les varechs, ou autres herbes marines, qui croissent en mer ou sur ses rivages, et que la mer a détachés et jetés sur les grèves, appartiennent, partout et en tout tems, au premier occupant. L'ordonnance (art 5 tit. X liv. IV) fait défense à quiconque, même aux seigneurs, de s'approprier aucune portion des rochers sur lesquels croît le varech, et d'exiger quelque chose des particuliers, vassaux ou autres, pour le couper, à peine de concussion.

Mais la récolte de ceux qui restent attachés aux rochers appartient exclusivement aux habitans des communes situées sur les côtes de la mer à l'endroit de leur territoire (*ibid.*). Ce droit leur avait été enlevé par l'arrêté d'un représentant du peuple, sous prétexte que, « l'exclusion des communes non « limitrophes de la mer était injurieuse à l'égalité, « préjudiciable à la fécondité de la terre, et qu'il

___

(1) Favard de Langlade, article *précité*, sect. 1re, n° 4.

« en résultait une déperdition sensible du varech,
« dont le surplus n'était pas consommé par les
« privilégiés; » mais les communes ayant réclamé
contre cet acte arbitraire, l'abrogation en a été
prononcée par un arrêté du Gouvernement, du
18 thermidor an X, ainsi conçu :

« Art. 1ᵉʳ. L'arrêté rendu par l'ex-représentant
« du peuple *Le Carpentier* sous la date du 2 ventose
« an II, est rapporté.

« Art. 2. Les préfets pourront déterminer par
« des règlemens *conformes aux lois* (1) tout ce qui
« est relatif à la pêche en guesmon et varech. »

307. Quant aux choses abandonnées par leur
propriétaire, en vue de ne les avoir plus, parce
qu'elles lui sont inutiles, peut être à charge, nous
avons dit que, pour les immeubles ils appartiennent à l'État, et pour les meubles, au premier qui
qui s'en empare.

§. II.

Du Trésor.

308. « Le trésor, dans le langage du droit, et
« suivant l'article 716, est toute chose cachée ou
« enfouie, sur laquelle personne ne peut justifier
« sa propriété, et qui est découverte par le pur
« effet du hasard. »

_____

(1) Ces lois sont l'ordonnance de la Marine, titre X, liv. IV, et
la déclaration du 30 mai 1731.

309. C'est tout à la fois une manière d'acquérir par l'occupation et par une sorte d'accession : la partie attribuée à l'inventeur lui appartient par droit d'invention ou d'occupation; celle qui revient au propriétaire du fonds lui appartient, disent Heinneccius et autres, *tanquàm jure accessionis.* Si c'est lui qui l'a trouvé, il en a moitié par droit d'invention, et moitié *jure accessionis.* Cette première moitié entrerait dans sa communauté, s'il était marié sous ce régime.

310. La loi 31, §. 1. ff. *de Acquir. rerum domin.*, donne du trésor une définition qui se rapproche beaucoup de celle du Code, mais qui en diffère cependant sous un rapport : « *Thesaurus* « *est vetus quædam depositio pecuniæ, cujus non* « *extat memoria, ut jàm dominum non habeat:* « *sic enim fit ejus qui invenerit, quod non alterius* « *sit. Alioquin, si quis aliquid vel lucri causâ, vel* « *metûs, vel custodiæ, condiderit sub terrâ, non* « *est thesaurus : cujus etiam furtum fit* (1). »

La différence ne consiste toutefois pas en ce que la loi romaine se sert du mot *pecuniæ*, et que notre article emploie les expressions *toutes choses;* car, ainsi qu'on l'a vu plus haut (2), ce mot, dans le langage des jurisconsultes romains, ne signifie pas seulement l'argent, monnayé ou non, mais

---

(1) *Voy.* aussi la L. unique, Cod. *de Thesaur.*
(2) N° 4.

tous les biens qui sont dans notre patrimoine (1) :
elle consiste en ce qu'il faut, pour qu'il y ait trésor,
suivant cette loi, que la chose ait été enfouie depuis long-tems, *cujus memoria non extat;* d'où
plusieurs interprètes ont conclu que s'il s'agissait
de pièces de monnaies à un type récent ou peu
ancien, les règles sur le trésor ne seraient point
applicables, et que les pièces appartiendraient en
totalité au propriétaire du fonds dans lequel elles
auraient été trouvées, parce qu'il y a présomption
que c'est lui ou son auteur qui les y a placées.
Tandis que notre Code n'exige pas que le dépôt
soit ancien ; il suffit que la chose fût cachée ou enfouie, que personne ne puisse justifier son droit
de propriété sur elle, et qu'elle ait été découverte
par le pur effet du hasard.

D'après cela, s'agit-il de monnaies au type actuel?
si personne ne pouvait justifier qu'il en est propriétaire, il y aurait lieu d'appliquer les dispositions de l'art. 716.

Mais la circonstance que les pièces seraient modernes donnerait facilement lieu de présumer
qu'elles ont été placées par le propriétaire du fonds
ou de la maison où elles ont été trouvées, ou par
son auteur; et, comme dit Pothier (2) : « Si par des

---

(1) Vinnius, sur le §. 39 INSTIT., *de rerum divis.*, lui donne notamment cette signification en matière de *trésor :* en sorte que des
pierreries, ou tout autre chose cachée ou enfouie, constituent aussi
un trésor.

(2) Traité *du Droit de Propriété*, n° 66.

« indices ou présomptions, on pouvait connaître
« la personne qui a caché ces choses, ce ne serait
« plus un trésor, ce seraient des choses perdues (1),
« qu'il faudrait rendre au propriétaire ou à ses
« héritiers. »

La présomption serait surtout très-grave, si,
comme il est arrivé quelquefois, une somme d'argent se trouvait cachée dans un lieu secret de quelque armoire, secrétaire ou autre meuble, vendu
à l'encan, ou de toute autre manière après décès;
il y aurait fortement lieu de croire, surtout si le
défunt ou son auteur avait eu le meuble neuf, que
c'est lui qui a fait le dépôt. Les autres circonstances
de la cause pourraient renforcer ou affaiblir cette
présomption.

312. La propriété d'un trésor appartient en totalité à celui qui le trouve sur son propre fonds
(art. 716), n'importe qu'il l'ait cherché ou qu'il l'ait
découvert par le pur effet du hasard (2), pourvu,
bien entendu, qu'un tiers ne puisse justifier que
c'est sa chose.

Si le trésor est trouvé dans le fonds d'autrui, il
appartient pour moitié à celui qui l'a découvert, et
pour l'autre moitié au propriétaire du fonds (*ibid*):
conséquemment, si c'est sur le fonds de l'État ou

---

(1) Nous ajouterons, ou mises en réserve, en sûreté.

(2) Vinnius sur le §. 39. INSTIT. *de rerum divis.*, L. uniq., Cod.
de Thesauris. Cette loi défendait toutefois d'employer la magie pour
découvrir les trésors.

d'une commune, l'État ou la commune en a la moitié.

313. L'usufruitier ne peut y avoir de droit qu'autant que c'est lui qui le découvre; et alors il en a la moitié comme inventeur. (Art. 598 et 716 combinés.)

Le trésor, en effet, n'est point un fruit; c'est *res nullius* (1).

Il en est de même du mari à l'égard de celui trouvé par lui sur le fonds de sa femme, sous quelque régime que les époux soient mariés. La moitié qui en appartient à la femme n'entre point dans la communauté; elle lui reste propre, *tanquàm jure accessionis*; au lieu que celle du mari y tombe comme gain de fortune. Si c'était la femme qui l'eût trouvé sur son fonds, la moitié attribuée à l'inventeur entrerait dans la communauté.

Si le trésor était trouvé sur un fonds appartenant

---

(1) L. 63 , §. 3 , ff. *de acquir. rer. dom.* Aussi a-t-on quelquefois objecté que le propriétaire du fonds qui ne l'a point découvert n'y devrait avoir aucun droit; qu'il en devrait être du trésor comme des animaux sauvages, qui deviennent la propriété de celui qui s'en empare le premier, n'importe qu'il les prenne sur le fonds d'autrui ou sur le sien. Mais on répond que le trésor n'est pas, à proprement parler, une chose sur laquelle personne n'a aucun droit; qu'il est probable que ce sont les ancêtres du propriétaire du fonds qui l'y ont déposé, du moins que cela est très-possible, et que si, dans l'incertitude, on ne pouvait raisonnablement le lui attribuer en totalité, du moins on ne devait pas non plus le déclarer tout-à-fait sans droit à cet égard. La portion qui lui en est attribuée lui revient donc, comme nous avons l'avons dit, *quodam jure accessionis.*

à la communauté, elle l'aurait en totalité : moitié *jure accessionis*, moitié *jure inventionis*; car la communauté profite de tout ce que les époux acquièrent par leur industrie pendant son cours. (Art. 1401.)

314. Vinnius dit indistinctement que si le fonds est soumis à une emphytéose, la moitié qui revient au propriétaire appartient à l'emphytéote, et non au maître du domaine direct, parce que le droit de l'emphytéote est plus étendu que celui de l'usufruitier, qui n'a que la *jouissance* de la chose, tandis que l'emphytéote en a toute *l'utilité quelconque*, même les arbres abattus par le vent, lesquels n'appartiennent point à l'usufruitier; et pour démontrer davantage combien le droit d'emphytéose est voisin de celui de propriété, ce jurisconsulte argumente de ce que l'emphytéote a la revendication (*utilis*), même contre le maître du domaine direct. Toutefois, si l'emphytéose était à tems (1), nous pensons que cette moitié appartiendrait à ce dernier. Les différences qui peuvent exister entre ce droit et celui d'usufruit, ne sont pas assez importantes pour que l'on doive croire que le législateur eût voulu, s'il s'était occupé des emphytéoses dans le Code, accorder la moitié du trésor à l'emphytéote, quand il l'a refusée à l'usufruitier. Il l'accorde, cette moitié, au propriétaire : or, dans les emphytéoses à tems, c'est le bailleur qui l'est, et

---

(1) Il en existe encore d'anciennes établies à perpétuité, et que les preneurs n'ont point encore rachetées.

non le preneur, quoique celui-ci ait un droit réel immobilier, suivant ce que nous avons dit précédemment.

315. Les ouvriers qui, en travaillant dans un fonds, les maçons ou autres qui, en réparant un mur ou en faisant une construction quelconque, y découvrent un trésor, ont droit à la moitié des choses trouvées : on ne les paye pas pour chercher et découvrir des trésors. Il en serait de même des domestiques du maître du fonds.

316. Mais si celui-ci avait employé ces ouvriers ou domestiques à faire des fouilles dans son terrain pour y découvrir un trésor qu'il y soupçonnait, il lui appartiendrait en totalité. Comme en pareille occurrence, on ne révèlerait probablement pas ses vues et son espoir, la question de fait de savoir si les ouvriers ont été employés à découvrir le trésor, ou s'ils l'ont découvert par le pur effet du hasard, serait entièrement dans le domaine du juge.

317. Il résulte de la définition que l'article 716 nous donne du trésor, que si quelqu'un l'a cherché et trouvé dans le fonds d'un tiers ou dans celui de l'État, ou d'une commune, il appartient en totalité au tiers, à l'État ou à la commune, sans que le tiers, etc., soit obligé de prouver que c'est lui ou son auteur qui l'y a mis (1); sauf à celui qui l'a trouvé,

_____

(1) Cette décision est aussi celle d'Heinneccius, *Elementa juris*, n° 351, qui s'appuie du §. 39 Instit., *de rerum divis.*; de la L. 63,

ou à tout autre, à justifier de sa propriété, auquel cas il lui appartiendrait en entier.

§. III.

Des choses perdues ou égarées.

318. On appelle *épaves* ou choses *gayves*, les choses perdues ou égarées dont on ne connaît point le propriétaire. Celui qui les trouve n'en acquiert pas par cela même de suite la propriété, comme s'il s'agissait d'une chose qui n'eût encore appartenu à personne ou qui eût été abandonnée par son maître dans l'intention de ne l'avoir plus; car ces choses ont encore un maître, quoiqu'il soit inconnu à celui qui a trouvé les objets.

319. Suivant les anciens usages, les épaves appartenaient, selon les lieux où elles avaient été trouvées, au Roi ou au seigneur haut justicier, pourvu que, dans quarante jours, à compter de la première publication, d'après plusieurs coutumes, et, dans l'an et un jour, selon d'autres, les choses trouvées n'eussent point été réclamées par ceux à qui elles appartenaient. C'était ce qu'on appelait droit d'*épave* (1).

320. Mais d'après la déclaration du 20 janvier

---

ff. *de acquir. rerum dom.* ; de la L. unique, Cod. *de Thesauris*, et enfin de la L. 3, §. *penult.*, ff. de *jure fisci.*

(1) M. Merlin, *Répertoire*, au mot *Épave.*

1699, le délai est de deux ans pour réclamer les effets, paquets, balles et ballots qui se trouvent dans les bureaux des carrosses, coches, messageries et maisons où se tiennent des voitures publiques, tant par terre que par eau, et dont on ne connaît point les propriétaires. Après ce délai, les objets appartiennent à l'État à titre d'*épaves*, et les agens du fisc peuvent les faire vendre.

321. Quant aux épaves trouvées au milieu des fleuves et rivières navigables ou flottables, ou que l'eau a déposées sur leurs rives, l'ordonnance de 1681, sur la Marine (liv. IV. tit. 1er, art. 3; et tit. XXXI, art. 16), porte qu'il en doit être dressé, par les gardes-forestiers ou gardes-pêche, un procès-verbal, dont lecture est faite à l'audience du tribunal (d'arrondissement), qui ordonne que si, dans un mois, elles ne sont réclamées, elles seront vendues au profit du domaine, et les deniers en provenans versés dans la caisse du receveur, sauf à les délivrer, s'il y a lieu, à celui qui réclamera dans le mois de la vente.

Les épaves des autres rivières, qui ne sont point des dépendances du domaine public, suivent le sort des épaves de terre, dont il va être parlé.

322. C'est aussi au profit du fisc que sont vendus les effets abandonnés dans les greffes criminels et civils et dans les conciergeries; mais les propriétaires peuvent former leur réclamation dans le délai d'une année, à compter du jour de la vente.

Ce délai passé, aucune réclamation n'est admise. (Loi du 11 germinal an IV.)

323. Le propriétaire du fonds sur lequel l'épave avait été trouvée ne pouvait, et ne pourrait pas davantage aujourd'hui, réclamer, à ce titre, aucun droit sur elle. Ce n'est pas là un trésor, parce que ce n'est point une chose cachée ou enfouie.

324. Celui qui trouve une épave est obligé d'en faire la déclaration : jadis il devait la faire au seigneur haut-justicier. Aujourd'hui, régulièrement, la déclaration et le dépôt de la chose doivent être faits au greffe du tribunal civil (1).

Après la déclaration, le seigneur devait la faire publier par trois dimanches consécutifs, afin que le propriétaire pût être averti et réclamer l'épave en tems utile. Depuis l'édit de 1695, ces publications se faisaient à la porte de l'église paroissiale, par le ministère d'un huissier (2).

325. La loi du 13 avril 1791 portant par son article 7 du tit. Ier, que « les droits d'épave, de « varech, etc., n'auront plus lieu en faveur des « ci-devant seigneurs, à compter de la publication « du décret du 4 août 1789 »; l'article 3 de la loi du 22 novembre 1790, sur la législation domaniale, disposant, comme le fait l'art. 539 du Code

---

(1) A Paris, la déclaration et le dépôt se font souvent à la préfecture de police, surtout quant aux objets laissés dans les voitures de place.

(2) M. Merlin, *ibid.*

civil, que tous les biens et effets, meubles ou immeubles, déclarés vacans et sans maîtres, appartiennent à l'État; et enfin l'article 717 du Code
disant que les choses perdues sont régies par des
lois particulières, qui ne sont autres que celles
précédemment citées, on a voulu en conclure que
les épaves lui étaient indistinctement acquises à
l'exclusion de celui qui les a trouvées. M. Merlin
le dit positivement dans deux endroits de son Répertoire, au mot *Épaves* et au mot *Gayves*.

326. Nous ne saurions mieux faire, pour réfuter
cette opinion, que de transcrire la décision du ministre des finances, en date du 3 août 1825 : elle
est trop conforme à l'intérêt de la morale et aux
intérêts de ceux qui ont perdu les objets trouvés,
pour que son application doive souffrir la moindre
difficulté.

« Le ministre secrétaire d'État des finances,

« Vu la pétition de la dame Marie-Louise Huard,
« veuve de Bernard Lancesseur, demeurant à Ver-
« sailles, rue de Madame, tendant à obtenir l'in-
« demnité à laquelle elle peut avoir droit, d'après
« les lois et réglemens, à raison du dépôt volon-
« taire par elle fait, il y a trois ans, au greffe du
« tribunal civil de Versailles, d'une montre d'or
« qu'elle avait trouvée sur la voie publique au
« mois d'octobre 1821, et dont le propriétaire ne
« s'est point présenté pour la réclamer; laquelle
« montre a été vendue récemment par le domaine

« avec d'autres objets mobiliers saisis sur des
« condamnés ;

« Vu l'arrêté de M. le préfet du département de
« Seine-et-Oise, en date du 8 mars dernier, ten-
« dant à ce que la somme de 72 fr. o5 c., montant
« de la vente de la montre d'or dont il s'agit, soit
« allouée à la réclamante ;

« Vu la délibération du conseil d'administration
« des domaines du 20 avril dernier.

« Vu également l'avis de M. le directeur général
« de la même administration, dont les conclusions
« tendent à attribuer à l'État les objets perdus et
« non réclamés dans les trois ans, sur le motif que,
« d'après l'article 717 du Code civil, les droits sur
« les objets perdus devant être réglés par des lois
« particulières, et aucune disposition n'étant in-
« tervenue depuis, il y avait lieu de se reporter aux
« anciens réglemens, et notamment à la jurispru-
« dence du Parlement de Paris, qui attribuaient les
« épaves au seigneur justicier, aujourd'hui repré-
« senté par l'État ;

« Vu la décision du 10 août 1821, rendue dans
une espèce analogue, et celle du 28 juillet 1824,
« prise pour son exécution;

« Vu l'article 717 du Code civil;

« Considérant qu'en l'absence de dispositions
« spéciales sur la matière, l'on ne peut se déter-
« miner que par des considérations morales;

« Qu'il importe de laisser à l'inventeur l'espoir
« de profiter un jour de ce qu'il a trouvé, puisque

« cet espoir peut le décider à en faire le dépôt, et
« que cette mesure, par la publicité qu'elle occa-
« sione et les délais qu'elle entraîne a pour but de
« mieux assurer les droits du propriétaire;

« Considérant d'ailleurs qu'il est dé principe
« qu'en fait de meubles la possession vaut titre;

« Décide ce qui suit :

« L'arrêté de M. le Préfet du département de
« Seine-et-Oise, du 8 mars dernier, est approuvé.
« La somme de 72 fr., o5 c., perçue par le domaine
« pour le prix de la vente faite d'une montre d'or
« trouvée, au mois d'octobre 1821, par la dame veuve
« Lancesseur sera, en conséquence, remise à celle-
« ci, sous la déduction toutefois des frais de régie. »

On peut donc regarder cette décision comme
comblant une lacune de notre jurisprudence, jusqu'à ce qu'il y ait, sur cette matière, une disposition
législative, qui, à vrai dire, nous paraît superflue.
Mais dans le cas où une loi spéciale attribue formellement les effets au domaine, comme dans ceux
où il s'agit d'objets laissés dans les messageries ou
dans les greffes, cette loi doit être suivie.

327. Le §. 47 aux *Instit.* de Justinien, assimilant
les choses perdues à celles que l'on jette à la mer
dans un gros tems pour alléger le navire, dit, par
cela même, comme à l'égard de ces dernières, que
celui qui les trouve et s'en empare dans l'intention
de se les approprier, commet un véritable vol; et
Vinnius, commentant ce texte, professe qu'il y a

vol lors même que celui qui a perdu la chose n'est pas connu de l'inventeur, attendu que ce dernier sait parfaitement, si elle est de quelque valeur, si l''on ne peut présumer qu'elle a été abandonnée à dessein, qu'elle appartient à quelqu'un ; or, dit-il, le vol ne se commet pas moins en détournant frauduleusement une chose, quoiqu'on n'en connaisse pas le propriétaire.

Ceci a besoin d'explication.

Si de cela seul que l'inventeur ne fait aucune démarche pour découvrir le propriétaire, ni aucune déclaration de l'invention, on devait nécessairement conclure qu'il a formé le dessein de garder l'objet trouvé quand même le propriétaire se ferait connaître, évidemment il y aurait déjà fraude de sa part ; et la question ne serait plus que de savoir si ce genre de fraude constitue un fait de vol tel qu'il est qualifié par le Code pénal, question qu'un criminaliste pourrait croire devoir résoudre par la négative, sans penser blesser les principes conservateurs de l'ordre social. Mais ce dessein ne peut guère être connu que de celui qui lit dans les cœurs et en sonde les plus secrets replis : et comme aucune loi en vigueur ne punit de la peine du vol, le défaut de déclaration de la part de l'inventeur (1),

---

(1) La ci-devant coutume de Bretagne (art. 47) décidait le contraire : elle obligeait ceux qui avaient trouvé des choses perdues à les faire publier aux lieux et suivant la manière accoutumés ; sinon ils pouvaient, suivant les circonstances, être poursuivis e t punis comme voleurs. Favard de Langlade, au mot *Propriété*, sect. 1, n° 11.

l'action criminelle qui serait dirigée contre lui
avant qu'il eût été, soit par l'autorité, soit par
la personne qui a fait la perte, sommé, même
verbalement, d'avouer qu'il a trouvé la chose, et
d'en faire le dépôt ou de la rendre, s'évanouirait
probablement dès qu'il déclarerait, sans avoir
d'abord nié le fait, qu'il l'a en effet trouvée et
qu'il est prêt à la restituer.

Il ne peut donc y avoir de sérieuses difficultés que
pour le cas où l'autorité ou le propriétaire ayant
su qu'il était l'inventeur, et lui ayant demandé de
restituer l'objet perdu, il a nié d'abord l'avoir trouvé
et a été convaincu de mauvaise foi : dans ce cas y a-
t-il vol dans le sens de la loi? y a-t-il la *soustraction*
exigée par l'article 379 du Code pénal pour qu'il
y ait vol? l'idée de *soustraction* semble supposer
un déplacement de la chose, du lieu où elle avait
été *mise* par le propriétaire ou par quelqu'un de
son choix; ce qui ne paraît guère s'accorder avec le
fait de perte; car il est difficile de dire que l'objet
avait été *mis* à l'endroit où il a été trouvé.

Mais si l'on s'attache aux véritables caractères
du vol, le doute s'évanouira. La loi romaine le défi-
nissait *contrectatio fraudulosa rei alienæ, lucri
faciendi gratiâ.* Ainsi c'était le *maniement* frauduleux de la chose d'autrui, en vue de se l'approprier
sans droit; et le mot *soustraction* a été employé
dans nos lois pénales pour signifier la même chose.
Or, le *maniement* frauduleux de la chose d'autrui
existe tout-à-fait dans celui qui nie mensongère-

ment avoir cette chose, qui la possède, qui en jouit, qui veut en disposer ; et si le vol ne résulte pas du fait de prise de possession de l'objet, il se commet ensuite par la rétention frauduleuse qu'en fait l'inventeur qui en connaît le propriétaire : en sorte que la criminalité du fait tire son caractère des circonstances qui l'ont suivi. Telle est au surplus la jurisprudence (1).

---

(1) Quatre arrêts, en effet, ont été rendus en conformité de cette opinion : l'un, du 5 juin 1817 (Sirey, 18, 1, 123), a cassé un arrêt de la Cour de Metz qui avait acquitté une domestique dans l'espèce suivante. Cette domestique avait trouvé, chez sa maîtresse, une bague à diamant, qu'une dame y avait laissé tomber la veille. Elle nia l'avoir trouvée, et fit même semblant de la chercher avec les autres personnes de la maison : elle la vendit huit jours après ; en sorte que le fait était constant, et la Cour de Metz elle-même l'avait reconnu. Mais cette Cour, par une fausse interprétation des articles 716 et 717 du Code civil, n'en acquitta pas moins l'accusée, sur le fondement que le fait qui lui était imputé ne constituait point un vol qualifié, et par conséquent un vol domestique.

Le second, du 16 juin 1819 (Sirey, 19, 2, 279), rendu par la Cour de Nismes, a condamné, comme coupable de vol, un individu qui ayant trouvé une somme d'argent perdue par des ge:darmes, l'avait gardée après avoir eu connaissance de la réclamation des propriétaires.

Le troisième a cassé un jugement du tribunal correctionnel d'Alençon, jugeant en appel, qui avait renvoyé de toutes poursuites une femme qui, ayant trouvé sur un chemin une pièce de 6 liv. renfermée dans une bourse, avait nié au propriétaire l'avoir trouvée. (Arrêt du 4 avril 1823, rapporté au *Répertoire* de M. Favard, au mot *Propriété*, sect. 1re.)

Enfin, le quatrième, rendu par la Cour de Grenoble, le 2 juin 1825 (Sirey, tom. 26, part. 2, pag. 2), a pareillement condamné, comme coupable de soustraction frauduleuse, un individu qui ayant trouvé un manteau perdu sur un chemin, avait nié au propriétaire lui-même l'avoir trouvé.

328. Il n'est pas douteux que l'action du propriétaire contre le domaine, dans le cas où la chose a été déposée, ne dure trente ans, comme l'action ordinaire de dépôt.

329. Mais la durée de celle qu'il a contre l'inventeur qui n'a pas fait le dépôt dépend de la question de savoir si ce sont les principes du droit commun qui sont applicables, ou bien si ce sont ceux qui paraissent résulter du Code d'instruction criminelle qui doivent être suivis. D'après l'art. 638 de ce Code, l'action civile ainsi que l'action criminelle résultant d'un délit, se prescrivent par trois ans. Or, ici, peut-on dire, il y a délit.

Néanmoins, nous ne pensons pas que l'on doive suivre cette interprétation, lors même qu'elle serait bien l'expression fidèle du sens de cet art. 638, question dont nous n'avons point à nous occuper ici. Il y a un fait de la part de l'inventeur, celui d'avoir retenu la chose qu'il savait ne pas lui appartenir; ce fait est du nombre de ceux qui nuisent à autrui et qui obligent leur auteur à la réparation : il en est résulté une obligation personnelle du nombre de celles qui sont régies par les principes du droit commun, aux termes des art. 1382 et suivans; et cette obligation, qui consistait dans la restitution de la chose, n'étant point, quant à sa durée, limitée par une loi spéciale, dure conséquemment trente ans, comme toutes celles dont la durée n'a pas été restreinte à un moindre laps de tems. (Art. 2262.)

On ne peut pas contraindre, en effet, le propriétaire de la chose perdue à considérer uniquement
comme un délit le défaut de déclaration : la raison
veut qu'il puisse l'envisager seulement sous les rapports civils, et par conséquent, en portant son
action devant les tribunaux civils, il doit être écouté
pendant trente ans, parce qu'il ne leur demande
que l'exécution d'une obligation civile.

330. Celui qui a fait le dépôt et auquel il a été
restitué par le domaine après les trois ans, est
obligé de le restituer au propriétaire qui se représente ; et l'action à laquelle il est soumis dure aussi
trente ans, à partir toutefois du jour où il a trouvé
l'objet. Cette restitution n'a pu lui donner la
propriété incommutable de la chose d'autrui, mais
seulement une propriété résoluble. Il n'a reçu
l'objet qu'avec l'obligation de le restituer au propriétaire qui viendrait le réclamer, ou d'en restituer la valeur jusqu'à concurrence de ce dont il
s'en trouverait enrichi s'il en disposait. Il n'a aucun
titre, et le propriétaire a en sa faveur le plus sacré
de tous.

Peu importe qu'en fait de meubles, la possession
vaille titre, et qu'en cas de perte de la chose, si la
loi donne la revendication, elle ne la donne néanmoins que pendant trois ans à compter de la perte
(art. 2279-2280); car cette double règle ne fait point
obstacle à la réclamation du maître qui prouve
tout à la fois qu'il est propriétaire et que son ad-

versaire n'a aucun titre quelconque. Par cette double preuve il détruit la présomption résultant de la possession, qui, à la vérité, valait titre, faisait supposer que le possesseur avait légitimement reçu la chose, mais qui ne peut remplacer absolument le titre, et encore moins le droit de propriété lui-même, dès qu'il est démontré, au contraire, qu'il n'y a ni propriété ni titre dans le possesseur. S'il en est autrement quand celui-ci a reçu la chose d'un tiers, c'est parce que dans ce cas il a un titre, celui d'achat, de donation, de paiement, n'importe, titre qu'il n'est point, au surplus, obligé de prouver, ni même d'alléguer, et qui confère la propriété après les trois ans, et même de suite si la chose n'a été ni perdue ni volée. Mais dans notre cas, il n'y en a aucun, et le demandeur le prouve en établissant qu'il a perdu la chose et que l'adversaire ne la possède ou ne l'a possédée que parce qu'il l'a trouvée.

§ IV.

Des choses jetées à la mer dans un gros temps, ou qui ont été naufragées.

331. Nous avons parlé des objets qui sont du cru de la mer, comme les poissons, les coquillages, le corail, les varechs ou autres plantes marines; maintenant il s'agit de retracer succinctement les règles générales relatives aux épaves maritimes, ou objets naufragés, qui ne sont pas du cru de la mer.

C'est encore l'ordonnance de la *Marine* qui les régit, du moins généralement.

332. A cet égard, il faut distinguer entre les effets tirés du fond de la mer ou trouvés sur les flots, et ceux échoués sur les grèves ou rivages.

Quant aux premiers, il en est qui appartiennent en entier à celui qui les a pêchés, comme les ancres tirées du fond de la mer, lorsqu'elles ne sont pas réclamées par le propriétaire dans les deux mois de la déclaration qui doit en être faite. Mais si celui qui a été forcé d'abandonner ces objets, a laissé une marque flottante pour indiquer l'endroit où ils se trouvent, il en conserve la propriété. (Art. 2, tit. VIII, liv. IV, et art. 28, tit. IX.)

Pour les autres effets naufragés ou jetés à la mer afin d'alléger le vaisseau dans une tempête, qu'ils soient tirés du fond de la mer ou trouvés sur les flots, ceux qui les ont pêchés ou trouvés doivent les mettre en sûreté, et en faire leur déclaration dans les vingt-quatre heures, au plus tard. Ces effets doivent ensuite être proclamés dans les ports et villes maritimes les plus proches, à la diligence du ministère public. (Liv. IV, tit. IX, art. 19 et 21.)

La troisième partie de ces effets doit être, incessamment et sans frais, délivrée, en espèces ou deniers, à ceux qui les ont trouvés ou pêchés : les deux autres tiers sont déposés pour être rendus au propriétaire, s'il réclame dans l'an et jour de la proclamation ; après ce terme, aucune réclamation n'est admise : la propriété en appartient au domaine, sous la déduction des frais de justice. (*Ibid.*, art. 24 et 27.)

333. S'il s'agit d'effets sauvés au moment où à la suite d'un naufrage auquel on travaille actuellement, on suit les dispositions de l'ordonnance du 10 janvier 1770 (1). Ceux qui les ont sauvés ne peuvent prétendre que les frais du *sauvetage*. Si le propriétaire ne réclame pas dans l'an et jour, le fisc profite de la totalité.

Néanmoins, l'argent, les bijoux et autres choses de prix trouvés sur un cadavre noyé, appartiennent, pour un tiers, à l'inventeur; et, pour les deux autres tiers, au domaine, si les parties intéressées ne réclament pas dans l'an et jour. (*Ibid.*, liv. IV, tit. IX art. 36.)

334. D'après la loi du 9 août 1791, le juge de paix est chargé de veiller à la conservation des effets provenus d'échouement, bris ou naufrage; de vendre de suite les effets qui ne sont pas susceptibles d'être conservés : et s'il ne se présente point de réclamation dans le mois, il doit procéder, en présence du chef des classes le plus prochain, à la vente des marchandises les plus périssables, et sur les deniers en provenant, payer les salaires des ouvriers, suivant la taxe qu'il en aura faite

---

(1) *Voy.* cette ordonnance à l'article *Naufrage*, du *Répertoire* de M. Favard, à qui nous empruntons en grande partie l'analyse de ces dispositions, qu'il retrace au mot *Propriété*, sect. Ire.

provisoirement, et sans frais. (Art. 3 et 6 du tit. Ier, et art. 1 du titre V de ladite loi.)

SECTION III.

Du butin fait à la guerre.

SOMMAIRE.

335. Les publicistes considèrent le butin fait à la guerre, *præda bellica*, comme une acquisition légitime, sinon suivant les principes du christianisme et même du pur droit naturel, qui, fondés

sur l'humanité et l'amour de nos semblables, ré-
poussent tout ce qui tend à leur nuire et à les as-
servir, du moins sur les règles du droit des gens,
tel que l'ont fait les divisions des hommes et leur
funeste penchant à la domination. Et cette manière
d'acquérir la propriété est une sorte de droit d'occupation.

336. Si cet usage pouvait être justifié par son
antiquité, il faut convenir qu'il serait digne de respect; car les plus anciennes lois romaines le consacrent moins encore qu'elles ne le reconnaissent (1). Suivant elles, non seulement les choses de
l'ennemi, mais l'ennemi lui-même, ainsi fait esclave, devenait la propriété du vainqueur (2); et
par une inévitable réciprocité, le romain prison-
nier de guerre devenait esclave à son tour.

L'esclavage est inconnu dans nos mœurs, mais
le droit public, modifié sans doute par les principes modernes, n'est point totalement changé
quant aux choses prises à l'ennemi : on peut encore
les acquérir par la seule occupation.

337. « L'état de guerre, dit à peu près Puffen-
dorf(3), rompt, entre les parties belligérantes, tous
les droits qui doivent être observés dans la paix,

---

(1) *Voy.* la L. 5, §. 7, ff. *de acquir. rer. dom.*, et la L. 1, §. 1,
ff. *de acquir. vel amitt. possess.*

(2) Ce qui n'avait pas lieu, toutefois, dans les guerres civiles.
L. 21, §. 1, ff. *de captiv. et postim. revers.*

(3) *De jure naturali et gentium*, lib. IV, cap. 6, §. 14.

et anéantit, dès lors, les principes sur lesquels repose la propriété; en sorte que l'on n'est tenu de respecter celle de l'ennemi qu'autant que l'humanité le conseille. Ce n'est pas, assurément, qu'il cesse d'être le maître de sa chose ; mais c'est parce que, par rapport à nous, c'est comme s'il ne l'était plus; tellement que ses biens sont, à notre égard, comme des biens vacans et sans maître, dont, par conséquent, nous pouvons légitimement nous emparer par droit de premier occupant. »

338. Deux principes dominent ce grave sujet : l'un , qui embrasse tout le système de Puffendorf et de tous ceux qui, comme lui, ont écrit sur le droit public d'après les mœurs des anciens peuples, chez lesquels les lumières de la raison, de la justice et de l'humanité n'avaient pas encore jeté de bien vives clartés, c'est que nous pouvons licitement faire à l'ennemi tout le mal qui peut tourner à notre avantage ; et, il faut l'avouer, ce terrible principe n'a presque toujours été que trop fidèlement observé.

L'autre, qu'il appartenait à l'illustre auteur de l'*Esprit des lois* (1) de poser avec cette supériorité de génie qui a immortalisé son ouvrage, c'est que, dans la guerre, on doit faire à ses ennemis le moins de mal possible, sans nuire à ses intérêts.

33g. Ainsi, le premier de ces axiomes commande,

_____

(1) Liv. x , chap. 2 et 3 analysés.

pour ainsi dire, le mal, et ce n'est que par exception qu'il l'interdit, c'est-à-dire dans le cas où il
ne peut être d'aucune utilité. Mais il faut le dire,
comme à la guerre l'utilité est souvent éloignée,
indirecte, et qu'elle n'est d'ailleurs pas susceptible
d'être sentie par tous de la même manière, le mal,
suivant ce premier principe, est le génie qui doit
presque toujours diriger les actions des contendans
les uns à l'égard des autres. Aussi voyons-nous que
dans les guerres maritimes, entreprises même de
nos jours, ils se font réciproquement tout celui
qu'il est en leur pouvoir de se faire, en capturant
les navires des particuliers, même quand le commerce qu'ils ont pour objet est entièrement étranger aux causes de la guerre, aux moyens de la faire,
et même à son but. C'est ainsi que l'avidité des
individus est sollicitée, excitée même par chacune
des parties belligérantes, afin qu'ils réunissent leur
force et leurs moyens à la force et aux moyens
généraux pour les augmenter : de là les armemens
en course, et, pour les effectuer, cette autorisation
des gouvernemens donnée sous le titre de *lettre de
marque*, qui érige, en quelque sorte, en potentat
le simple citoyen possesseur d'un frêle bâtiment,
en lui attribuant ainsi le droit de faire la guerre
pour son propre compte, de s'emparer, à son
profit, des vaisseaux marchands appartenant aux
sujets de la puissance ennemie, et même quelquefois de saisir aussi ceux des neutres, comme ceux
qui appartiennent à cet État. Tel est le droit connu

sous le nom de *prise maritime.* Nous ne pouvons en développer ici les principes ; nous renvoyons au Répertoire de M. Favard de Langlade, qui nous a paru les avoir retracés avec force, méthode et clarté, en s'appuyant des décisions importantes intervenues sur ce droit exorbitant.

340. L'autre axiome, au contraire, plus conforme à l'humanité et à l'intérêt bien entendu des peuples et des gouvernemens eux-mêmes (car la guerre doit avoir un terme, et la victoire, presque toujours, est suivie des revers), ne veut le mal que par exception, ou plutôt il l'excuse comme effet de la nécessité ; et c'est ce principe qui a heureusement fini par prévaloir dans les guerres de terre élevées entre les peuples de l'Europe. Se faisant avec des armées organisées, ordinairement approvisionnées de ce qui leur est nécessaire pour subsister, ou qui se le procurent par des réquisitions qui frappent sur la masse des citoyens du pays envahi, les propriétés particulières sont généralement respectées ; et ce n'est que dans des cas rares, comme celui d'une ville prise d'assaut, où les terribles lois de la guerre ont autorisé le pillage, ou bien dans celui où les habitans eux-mêmes ont pris, comme *partisans*, les armes contre le vainqueur, et se sont ainsi volontairement soumis aux chances et aux dangers des événemens militaires, que ces règles sont méconnues par les armées bien disciplinées.

341. Dans l'état actuel de la civilisation où

IV.   19

sont parvenus les peuples de l'Europe, on observe généralement dans la guerre les usages suivans :

Le territoire conquis reste souvent, en tout ou en partie, au vainqueur, et ses habitans deviennent citoyens de l'État conquérant. Toutefois, la guerre se terminant par des traités, ce sont ces traités qui confirment l'occupation ou la conquête, sous la forme de cession de tout ou partie du territoire envahi. Il se fait même quelquefois, dans ces circonstances, des abandons réciproques, des échanges de pays autres que ceux où la guerre a régné.

342. L'artillerie, les armes de toute espèce, les munitions de guerre, les approvisionnemens militaires, que les milices à la solde de l'État prennent à l'ennemi, appartiennent à l'État; et les généraux ou soldats qui en retiendraient quelque chose pour eux se rendraient coupables de péculat (1).

Parmi les choses mobilières, on abandonne ordinairement aux soldats les bagages qu'ils ont enlevés à l'ennemi. On leur laisse aussi ce qu'ils ont pris dans le pillage ou à la maraude, lorsque ces redoutables fléaux de la guerre ont été autorisés par les chefs.

343. Mais, dit Puffendorf, comme nous sommes ennemis à l'égard de nos ennemis, ils ont le droit de nous reprendre ce que nous leur avons pris,

---

(1) Tels étaient les principes du droit romain : L. *penult.*, ff. *ad legem Juliam pecul.* ; et ils sont encore applicables, quoiqu'ils n'aient pas toujours été sévèrement observés.

en sorte, conclut Heinneccius (1), que le butin que nous avons fait sur eux n'est censé nous appartenir définitivement, par rapport à eux (2), que lorsqu'il a été conduit dans des lieux protégés par notre puissance publique (3), puisque, jusque-là, nous pouvons le perdre d'un moment à l'autre. Nous ne pousserons pas plus loin ces observations, qui appartiennent essentiellement au Droit public.

CHAPITRE III.

Du Droit d'accession.

SOMMAIRE.

344. *Ce qu'on entend par droit d'accession.*

345. *Comment, dans le Code, l'accession est-elle considérée ? Le propriétaire acquiert les fruits par droit d'accession ; quant aux autres qui y ont droit, c'est pour eux une manière d'acquérir principale.*

346. *Il est vrai, quant au possesseur de bonne foi, qu'il représente presque le maître de la chose ; mais ce n'est là qu'une fiction de droit.*

347. *Division du chapitre.*

---

(1) *Elementa juris*, n° 348.

(2) Car, par rapport aux nôtres, nous sommes propriétaires incommutables par le fait seul de l'occupation ; tellement que celui d'entre eux qui nous prendrait les choses par nous prises à l'ennemi, commettrait un véritable vol, punissable comme les vols ordinaires ; et cela, lors même que ces choses lui auraient appartenu avant la guerre. Néanmoins l'article 8 de l'ordonnance de la Marine, au titre des *Prises*, exige que les vaisseaux français aient été au pouvoir de l'ennemi au moins pendant vingt-quatre heures pour que la capture qui en est faite sur lui soit réputée de bonne prise; sinon, le navire doit être restitué au propriétaire français avec tout ce qui était dedans.

(3) L. 5, §. 1, ff. *de captiv. et post. revers.*

344. L'accession est une manière d'acquérir du droit naturel, consacré par la loi civile, et d'après laquelle tout ce qui est un produit, une dépendance d'une chose, est acquis au propriétaire de cette chose, par la seule force et puissance du droit de propriété. (Art. 546-551.)

Ainsi, une chose est l'accessoire d'une autre, ou parce qu'elle en a été produite, ou parce qu'elle y a été unie, soit naturellement, soit artificiellement. Le principal, au contraire, subsiste par lui-même.

Cette chose peut avoir été produite par un meuble (1) ou par un immeuble.

Elle peut aussi avoir été unie à une chose immobilière ou à une chose mobilière.

345. L'accession est en effet considérée, dans le Code, tant par rapport à ce qui est produit par la chose, que par rapport à ce qui s'y unit et s'y incorpore (art. 546). Cependant il n'y a réellement que le propriétaire qui acquière les fruits par droit d'accession, et comme manière dérivée, secondaire; car, pour le simple possesseur, il les acquiert par la seule *perception* qu'il en fait, unie à sa bonne foi; et c'est pour lui une manière d'acquérir principale, originaire, ne supposant aucune propriété préexistante en sa personne. L'usufruitier, le fermier et le colon partiaire acquièrent aussi les

---

(1) Par exemple, le croît des animaux qui ne sont point immeubles par destination.

fruits par la perception, unie à leur titre d'usufruitier, de fermier ou de colon ; mais c'est encore
pour eux une acquisition principale, puisqu'ils ne
sont point propriétaires de la chose qui produit
ces fruits.

346. Il est vrai, quant au possesseur de bonne
foi, qu'il est considéré, par rapport aux fruits par
lui perçus, comme étant *penè loco domini* (1) ;
mais cette fiction de droit est loin d'avoir tous les
effets de la réalité, et elle ne détruit en aucune
manière la justesse de notre observation, quoique
nous convenions volontiers que l'acquisition des
fruits est une sorte d'accession à la possession de
bonne foi. Mais la possession n'est pas la propriété :
aussi beaucoup de docteurs considèrent-ils l'acquisition des fruits par tout autre que le propriétaire
du fonds, par le possesseur de bonne foi lui-même,
comme un mode principal d'acquisition, distinct
de celui de l'accession, qui est évidemment secondaire et dérivé ; et nous partageons leur sentiment.

347. Nous traiterons dans une première section,
du droit d'accession sur ce qui est produit par la
chose ;

Dans une seconde, de l'acquisition des fruits par
le possesseur de bonne foi ;

Dans une troisième, de l'accession relativement
aux choses immobilières ;

---

(2) L. 25, §. 1, ff. *de usur. et fruct.* L. 48, ff. *de acquir. rerum domin.*

Et dans une quatrième, de l'accession relativement aux choses mobilières.

SECTION PREMIÈRE.

*Du Droit d'accession sur ce qui est produit par la
chose.*

SOMMAIRE.

348. *Ce qui est produit par la chose s'appelle, en général, fruit :
diverses espèces de fruits.*

349. *Le propriétaire acquiert les fruits par droit d'accession,
mais à la charge de rembourser les frais des labours et
semences faits par des tiers même de mauvaise foi. Droit
romain contraire, du moins en principes purs.*

348. En général, ce qui est produit par la
chose s'appelle *fruit.* Le trésor n'est donc pas un
fruit : c'est une espèce d'accession improprement
dite, et voilà tout. Il en est ainsi de quelques autres
accessoires (1).

Il y a plusieurs sortes de fruits :

1° Les fruits naturels, qui sont les produits spontanés de la terre, comme les bois, le foin, les olives
et autres fruits des arbres, même de ceux qui ont
été plantés de main d'homme ; car, la plantation

---

(1) Ainsi le produit des mines, carrières et tourbières non ouvertes au moment où commence la jouissance de l'usufruitier, ou
du mari, ne leur appartient pas, quoiqu'ils aient droit à tous les
fruits.

Il en est de même des futaies non mises en coupes réglées.

faite, les fruits viennent naturellement sans culture (1).

Le produit et le croît des animaux est aussi un fruit naturel (art. 583), et c'est le propriétaire de la femelle qui devient propriétaire du produit ; comme à Rome, où l'odieux droit d'esclavage était si déplorablement en vigueur, l'enfant d'une femme esclave appartenait au maître de cette dernière (2). Le propriétaire du père n'y avait aucun droit, parce que le père est incertain et réputé inconnu.

Et cependant il faut donner des soins aux animaux domestiques pour les faire procréer : il faut les nourrir, les loger, les soigner dans leurs maladies ; aussi plusieurs jurisconsultes ont-ils prétendu que le croît, le lait et la laine sont des fruits industriels (3).

2° Les fruits industriels, c'est-à-dire ceux que l'on n'obtient de la terre qu'au moyen de la cul-

---

(1) *Voy.* Vinnius, §. 35, Instit., *de rer. divis.*, n° 1, et les docteurs et naturalistes qu'il cite à ce sujet.

(2) Néanmoins, Justinien dit dans ses *Institutes*, §. 37 au même titre, d'après Caïus (L. 2, ff. *de usur. et fruct.*), que l'enfant d'une esclave n'est point un fruit, par la raison que les fruits étant produits par la nature pour l'homme, il serait absurde que l'homme lui-même fût un fruit ; en conséquence, l'usufruitier de la mère ne devenait point propriétaire de l'enfant. Cette raison n'est pas très-concluante : elle n'avait touché ni Scœvola, ni Manilius, qui décidaient au contraire que l'enfant de la femme esclave est un fruit. Quoi qu'il en soit, c'était un *accessoire*, et, à ce titre, il appartenait au maître de la mère.

(3) *Voy.* Vinnius, au même endroit.

ture, comme les légumes, les céréales, les raisins (1). (*Ibid.*)

3º Les fruits civils, qui sont les loyers des maisons, les intérêts des sommes exigibles, les arrérages des rentes. (Art. 584.)

Par une dérogation aux principes de l'ancien Droit, on a rangé parmi les fruits civils le prix des baux à ferme. (*Ibid.*) Ainsi, il n'est plus, sous ce rapport, simplement représentatif de la récolte. Ce changement de principes a d'importantes conséquences, que nous expliquerons dans la suite.

349. Toutes ces sortes de fruits appartiennent au propriétaire par droit d'accession. (Art. 547.)

Néanmoins, porte l'article suivant, « les fruits « produits par la chose n'appartiennent au pro- « priétaire qu'à la charge de rembourser les frais « des labours, travaux et semences faits par des « tiers. »

---

(1) La L. 45, ff. *de usuris et fruct.*, établit clairement une distinction entre ces deux espèces de fruits. Elle avait plus d'importance dans le droit romain qu'elle n'en a chez nous, où elle est de pure doctrine. En effet, dans la donation entre époux, laquelle, en principe, était nulle, l'époux donataire gardait les fruits industriels, et il restituait les fruits naturels. Même loi. Mais hors ce cas, le possesseur gagnant les fruits naturels comme les autres, ces mots, *pro curâ et culturâ*, que l'on trouve au §. 35, INSTIT., *de rex divis.*, indiquent plutôt le motif général de la loi en lui accordant les fruits, qu'ils n'expriment une condition nécessaire pour qu'il les acquièrent. D'ailleurs, les fruits naturels eux-mêmes ont toujours plus ou moins besoin de soins et de surveillance.

Cette disposition est tout-à-fait équitable : on ne doit point s'enrichir aux dépens d'autrui, et d'ailleurs *il n'y a de fruits que dépenses déduites.* Cependant elle exige une explication.

Suivant le Droit romain, aussi, on ne devait point s'enrichir aux dépens d'autrui, et la règle *nulli sunt fructus, nisi impensis deductis,* nous vient de cette législation. Pourtant celui qui avait, à ses dépens, et de bonne foi, ensemencé le fonds d'autrui, ne pouvait recouvrer le prix de ses semences et de ses travaux, qu'en opposant, sur la demande en revendication du propriétaire, l'exception de dol ; et pour cela il fallait qu'il possédât encore le fonds (1) ; sinon il ne lui restait aucun moyen d'être indemnisé de ses dépenses (2). S'il avait ensemencé de mauvaise foi, il était censé avoir voulu faire don de ses semences, et il ne pouvait, même dans le cas où il possédait encore le fonds, en réclamer le montant par voie de *rétention* (3).

Il n'est pas douteux, sur le premier cas, celui où le tiers a ensemencé de bonne foi et qu'il ne possède plus le fonds, que le Code ne se soit éloi-

---

(1) §. 32, Instit., *de rer. divis. Voy.* Vinnius sur ce §.

(2) Du moins en droit strict, car, suivant plusieurs interprètes, qui se fondent sur la loi 6, §. 3, ff. *de negot. gest.,* où l'on suppose même que celui qui a fait l'affaire d'autrui agissait de mauvaise foi, dans son propre intérêt, il peut intenter l'action *negotiorum gestorum (saltem utilis)* ; et la loi 36, §. 5, et la L. 37, ff. *de hered. petit.,* accordent même la restitution des impenses au possesseur de l'hérédité, quoiqu'il soit de mauvaise foi.

(3) L. 11, Cod. *de rei vind.* Vinnius, sur le §. 32 précité.

gné de la sévérité des principes du Droit romain ; en conséquence, que ce tiers n'ait une action en indemnité.

Mais sur le second, celui où il a ensemencé de mauvaise foi, sachant que c'était le fonds d'autrui, il ne paraît pas aussi évident, au premier coup d'œil, quoique le tiers possède encore, qu'on ait entendu, par dérogation à ces mêmes principes, lui accorder une action pour être indemnisé de ses déboursés et de ses travaux, même jusqu'à concurrence seulement de l'avantage qui en est résulté pour le propriétaire ; car le possesseur de mauvaise foi est toujours vu avec défaveur. Pourtant il nous paraît certain qu'il en doit être ainsi.

En effet, de quels *tiers* l'article 548 peut-il vouloir parler, si ce n'est des tiers de mauvaise foi, puisque les tiers possesseurs de bonne foi gagnant les fruits (art. 549), il est bien évident qu'il n'y a aucuns frais de labours et de semences à leur restituer ?

Ce n'est pas assurément des envoyés en possession des biens des absens : leurs droits, quant aux fruits, sont réglés par l'article 127 ; et s'applique exactement à ce cas la maxime *nulli sunt fructus, nisi impensis deductis.*

Ce n'est pas non plus de l'usufruitier, puisque, d'après l'article 585 , il n'a aucune indemnité à réclamer pour les labours et semences des fruits qui sont pendans par branches ou racines au moment où cesse l'usufruit ; ni du mari à l'égard des frais de labours et de semences qu'il a faits sur les biens de sa femme, quand les fruits sont encore pendans au moment de la dissolution du mariage ; car les droits et les obligations respectifs des époux, relativement à cet objet, se régissent par les principes du titre *du Contrat de mariage* (1).

Enfin, cet article n'entend pas parler d'un tiers qui, comme mon tuteur, ou en vertu de mon mandat, ou qui, en mon absence, et pour ne pas laisser mes biens sans culture, a ensemencé mes terres, puisque ce cas étant régi par les principes de la tutelle, du mandat ou de la gestion d'affaire, la disposition serait évidemment superflue.

Ce n'est donc que des tiers qui ont ensemencé pour eux, dans la vue d'acquérir les fruits, que cet article peut vouloir parler, or, nous le répétons : ou ces tiers gardent les fruits comme posses-

---

(1) En matière de communauté, on suit en effet la disposition de la coutume de Paris (art. 231), qui voulait que chacun des époux eût seul les fruits pendans sur ses propres lors de la dissolution de la communauté, à la charge de payer à l'autre la moitié des frais des labours et semences. Pothier, *de la Communauté*, n° 209 et suiv.

Dans le cas du régime dotal, on déduit les frais des fruits de la dernière année avant de faire le partage de ces mêmes fruits.

Et sous le régime d'exclusion de la communauté, la femme qui reprend les fruits pendans doit indemnité au mari ou à ses héritiers pour tous les frais des labours, semences et travaux, puisqu'ils ont été faits aux dépens du mari. Le principe est le même que dans le cas de communauté, quoique dans celui-ci l'indemnité ne soit que de moitié, parce que c'est la communauté qui a fait les frais. Aussi, si la femme renonçait, elle devrait indemnité pour la totalité de ces mêmes frais. Pothier, n° 212.

seurs de bonne foi, et alors il n'y a aucune indemnité à leur accorder pour frais de labours et de semences ; ou ils les restituent parce qu'ils sont de mauvaise foi, et à eux seuls peut s'appliquer la disposition de la loi, qui veut que le propriétaire n'ait les fruits qu'*à la charge de restituer les frais des labours et semences faits par des tiers.*

Aurait-on voulu en effet ne comprendre dans une règle aussi générale, que le cas unique où le possesseur a ensemencé d'abord de bonne foi, et qu'il a ensuite été constitué en mauvaise foi avant que les fruits aient été levés, cas dans lequel il a dû cultiver en bon père de famille, et où cependant il doit les rendre ? cela est improbable.

Disons donc qu'on s'est éloigné de la rigueur et de la subtilité des principes purs du Droit romain sur ce point, comme le prouve notre article 555, combiné avec le §. 3o aux *Instit.*, et comme le prouve aussi l'article 1381 ; en sorte qu'il n'est pas permis, chez nous, de s'enrichir même aux dépens d'un possesseur de mauvaise foi. A cet égard, nous avons rejeté toutes ces fictions, toutes ces suppositions démenties par la nature des choses, que le possesseur est censé avoir voulu faire don de ses semences, de ses matériaux, de ses travaux et des impôts qu'il a payés, impôts qui ont toujours été une charge des fruits : nous avons ainsi tranché toutes ces difficultés qui naissaient, dans cette législation, du conflit des règles du droit strict et des principes de l'équité ; nous avons adopté, de préférence, ceux qui sont consacrés par les lois 36 et 37, ff. *de petit. hered.* qui s'éloignent diamétralement des premières ; et telle était notre ancienne jurisprudence (1).

SECTION II.

De l'Acquisition des fruits par le possesseur de bonne foi.

SOMMAIRE.

(1) *Voy.* Lacombe, au mot *Fruits*, sect. 1, n° 2.

350. Nous avons dit (1) ce qu'est la possession, et comment elle s'acquiert et se perd; il s'agit ici de la considérer accompagnée de la bonne foi, parce que la bonne foi est le caractère essentiel qui fait que le possesseur de la chose d'autrui gagne les fruits qu'il perçoit sur cette chose. Dans le cas où il est de mauvaise foi, il est tenu de la rendre avec ses produits au propriétaire qui la revendique. (Art. 549.)

Cette acquisition est une sorte d'accession à la

_____

(1) *Suprà*, n° 240 et suiv.

possession de bonne foi, attendu que pour cet objet le possesseur est supposé propriétaire.

Mais comme le trésor n'est pas un fruit, le possesseur serait tenu à la restitution de la moitié qui lui aurait été attribuée comme propriétaire.

Il en serait de même des produits des mines, carrières et tourbières qui ne tombent pas dans la jouissance ordinaire, parce que ces mines, carrières ou tourbières n'étaient point encore en exploitation lorsque le possesseur a commencé à posséder le fonds. Dans le cas contraire, il garderait ces mêmes produits : non pas que ce soient des fruits, *nam non renascuntur*; mais parce que ce sont des accessions considérées comme fruits.

Il ne jouit pas non plus des futaies non mises en coupes réglées. Nous en parlerons tout à l'heure.

351. Le possesseur est de bonne foi, dit l'article 550, quand il possède comme propriétaire, en vertu d'un titre translatif de propriété dont il ignore les vices, c'est-à-dire quand il ignore que la chose appartient à autrui, quand il croit que celui qui la lui transmet en est propriétaire ou a qualité, par l'effet de la volonté de celui-ci ou de la loi, pour la lui transmettre (1).

352. Mais généralement, les vices de forme du contrat ne sont point un obstacle à l'acquisition des fruits, quoiqu'ils fassent obstacle à la pres-

---

(1) L. 109, ff. *de verb. signif.*

cription de dix et vingt ans (art. 2267.); car cette prescription est fondée sur le titre, par conséquent sur le *droit* : or, le titre nul par défaut de forme n'est pas un titre. Au lieu que la bonne foi consistant dans l'opinion où est le possesseur qu'il a acquis de celui qui avait droit d'aliéner la chose, elle est de *fait* et non de droit (1).

353. Sans doute, celui qui achèterait sciemment d'un tuteur, les biens d'un mineur, sans l'emploi des formalités requises, ne ferait pas les fruits siens; mais c'est parce que, dans ce cas, il ne pourrait être de bonne foi, sachant ou devant savoir que les biens des mineurs ne peuvent être vendus de cette manière (2); tandis que celui qui acquiert de *Primus*, le fonds de *Secundus*, croyant qu'il appartient au vendeur, ne cesse pas d'être de bonne foi parce que le notaire qui a reçu l'acte a commis une nullité dans la rédaction.

---

(1) *Voy.* en ce sens l'arrêt rendu par la Cour de Toulouse, le 6 juillet 1821. Sirey, 22, 2, 207.

(2) Un arrêt de la Cour d'Amiens, du 18 juin 1814 (Sirey, 15, 1, 40), a cependant jugé le contraire dans le cas d'une vente faite par un mari et sa femme mineure, des propres de celle-ci, avec soumission expresse par le mari de la faire ratifier en majorité : « Attendu, « a dit la Cour, que la circonstance que la veuve Esseux était mi-« neure à l'époque où son mari a vendu, conjointement avec elle, « les immeubles dont il est question, et que l'acquéreur ne l'a pu « ignorer, n'est pas suffisante pour constituer ce dernier en mauvaise « foi, puisque ces actes n'étaient pas nuls de droit, mais seulement « révocables, et qu'ils pouvaient même être ratifiés par la veuve « Esseux en majorité. »
C'est bien jugé, dans l'espèce; mais si le mari eût vendu seul,

354. Ce n'est pas la seule différence qu'il y ait entre l'acquisition des fruits et la prescription. Ainsi, celui qui achète d'un tuteur, ou de tout autre, les biens d'un mineur, croyant qu'ils appartiennent au vendeur, ne peut prescrire pendant la minorité (art. 2252.), et pourtant il gagnera les fruits par lui perçus tant qu'il sera de bonne foi (1).

355. Nous voyons aussi que, dans la prescription de dix et vingt ans, où la bonne foi est requise, elle n'est néanmoins exigée que dès le commencement, et que la mauvaise foi survenue depuis n'est point un obstacle à la prescription (art. 2268); au lieu que le possesseur ne fait les fruits siens que tant qu'il est de bonne foi : dès qu'il cesse de l'être, il cesse de les gagner (art. 549-550.) Cela tient à ce que, dans la prescription, il n'y a qu'un seul acte d'acquisition, tandis que pour les fruits il y a autant d'acquisitions qu'il y a de faits de perception :

---

l'acquéreur aurait ainsi sciemment acheté la chose d'autrui, et la promesse du mari qu'il ferait ratifier sa femme en majorité, n'étant rien autre chose que la soumission aux dommages-intérêts en cas d'éviction, susceptible, peut-être, d'exécution avant même l'éviction réelle, elle n'aurait pas effacé ce qui, aux yeux de la loi, constitue la mauvaise foi, c'est-à-dire la connaissance du vice du titre, ou, en d'autres termes, l'achat fait sciemment du bien d'autrui : en conséquence, l'acheteur n'eût pas dû gagner les fruits, sauf son recours contre le vendeur. Mais nous pensons que, dans ce cas, l'art. 1599, qui paraît n'accorder des dommages-intérêts à l'acquéreur évincé, que lorsqu'il a ignoré que c'était la chose d'autrui qui lui était vendue, n'aurait pas été applicable; qu'il y aurait eu lieu, au contraire, d'appliquer l'article 1120.

(1) Cette distinction est clairement établie dans la loi 48, *princip.*, ff. *de acquir. rerum dom.*

on considère la bonne foi à chaque moment, comme
dit la loi romaine (1).

356. Il est clair, cependant, que si la prescription se trouve acquise, les fruits, même ceux perçus depuis que la bonne foi a cessé, ne peuvent
être réclamés; car ils suivent le sort du principal :
le possesseur est censé les avoir perçus sur sa chose,
et la question de mauvaise foi ne peut plus s'élever.
C'est d'après ce principe que la L. 25 §. *fin.* ff. *de
usur. et fructib.*, décide que les fruits perçus par l'acquéreur, à une époque où il avait cessé d'être de
bonne foi, lui appartiennent *quandiù evictus non
fuerit :* or, dans l'espèce, l'éviction ne peut avoir
lieu.

357. Enfin une autre différence, c'est que l'héritier de celui qui a commencé à posséder de mauvaise foi ne pourrait prescrire par dix et vingt ans,
ni par un tems quelconque, si son auteur détenait
à titre précaire, quand même il serait personnellement de bonne foi; car il est censé continuer la
possession de ce dernier, succéder à ses vices
comme à ses qualités, et par conséquent il ne
peut acquérir par un mode qui lui était interdit (2).
Au lieu que pour les fruits, comme ils s'acquièrent
en vertu du droit des gens, à cause de la bonne

---

(1) *Magis est ut singula momenta spectemus.* L. 23, §. 1, et L. 48,
§. 1, ff. *de acquir. rerum dom.* précitées.

(2) L. 11, Cod. *de acquir. possess.* L. 11, ff. *de divers. et temp.
præsc.*

foi du possesseur, qui est une chose de fait et non de droit, les vrais principes veulent que l'héritier, s'il est de bonne foi, les fassent siens tant qu'il ne connaît pas les vices de sa possession. Cette opinion est au surplus controversée. C'est celle de Voët sur le titre *de Acquir. rerum domin.*, n° 31. On lui oppose la loi 2, Cod. de *Fructib. et litium expensis*; mais cette loi n'est pas contraire à cette décision : elle dit seulement que l'héritier est tenu à la restitution des fruits que son auteur aurait été forcé de restituer, ce qui n'est pas douteux; et l'héritier, dans l'espèce, est lui-même constitué en mauvaise foi, puisque la demande a été formée contre le défunt, et qu'il a continué le procès commencé avec celui-ci. Ainsi, rien à conclure de ce texte, qui d'ailleurs ne serait pas une règle pour nous, mais un simple argument de raison.

358. La bonne foi est toujours présumée; c'est à celui qui allègue la mauvaise foi à la prouver. (Art. 2268.)

Mais il pourrait prouver, même par témoins, encore que l'intérêt réclamé s'élevât au-delà de 150 fr., que le possesseur a commencé à posséder de mauvaise foi : il n'a pas dépendu de lui d'avoir une preuve écrite à cet égard ; par conséquent, c'est l'article 1348, et non l'article 1341, qui serait applicable. Comme la cessation de la bonne foi, c'est-à-dire la constitution en mauvaise foi, résulte des actes, suivant ce que nous allons dire, et qu'il

est au pouvoir du propriétaire d'en faire d'utiles
pour constituer le possesseur en mauvaise foi, la
preuve testimoniale, généralement du moins, serait
inadmissible pour établir que la bonne foi a cessé
dans le possesseur à telle époque. Au reste, la question se présentera rarement sous ce point de vue.

359. Il est indifférent, quant à l'acquisition ou à
la restitution des fruits, que le possesseur soit acquéreur à titre gratuit ou à titre onéreux : s'il
est de bonne foi, il est, relativement aux fruits,
presque (1) considéré comme propriétaire; et l'on
devient propriétaire à titre gratuit comme à titre
onéreux.

36o. Le possesseur de mauvaise foi restitue non
seulement les fruits qu'il a perçus, mais il fait aussi
raison de ceux qu'il n'a point recueillis et qu'un
possesseur plus diligent aurait vraisemblablement
obtenus : comme s'il a laissé les maisons sans les
habiter ni les louer, les terres en friche, etc. En
ce point, on considère ce qu'aurait fait le propriétaire; car celui-ci ne doit pas être privé, par le fait
et la négligence du possesseur, de ce qu'il aurait
eu s'il avait pu jouir librement de sa chose (2).

Le possesseur de bonne foi dès le principe étant

---

(1) *Penè loco domini est*, dit la L. 48, ff. *de acquir. rer. dom.* En
effet, ce n'est pas absolument, et sous tous les rapports, qu'il est au
lieu et place du propriétaire.

(2) *Voy.* Vinnius sur le §. 35, Instit. *de rer. divis.*, n° 12, et les
nombreuses lois qu'il cite à l'appui de sa décision.

assimilé au possesseur de mauvaise foi aussitôt que les vices de son titre lui sont connus, il doit restituer tous les fruits par lui perçus depuis cette époque, et tous ceux que le propriétaire aurait raisonnablement pu percevoir (1).

La restitution, comme nous l'avons dit, ne se fait que *deductis impensis.*

361. Suivant la loi 22 Cod. *de Rei vind.*, le possesseur de bonne foi ne restituait pas, il est vrai, les fruits qu'il avait perçus et consommés au moment où il était constitué en mauvaise foi, mais il restituait ceux qui n'étaient point consommés, c'est-à-dire ceux qui étaient encore dans le champ ou dans les granges ou celliers; en sorte que ce n'était pas la perception, seule, qui l'en rendait propriétaire; il fallait, de plus, la consommation de ces mêmes fruits (2), à la différence de l'usufruitier qui faisait, comme aujourd'hui, les fruits siens par la perception seule.

Mais, comme nous l'attestent Mornac (3), Dumou-

---

(1) *Quia malâ fide superveniente, possessores omnes in causâ fructuum pares sunt, et quasi prædones tenentur.* L. 25, §. 7, ff. *de hered. petit.* L. 22, Cod. *de rei vind.*

(2) Il paraît cependant que tel n'était pas le droit ancien; car comment Ulpien aurait-il pu dire, comme il le fait dans la loi 25, §. 1, ff. *de usuris et fruct.*, que, par rapport aux fruits, le possesseur de bonne foi a des droits plus étendus que ceux de l'usufruitier, parce qu'il les acquiert aussitôt qu'ils sont séparés du sol *par quelque cause que ce soit,* au lieu que l'usufruitier ne les fait siens qu'en les détachant lui-même ou en les faisant détacher?

(3) Sur la L. 33, ff. *de rei vindic.*

lin (1), Legrand (2) et Rousseau de Lacombe (3), la
jurisprudence française n'a jamais admis cette distinction. Le Code l'a également proscrite, en disposant simplement que le possesseur fait les fruits
siens quand il possède de bonne foi. Les fruits séparés de la terre n'en font plus partie, il n'en sont
même plus un accessoire : ils forment une propriété
distincte.

362. Quand et comment le possesseur est-il censé
constitué en mauvaise foi?

L'article 550 dit : *Au moment où les vices de son
titre lui sont connus.*

La question, comme on le voit, n'est pas clairement résolue par ce texte; car, comment ces vices
lui sont-ils censés connus?

Suivant l'ancienne jurisprudence française (4),
qui avait en cela dérogé au droit romain (5), le
possesseur n'était constitué en mauvaise foi que
du jour de la demande en justice formée contre
lui; en sorte que si le demandeur la laissait périmer

_____

(1) §. 33, glos. 1, n° 49.

(2) Sur l'art. 86 de la coutume de Troyes, glos. 8, n° 3.

(3) Au mot *Fruits*, sect. 1, n° 1.

(4) L'ordonnance de 1539, art. 94, obligeait le défendeur à la
revendication, de restituer tous les fruits qu'il avait perçus depuis la
demande *libellée*. Voy. de Lacombe, au mot *Fruits*, sect. 1.

(5) D'après la loi 25, §. 11, ff. *de heredit. petit.*, le possesseur
de l'hérédité peut être, en effet, constitué en mauvaise foi sans dénonciation, et par cela seul qu'il apprend qu'elle ne lui appartient
pas. (*Voy.* tom. I, n° 585.) La L. 48, §. 1, ff. *de acquir. rer. domin.*,
dit la même chose à l'égard du possesseur d'un objet particulier,
quoiqu'il continue de prescrire, suivant le principe que, pour la

ou s'en désistait, le possesseur continuait à faire
les fruits siens jusqu'à une nouvelle demande. Cela
prévenait bien des difficultés.

Mais en est-il de même sous le Code ? Nous ne le
pensons pas.

D'abord, il nous paraît évident que, puisque
d'après l'article 57 du Code de procédure, la cita-
tion en conciliation fait courir les intérêts et inter-
rompt la prescription, si elle est suivie, dans le
mois de la non comparution ou de la non conciliation, d'une demande en justice, elle doit aussi
mettre en demeure le possesseur, et le constituer
en mauvaise foi; car les fruits et les intérêts ont une
grande analogie : les intérêts sont eux-mêmes des
fruits civils.

Une sommation extra-judiciaire de délaisser le
fonds, si elle ne paraissait point avoir été abandonnée, c'est-à-dire, si elle avait été suivie d'une
demande à une époque peu éloignée, suffirait encore, selon nous ; pour le constituer en état de
mauvaise foi : l'article 550 n'exige, en effet, rien

---

prescription, la bonne foi n'est requise que dès le commencement
de la possession. Cependant, suivant la manière dont plusieurs docteurs interprètent la L. 25, §. ult., *de usuris et fruct.*, le possesseur
ne continue pas moins à faire les fruits siens tant qu'il n'est pas
évincé, quoiqu'il ait connu que c'était la chose d'autrui, à la charge,
néanmoins, de restituer ceux qu'il a perçus depuis la litis-contesta-
tion, lesquels sont dus par lui *propter suam moram.* Ils se fondent
sur ce qu'avant la demande, *ignorat an dominus jure suo uti voluerit,*
præsertim, quia usucapio superveniente scientiâ non impeditur. Mais
l'allégation de cette ignorance, et la conséquence qu'on en tire,
doivent être rejetées.

autre chose pour cela, si ce n'est qu'il ait connu les vices de son titre.

Bien mieux, il pourrait résulter de tel ou tel acte, même étranger au propriétaire, que le possesseur les a réellement connus; en sorte que c'est une simple question de fait, abandonnée, par conséquent, à la prudence des tribunaux, qui néanmoins ne devraient point incliner, sans de graves motifs, à décider qu'il a cessé d'être de bonne foi, si on l'avait laissé tranquille pendant un tems de quelque durée; car il a pu croire, par cela même, que les droits de son auteur étaient plus certains que ceux de tout autre. N'ayant d'ailleurs son action en garantie contre son vendeur, si c'était un acheteur, que dès qu'il serait attaqué (1), il a pu ne pas s'empresser de restituer une chose qu'on ne lui demandait pas, ou qu'on ne lui demandait pas d'une manière régulière.

Au reste, la constitution en mauvaise foi ne dispense pas le possesseur de percevoir les fruits, et de cultiver le fonds tant qu'il continue de le posséder, à peine de dommages et intérêts envers le propriétaire, s'il est évincé.

363. La prescription de cinq ans établie par l'article 2277, ne s'applique point aux restitutions de

---

(1) Cet argument est susceptible aujourd'hui de controverse, à cause de l'article 1599; mais ce n'est pas le moment de le développer d'avantage, ni de le justifier, ce qui nous paraît, au surplus, facile avec l'article 1653.

fruits (1) : il n'y a lieu qu'à la prescription de trente ans, qui commencera à courir, pour chaque fait de perception, du moment où il a eu lieu, sans préjudice, comme nous l'avons dit, de l'extinction de l'obligation d'en restituer aucuns, si la propriété s'acquiert par la prescription.

364. La restitution doit se faire, autant que possible, en nature pour la dernière année; et pour les précédentes, suivant les mercuriales du marché le plus voisin; ou, à défaut de mercuriales, à dire d'experts. Si la restitution en nature pour la dernière année est impossible, elle se fait comme pour les années précédentes. (Art. 129 Cod. de procéd.)

365. Nous avons parlé au Ier. volume (2) du possesseur d'une hérédité : on peut y recourir.

366. Si le possesseur de bonne foi a abattu une futaie qui n'était point mise en coupe réglée, ou s'il a démoli une maison, et qu'il ait vendu les bois ou les matériaux, il doit une indemnité au propriétaire, mais seulement jusqu'à concurrence de ce dont il a profité de ces objets (3), s'il en a disposé avant d'être constitué en mauvaise foi.

Il la devrait, lors même qu'il aurait cessé de pos-

---

(1) M. Delvincourt a écrit le contraire ; mais son opinion a contre elle la pratique, et, nous le croyons, la loi.

(2) N°s 582 et suivans.

(3) L. 23, ff. *de hered. petit.* Car tant qu'il croyait que c'était sa chose, il pouvait même en abuser. L. 25, §. 11, ff. *de hered. petit.* L. 18, ff. *quod metûs causâ.*

séder, par l'aliénation qu'il aurait faite du fonds au
profit d'un autre. Ce ne serait sans doute pas l'action en revendication qui serait donnée contre lui
dans ce cas ; car elle ne s'intente que contre celui
qui possède ou qui, par dol, a cessé de posséder (1);
mais ce serait l'action *in factum*, fondée, dans l'espèce, sur la règle qu'on ne doit rien retenir de ce
qui appartient à autrui. Cela serait encore moins douteux, s'il avait reçu la chose à titre gratuit : com-
battant pour conserver un bénéfice, quand le propriétaire combattrait pour éviter une perte, la
cause de celui-ci serait bien plus digne de faveur.

367. Si c'était son successeur, immédiat ou éloigné, n'importe, qui eût fait la coupe ou la démolition , lui ne serait passible d'aucune action à
cet égard, quand bien même le successeur serait
insolvable. En effet, ce ne serait pas de la revendication , puisqu'il ne possède plus et que ce n'est
pas par dol qu'il a cessé de posséder; ce ne serait
pas, non plus, pour le fait de la coupe ou de la
démolition, puisque ce fait n'est pas le sien; ni pour
le fait d'aliénation, puisqu'il avait le droit de vendre ou de donner une chose qu'il croyait lui appartenir : autrement il serait passible de la revendication elle-même , ce qui n'est pas.

Si, au contraire, il avait aliéné sachant que
c'était la chose d'autrui, il serait tenu des dom-

_____

(1) L. 9 ; ff. *de rei vindic.* , et L. 173, ff. *de reg. juris.*

mages-intérêts du propriétaire; et celui-ci pourrait, en revendiquant contre le successeur, le mettre en cause, et en faisant déclarer commun avec lui le jugement, obtenir les condamnations qu'il serait en droit de faire prononcer contre ce dernier.

SECTION III.

Du droit d'Accession relativement aux choses immobilières.

SOMMAIRE.

le propriétaire du fonds les aurait employés sciemment, ni quand ce serait un tiers qui l'aurait fait.

376. *En sens inverse, si un tiers possesseur a construit ou planté, de bonne foi, avec ses matériaux, sur le sol d'autrui, il lui est dû indemnité, ou du prix des matériaux, ou d'une somme égale à la plus-value du fonds, au choix du propriétaire.*

377. *Le propriétaire n'a pas le droit de compenser, à cet égard, les fruits perçus par le possesseur.*

378. *Quand les constructions ou plantations ont été faites par un possesseur alors de mauvaise foi, le propriétaire peut le forcer à les supprimer à ses frais; mais s'il préfère les conserver, il doit le montant intégral des impenses : vice de la disposition sous ce dernier rapport.*

379. *L'indemnité due au possesseur de bonne foi ne peut être réclamée par l'usufruitier.*

380. *Mais celui-ci peut enlever, sinon ses plantations ou autres améliorations analogues, du moins ses constructions, si le propriétaire ne veut lui en payer le prix jusqu'à concurrence de la plus value du fonds : arrêts qui ont cependant jugé le contraire.*

381. *Ces principes s'appliquent aux constructions faites par le fermier; et il a, de plus que l'usufruitier, droit à une indemnité pour les plantations et autres améliorations faites de l'assentiment formel ou présumé du propriétaire.*

382. *Le possesseur de bonne foi condamné à délaisser la possession d'un fonds, peut exiger préalablement le remboursement de ce qui lui est dû pour amélioration; mais cela n'est vrai qu'au pétitoire.*

§. II.

Dispositions générales sur les mines, minières et carrières.

383. *La loi du 21 avril 1810, qui régit aujourd'hui toute espèce de fouilles pour en extraire des produits, les divise en trois*

grandes classes, et trace les règles qui sont propres à chaque espèce d'exploitation.

384. Quelles sont les fouilles considérées comme mines.

385. Quelles sont celles considérées comme minières.

386. Quelles sont celles considérées comme carrières.

387. Les mines ne peuvent être exploitées qu'en vertu d'un acte de concession délibéré en Conseil d'État. Cet acte confère la propriété perpétuelle de la mine, qui est disponible et transmissible comme les autres biens.

388. Les mines et leurs accessoires sont immeubles.

389. Mais les actions ou intérêts dans les sociétés ou entreprises pour l'exploitation des mines, sont meubles, quoique ces entreprises ou sociétés ne soient pas réputées actes de commerce.

390. Dispositions relatives au droit de faire des recherches pour découvrir des mines.

391. Quels sont ceux qui peuvent devenir concessionnaires, et sous quelles conditions ils peuvent l'être.

392. L'acte de concession purge tous les droits des propriétaires de la surface, des inventeurs, et de tous leurs ayant-droit.

393. La valeur des droits résultant de la concession en faveur du propriétaire de la surface, se réunit à la valeur de ladite surface, et elle est immobilière comme elle.

394. Du moment de la concession opérée, même en faveur du propriétaire de la surface, la propriété de la mine est distinguée de la propriété de la surface : conséquences.

395. Du privilège que peuvent acquérir ceux qui ont prêté les derniers pour la recherche et l'exploitation de la mine.

396. De la redevance due à l'État par les propriétaires de mines.

397. L'exploitation des minières est assujétie à des règles spéciales ; elle ne peut avoir lieu sans permission.

398. Les tourbes ne peuvent être exploitées que par le propriétaire du terrain, ou de son consentement : formalités qu'il doit remplir avant de commencer l'exploitation.

3. Les carrières ne peuvent, non plus, être exploitées que par

le propriétaire, ou de son consentement. Celles à ciel ouvert peuvent l'être sans permission.

§. III.

Des Alluvions et Attérissemens.

4ı5. *Les copropriétaires d'un étang doivent contribuer en commun*
à son entretien.

4ı6. *Le propriétaire d'un étang peut suivre son poisson qui a*
remonté par une crue ou débordement d'eau, jusque dans
la fosse ou auge de l'étang supérieur; mais non jusque dans
cet étang.

4ı7. *Les principes du droit d'alluvion ne s'appliquent pas au cas où*
une partie considérable et reconnaissable d'un champ a
été portée vers un autre champ par la violence des eaux.

§. IV.

Des Iles, Ilots et Attérissemens qui se forment dans les fleuves
ou rivières.

4ı8. *Les îles et attérissemens qui se forment dans le lit des rivières*
navigables ou flottables, appartiennent à l'État, s'il n'y
a titre ou prescription contraire.

4ı9. *Cela ne s'applique pas aux attérissemens formés dans les*
rivières flottables seulement à búches *perdues : renvoi.*

420. *Dans les principes de la législation romaine, l'île, quoique*
formée dans un fleuve, appartenait aux riverains.

42ı. *Les îles et attérissemens qui se forment dans les rivières non*
navigables ni flottables, appartiennent aux riverains du côté
où l'île s'est formée, et à chacun suivant l'étendue de son
fonds sur la rive : on suppose une ligne tracée au milieu du
fleuve, et des lignes transversales. L'usufruitier a le droit
d'en jouir.

422. *Une fois le partage opéré, les accroissemens, quelles qu'en soit*
l'étendue et la direction, appartiennent au propriétaire de
la partie de l'île où ils ont eu lieu.

423. *Ces dispositions ne s'appliquent pas au cas où un fleuve ou*
une rivière forment une île du champ d'un particulier.

424. *Ce propriétaire conserve sa propriété, et peut la réclamer*
suivant les principes du droit commun.

§. V.

Du lit abandonné.

425. *Si un fleuve ou une rivière navigable, flottable ou non, se forme un nouveau cours en abandonnant son ancien lit, ce lit est donné aux propriétaires des terrains envahis.*

426. *Il leur est accordé à titre d'indemnité, et par dérogation aux principes rigoureux du Droit sur la matière.*

§. VI.

Du droit d'accession relativement aux pigeons, lapins et poissons.

427. *Les pigeons, lapins, poissons qui passent naturellement dans un autre colombier, garenne ou étang, appartiennent au maître du lieu de leur nouveau domicile.*

428. *Il en serait de même des lièvres, chevreuils, cerfs et autres animaux tenus dans un parc ou enclos.*

368. Le droit d'accession quant aux immeubles s'applique,

Aux constructions et plantations;

Aux travaux faits dans les mines;

Aux alluvions et attérissemens;

Aux îles qui se forment dans les fleuves ou rivières;

A l'abandon qu'un fleuve ou une rivière fait de son lit.

Enfin, à certains animaux, qui deviennent immeubles de cette manière, ainsi qu'aux objets mentionné aux articles 523, 524 et 525, dont il a été parlé précédemment.

Le trésor est aussi une espèce d'accession immobilière quant à la portion qui en est attribuée au
propriétaire du fonds sur lequel il est découvert.
Nous en avons parlé plus haut, parce que le considérant par rapport à ce qui en revient à l'inventeur, nous l'avons rangé parmi les choses acquises
par l'occupation.

Nous parlerons des autres cas successivement :
chacun d'eux a ses règles particulières.

§. Ier.

Du droit d'accession quant aux constructions et plantations.

369. Un principe qui domine cette matière,
c'est que « le propriétaire du sol peut faire au-des-
« sus toutes les plantations et constructions qu'il
« juge à propos, sauf les exceptions établies au
« titre des *Servitudes et services fonciers.* »

« Il peut faire au-dessous toutes les constructions
« et fouilles qu'il jugera à propos, et tirer de ces
« fouilles tous les produits qu'elles peuvent four-
« nir, sauf les modifications résultant des lois et
« règlemens relatifs aux mines (1), et des lois et
« règlemens de police. (Art. 552) ».

Le droit de faire des constructions et plantations
sur le sol est, comme on le voit, simplement res-

---

(1) Nous en retracerons les dispositions au §. suivant.

treint par l'effet des dispositions du titre des *Servitudes* ; restriction qui a lieu, par exemple, quand le propriétaire s'est interdit, en faveur du voisin, de bâtir sur son fonds, ou de bâtir au-delà de telle hauteur, ou qu'il lui a concédé une servitude active, comme un droit de passage ou de conduite d'eau ; ce qui, sans doute, ne l'empêche pas toujours de bâtir d'une manière absolue, mais ce qui lui interdit du moins le droit de rien faire qui puisse nuire à l'exercice de la servitude.

Cette première règle reçoit encore la limitation que réclame la sûreté publique. Ainsi, par exemple, un propriétaire ne pourrait bâtir à une hauteur démesurée ; il serait obligé de se soumettre aux usages et règlemens qui existent à cet égard pour prévenir les accidens.

370. Au reste, de ce que la propriété du sol emporte celle du dessus et du dessous, ce n'est pas néanmoins dans tous les cas que le propriétaire du sol est propriétaire du dessus et du dessous : la règle n'est qu'une conséquence légale et ordinaire du droit de propriété, une présomption générale, mais une présomption qui fléchit devant la volonté du maître du fonds.

En effet, dans le domaine congéable et dans la constitution du droit d'emphytéose ou de superficie, .dont nous avons parlé plus haut (1), les

---

(1) Nᵒˢ 24-80-89-91.. ,

édifices et superficies ne sont point la propriété du maître du sol tant que le droit du domanier, de l'emphytéote ou du superficiaire subsiste : l'un a le domaine *direct;* l'autre, le domaine *utile;* et c'est la superficie qui produit généralement l'utilité de la chose.

Nous voyons même dans l'article 664 que les différens étages d'une maison peuvent appartenir à plusieurs.

371. En sens inverse, le maître du sol peut n'être pas maître du dessous, savoir, si un tiers a acquis, par prescription ou autrement, la propriété d'un souterrain sous le sol d'autrui, ou de toute autre partie du sol ou du bâtiment. (Art. 553.)

Quant à cette prescription du souterrain, il semble, au premier aperçu, qu'elle ne saurait s'opérer, puisque la possession ne saurait guère être publique, et que la possession clandestine ne peut fonder aucune prescription (art. 2229). Mais la réponse est facile : la possession n'a pas le caractère de clandestinité quand elle a pu être connue de celui contre lequel on prescrivait, lors même que, de fait, il l'aurait ignorée, si le possesseur n'a rien fait pour la lui cacher : or, on suppose dans cet article 553, que celui-ci a pu la connaître, ce qui d'ailleurs s'estimerait d'après les circonstances.

372. Du principe que la propriété du sol emporte celle du dessus et du dessous, résulte la pré-

somption que toutes les constructions, travaux et plantations sur un terrain ou dans l'intérieur ont été faits par le propriétaire et à ses frais. (*Ibid.*)

Cette présomption fléchit devant la preuve contraire. Ainsi, les possesseurs, de bonne ou mauvaise foi, n'importe, pourront prouver que ce sont eux qui ont fait faire les travaux; et cette preuve, dans tous ceux qui possédaient pour eux, à titre de propriétaire, emportera, jusqu'à preuve contraire, celle qu'ils les ont fait faire à leurs frais. Ils établiront même l'un et l'autre point en prouvant que les travaux ont été faits pendant leur possession. Mais à l'égard des détenteurs à titre précaire, comme le fermier, le locataire, et même à l'égard de l'usufruitier, en admettant, selon ce que nous allons bientôt démontrer, qu'ils ne sont pas déchus de tout droit quant aux constructions qu'ils ont faites, la seule preuve que les travaux ont été faits pendant la durée de leur jouissance ne suffirait pas; on ne devrait point en effet présumer, comme pour les possesseurs proprement dits, que ce sont eux qui ont fait ces travaux, et à leurs frais, attendu qu'on n'est pas censé dépenser son bien sur la chose que l'on sait être à autrui, et qu'on s'attend à restituer dans un tems plus ou moins éloigné.

373. La preuve que les constructions et travaux ont été faits par un tiers et à ses dépens, s'administrera, soit par les mémoires des ouvriers, soit, à l'égard des fermiers et locataires, par les états de

lieux, s'il en a été fait, et même par le témoignage
des ouvriers ou autres, surtout lorsqu'il s'agira
d'un possesseur, même de mauvaise foi; car, 1° c'est
un simple fait à prouver; 2° comme il y a là une
sorte de quasi-contrat de gestion d'affaire (1), la
règle générale de l'article 1341 ne s'appliquerait
point, quand même l'indemnité réclamée s'élève-
rait au-delà de 150 fr. : ce serait, au contraire,
le cas de l'exception portée à l'article 1348;-1°,
parce qu'en effet, ce possesseur, moralement parlant, ne pouvait avoir du maître une preuve écrite
des travaux qu'il a fait faire, surtout s'il était de
bonne foi, s'il se croyait propriétaire. A l'égard du
fermier, du locataire ou de l'usufruitier, la question relative à l'admission de la preuve testimoniale,
sans adminicule, pourrait dépendre des circonstances.

374. Le propriétaire du sol qui a fait des constructions, plantations ou autres ouvrages avec des
matériaux qui ne lui appartenaient pas, doit en
payer la valeur; il peut aussi être condamné à des
dommages-intérêts, mais le propriétaire des matériaux n'a point le droit de les enlever. (Art. 554.)
Cette interdiction avait été établie par la loi

---

(1) La L. 6, §. 3, ff. *de negot. gest.*, dit, comme nous, qu'il y a,
en quelque sorte, le quasi-contrat de gestion d'affaire, même
dans le cas où un tiers a fait des dépenses sur ma chose, non *in
mei contemplatione, sed sui lucri causâ;* en conséquence, qu'il a contre
moi l'action, non pas pour tout ce qu'il a dépensé, mais du moins
jusqu'à concurrence de ce dont je me suis enrichi par le fait.

des XII Tables (1), et avait pour motif de prévenir l'inconvénient qui serait résulté de la démolition de l'édifice, *ne aspectus urbis ruinâ deformetur.* Mais elle ne s'appliquait point aux plantations ; ce cas était régi par une autre règle : tant que l'arbre de l'un, planté sans sa participation sur le sol de l'autre, n'y avait pas encore pris racine, le maître pouvait le revendiquer (2). Chez nous, il ne le pourrait ; l'article 554 ne fait aucune distinction à cet égard. A cause des frais de plantation et de ceux qu'elle a occasionés, la loi a pensé qu'il convenait que le propriétaire du sol eût le droit de conserver les plants en en payant le prix, et en restant d'ailleurs soumis aux dommages intérêts, s'il y a lieu. L'intérêt de l'agriculture le voulait ainsi.

Il ne pourrait y avoir exception à ce principe que dans le cas où il s'agirait de plantes exotiques, que leur nouveauté et leur rareté rendraient précieuses ; si elles n'avaient pas encore pris racine

---

(1) *Voy.* le §. 29, INSTIT. *de rer. divis.*

La L. 2, Cod. *ædific. priv.* prohibe même la vente des maisons pour les démolir et en vendre les matériaux.

Cependant la loi 23, §. 1, ff. *de usurp. et usucap.*, suppose qu'une colonne placée dans un édifice par celui à qui elle n'appartenait pas, peut être revendiquée. Nous ne pensons pas que notre loi soit susceptible d'exception, à moins qu'il ne s'agisse d'une statue placée dans une niche. Mais, quoiqu'une statue mise dans une niche par le propriétaire de la maison soit immeuble (art. 525), néanmoins elle n'a point été employée dans la construction. On pourrait aussi le décider ainsi des cariatides ou autres objets précieux qui ne feraient qu'adhérer au bâtiment sans incorporation intime, surtout s'ils avaient été placés de mauvaise foi.

(2) §. 31, INSTIT., *de rerum divis.*

on serait en droit de les réclamer, et très probablement les tribunaux accueilleraient la demande en revendication : on sait quel est le prix d'affection que les amateurs attachent à ces sortes de plantes.

Ainsi, quant aux matériaux d'un tiers placés sur notre terrain, si le Droit romain interdisait à celui à qui ils appartenaient la faculté de les réclamer par une action quelconque tant qu'ils adhéraient au sol, du moins il ne le déclarait pas déchu du droit de propriété tant qu'il n'en avait pas touché le prix sur l'action *de tigno juncto*, ou toute autre ; en sorte que s'il ne l'avait pas reçu, et que la maison vînt à être démolie, il pouvait les revendiquer. Au lieu que chez nous, il cesse absolument d'en être propriétaire par l'emploi qui en est fait. Et quant à la plante, elle devenait définitivement la chose du maître du fonds dès qu'elle y avait pris racine, tandis que chez nous, dans certains cas, mais très-rares, elle pourrait être revendiquée nonobstant cette circonstance ; et généralement les arbres ne pourraient l'être quoiqu'elle se rencontrât.

375. Il n'y a, au surplus, quant à l'application de l'article, aucune distinction à faire entre le cas où le propriétaire du sol a employé sciemment les matériaux d'autrui, et celui où il l'a fait par erreur : dans les deux cas il en reste maître, d'après la règle *quod solo inœdificatum est, solo cedit.* Mais dans le premier, son dol peut entraîner contre lui des con-

damnations aux dommages-intérêts, et même des peines corporelles, suivant la nature du cas.

Et quand même ce ne serait point le propriétaire, mais un simple possesseur, ou un détenteur à précaire, qui aurait employé les matériaux d'autrui, la disposition s'appliquerait également : les motifs qui l'ont dictée sont les mêmes dans ce cas.

376. Si, au contraire, un individu a construit ou fait des plantations avec ses matériaux ou ses plants sur le sol d'autrui, il faut distinguer : ou il était de bonne foi ou il était de mauvaise foi au moment (1) où il l'a fait.

Dans le premier cas, le propriétaire ne peut exiger la suppression des ouvrages faits par le tiers évincé ; mais il a le choix de lui rembourser le coût des constructions ou plantations, ou une somme égale à celle dont le fonds s'est augmenté de valeur par elles (art. 555); ce qui sera arbitré à dire d'experts, si les parties ne peuvent s'accorder.

377. La question de savoir si le possesseur de bonne foi est obligé d'imputer les fruits qu'il a perçus sur ce qui lui est dû pour amélioration, a

---

(1) Nous disons *au moment* où il l'a fait ; car s'il était de mauvaise foi à cette époque, il n'en serait pas moins traité, quant aux constructions et aux fruits perçus depuis, comme celui qui a commencé à posséder de mauvaise foi, quoiqu'il fût de bonne foi dès le principe. La L. 37, ff. *de rei vindic.*, est formelle à cet égard, et notre article 555 ne permet aucune autre interprétation, puisque ce possesseur étant alors *tenu à la restitution des fruits*, il est bien évidemment dans l'hypothèse prévue.

partagé les autorités les plus graves, comme on peut le voir dans Voët, sur le titre de *Rei vindic.*, n° 39. Nous nous rangerions au sentiment de cet auteur, qui la décide négativement, lors même que le Code ne trancherait pas le doute qui a pu exister à cet égard. Car, d'une part, il attribue les fruits au possesseur de bonne foi ; et, d'autre part, il veut que le prix de ses améliorations lui soit remboursé, sans dire qu'il se fera à ce sujet compensation ou imputation. Nous voyons aussi cette imputation clairement rejetée par les art. 856 et 861 dans le cas du rapport fait par l'héritier, et par les art. 2174 et 2176 dans celui du délaissement par hypothèque.

378. Quand les constructions ou plantations ont été faites par un possesseur de mauvaise foi, le propriétaire du fonds a le droit de l'obliger à les enlever ; et la suppression se fait aux frais de celui-ci, qui peut même être condamné à des dommages-intérêts envers le propriétaire, si les innovations lui ont causé un préjudice. (Art. 555.)

S'il préfère les conserver, il doit le remboursement de la valeur des matériaux et du prix de la main d'œuvre, sans égard à la plus grande augmentation de valeur que le fonds a pu en recevoir. (*ibid*). En sorte que, dans cette hypothèse, le possesseur de mauvaise foi est généralement mieux traité que le possesseur de bonne foi, parce qu'ordinairement la plus - value du fonds ne s'élève pas au montant des dépenses. Il est vrai que le propriétaire a un moyen facile d'obtenir une diminution, mais ce n'est pas une disposition heureuse, celle qui met l'une des parties à la discrétion de l'autre, quand même cette partie est peu digne de faveur. Au reste, quand il préférera conserver les constructions ou plantations, c'est qu'elles auront probablement procuré au fonds une augmentation de valeur au moins égale au montant des dépenses; mais il peut cependant se présenter des cas contraires, et nous aurions voulu que l'indemnité n'eût été, comme en Droit romain, que de la plus-value réelle, afin que le possesseur de mauvaise foi n'eût pas été, sous ce rapport, mieux traité que le possesseur de bonne foi. *Sed dicit lex.*

379. Il est bien évident que l'article 555, dans sa disposition qui défend au propriétaire d'exiger la suppression des constructions et plantations, et l'oblige, au contraire, à payer, à son choix, une somme égale à la plus-value du fonds, ou au montant réel des dépenses, n'est point applicable à l'usufruitier; car il parle d'un *tiers évincé* qui a fait les fruits siens en qualité de possesseur de bonne foi, ce qui ne peut s'entendre de l'usufruitier, qui n'est point un tiers *évincé*, et qui ne fait pas les fruits siens comme possesseur, mais en vertu de son droit d'usufruit. D'ailleurs, l'article 599 porte même qu'il ne peut réclamer aucune indemnité pour les *améliorations* qu'il prétendrait avoir faites, encore

que la valeur de la chose en fût augmentée; qu'il peut seulement, ou ses héritiers, enlever les glaces, tableaux et autres ornemens qu'il a fait placer, à la charge de rétablir les lieux dans leur premier état; disposition, au surplus, que nous allons expliquer.

En effet, devant jouir en bon père de famille, jouissant comme le propriétaire, on suppose qu'il n'a fait, en *améliorant* la chose, que ce que celui-ci eût fait lui-même; et ce qui est plus certain encore, c'est qu'il a agi dans son propre intérêt, pour obtenir de plus grands produits, dans lesquels conséquemment il a trouvé une compensation de ses impenses. Enfin, quand même par l'évènement il n'en serait pas ainsi, parce que l'usufruit est venu à cesser peu de tems après qu'elles ont été faites, il peut justement être considéré comme ayant voulu sacrifier quelque chose pour obtenir davantage : c'est une chance à laquelle il s'est librement soumis. Ainsi, a-t-il planté un terrain en vigne, ou renouvelé une vigne ancienne, défriché des landes, desséché un marais, renouvelé les planchers ou les plafonds d'une maison, etc., etc., il ne peut réclamer aucune indemnité pour ces *améliorations*, et autres semblables; et c'est de ces améliorations que parle l'article 599.

380. Mais faut-il conclure de là qu'il ne peut enlever les *constructions* qu'il a faites, si le propriétaire ne veut pas lui payer au moins la plus-value

qui en est résultée pour le fonds? Doit-on lui
refuser un droit qui appartient au *prædo* lui-même,
bien mieux, au possesseur par violence? doit-on
enfin s'enrichir à ses dépens?

Nous ne saurions le penser; nous rejetons, sans
balancer, cette fiction de quelques lois romaines,
dont on a tant abusé, fiction d'après laquelle celui
qui a construit sciemment sur le sol d'autrui *do-
nasse videtur*; fiction nécessaire, sans doute, pour
l'interprétation des principes du droit strict, mais
qui, en définitive, ne prévalait pas, comme le
prouvent plusieurs autres textes du droit romain
lui-même (1); fiction enfin qui était inapplicable
au cas où, comme le dit Vinnius, celui qui a
bâti avait quelque motif de le faire, par exemple,
pour améliorer sa jouissance. *Finge*, dit-il (2),
*colonum aut inquilinum ædificasse in areâ con-
ductâ : dicam id factum esse, quo commodiùs re
conductâ uterentur, aut in eâ habitarent, non
quod materiam domino donare voluerint.* Et ce
savant et profond jurisconsulte s'appuie de la
loi 55 §. 1, ff. *Locati*, qui rejette, à l'égard du fermier et du locataire, cette supposition gratuite.
Or, l'usufruitier, mieux encore que ceux-ci, dont
la jouissance est bornée et que Vinnius ne présente ici que comme exemple, a évidemment bâti
pour améliorer la sienne, et non pour faire don

---

(1) Notamment les lois 37, ff. *de rei vindic.*; 2, Cod., au même
titre; 37 et 38, ff. *de hered. petit.*, et 6, §. 3, ff. *de negot. gest.*
(2) Sur le §. 30, INSTIT., *de rer. divis.*, n° 2.

de ses matériaux au propriétaire. Qu'on le place
dans la première hypothèse prévue à l'article 555,
qu'on le traite comme le possesseur de mauvaise
foi, soit, il y consent; mais qu'on ne s'enrichisse
pas à ses dépens, quand il n'est même pas permis
de le faire aux dépens de celui-ci. Pothier (1) suppose que l'usufruitier a construit sur le fonds un
moulin; et en décidant que le droit qu'il a, ou ses
héritiers, d'obtenir une indemnité ou d'enlever
les matériaux, au choix du propriétaire, est mobilier, ce judicieux jurisconsulte, qui se laissait toujours guider par les principes de l'équité, résout
évidemment la question dans notre sens à l'égard
de l'usufruitier lui-même.

Sa réclamation ne pourrait donc être écartée que
par une fausse interprétation du sens du mot *améliorations*, employé dans cet article 599, mot qui ne
doit point s'entendre des constructions nouvelles
faites par l'usufruitier, mais bien des embellissemens faits à des constructions existantes, ou du
changement apporté aux divers modes de culture
suivis jusques alors, etc. C'est en effet en ce sens
qu'on dit qu'un fonds a été *amélioré*, c'est-à-
dire rendu plus productif ou plus agréable; mais

---

(1) Traité *de la Communauté*, n° 37; et plus loin, au n° 63, il dit
formellement aussi que l'usufruitier qui a attaché à la maison des
choses qui seraient censées en faire partie si elles avaient été placées
par le propriétaire, peut les enlever, si mieux n'aime celui-ci lui en
payer le prix à raison de la plus-value de la maison. Enfin, il professe
le même principe de la manière la plus expresse dans son Traité *du
Douaire*, n° 278.

on ne dira point; sans donner aux mots une signification non usitée, qu'un emplacement pour bâtir, par exemple, a été *amélioré* par la construction de l'édifice qui le couvre maintenant; il a été *employé* mais non amélioré.

Il est dit, il est vrai, dans l'article 599, que « l'usufruitier peut cependant enlever les glaces, « tableaux et autres ornemens qu'il aurait fait pla- « cer, à la charge de rétablir les lieux dans leur « premier état : » d'où il paraîtrait qu'il n'a pas le droit d'enlever autre chose. Mais cette conclusion ne résulterait que d'un argument négatif, c'est-à-dire d'un argument généralement vicieux.

L'article contient, en effet, deux dispositions fort claires, et il garde précisément le silence sur le point en question. Il dit, d'une part, que l'usufruitier ne peut réclamer d'*indemnité* pour les améliorations qu'il a faites, et on en tombe d'accord; il dit, d'autre part, qu'il peut cependant enlever les glaces, tableaux et autres ornemens, à la charge de rétablir les lieux dans leur premier état; mais il ne dit pas qu'il ne peut enlever autre chose; et s'il s'explique sur ces objets, c'est parce que, d'après ce qui est établi dans la première disposition, il pouvait y avoir du doute à leur égard, attendu que les glaces dont il s'agit, c'est-à-dire celles qui sont devenues immeubles par accession, comme ayant été placées sur un parquet faisant corps avec la boiserie, forment, ainsi que les tableaux et autres ornemens, un embellissement, une véritable *amé-lioration.*

Pour justifier cette interprétation outrée du sens de cet article, on argumenterait vainement de la disposition de la loi 15 *princip.* ff. *de Usufructu et quemad.*, ainsi conçue : *Sed si quid inædificaverit* (*usufructuarius*), *posteà eum neque tollere hoc, neque refigere : refixa planè posse vindicare;* car on convient sans peine que l'usufruitier n'a pas le droit d'enlever ce qui tient au sol : cela est devenu la chose du propriétaire, suivant le principe inflexible *quod solo inædificatum est, solo cedit;* et ce texte ne veut pas dire autre chose, comme le prouve évidemment sa seconde disposition, qui donne à l'usufruitier la faculté de *revendiquer* ce qui se trouve détaché au moment de l'extinction de l'usufruit. Il ne fait qu'appliquer les principes de l'accession : en un mot, il ne statue que sur la question de propriété des matériaux. Quant à celle relative à l'indemnité, ou au droit d'enlever ces mêmes matériaux, si le propriétaire n'en veut point payer la valeur, il ne s'en occupe pas; mais elle est formellement décidée par vingt autres lois, même à l'égard du possesseur de mauvaise foi; et on ne peut supposer aux jurisconsultes romains l'absurde pensée d'avoir voulu traiter l'usufruitier avec plus de rigueur encore que le *prædo* lui-même, en admettant, bien entendu, qu'il n'ait pas entendu faire don de ses matériaux au propriétaire, libéralité qui ne se suppose pas, *quia nemo res suas jactare præsumitur.* La *Glose*, qui, nous l'avouons, n'est pas une grande autorité pour nous, entend la loi comme nous l'entendons ; et suivant Voët, au titre *de Usufructu*, n° 36, si l'usufruitier a fait les réparations dont le propriétaire est tenu, il a une action en répétition contre celui-ci. Or, comment n'aurait-il pas au moins le droit d'enlever ses constructions, si on ne veut lui en payer le montant jusqu'à concurrence de la plus-value du fonds ?

Néanmoins, la Cour de Paris et ensuite la Cour de cassation (1) ont jugé, en principe, qu'il ne l'avait pas; voici dans quelle espèce.

Le marquis de Galiffet mourut en 1778, laissant à son frère l'usufruit, et au fils de celui-ci la nue propriété de l'hôtel dit de *Galiffet*, situé rue de Grenelle Saint-Germain, à Paris.

L'usufruitier fit des constructions considérables: il acheta une maison située rue du Bacq, et communiquant à l'hôtel dont il s'agit; puis démolissant la maison rue du Bacq et une partie de l'hôtel, et construisant sur le terrain intermédiaire, il fit, du tout, le superbe hôtel nommé aujourd'hui *Hôtel des affaires étrangères.*

Ces constructions n'auraient probablement donné lieu à aucune difficulté entre M. de Galiffet et son fils, légataires; mais le premier ayant été frappé

---

(1) *Voy.* les arrêts dans Sirey, 1825, part. 1, pag. 414. Le premier est du 10 juin 1823, et le second, qui est de la section civile, a été rendu le 23 mars 1825.

de confiscation comme émigré, étant mort insolvable, et son fils ayant répudié sa succession, ses créanciers, qui étaient précisément les représentans des ouvriers qui avaient fait les constructions, se sont trouvés en présence du fils, et ont réclamé le montant de ce qui leur était dû, objet qui s'élevait à 6 ou 700,000 fr., si mieux il n'aimait souffrir le rétablissement des choses dans leur premier état; ce qui leur aurait du moins procuré pour 3 à 400,000 fr. de matériaux. Mais leur adversaire n'aurait eu garde de prendre ce parti, et ils le sentaient bien.

Le tribunal de première instance de la Seine, où la demande fut portée par voie d'intervention à une autre demande, rejeta la réclamation des héritiers des constructeurs, quelque digne de faveur qu'elle fût, car c'était une action *de in rem verso*, la plus juste de toutes les actions judiciaires, puisqu'elle est fondée sur ce grand principe de morale qu'on ne doit pas s'enrichir aux dépens d'autrui, et surtout de ceux qui, comme les ouvriers dans l'espèce, ont agi de bonne foi. Devant la Cour royale, les demandeurs ne furent pas plus heureux, contre l'attente générale du barreau (1).

Enfin, le pourvoi formé contre l'arrêt ayant

---

(1) Il n'y a rien de hasardé dans cette remarque. Presque tous ceux de mes confrères, soit au Palais, soit à l'École de Droit, avec lesquels j'ai eu occasion de parler de cette affaire, qui étant d'un intérêt considérable, s'était fait remarquer, m'ont déclaré ne point adopter le principe qui sert de base à la décision.

IV.   22

d'abord été admis, la Cour suprême se prononça en définitive de la manière suivante sur le point de droit :

« Attendu qu'aux termes de l'article 599 du Code
« civil, l'usufruitier ne peut, à la cessation de l'usu-
« fruit, exiger aucune indemnité pour les amélio-
« rations par lui faites sur le fonds soumis à son
« usufruit, encore que la valeur de la chose en soit
« augmentée, et que de ce principe il résulte que
« les ouvriers constructeurs qui les ont faites sciem-
« ment sont soumis à la même fin de non-recevoir,
« sans quoi la loi serait illusoire ; qu'il est reconnu,
« en fait, par l'arrêt dénoncé, que c'est comme
« usufruitier de l'ancien hôtel *Galiffet* que le mar-
« quis de Galiffet a mis en œuvre les ouvriers cons-
« tructeurs, pour faire à cet hôtel les changemens
« et constructions qui, de leur nature, sont de
« *véritables améliorations* ; qu'ainsi, en déclarant
« les héritiers et représentans de ces ouvriers non
« recevables dans leurs interventions, l'arrêt n'a
« fait qu'une exacte application dudit article, et
« n'a violé aucune des lois par eux invoquées sur
« l'accession, la revendication et la gestion des
« affaires pour autrui, qui étaient sans application
« à l'espèce, etc., rejette. »

Nous faisons des vœux bien sincères pour que cette décision ne forme pas jurisprudence, et nous avons le pressentiment qu'ils ne seront point déçus. Nous dirons même avec tout le respect que nous professons pour les arrêts de ce tribunal,

élevé au-dessus de tous les autres comme pour
leur servir de fanal dans la juste interprétation de
la loi, mais aussi avec la plus profonde conviction,
que c'est une de ces erreurs dont les esprits les plus
éclairés ne sauraient toujours se garantir. Il est une
loi dans l'interprétation de laquelle on se trompe
plus rarement encore, c'est l'équité, et l'équité,
comme les vrais principes du Droit lui-même, a
été blessée dans cette circonstance.

381. Tout ce que nous venons de dire de l'usufruitier qui a fait des *constructions* sur le fonds
soumis à l'usufruit, s'applique aussi au fermier qui
en a fait, sans mission du propriétaire, sur le fonds
affermé. Le Code ne nous donne point de règles
spéciales sur ce cas, et par conséquent si le fermier
ne peut invoquer la disposition favorable de l'article 555, du moins on ne peut lui appliquer
celle de l'art. 599 telle qu'elle l'a été, dans l'espèce précédente, aux ayant-cause de l'usufruitier.

On reste donc à son égard dans les principes
généraux du Droit, et ces principes n'offrent aucun doute sur la faculté qu'il a d'enlever ses matériaux, si on ne veut lui payer une indemnité égale
au moins à la plus-value du fonds, ou à ce qu'il a
déboursé. Tel est le sentiment de Pothier (1).

---

(1) Traité *du Louage*, n° 131. Il cite à l'appui la L. 19, §. 4,
ff. *Locati*, qui paraît différer de la L. 55, §. 1, au même titre, en
ce que, suivant celle-ci, le locataire qui a fait des dépenses nécessaires, ou même simplement utiles, a *une action* contre le locateur

Ce jurisconsulte dit même que, quand il s'agit de dépenses nécessaires qu'un locataire a faites dans la maison, on *doit* lui tenir compte de ses déboursés; cela devrait dépendre des circonstances. Si les réparations étaient tellement indispensables que le propriétaire les eût très-probablement faites, et si le locataire n'a pu l'avertir à temps, la décision de Pothier devrait être suivie. Dans les autres cas, le locataire n'aurait que le droit d'enlever ce qu'il a placé si on ne voulait pas lui payer ses déboursés, à la charge encore de rétablir les lieux dans leur premier état.

Enfin Domat (1), qui s'appuie aussi de plusieurs lois romaines (2), dit que, « si le fermier a fait des « *améliorations* dont il n'était pas tenu, comme s'il « a planté une vigne ou un verger, ou s'il en a fait « d'autres semblables (3) qui aient augmenté le re- « venu, il les recouvrera, suivant la règle expliquée « à l'article 10 du *Contrat de vente* »; c'est-à-dire, d'après ce qu'il a établi à cet endroit, jusqu'à concurrence de la plus-value qu'en a reçue le fonds, défalcation faite du surcroît de produits que le fermier a retirés de ces améliorations.

A cet égard, le fermier est traité plus favorable-

---

pour en obtenir le remboursement; et c'est cette diversité de textes qui a divisé les auteurs sur ces points.

(1) Lois civiles, *du Contrat de louage*, sect. 6, n° 5.

(2) Notamment de la loi 55 précitée, et de la loi 61, au même titre.

(3) On voit quel sens il attache à ce mot *améliorations*.

ment que l'usufruitier, qui ne peut réclamer aucune indemnité pour les améliorations résultant de plantations ou du changement de mode de culture.

382. L'ordonnance de 1667 (tit. 27, art. 9) voulait que celui qui était condamné à délaisser la possession d'un héritage, sauf remboursement de quelques sommes, espèces, impenses ou améliorations, ne pût être contraint de quitter l'héritage qu'après avoir été remboursé.

Le motif de cette disposition était fondé sur ce que le principal moyen qu'ait le possesseur évincé pour recouvrer ses impenses, c'est la voie d'exception, dont il use en retenant le fonds. Nous la voyons même consacrée par les articles 867 et 1948, à l'égard du cohéritier qui fait le rapport et du dépositaire, et nous pensons avec M. Toullier qu'elle doit être appliquée à tous les possesseurs de bonne foi.

Mais cela ne peut s'entendre que du cas où il s'agit d'une demande formée au pétitoire et non au possessoire; car dans l'action en réintégrande, comme dans celle en complainte, le juge de paix ne connaît que du fait de possession et des dommages-intérêts réclamés pour le trouble. Il ne peut condamner à ces restitutions comme simple juge du possessoire.

§. 11.

Dispositions générales sur les mines, minières et carrières.

383. La loi du 21 avril 1810 régit aujourd'hui ce qui est relatif aux fouilles de toute espèce faites pour en extraire des produits; c'est un code complet sur cette importante matière. Nous n'en rapporterons pas toutes les dispositions; nous nous bornerons à retracer textuellement les principales, qui n'ont pas besoin d'être d'analysées.

Suivant l'article 1er de cette loi, « les masses de substances minérales ou fossiles renfermées dans le sein de la terre ou existant à la surface, sont classées, relativement aux règles de l'exploitation de chacune d'elles, sous les trois qualifications de *mines*, *minières* et *carrières*. '

384. « Sont considérées comme *mines* celles connues pour contenir en filons, en couches ou en amas, de l'or, de l'argent, du platine, du mercure, du plomb, du fer en filons ou couches, du cuivre, de l'étain, du zinc, de la calamine, du bismuth, du cobalt, de l'arsenic, du manganèse, de l'antimoine, du molybdène, de la plombagine, ou autres matières métalliques; du soufre, du charbon de terre ou de pierre, du bois fossile, des bitumes, de l'alun et des sulfates à base métallique. (Art. 2.)

385. « Les *minières* comprennent les minerais de fer dits d'alluvion, les terres pyriteuses propres à être converties en sulfate de fer, les terres alumineuses et les tourbes. (Art. 3.)

386. « Les *carrières* renferment les ardoises, les grès, pierres à bâtir et autres, les marbres, granits, pierres à chaux, pierres à plâtre, les pozzalanes, le stras, les basaltes, les laves, les marnes craies, sables, pierres à fusil, argiles, kaolin, terres à foulon, terres à poterie, les substances terreuses et les cailloux de toute nature, les terres pyriteuses regardées comme engrais, le tout exploité à ciel ouvert ou avec des galeries souterraines. (Art. 4.)

387. Cette division faite, la loi traite ensuite de la propriété et de la nature des mines.

« Les mines, porte l'article 5, ne peuvent être exploitées qu'en vertu d'un acte de concession délibéré en Conseil d'état.

« Cet acte règle les droits des propriétaires de la surface sur le produit des mines concédées. (Art. 6.)

« Il donne la propriété perpétuelle de la mine, laquelle est dès-lors disponible et transmissible comme tous autres biens, et dont on ne peut être exproprié que dans les cas et selon les formes prescrites pour les autres propriétés, conformément au Code civil et au Code de procédure.

« Toutefois une mine ne peut être vendue par

lots, ou partagée, sans une autorisation préalable du gouvernement, donnée dans les mêmes formes que la concession. (Art. 7.)

« L'étendue de la concession est déterminée par l'acte de concession : elle est limitée par des points fixes pris à la surface du sol, et passant par des plans verticaux menés de cette surface dans l'intérieur de la terre, à une profondeur indéfinie; à moins que les circonstances et les localités ne nécessitent un autre mode de limitation. » (Art. 29.)

388. « Les mines sont immeubles.

« Sont aussi immeubles, les bâtimens, machines, puits, galeries, et autres travaux établis à demeure, conformément à l'article 524 du Code civil.

« Sont aussi immeubles par destination les chevaux attachés à l'exploitation, agrès, outils et ustensiles servant à l'exploitation

« Ne sont considérés comme chevaux attachés à l'exploitation, que ceux qui sont exclusivement attachés aux travaux intérieurs des mines. (Art. 8.)

389. « Néanmoins les actions ou intérêts dans une société ou entreprise pour l'exploitation des mines, sont réputées meubles, conformément à l'article 529 du Code civil, quoique ces entreprises ou sociétés ne soient pas réputées actes de commerce, et, en conséquence, qu'elles ne soient pas sujettes à patente. (Art. 8-30.)

« Sont meubles, les matières extraites, les approvisionnemens et autres objets mobiliers. (Art. 9.)

390. Passant aux actes qui précèdent la demande en concession des mines, à leur recherche et à ce qui est relatif à leur découverte, la loi porte les dispositions suivantes :

« Nul ne peut faire des recherches pour découvrir des mines, enfoncer des sondes ou tarrières sur un terrain qui ne lui appartient pas, que du consentement du propriétaire de la surface, ou avec l'autorisation du gouvernement, donnée après avoir consulté l'administration des mines, à la charge d'une préalable indemnité envers le propriétaire, et après qu'il aura été entendu. (Art. 10.)

« Nulle permission de recherches, ni concession de mines ne peut, sans le consentement du propriétaire de la surface, donner le droit de faire des sondes et d'ouvrir des puits ou galeries, ni celui d'établir des machines ou magasins dans les enclos murés, cours ou jardins, ni dans les terrains attenant aux habitations ou clôtures murées, dans la distance de cent mètres desdites clôtures ou des habitations. (Art. 11.)

« Le propriétaire peut faire des recherches, sans formalité préalable, dans les lieux réservés par le précédent article, comme dans les autres parties de sa propriété; mais il est obligé d'obtenir une concession avant d'y établir une exploitation. Dans aucun cas, les recherches ne peuvent être autorisées dans un terrain déjà concédé. (Art. 12.)

391. « Tout Français, ou tout étranger natura-
lisé ou non en France, agissant isolément ou en
société, a le droit de demander et peut obtenir, s'il
y a lieu, une concession de mines. (Art. 13.)

« L'individu ou la société doit justifier des facul-
tés nécessaires pour entreprendre et conduire les
travaux, et des moyens de satisfaire aux redevances
et indemnités qui lui seront imposées par l'acte de
concession. (Art. 14.)

« Il doit aussi, le cas arrivant de travaux à faire
sous des maisons ou lieux d'habitation, sous d'autres exploitations ou dans leur voisinage immédiat,
donner caution de payer toute indemnité, en cas
d'accident. Les demandes ou oppositions des intéressés sont, en ce cas, portées devant les tribunaux.
(Art. 15.)

« Le gouvernement juge des motifs ou considérations d'après lesquels la préférence doit être accordée aux divers demandeurs en concession, soit
qu'ils soient propriétaires de la surface, inventeurs
ou autres.

« En cas que l'inventeur n'obtienne pas la concession d'une mine, il a droit à une indemnité :
elle est réglée par l'acte de concession. (Art. 16.)

392. « L'acte de concession, fait après l'accomplissement des formalités prescrites, purge, en faveur du concessionnaire, tous les droits des propriétaires de la surface et des inventeurs, ou de
leurs ayant-droit, chacun dans leur ordre, après

qu'ils ont été entendus ou appelés légalement, suivant le mode tracé par la présente loi. (Art. 17.)

393. « La valeur des droits résultant en faveur du propriétaire de la surface, en vertu de l'art. 6, demeure réunie à la valeur de ladite surface, et est affectée avec elle aux hypothèques prises par les créanciers du propriétaire. (Art. 18.)

394. « Du moment où une mine est concédée, même au propriétaire de la surface, cette propriété est distinguée de celle de la surface, et elle est considérée comme propriété nouvelle, sur laquelle de nouvelles hypothèques peuvent être assises, sans préjudice de celles qui étaient ou qui seraient prises sur la surface et la redevance, comme il est dit à l'article précédent.

« Si la concession est faite au propriétaire de la surface, ladite redevance est évaluée pour l'exécution dudit article. (Art. 19.)

395. « Une mine concédée peut être affectée par privilège, en faveur de ceux qui, par acte public, et sans fraude, justifieraient avoir fourni des fonds pour les recherches de la mine, ainsi que pour les travaux de construction ou confection des machines nécessaires à son exploitation, à la charge de se conformer aux articles 2103 et autres du Code civil, relatifs aux privilèges. (Art. 20.)

« Les autres droits de privilège et d'hypothèque peuvent être acquis sur la propriété de la mine, aux termes et en conformité du Code civil, comme sur les autres propriétés immobilières. (Art. 21.)

396. « Les propriétaires des mines sont tenus de payer à l'État une redevance fixe et une redevance proportionnée au produit de l'extraction. (Art. 33.)

« La redevance fixe est annuelle ; elle est réglée d'après l'étendue de celle-ci : elle est de 10 fr. par kilomètre carré.

« La redevance proportionnelle est une contribution annuelle à laquelle les mines sont assujéties sur leurs produits. (Art. 34.)

397. Quant aux minières, l'article 57 porte que leur exploitation est assujétie à des règles spéciales, et qu'elle ne peut avoir lieu sans permission.

« La permission détermine les limites de l'exploitation et les règles, sous les rapports de sûreté et de salubrité publiques. » (Art. 58.)

La loi trace ensuite tout ce qui est à observer pour l'exploitation, laquelle peut être accordée à des tiers, quand le propriétaire n'exploite pas.

398. « Les tourbes ne peuvent être exploitées que par le propriétaire du terrain, ou de son consentement. (Art. 83.)

« Tout propriétaire qui veut commencer à exploiter des tourbes dans son terrain, ne peut commencer son exploitation, à peine de 100 fr. d'amende, sans en avoir préalablement fait la déclaration à la sous-préfecture, et obtenu l'autorisation. » (Art. 84.)

399. Enfin, pour les carrières, elles ne peuvent
être exploitées que par le propriétaire, ou de son
consentement.

« L'exploitation de celles qui sont à ciel ouvert
a lieu sans permission, sous la simple surveillance
de la police, et avec l'observation des lois et règlemens locaux. (Art. 81.)

« Quand l'exploitation a lieu par galeries souterraines, elle est soumise à la surveillance de l'administration. » (Art. 82.)

§. III.

Des Alluvions et Attérissemens.

400. On appelle *alluvion* l'accroissement qui se
fait d'une manière imperceptible aux fonds riverains des fleuves et rivières de toute espèce, par
l'agglomération successive des terres qu'y apporte
le cours de l'eau, tellement qu'il serait pour ainsi
dire impossible de déterminer quelle est la partie
de terre qui a été ajoutée dans tel ou tel tems, quoique ordinairement ce soit dans les momens de crues
que se forment les attérissemens (1).

« Pour que l'alluvion existe, disait M. Portalis
« au Corps législatif, en présentant le projet de loi

---

(1) *Per alluvionem id videtur adjici quod ità paulatim adjicitur, ut
intelligere non possumus quantum, quoque momento temporis, adjiciatur.*
L. 7, ff. *de acquir. rerum dom.*

« sur la *propriété*, il faut que l'accroissement
« ait été successif et imperceptible : ces deux con-
« ditions sont absolument indispensables. La na-
« ture, par une opération si petite, semble s'être
« complu à gratifier les fonds riverains de ce sup-
« plément de richesse : c'est en effet le fonds rive-
« rain qui profite de l'alluvion. »

4o1. L'alluvion profite au propriétaire riverain,
soit qu'il s'agisse d'un fleuve ou d'une rivière navigable, flottable ou non, à la charge, dans le premier cas, de laisser le marche-pied ou chemin
de halage (1), conformément aux règlemens.
(Art. 556.)

4o2. Mais, ainsi que nous avons déjà eu occasion de le dire, la propriété du chemin de
halage n'appartient pas moins aux riverains, puisqu'autrement l'alluvion, dans les rivières navigab-
bles ou flottables, devrait appartenir à l'État. D'ailleurs, l'État n'en jouirait pas à titre de servitude,
comme il en jouit d'après l'article 65o, s'il en était
propriétaire ; car *res sua nemini servit.* En sorte
que si la rivière vient à se retirer, le droit de servitude sur l'ancien chemin s'évanouit, et les propriétaires en recouvrent la jouissance, à la charge

---

(1) Haler les bateaux, c'est les faire tirer par des hommes ou
par des chevaux. Le chemin de halage est de vingt-quatre pieds. On
ne peut cependant se clore qu'à trente pieds de distance du côté où
l'on tire les bateaux, et à dix pieds de l'autre côté.

d'en laisser un nouveau, qui se prend sur le terrain abandonné par la rivière.

403. Le droit d'alluvion a également lieu à l'égard des relais que forme l'eau courante en se retirant insensiblement de l'une de ses rives et se portant sur l'autre : le propriétaire de la rive découverte profite de l'accroissement, sans que le riverain du côté opposé puisse venir réclamer le terrain, qu'il a perdu. (Art. 557.)

404. L'usufruitier jouit aussi de l'augmentation survenue par alluvion à l'objet dont il a l'usufruit. (Art. 596.)

Par identité de raison, le fermier en jouit aussi.

405. Le droit d'alluvion n'a pas lieu à l'égard des relais de la mer (art. 528.), c'est-à-dire que les particuliers n'en profitent pas. Le rivage appartenant à l'État, les parties de terres que la mer laisse à découvert en se retirant doivent lui appartenir aussi par droit d'accession.

406. Il n'a pas lieu, non plus, à l'égard des lacs et étangs, dont le propriétaire conserve toujours le terrain que l'eau couvre quand elle est à la hauteur de la décharge de l'étang, encore que le volume de l'eau vienne à diminuer (art. 558); ce qui arrive dans les tems de sécheresse, et peut même arriver par l'effet d'autres circonstances.

Réciproquement, le propriétaire de l'étang n'acquiert aucun droit sur les terres riveraines que son eau vient à couvrir dans les crues extraordinaires. (*ibid.*)

407. On appelle *étang*, un amas d'eau soutenu par une chaussée ou digue, et dans lequel on nourrit du poisson.

Les lacs sont aussi des amas d'eau, mais qui se forment généralement par la disposition des lieux, plutôt que par ouvrages de main d'homme pour les contenir.

408. Chacun peut faire des étangs sur ses héritages, pourvu qu'il n'entreprenne point sur le domaine public ou des particuliers (1).

En construisant un étang, non-seulement on doit le faire de manière qu'il ne puisse nuire aux particuliers ni aux chemins publics ou vicinaux, mais encore il faut l'entretenir dans cet état. Dès qu'il manque quelque chose à la chaussée ou à la bonde, le propriétaire, dit Boutaric (2), doit s'empresser de le réparer; sinon, il répond de tous les dommages qu'occasionerait la chute des eaux. Ce n'est pas ici le cas de force majeure; le dégât ne provient que de la négligence du propriétaire de l'étang, et c'est sur lui qu'il doit retomber.

Le voisin qui s'apercevrait du mauvais état de

---

(1) Une loi du 14 frimaire an 2, rapportée par une autre du 13 messidor an III, avait ordonné le dessèchement et la mise en culture de tous les étangs et lacs qu'on est dans l'usage de mettre à sec pour les pêcher, et de ceux dont les eaux sont rassemblées par des digues ou chaussées.

(2) Traité *des Droits seigneuriaux*, édition de 1781, pag. 570.

l'étang, et qui aurait à en redouter les suites, pourrait même sommer le propriétaire de faire les réparations nécessaires pour prévenir tout dégât.

409. Bien mieux, la loi du 11 septembre 1792
porte que « lorsque des étangs, d'après les avis et
« procès verbaux des gens de l'art, pourront occa-
« sioner, par la stagnation de leurs eaux, des
« maladies épidémiques ou épizootie, ou que, par
« leur position, ils seront sujets à des inondations
« qui envahissent et ravagent les propriétés infé-
« rieures, les conseils généraux de départemens
« (aujourd'hui les préfets), sont autorisés à en
« ordonner la destruction sur la demande des
« conseils généraux des communes (aujourd'hui
« les conseils municipaux), et d'après les avis des
« administrations de district (aujourd'hui des sous
« préfets.) »

Les étangs que l'on veut dessécher sont soumis
aux formalités de la loi du 16 septembre 1807.

410. Lorsqu'un propriétaire veut établir un
étang, il convient qu'il élève la chaussée à la hauteur qui lui est nécessaire pour contenir le volume
d'eau que l'étang doit renfermer, même dans les
grandes crues; car suivant ce qu'enseigne Boutaric
le propriétaire ne peut ensuite élever les digues et chaussées, sans le consentement des voisins. Cela doit toutefois s'entendre du cas où l'ex-
haussement donnerait lieu à un amas d'eau dont le
volume dans les crues même extraordinaires, pour-

IV.   23

rait nuire aux propriétés inférieures ou environnantes.

411. Il arrive souvent, dit encore Boutaric, que des étangs sont si voisins les uns des autres, que l'eau de l'étang inférieur touche la chaussée de l'étang supérieur. Dans cette position, le propriétaire de l'étang inférieur est, suivant cet auteur, tenu de donner à l'autre la vidange en tems convenable pour la pêche. Cela ne souffrirait aucun doute dans le cas où le propriétaire de l'étang supérieur aurait acquis, par titre ou prescription, le droit de faire écouler ses eaux sur le fonds inférieur, ni dans celui où les deux étangs ayant appartenu au même, le propriétaire a disposé de l'un d'eux, soit avec réserve de ce droit, soit même en ne s'obligeant pas par le contrat à le supprimer (art. 694). Dans les autres, la décision de Boutaric devrait être rejetée, parce qu'il s'agit là d'une véritable servitude, qui, conséquemment, doit être établie de l'une des manières déterminées par la loi. L'article 175 de la coutume d'Orléans portait, il est vrai, que lorsque l'étang supérieur est tellement plein qu'il ne peut se vider, par l'obstacle qu'y apporte l'eau de l'étang inférieur, le maître de celui-ci est tenu, sur la sommation qui lui en est faite, de lever sa bonde dans trois jours, *quand même il n'y serait pas assujéti à titre de servitude*, pourvu que ce soit dans la saison convenable pour la pêche. Mais cette disposition, que les auteurs s'accordaient à étendre aux cou-

tumes muettes sur ce point, nous paraît inapplicable aujourd'hui, d'après les principes du Code,
principes qui obligent bien le propriétaire du fonds
inférieur à recevoir les eaux qui découlent du fonds
supérieur, mais seulement quand elles découlent
naturellement et sans que la main de l'homme y
ait contribué (art. 640), ou lorsqu'il y a servitude
régulièrement établie. On s'était même écarté anciennement de cette disposition dans un cas semblable,
cité par M. Merlin à son Répertoire, au mot *Étang.*
C'est à celui qui construit un étang à s'assurer préalablement du moyen de faire écouler ses eaux,
comme il arrive presque toujours.

412. Revel (1) observe que si l'eau d'un étang
regorge jusqu'à un chemin, qui en est inondé, le
propriétaire de l'étang peut être contraint d'y bâtir
un pont. Nous ajouterons que si c'est un chemin
public ou vicinal, l'administration générale ou
communale peut même prendre d'autres mesures
à cet égard, par exemple, faire baisser la chaussée
de l'étang, ou même en ordonner la destruction,
suivant les circonstances. Si c'est un chemin appartenant à un particulier, c'est-à-dire un chemin de
desserte, celui-ci peut également exiger que la
chaussée de l'étang soit abaissée, si toutefois l'inondation est fréquente, et si d'ailleurs les travaux
que le propriétaire de l'étang aurait faits ou offri-
rait de faire ne prévenaient pas suffisamment l'in-

(1) Sur *les Statuts de Bresse*, liv. 3, sect. 1.

convénient résultant de l'inondation. A la vérité le Code (art. 558) suppose que, dans des crues extraordinaires, l'eau d'un étang peut couvrir les terrains voisins ; et en décidant simplement que les propriétaires de ces terrains en conservent la propriété, il fait clairement entendre que cet événement ne leur donne pas le droit d'exiger que les chaussées de l'étang soient abaissées. Cela est vrai quand l'inondation ne résulte que d'une crue extraordinaire , mais non quand elle est fréquente.

413. Si la chaussée subsistait dans cet état depuis le tems nécessaire pour la prescription, le propriétaire de l'étang aurait acquis par là le droit de la maintenir, puisque c'est une servitude apparente et continue, tout comme celle d'égout et autres de même espèce, et par conséquent susceptible de s'acquérir de cette manière. La servitude , en effet, n'est pas moins continue, quoique l'action ou le fait qui en est l'objet ne soit pas continuel. Celle d'égout ou de prise d'eau, par exemple , n'est pas moins continue, bien qu'il ne pleuve pas continuellement ou que le canal soit souvent sans eau.

414. Mais le propriétaire de l'étang ne pourrait prétendre avoir prescrit la propriété du terrain couvert de tems à autre, attendu qu'il n'en a pas joui comme propriétaire : *tantum possessum , tantum prescriptum.* En sorte que , même durant l'inondation , les riverains pourraient toujours en-

voyer paître leurs troupeaux sur la partie de leur terrain couvert par les eaux.

415. Lorsqu'un étang est possédé par plusieurs, les réparations doivent être faites en commun; si l'un des copropriétaires s'y refuse, il peut être contraint par les autres à y contribuer, parce qu'il n'est pas juste que sa négligence nuise à ses associés.

416. Le propriétaire d'un étang peut suivre son poisson qui a remonté par une crue ou débordement d'eau, jusque dans la fosse ou auge de l'étang supérieur; et suivant les anciens usages, qui ne nous paraissent pas abrogés en ce point, il peut faire vider cette fosse dans la huitaine, le propriétaire de l'étang supérieur présent ou dûment appelé. Mais ce droit de suite cesse à l'égard du poisson qui est passé dans l'étang supérieur, quand il n'y a pas été attiré par fraude ou artifice (art. 564), ainsi que nous allons bientôt l'expliquer.

417. L'alluvion ne se formant que par un accroissement insensible, ou par le retrait du cours de l'eau qui se reporte du côté opposé, il s'ensuit qu'elle n'a pas lieu si un fleuve ou une rivière, navigable ou non, enlève, par une force subite, une partie considérable et reconnaissable d'un champ riverain, et la porte vers un champ inférieur ou sur la rive opposée : dans ce cas, le propriétaire de la partie enlevée peut réclamer sa propriété; mais il est tenu de former sa demande dans l'année : après ce délai, il n'est plus recevable, à moins que le

propriétaire du champ auquel la partie enlevée a été unie n'eût pas encore pris possession de celle-ci. (Art. 559.) (1).

Si, au lieu d'une addition *juxtà-positio*, c'était une super-position, c'est-à-dire une partie de terrain apportée sur un champ, il y aurait lieu au droit d'alluvion comme dans le cas d'accroissement insensible. Il ne serait pas juste, en effet, que le maître du terrain couvert par la partie enlevée en fût dépouillé par cet événement; et c'est cependant ce qui arriverait en réalité dans le système contraire. Si l'un des deux propriétaires doit éprouver une perte, il est plus conforme aux principes que ce soit celui sur le champ duquel le fleuve a exercé ses ravages. La propriété du sol entraîne celle du dessus : donc le maître de ce sol doit avoir droit à l'accroissement.

§. IV.

Des Iles, Ilots et Attérissemens qui se forment dans les fleuves ou rivières.

418. Les îles, îlots et attérissemens, qui se forment dans le lit des fleuves ou rivières navigables ou flottables, appartiennent à l'État, s'il n'y a titre ou prescription contraire (art. 560). En effet, l'État

---

(1) *Voy.*, quant à la différence de la législation romaine d'avec la nôtre sur la manière d'acquérir cette partie enlevée, le §. 21, INSTIT., *de rerum divis.*

étant propriétaire du fleuve ou de la rivière, il doit
profiter de ce qui s'y unit par accession.

419. Toutefois la règle établie par l'avis du Conseil d'État sur ce qu'on doit entendre par rivière
flottable (1), relativement au droit de pêche, doit
être également observée quant à la propriété des
îles, îlots et attérissemens ; c'est-à-dire que ceux
qui se forment dans les cours d'eau seulement
flottables à *bûches perdues*, n'appartiennent point
à l'État, mais aux propriétaires riverains.

420. Dans les principes de la législation romaine,
les îles, quoique formées dans les fleuves, appartenaient aux riverains (2). On supposait que le lit du
fleuve est une partie intégrante des fonds qui le
touchent, usurpée sur les propriétaires par le cours
de l'eau : aussi, quand le fleuve abandonnait son
lit, ces mêmes propriétaires étaient-ils censés le
prendre aussi bien comme recouvrement de ce qu'ils
étaient supposés avoir perdu (3), que par droit
d'accession ou d'accroissement. D'autres principes
ont prévalu. Dans nos mœurs, l'État est propriétaire non-seulement du fleuve considéré comme
cours d'eau, mais aussi du terrain qui forme son lit ;
et par conséquence de ces mêmes principes, il
est propriétaire de tous les attérissemens qui s'y
forment.

---

(1) Voy. *suprà*, n° 298.
(2) §. 22, Instit., *de rer. divis.*
(3) Cette fiction était outrée sans doute.

421. Ainsi, quant aux îles, îlots et attérissemens qui se forment dans les rivières non navigables ni flottables, ils appartiennent aux propriétaires rive-rains du côté où l'île s'est formée (art. 561), et à chacun suivant la largeur de son fonds sur la rive en face de l'île; car les riverains sont censés, pro-priétaires du lit des cours d'eau de cette nature, et les principes de l'accession leur sont applicables comme ils le sont à l'État quand il s'agit d'une île formée dans une rivière navigable ou flottable.

Si l'île ou l'attérissement n'est pas formé d'un seul côté, il appartient aux propriétaires des deux rives, à partir de la ligne qu'on suppose tracée au milieu de la rivière. (*Ibid.*)

Le partage doit se faire dans la saison où les eaux sont à leur moyenne hauteur.

L'usufruitier, selon nous, doit jouir de l'île.

Il est vrai que le Code s'explique formellement sur le cas d'alluvion (art. 596), et qu'il garde le si-lence relativement à l'île; et nous avouerons même que la L. 9, ff. *de Usuf.*, tout en lui attribuant la jouissance de la première, lui refuse positivement celle de la seconde, parce que, dit Ulpien, l'île est un fonds nouveau, à la différence de l'augmenta-tion par alluvion, qui, se faisant insensiblement, ne forme point un fonds distinct. Mais nous sommes déterminés par la considération que l'île n'appar-tient au propriétaire qu'en raison de son fonds sur la rive; que c'est là une sorte d'accession de ce fonds, et que puisque l'usufruitier jouit comme le propriétaire, il doit également jouir de cette accession : d'autant mieux que dans notre législation les îles qui sont attribuées aux particuliers étant celles qui naissent dans les rivières non navigables ni flottables, doivent généralement être de peu d'importance : ce sont presque toujours de véritables attérissemens qui se forment aussi peu à peu, puisque si le champ d'un particulier était coupé par la rivière, et transformé en une île, celui-ci en conserverait la propriété.

422. Le partage une fois opéré, les accroissemens qui peuvent survenir par la suite appartiennent exclusivement, par droit d'accession, aux propriétaires des parties de l'île où ils ont eu lieu, quelles qu'en soient d'ailleurs l'importance et la direction, et quand même ils s'étendraient en face des fonds inférieurs ou supérieurs à ceux devant lesquels elle s'est d'abord formée, ou que l'île elle-même s'avancerait jusqu'à l'une ou l'autre rive (1).

423. Mais ces dispositions ne s'appliquent pas au cas où une rivière ou un fleuve, en se formant un bras nouveau, coupe et embrasse le champ d'un propriétaire riverain, et en fait une île : ce propriétaire conserve la propriété de son champ, encore que l'île se soit formée par le cours d'un fleuve ou d'une rivière navigable ou flottable. (Art. 562).

424. La disposition de l'article 669, qui veut que

---

(1) L. 56 et L. 65, §. 3, ff. *de acq. rer. dom.*

le propriétaire d'une partie de terrain enlevée et portée vers un champ inférieur ou vers la rive opposée, soit tenu de réclamer sa propriété dans l'année, à peine d'être ensuite déclaré non recevable s'il en a été pris possession, n'est point applicable à celui dont le champ a été transformé en une île; son droit reste intact. Il *conserve sa propriété*, dit cet article 562.

§. V.

Du Lit abandonné.

425. Si un fleuve ou une rivière navigable, flottable ou non, se forme un nouveau cours en abandonnant son ancien lit, les propriétaires des fonds nouvellement occupés prennent, à titre d'indemnité, cet ancien lit, chacun dans la proportion du terrain qui lui a été enlevé. (Art. 563.)

426. Si l'on suivait les principes purs, ce serait l'État qui aurait le lit abandonné, si la rivière était navigable ou flottable; et les riverains, si elle ne l'était pas. Aussi, dans le droit romain où ces mêmes principes étaient observés avec plus d'inflexibilité, les riverains du lit abandonné y avaient-ils seuls droit, même lorsqu'il s'agissait d'un fleuve; et si la rivière revenait, après un certain tems, à son premier lit, celui qu'elle s'était formé de nouveau appartenait, par l'effet de la même règle, à ces nouveaux riverains (1) : d'où il pouvait arriver que

---

(1) L. 7, §. 5, ff. *de acquir. rer. dom.*

ceux dont les fonds avaient été totalement occupés ne recouvraient rien, faute de principal qui pût servir de base au droit d'accession.

427. Au surplus, ces principes ne s'appliquaient pas, et ne s'appliquent pas davantage dans notre droit, au cas où il n'y avait qu'une inondation passagère, quoiqu'elle eût duré quelque tems, même plusieurs mois, à cause de la continuité des pluies.

§. VI.

Du droit d'accession relativement aux pigeons, lapins et poissons.

428. Nous avons déjà eu occasion de parler transitoirement de ce mode d'acquisition.

L'article 564 qui le règle s'exprime ainsi : « Les « pigeons, lapins, poissons, qui passent dans un « autre colombier, garenne ou étang, appartien- « nent au propriétaire de ces objets, pourvu qu'ils « n'y aient point été attirés par fraude ou artifice.»

Ces animaux sont l'accessoire de la chose dans laquelle ils se trouvent; du moment où ils l'abandonnent pour aller s'établir ailleurs, le droit du propriétaire s'éteint, et ils appartiennent, par accession, au maître de leur nouvelle retraite. La propriété lui en est même acquise dans tous les cas, nonobstant la rédaction douteuse de cet article. Tel était le sentiment de Pothier. Mais il est passible de dommages-intérêts envers l'ancien maître, s'il a employé la fraude ou l'artifice pour les attirer chez lui, sans préjudice des peines portées par les lois contre ce genre de délit.

429. Il en serait de même des lièvres, chevreuils, cerfs et autres animaux qui, quoique renfermés dans des parcs ou enclos, y jouissent de leur liberté naturelle, bien que restreinte ; qui vivent, pour nous servir de l'expression du même auteur, *in quâdam laxitate.* La raison est absolument la même que pour les pigeons des colombiers, les lapins des garennes, les poissons des étangs, qui passent dans un autre lieu.

SECTION IV.

Du Droit d'accession relativement aux choses mobilières.

SOMMAIRE.

§. Ier.

De l'Adjonction.

accessoire à la chose principale, et quelle est la chose principale.

437. *Chez nous l'écriture, et même l'impression, serait considérée comme la chose principale.*

438. *La peinture sur toile, sur bois ou sur verre, non immeuble par accession, est également la chose principale : secùs si elle existe sur une muraille ou un plafond, sur des vitraux ou autres choses réputées immeubles.*

439. *Quand la chose unie est beaucoup plus précieuse que la chose principale, et qu'elle a été employée sans l'aveu du maître, celui-ci peut en demander la séparation et la restitution.*

440. *Cas où de deux choses unies pour former un tout, l'une ne peut être regardée comme accessoire de l'autre.*

§. II.

Du Mélange.

441. *Ce qu'on entend par* mélange, *et combien il y en a de sortes.*

442. *Dans le mélange des choses sèches, séparables et appartenant à plusieurs, opéré fortuitement, chacun reprend sa chose. Dans celui des choses qui ne peuvent se séparer, il s'établit une communauté entre les divers propriétaires.*

443. *Dans la confusion ou mélange des liquides, ou des métaux mis en fusion, s'il n'est pas résulté une nouvelle espèce du mélange, il y a communauté, lors même que c'est par la volonté de l'un des propriétaires qu'il s'est opéré.*

444. *Ce cas diffère de celui de l'adjonction.*

445. *S'il est résulté du mélange une nouvelle espèce, et qu'il ait eu lieu par le fait de l'un des propriétaires sans l'aveu de l'autre, il y a spécification, et on en applique les règles. Si l'autre propriétaire a consenti à l'emploi de sa chose, ses droits se déterminent par la convention.*

446. *Dans le cas de mélange simple, opéré sans un mutuel consentement, si la matière de l'un est de beaucoup supérieure à celle de l'autre, le premier peut réclamer le tout,*

à la charge de rembourser à celui-ci le prix de sa matière.

447. *Quand la chose reste en commun, elle est licitée au profit de tous les intéressés.*

§. III.

De la Spécification.

448. *Ce qu'on entend, en droit, par* spécification.

449. *Les anciens ont beaucoup disputé sur ce sujet.*

450. *Le Code accorde, en principe, la préférence au propriétaire de la matière, sauf l'indemnité pour le travail.*

451. *Il l'accorde à l'auteur de la nouvelle espèce, lorsque le travail est de beaucoup supérieur à la matière.*

452. *Cas où il s'établit une communauté.*

453. *Vice de rédaction de l'article 570.*

454. *Explication du mot* retenir, *employé dans l'article 572.*

455. *Disposition trop générale de cet article, et qui doit se combiner avec celle du premier.*

456. *Faculté du propriétaire dont la chose a été employée sans son aveu, dans le cas où il a droit de conclure à sa restitution.*

§. IV.

Dispositions communes aux paragraphes précédens.

457. *Ceux qui ont employé des matières appartenant à autrui, sans l'aveu du propriétaire, peuvent être condamnés à des dommages-intérêts, s'il y a lieu.*

458. *S'il y a eu vol de la matière, l'article 51 du Code pénal devrait s'appliquer en ce qui touche les dommages-intérêts.*

430. Les auteurs du Code ont proclamé d'abord, comme axiome légal, que « le droit d'accession, « quand il a pour objet deux choses mobilières ap- « partenant à deux maîtres différens, est essen-

« tiellement subordonné aux principes de l'équité
« naturelle (art. 565) »; et ils ont ajouté de suite à
cette maxime, comme pour en régler l'application,
que « les règles suivantes serviront d'exemple au
« juge pour se déterminer, dans les cas non prévus,
« suivant les circonstances particulières. »

D'où il résulte une apparente opposition entre
le principe et les règles spéciales que l'on trace ensuite, règles d'après lesquelles, cependant, le juge
doit se déterminer, même dans les cas non prévus.

En effet si, même dans ces cas, il doit se guider
par ces règles, qui lui sont données comme exemples, à plus forte raison ne doit-il pas s'en écarter
dans les cas prévus. Et s'il en est ainsi, il n'a donc
point cette faculté, que semble lui laisser la première disposition, de juger d'après les principes de
l'équité naturelle, ou, en d'autres termes, d'après
sa manière d'entendre ces mêmes principes; car
s'il pouvait s'écarter, toujours dans les cas prévus,
des règles qui sont tracées pour servir à les décider, ces règles devenant alors de simples préceptes perdraient par cela même le caractère de loi,
et chaque magistrat substituant sa manière d'entendre l'équité naturelle à celle du législateur, il
n'y aurait en réalité aucune loi sur cette matière.

431. Mais ce n'est pas en ce sens que l'on doit
interpréter cette maxime : on doit la combiner avec
la disposition secondaire, c'est-à-dire que, dans les
cas non prévus, le juge doit se décider par les prin-

cipes de l'équité naturelle; et pour les appliquer
avec plus de certitude, il doit prendre pour guide
ou comme exemple, les règles tracées dans les dispositions suivantes, sans être astreint toutefois à
les appliquer littéralement. Au lieu que dans les cas
prévus, il doit y subordonner sa décision, sous peine
de violer une loi formelle.

Ainsi, dans les cas non prévus, sa décision, conforme ou non à telle disposition de la matière,
pourrait bien être réformée comme un mal jugé,
parce qu'elle paraîtrait aux juges supérieurs blesser,
dans le cas donné, les principes de l'équité naturelle, mais elle serait à l'abri de la cassation; car
elle n'aurait violé aucune loi.

Au contraire, dans les cas spécialement prévus,
la décision qui s'écarterait sensiblement de la règle
qui le régit n'étant pas simplement un mal jugé,
mais bien la violation d'une loi positive, elle en-
courrait la censure de la Cour suprême.

Entendre dans un autre sens le principe proclamé
d'abord, c'est évidemment transformer en simples
préceptes des dispositions législatives, enlever à la
loi sa dignité et son autorité, et la métamorphoser
en pure doctrine. Aussi peut-on reprocher aux
rédacteurs du Code une interversion dans l'ordre
des idées, en présentant comme principe fonda-
mental de la matière, et pour tous les cas, prévus
ou non, un principe qui ne devait régir que ces
derniers. C'est comme s'ils avaient dit: en ces matières, nous n'avons suivi que l'équité naturelle;

ce qui n'est pas douteux, mais ce qui n'est pas une disposition législative, et ce qui a le grave inconvénient de faire entendre que le juge peut se décider, dans tous les cas, suivant sa manière d'entendre l'équité naturelle. Or, l'on sait qu'à cet égard, et sur des points que les circonstances du fait rendent souvent très-délicats, la manière de voir de l'un peut être très-éloignée de la manière de voir de l'autre. Les nombreuses dissidences qui se sont élevées sur ce sujet entre les jurisconsultes romains, qui, certes, avaient bien tous aussi la prétention de ne point blesser la justice et la raison par leurs décisions, sont une preuve frappante de cette vérité. L'on ne peut donc supposer aux auteurs de notre Code la pensée d'avoir voulu, en laissant au juge le pouvoir de décider même les cas prévus d'après les lumières de sa raison, le moyen de ressusciter, dans la jurisprudence, ces divergences de système dont nos livres sont remplis. Le juge ne doit pas avoir la présomption de résoudre ces mêmes cas mieux que ne l'a fait le législateur lui-même. Qu'il use de la latitude qu'il lui laisse, dans ceux non prévus, de ne prendre que comme exemple les règles portées sur ceux qui le sont, et de se déterminer suivant les lumières de sa raison dans le choix qu'il fera de ces mêmes règles, ou même de s'en écarter, rien de mieux : tel est le sens du principe que nous analysons; autrement il n'en aurait aucun. Mais aussi qu'il respecte la décision de la loi elle-même sur les cas qu'elle a prévus et régis.

IV. 24

432. Ces règles, à quelques légères modifications près, sont des emprunts que nous avons faits au Droit romain; et cependant c'est en général plutôt sous les rapports théoriques, que quant aux résultats définitifs, que le nôtre lui est conforme sur ce sujet. La démonstration de cette vérité demande quelques explications.

Il n'est personne qui ayant étudié seulement les *Institutes* de Justinien, où presque tous nos principes sur la matière ont été puisés, ne croie que le propriétaire de la chose principale est, comme chez nous, propriétaire de l'accessoire : cinq ou six paragraphes fort longs, remplis de cas et d'exemples, sont tous conçus et rédigés en ce sens. Pourtant dans ce Code, qu'il a fait composer, dit-il, pour la jeunesse studieuse qui se destine au barreau, il ne prend pas même la peine d'avertir que la plupart de ses nombreuses décisions sur cette matière ne sont, pour ainsi dire, que de pures abstractions, qui s'analysent, en définitive, en de simples points de procédure : en sorte que beaucoup d'étudians ont dû nécessairement s'y méprendre, et croire avoir appris des principes de droit sur la manière d'acquérir réellement la propriété par accession, tandis que, en réalité, ils n'avaient lu que de simples règles sur la manière de procéder en pareil cas.

En effet, si, d'après celle qu'il pose, par exemple, au §. 26 du titre *de rerum divisione et acquirendo ipsarum dominio*, je deviens, par droit d'accession, propriétaire de la pourpre d'autrui unie à mon habit, parce que, dit-il, *extinctæ res vindicari non possunt;* d'autre part, suivant les lois 23, §. 5, ff. *de rei vind.;* 6 et 7, §. 2, ff. *ad exhibend.*, le maître de la pourpre qui n'a point consenti à ce qu'elle fût unie à mon vêtement peut agir contre moi par l'action appelée *ad exhibendum*, pour l'en faire détacher; et le principe de l'accession n'exerçant plus alors son empire, il a l'action en revendication comme si l'accession n'avait jamais eu lieu : tellement que cette prétendue manière d'acquérir la propriété de la chose accessoire se réduisait, comme on le voit, à un vain simulacre, à une pure forme de procédure.

Et cela n'était pas particulier au cas de la pourpre; il en était de même de celui où le diamant de l'un avait été enchâssé, sans son aveu, dans l'anneau de l'autre, ainsi que de presque tous ceux, en un mot, où la chose réputée accessoire pouvait être détachée, séparée de la principale; au point que ce n'était que dans trois seulement que cette action *ad exhibendum* n'avait pas lieu (1).

Ce n'était pas la peine d'élever tant de contro-

---

(1) Celui où j'avais bâti avec les matériaux d'autrui; celui où la plante de l'un, mise dans le fonds de l'autre, y avait pris racine ; et enfin celui où par le moyen de la soudure, de l'espèce de celle appelée *ferruminatio*, j'avais joint un bras (ou toute autre partie, je pense) à ma statue avec la matière d'un tiers. La L. 23, §. 5, *de rei vindic.*, précitée, fait spécialement exception pour ce cas. Quant aux deux autres, nous en avons parlé précédemment.

verses sur un pareil sujet; et l'on fera toujours avec justice à Tribonien le reproche d'avoir établi dans les *Institutes*, à la rédaction desquelles il a présidé, des règles pour ainsi dire sans résultat, et surtout de n'avoir pas averti ses lecteurs que, en définitive, ces mêmes règles se réduisaient, dans leur application, à une forme de procéder sur la réclamation de l'accessoire.

On lui fera aussi un reproche mérité touchant celles qu'il a établies au sujet des constructions faites par le possesseur de mauvaise foi. A l'en croire, celui-ci est censé avoir voulu donner ses matériaux; il n'a pas le droit de les enlever, bien loin de pouvoir réclamer une indemnité à cet égard : tandis que plusieurs textes du Digeste lui reconnaissent, au contraire, formellement cette faculté, à la charge de rétablir les lieux dans leur premier état, si mieux n'aime le propriétaire lui en payer le prix jusqu'à concurrence de la plus-value de l'immeuble.

Mais ce qui est à remarquer, c'est que plusieurs de nos anciens auteurs ont raisonné d'après les principes des *Institutes*, sans beaucoup s'occuper de ceux du Digeste, qui en font, ainsi qu'on vient de le voir, de pures abstractions, du moins en ce qui touche l'accession proprement dite des choses mobilières; et les déductions qu'ils en ont tirées ont servi, à leur tour, de guides aux rédacteurs du Code : de manière que le droit, pour le propriétaire de l'accessoire, de se faire rendre sa chose au moyen de l'action en séparation, et qui était le principe dans la législation romaine, n'est chez nous que l'exception, comme on le verra bientôt.

433. Mais en revanche, l'application de ces mêmes règles, sous le Code, sera presque toujours paralysée par l'effet de notre maxime *en fait de meubles, la possession vaut titre* (art. 2279); car si le fait seul de la possession, chez nous, suffit pour faire réputer propriétaire d'un meuble celui qui le possède, on sent que, relativement à la question de propriété de ce meuble, la seule dont il s'agit dans les diverses dispositions que nous allons expliquer, il n'a pas besoin d'invoquer en sa faveur les règles sur l'accession, la spécification ou le mélange, et qu'on ne peut, non plus, les invoquer avec succès contre lui, lors même qu'elles lui seraient contraires.

Il n'y aurait exception que dans les cas suivans :

1° Celui où le meuble formant l'accessoire ou le principal, n'importe, aurait été perdu ou volé, parce qu'alors la revendication peut être exercée pendant trois ans, à compter de la perte ou du vol, à la charge de restituer au possesseur actuel ce qu'il lui a coûté, si toutefois il l'a acheté dans une foire ou dans un marché, dans une vente publique ou d'un marchand vendant des choses pareilles. (Art. 2280).

2° Celui où le possesseur savait que la chose n'appartenait pas à la personne qui la lui a transmise , parce que cette personne l'avait promise par vente ou don à un autre individu, cas dans lequel l'article 1141 fait taire, avec raison , la maxime précitée ;

3° Et *à fortiori*, celui où le possesseur savait que la personne qui lui transmettait la chose la détenait seulement à titre précaire, comme le dépôt, le mandat, le louage, le commodat et le gage ;

4° Celui où il ne croirait pas devoir se prévaloir de l'effet de la maxime ;

5° Celui où ni l'un ni l'autre des propriétaires, ou du propriétaire et du spécificateur, ne posséderait l'objet, ni par lui-même ni par quelqu'autre, ou que ce serait un tiers qui aurait fait l'union ou la nouvelle espèce ;

Enfin 6°, s'il était démontré que celui qui le possède n'a aucun titre quelconque pour le posséder, que personne ne le lui a transmis, qu'il ne l'a lui-même employé que par mégarde ou mauvaise foi, et que cet objet, au contraire, appartient au réclamant.

Hormis ces cas , il est clair que toutes nos règles sur l'accession des choses mobilières sont réellement sans application ; et elles le seraient même dans le troisième, si celui qui possède la chose l'avait reçue de bonne foi du dépositaire, mandataire ou locataire, de l'emprunteur ou du créancier. Car si la disposition que ceux-ci ont faite de cette chose sans l'aveu du propriétaire est une sorte de vol en morale, si c'en était même un qualifié suivant les lois romaines, selon les nôtres ce fait n'est point réputé *vol*; et l'article 2280, en autorisant la revendication, parle expressément du cas de vol, du cas où l'objet a été *volé*. Ce fait est simplement un *abus de confiance*, et seulement encore dans les cas prévus à l'article 408 du Code pénal, ainsi conçu :

« Quiconque aura détourné ou dissipé, au pré-
« judice du propriétaire, possesseur ou détenteur,
« des effets, deniers, marchandises, billets, quit-
« tances ou tous autres écrits contenant ou opérant
« obligation ou décharge, qui ne lui auraient été
« remis qu'à titre de dépôt ou pour un travail sa-
« larié, à la charge de les rendre ou représenter,
« ou d'en faire un usage ou un emploi déterminé,
« sera puni des peines portées à l'article 406. » Ces peines sont moins graves que celles du vol proprement dit, ce qui prouve que le législateur distingue bien le simple abus de confiance du vol.

Sans doute, quant au propriétaire, et en ne con-
sidérant que la perte de sa chose, le résultat est le même, et, sous ce rapport, on serait porté à décider que l'article 2280 précité est applicable à un cas comme à l'autre; mais plusieurs raisons s'y op-
posent. D'abord la loi a dû, quand l'intérêt d'un tiers se trouve mêlé à la question, être plus favorable à l'individu qui a perdu sa chose par cas for-
tuit, qu'à celui qui ne l'a perdue que pour avoir mal placé sa confiance : celui-ci est en faute, l'autre ne l'est pas. L'un a d'ailleurs son action née du contrat de mandat ou de dépôt contre un individu

qu'il connaît, qui a eu sa confiance et qui par cela même est supposé solvable, et l'est généralement. L'autre peut ignorer quel est celui qui lui a dérobé sa chose, et, ordinairement, lors même qu'il le connaîtrait il a bien moins de moyens d'en recouvrer la valeur. Ainsi, sous ce premier rapport, il n'y a pas parité entre eux, et conséquemment la loi a pu raisonnablement accorder à l'un la revendication contre les tiers, et la refuser à l'autre.

En second lieu, la confiance imprudente de l'un a occasionné la disposition de l'objet au profit du tiers qui l'a reçu de bonne foi; tandis qu'on ne peut rien reprocher à celui qui a perdu sa chose ou à qui elle a été volée : c'est un cas fortuit. Le tiers a dû acheter du premier avec confiance, du moins il l'a pu; au lieu qu'en achetant du second il a dû prendre des précautions, s'enquérir de la cause de sa possession : aussi la loi vient-elle à son secours lorsqu'il pouvait facilement être trompé à cet égard, en achetant la chose dans un marché ou d'un individu vendant des choses pareilles, puisque si elle ne le soustrait pas à la revendication, elle veut du moins qu'il ne la subisse qu'autant qu'on lui restituera ce que lui a coûté l'objet.

Enfin, dans le premier cas, les fraudes pourraient facilement être commises au préjudice des tiers, par la connivence d'un déposant avide du bien d'autrui avec un dépositaire insolvable, qui se partageraient le prix surpris à ces tiers obligés néanmoins de restituer ensuite la chose; et ce grave danger, qui aurait grandement affecté la sécurité dont doit jouir le commerce si la revendication eût été admissible, par l'impossibilité où ils auraient souvent été de prouver la connivence, est bien moins à craindre quand le propriétaire de l'objet prouve lui-même l'avoir perdu fortuitement ou qu'il lui a été volé, c'est-à-dire soustrait frauduleusement, en un mot, qu'il en a été dépossédé sans son aveu.

Cette distinction entre les deux cas est clairement enseignée par Voët et par plusieurs auteurs qui ont écrit sur le Droit de la Hollande et de différens États d'Allemagne, pays où, comme chez nous, les meubles n'ont pas de suite, du moins en principe. Il dit sur le titre *de Rei vendic.*, n° 12, que, d'après le droit romain, la revendication des choses volées se donnait également quand c'était un dépositaire, un locataire ou tout autre détenteur à titre précaire, qui avait disposé de la chose sans l'aveu du maître, parce qu'en effet il y avait vol dans tous ces cas, ainsi que le porte le §. 6, Ins-TIT. *de Oblig. quæ ex delicto*; mais que, suivant la règle du droit moderne, *mobilia non habent sequelam*, elle ne doit être donnée au déposant ou au locateur, qu'à la charge par eux de rembourser à celui qui a acheté de bonne foi la chose, le prix qu'elle lui a coûté; et il ne distingue même point si ce dernier l'a achetée ou non d'un marchand vendant choses pareilles. Tandis que, nonobstant la maxime ci-dessus, il ne balance pas à accorder la revendication dans le cas de vol proprement dit, sans obliger le propriétaire à restituer le prix dans aucune hypothèse. Nous sommes encore plus favorables aux tiers qui ont acheté l'objet volé d'un marchand vendant choses semblables ; mais toujours est-il que cet auteur et ceux qu'il cite à l'appui de son sentiment font très-bien la distinction (sur laquelle roule la discussion actuelle) entre le cas de vol proprement dit, et le simple abus de confiance.

434. On rapporte communément à l'accession des choses mobilières,

1° L'adjonction de ces mêmes choses ;

2° Le mélange ;

3° Et la spécification.

Nous traiterons dans un quatrième paragraphe, des dispositions communes aux précédens.

§. Ier.

De l'Adjonction.

435. « Lorsque deux choses, porte l'article 566, « appartenant à différens maîtres, qui ont été unies « de manière à former un tout, sont *néanmoins* « séparables, en sorte que l'une puisse subsister « sans l'autre, le tout appartiendra au maître de la « chose qui forme la partie principale, à la charge « de payer à l'autre la valeur de la chose qui a été « unie. »

Il est évident que le terme *néanmoins*, employé

dans cet article, et qui semble exprimer la condition que les choses soient séparables pour que la
règle soit applicable, ne rend pas la pensée de la
loi; car si, même dans ce cas, le principe de l'accession exerce son empire, à combien plus forte
raison doit-il l'exercer lorsque les choses ne sont
pas séparables sans inconvénient, ou ne le sont pas
du tout. Il faut donc lui substituer ceux-ci : *quoique
séparables.*

436. Il est en effet des cas où la chose ajoutée
est inséparable de celle à laquelle elle a été unie,
tellement qu'elle ne peut subsister sans elle; et
d'autres où elles peuvent subsister toutes deux
séparément. On peut donner l'écriture comme
exemple des premiers, et les ornemens attachés à
un vêtement comme exemple des seconds. C'est généralement aux objets de cette dernière espèce que
s'applique la définition que l'article 567 donne de
la chose principale : « Est réputée principale, dit-il,
« celle à laquelle l'autre n'a été unie que pour
« l'usage, l'ornement ou le complément de la pre-
« mière ». Car il serait difficile de considérer, ainsi
que le fait le droit romain, l'écriture et la peinture (1) comme accessoires du parchemin ou de la

---

(1) Il est vrai qu'après beaucoup de controverses, on avait cru
devoir faire une exception en faveur de la peinture, en ce sens que
c'était le peintre qui l'emportait quant à la question de propriété,
à la charge de payer le prix de la toile ; mais cette exception, introduite uniquement *propter excellentiam artis*, et qu'on aurait dû
étendre aussi à l'écriture avec au moins autant de raison, puisqu'il

toile; on n'écrit pas et l'on ne peint pas pour l'usage, l'ornement ou le complément du parchemin ou de la toile. Ces objets sont au contraire employés eux-mêmes comme moyen nécessaire à l'exercice de l'action de peindre ou d'écrire, et pour en conserver et transmettre l'effet. Ce sont eux qui sont l'accessoire de l'écriture et de la peinture.

Les jurisconsultes romains s'étaient plus spécialement attachés à la définition philosophique : pour eux la chose principale était uniquement celle qui subsistait par elle-même, sans le concours d'aucune autre; et sous ce rapport, il était vrai de dire que l'écriture et la peinture n'étaient que des accessoires, puisqu'on ne les conçoit pas sans une matière quelconque qui témoigne de leur existence.

437. Quoi qu'il en soit, il n'est pas douteux, dans les principes modernes, que l'écriture ne l'emporte sur le papier, à la charge, disent Grotius et Voët (1), d'en payer la valeur ou d'en rendre de semblable en même quantité.

Il en serait de même dans le cas où le papier aurait servi simplement à une copie, encore que ce ne fût pas celle d'un acte quelconque, et dans

---

eût été absurde que l'*Iliade* ou l'*Énéide* eût dû le céder à une vile matière : cette exception confirme la règle, et si, comme le dit Voët, elle ne devait pas être restreinte aux productions des Apelle et des Parhasius, elle ne s'étendait du moins pas aux méchans tableaux d'un peintre sans talent.

(1) Ce dernier, sur le tit. *de acquir. rerum divis.*, n° 26.

celui où il aurait été employé à l'impression d'un ouvrage, quoique ce fût un libraire qui l'eût employé comme objet de commerce.

438. Quant à la peinture, si elle a eu lieu sur une muraille, sur un plafond, sur des vitraux ou autres objets réputés immeubles par accession, il est clair qu'elle céde à la chose sur laquelle elle existe; sauf au maître de cette chose à payer le prix du travail en raison de la plus-value qu'elle en a reçue(1). Mais si elle a eu lieu sur la toile, le bois, le verre ou carton d'autrui, le peintre doit être déclaré maître du tableau ou du portrait, quoique le travail en fût peu précieux, à la charge par lui de payer le prix de la matière.

439. Au reste, quand la chose unie est beaucoup plus précieuse que la chose principale, et qu'elle a été employée sans l'aveu du propriétaire, celui-ci peut demander que les choses unies soit séparées pour lui être rendues, même quand il pourrait en résulter quelque dégradation de celle à laquelle elle a été jointe. (Art. 568).

C'est le cas de l'action *ad exhibendum* des Romains, qui avait généralement lieu, dans leur Droit, ainsi que nous l'avons dit; tandis que chez nous elle n'est donnée que lorsque la chose unie est beaucoup plus précieuse que la chose principale.

On appliquerait cette règle au cas où un diamant

---

(1) Voët, *ibid.*

aurait été placé à la garde d'une épée, et à plus forte raison, dans le chaton d'un anneau, sans l'aveu de celui à qui il appartient; car bien que l'épée, et même la bague, soit la chose principale, le diamant est néanmoins l'objet le plus précieux, du moins généralement.

440. Si de deux choses unies pour former un seul tout, l'une ne peut être regardée comme l'accessoire de l'autre, celle-là est réputée principale qui est la plus considérable en valeur, ou en volume, si les valeurs sont à peu près égales. (Art. 569.)

Si tout était égal entre elles, il y aurait simplement communauté.

§. II.

Du Mélange.

441. Par *mélange* on entend la réunion des choses sèches, ou des choses liquides ou rendues telles, appartenant à plusieurs (1).

Dans le premier cas, c'est la commixtion, ou le mélange proprement dit; dans le second, c'est la confusion.

Dans celui des solides, chaque chose conserve sa substance et son corps séparé, même lorsque ce serait des grains qui auraient été mêlés : en sorte qu'il est vrai de dire, en principe, que cette espèce de mélange n'est point par elle-même une

---

(1) §. 28, INSTIT., *de rer. divis.*

manière d'acquérir la propriété : ce sera le partage des choses qui la conférera réciproquement à chacune des parties, par un échange de portion de icelles qui appartenaient à l'une, en retour de portion de celles de l'autre. Mais comme ce mélange amène le partage, il est au moins la cause, sinon immédiate, du moins médiate, de l'acquisition réciproque.

Au surplus, dans le cas où un créancier a reçu en paiement des deniers qui n'appartenaient pas à son débiteur, et qu'il les a confondus avec les siens, de manière qu'on ne puisse plus les reconnaître, le jurisconsulte Javolénus dit d'après Caïus, dans la loi 78, ff. *de Solutionibus*, que ce mélange lui en a fait acquérir la propriété (sauf au propriétaire des deniers son recours contre celui qui les a fait servir à l'acquittement de sa dette); et pourtant chaque pièce de monnaie, comme chaque grain de froment, a conservé son être. Mais plusieurs interprètes ont pensé que cette différence entre ce cas et celui du mélange ordinaire des choses sèches, tient à ce que la confusion qui s'est opérée fait que les deniers sont censés consommés, et conséquemment que si cette consommation a eu lieu de bonne foi, celui qui les a reçus en est par là devenu propriétaire, puisqu'on ne peut le forcer par aucune action quelconque à les restituer.

Ainsi, dans le mélange des choses sèches, les substances sont réellement conservées avec leur nature.

Dans celui des liquides, ou des solides mis en fusion et mêlés, les substances ne sont plus distinctes.

442. D'après cela, dans le premier cas chacun des propriétaires peut réclamer sa chose en nature, si les objets peuvent se séparer et si le mélange n'a pas eu lieu du consentement de tous les intéressés, comme des troupeaux qui se sont mêlés dans les champs. Si, même dans ce premier cas, les choses ne peuvent se séparer sans inconvénient, comme des grains qui ont été mêlés par méprise ou mégarde, les différens maîtres en acquièrent la propriété dans la proportion de la quantité, de la qualité et de la valeur des matières appartenant à chacun d'eux. (art. 573.) S'ils ont tous consenti au mélange, c'est leur convention qui règle leurs droits respectifs.

443. Comme les liquides et les métaux mis en fusion et mélangés ne conservent plus leur nature spécifique, à la différence des choses sèches, on suit les règles suivantes.

Si, de la réunion des diverses matières il n'est pas résulté une nouvelle espèce, par exemple, si du vin a été mêlé à d'autre vin : alors, ou la réunion a été faite du consentement, même tacite, des deux propriétaires, ou bien elle a eu lieu par l'effet du hasard ou par le fait d'un tiers, ou même de l'un deux (1).

_____

(1) Heinneccius, *Elementa juris*, n° 371, dit indistinctement, et en citant mal à propos la loi 5 , §. 1 , ff. *de rei vindic.*, que dans le mé-

Dans le premier cas il y a communauté lors même que les matières seraient de différentes natures, comme de l'or et de l'argent confondus ensemble; et les droits de l'un et de l'autre propriétaire sur le tout sont déterminés par la convention (1).

Dans le second, et même dans le premier s'il n'y a pas de convention spéciale sur les droits de chacun, la chose leur est pareillement commune, mais en raison de la quantité de matière de chacun et de sa qualité respective, qui a amélioré celle de l'autre. On applique à ce cas l'article 573, ainsi conçu : «Lorsqu'une chose a été formée par le mé-
« lange de plusieurs matières appartenant à différens
« propriétaires, mais dont aucune ne peut être re-
« gardée comme la matière principale; si les ma-
« tières peuvent être séparées, celui à l'insu duquel
« les matières ont été mélangées, peut en deman-
« der la division.

« Si les matières ne peuvent plus être séparées
« sans inconvénient (et c'est notre cas), ils en ac-
« quièrent en commun la propriété, dans la pro-
« portion de la quantité, de la qualité et de la

---

lange des liquides fait par un seul des propriétaires, la chose lui appartient en totalité (à la charge, bien entendu, de payer à l'autre le prix de sa matière.) Nous croyons, au contraire, qu'il faut distinguer s'il est, ou non, résulté du mélange une nouvelle espèce. L'article 573 ne permettrait d'ailleurs pas de suivre l'opinion de cet auteur dans sa généralité.

(1) L. 7, §. 8, ff. *de acquir. rerum domin.*

IV.   25

« valeur des matières appartenant à chacun
« d'eux. »

Cette sorte de manière d'acquérir s'opère, comme
on le voit, par un échange qui se fait de partie de
la matière de chacun des propriétaires en retour de
partie de celle de l'autre : il y a tout à la fois aliénation et acquisition pour chacun.

444. Ce cas diffère, au surplus, de celui de l'adjonction, non-seulement dans le résultat, mais aussi
dans la cause : dans le *résultat*, puisqu'il s'établit
une communauté, tandis que dans celui de l'adjonction, le propriétaire de la chose réputée principale a droit au tout en payant la valeur de l'accessoire; dans la *cause*, en ce qu'il n'y a aucune
des choses qui soit réputée principale, quoique
l'une d'elles soit supposée par la loi pouvoir être
plus considérable sous le rapport de la quantité,
de la qualité et même de la valeur. Il importe donc
de distinguer les deux cas, afin d'appliquer à chacun
les règles qui lui sont propres.

445. S'il est, au contraire, résulté de la confusion
une nouvelle espèce, sans que les choses puissent
facilement se séparer; par exemple si j'ai fait des
couleurs avec votre huile, il faut encore distinguer : ou j'ai agi de votre consentement, et alors
nos droits respectifs se déterminent par la convention, et s'il n'y en a pas de spéciale, je vous dois
simplement le prix de votre huile; ou bien j'ai employé votre matière sans votre aveu, et c'est un des

cas de spécification dont nous allons parler (1).

446. « Si la matière appartenant à l'un des
« propriétaires, porte l'article 574, était de beau-
« coup supérieure à l'autre par la quantité et le
« prix, en ce cas le propriétaire de la matière supé-
« rieure en valeur pourrait réclamer la chose pro-
« venue du mélange, en remboursant à l'autre la
« valeur de sa matière. »

Mais il est clair que cette disposition ne doit pas
s'entendre du cas où les divers propriétaires ont
consenti au mélange; car alors il y a communauté (1), et leurs droits respectifs se règlent par
leur convention. Cet article se combine, en effet,
avec le précédent, qui statue sur le cas où le mélange a eu lieu par le fait de l'un des intéressés sans
l'aveu de l'autre, ou bien fortuitement.

Il ne s'applique pas, non plus, au cas où il y
aurait spécification proprement dite, parce qu'il
serait résulté du mélange une nouvelle espèce; car
alors ce seraient les articles 570, 571 et 572 qui
régiraient la cause. Cela résulte d'ailleurs de la
combinaison de ces diverses dispositions.

447. Lorsque la chose reste en commun entre
les divers propriétaires des matières parce qu'elle
ne peut se partager commodément et sans perte,
elle est licitée à leur profit (art. 575); et chacun des

---

(1) L. 5, §. 1, ff. *de rei vindic.*
(2) §. 27, INSTIT., *de rer. divis.*

intéressés a droit d'exiger que les tiers soient admis à enchérir (art. 1687) : autrement celui qui n'aurait pas les moyens de se rendre adjudicataire serait à la discrétion de l'autre.

§. III.

De la Spécification.

448. On appelle, en Droit, *spécification* la manière d'acquérir par la formation d'une nouvelle espèce avec la matière d'autrui, dans l'intention de l'avoir pour soi.

C'est l'accession de la matière à la forme ou au travail (1). Il n'y a en effet réellement spécification, considérée comme manière d'acquérir les choses, que dans le cas où c'est celui qui a fait la nouvelle espèce qui en a la propriété.

Lorsque c'est, au contraire, le maître de la matière, il y a bien, si l'on veut, accession de la forme ou de l'industrie à cette matière; mais ce changement n'est pas plus une manière d'acquérir la propriété, que lorsqu'un fleuve change la forme et la nature d'un champ, ou que le propriétaire de rai-

---

(1) On a néamoins prétendu quelquefois que la spécification ne devait pas être rangée au nombre des manières d'acquérir par accession, parce que la matière n'accède, dit-on, à aucune autre ; par conséquent qu'il n'y a point de principal. En laissant de côté toutes ces vaines disputes, qui sont d'ailleurs tranchées dans notre Droit par les dispositions formelles du titre que nous expliquons, nous disons que lorsque la chose reste à l'artisan, la matière accède à son travail, qui est lui-même une chose, mais incorporelle; car il lui donne un droit, et il lui donnerait celui d'en obtenir le prix, si l'objet devait être déclaré appartenir au maître de la matière.

sins en fait lui-même du vin, ou enfin qu'un tisse-
rand me fait de la toile avec mon fil, ou un tonne-
lier des tonneaux avec mon merrain, cas dans
lequel il y a simplement le contrat de louage d'ouvrage, mais non ce qu'on entend par *spécification*;
car, pour qu'elle existe, il faut avoir fait pour soi la
nouvelle espèce.

449. Les anciens ont beaucoup disputé sur la
question de savoir si la matière l'emportait sur la
forme, ou la forme sur la matière. Les jurisconsultes de la secte de Sabinus attribuaient la supériorité à la matière, parce que sans matière il ne
peut y avoir de forme. Ceux de la secte de Proculus la donnaient à la forme, parce que la forme,
disaient-ils, est l'essence même des choses; et celle
que l'ouvrier a donnée à la matière en a fait un
nouvel être. En conséquence de ces doctrines, plus
ou moins philosophiques, les *Sabiniens* attribuaient,
dans tous les cas, la nouvelle espèce au maître de
la matière, sauf à lui à payer le prix du travail; et
les *Proculéiens* l'accordaient, dans tous les cas aussi,
au spécificateur, à la charge de payer le prix de
la matière.

Quand le zèle de l'esprit de secte se fut un peu
refroidi, la plupart prirent un terme moyen, et se
décidèrent d'après les circonstances du fait (1).

Enfin Justinien est survenu, et sa décision,

---

(1) *Voy.* la L. 7, §. 7; L. 12, §. 1; L. 24 et L. 26, ff. *de acquir.*
rer. dom.

rendue pour terminer tous les débats sur ce sujet, si peu intéressant en lui-même, puisque le prix de la matière ou du travail devait toujours être payé, n'est certainement pas la plus heureuse qu'il fût possible d'imaginer. Il veut (1) que, si la chose peut être ramenée à sa première forme, le maître de la matière soit déclaré propriétaire de la nouvelle espèce ; que si elle ne le peut pas, l'auteur de cette nouvelle espèce en soit proclamé le maître. D'où il suit qu'une statue de bronze du plus beau travail appartiendra au maître du bronze, sans égard à l'excellence de l'art. Comme on le voit, il n'a pas aussi bien traité cette partie de la sculpture, que la peinture ; et il donne (ou plutôt Tribonien), d'après d'anciens jurisconsultes, il est vrai, comme exemple d'un cas de spécification, celui où l'un fait sortir le grain des gerbes de l'autre ; ce qui est contre toute raison, et ce qui est d'ailleurs formellement réprouvé par une des lois (2) qu'il a lui-même sanctionnées.

450. Le Code s'est rangé, en principe, à l'avis des *Sabiniens*, en le modifiant néanmoins, mais d'une manière plus heureuse que ne l'avait fait Justinien. Voici ses dispositions à cet égard :

« Si un artisan ou une personne quelconque a « employé une matière qui ne lui appartenait pas, « à former *une chose d'une nouvelle espèce*, soit

_____

(1) §. 25, Instit. *de rei vindict.*
(2) La L. 7, §. 7, ff. *de rerum divis.*

« que la matière puisse ou non reprendre sa pre-
« mière forme, celui qui en était le propriétaire a
« le droit de réclamer la chose qui en a été for-
« mée, en remboursant le prix de la main-d'œuvre.
« (Art. 570.) »

451. « Si cependant la main-d'œuvre était telle-
« ment importante qu'elle surpassât de beaucoup
« la valeur de la matière employée, l'industrie se-
« rait alors réputée la partie principale, et l'ouvrier
« aurait le droit de *retenir* la chose travaillée, en
« remboursant le prix de la matière au proprié-
« taire. (Art. 571.) »

452. « Lorsqu'une personne a employé en partie
« la matière qui lui appartenait, et en partie celle
« qui ne lui appartenait pas, à former une chose
« d'*une espèce nouvelle,* sans que ni l'une ni l'autre
« des deux matières soient entièrement détruites,
« mais de manière qu'elles ne puissent pas se sé-
« parer sans inconvénient, la chose est commune
« aux deux propriétaires, en raison, quant à l'un,
« de la matière qui lui appartenait; quant à l'autre,
« en raison à la fois et de la matière qui lui appar-
« tenait et du prix de sa main-d'œuvre. (Art. 572.) »

453. Ces textes demandent quelques explications.
C'est mal à propos, par exemple, qu'il est dit
dans le premier *une chose d'une nouvelle espèce,*
et dans le dernier *une chose d'une espèce nouvelle.*
Il n'est pas nécessaire, du moins nous le croyons
fermement, pour qu'il y ait lieu d'appliquer les

règles sur la spécification, que la nouvelle espèce ait mérité à son auteur un brevet d'invention ; ce n'est pas de cela qu'il s'agit ici, c'est uniquement de la question de propriété de la chose nouvelle. Ce qui a probablement amené ce vice de rédaction, c'est qu'on n'a pas assez fait attention au sens que les lois romaines, et les auteurs qui les ont commentées, attachent au mot espèce, *species*, sens bien différent de celui que nous y attachons dans le langage usuel. En général, pour les jurisconsultes, *species* est l'individu; pour les philosophes et les naturalistes, ce mot exprime une classe plus ou moins étendue de choses comprises dans un genre, ou une chose qui est le type de toutes celles qui lui ressembleront. Ainsi du bronze transformé en un flambeau était et est encore pour les premiers une nouvelle espèce, *nova species*, un nouvel être, un nouveau corps ; mais ce n'est point pour eux une chose d'*une nouvelle espèce* : et nul doute que les règles de la spécification ne s'appliquent à ce cas et à tous autres semblables. Aussi l'article 576, en disant *à former une chose d'une autre espèce*, rend-il mieux la pensée de la loi ; car c'est bien en effet une *autre espèce*, en considérant, comme on le fait en ce point, la différence de forme; mais ce n'est pas une chose d'*une nouvelle espèce*, ni d'*une espèce nouvelle*.

454. Une seconde remarque porte sur le mot *retenir*, employé dans l'article 571, et qui semble

n'accorder au spécificateur, dans le cas même où l'industrie est jugée la partie principale, le droit à la propriété de la chose, qu'autant qu'il en serait détenteur ou possesseur actuel. D'abord, si la chose était dans les mains d'un tiers, même non choisi par l'ouvrier, il n'est pas douteux qu'elle ne dût être remise de préférence à celui-ci, encore que le maître de la matière l'eût fait saisir-arrêter avant lui. Si elle se trouvait dans les mains de ce dernier, comme il pourrait invoquer la règle *en fait de meubles, la possession vaut titre*, il est clair qu'il aurait par cela même le moyen de la retenir; mais si elle ne lui avait été remise par l'ouvrier que précairement, comme pour gage du prix de sa matière, on devrait décider que celui-ci a le droit de se la faire restituer; car c'est sa propriété, à la charge de payer le prix de la matière, condition qu'il offre de remplir. Ainsi ce mot n'exprime pas une condition nécessaire pour que l'ouvrier ait droit à la propriété de la chose dans le cas donné : il n'est employé que pour résoudre le plus fréquent, celui où l'ouvrier possède encore la chose.

455. Enfin, une dernière observation naît de la généralité des termes de l'article 572, qui décide indistinctement qu'il y a communauté dans l'hypothèse qu'il prévoit. Cependant il est évident que si le prix du travail était la chose principale, la nouvelle espèce appartiendrait au spécificateur, puisqu'elle lui appartiendrait lors même qu'il n'au-

rait fourni aucune matière. Il ne serait même pas nécessaire, pour cela, comme on l'exige quand il n'a fourni que son travail, que l'industrie surpassât de beaucoup la valeur de la matière, même de celle du tiers : dans l'appréciation, on devrait faire entrer aussi la valeur de la sienne, et décider, en conséquence, la question de propriété en sa faveur. C'est un de ces points laissés à la sagesse du juge, dans la décision desquels il doit prendre pour guides les principes de l'équité.

456. Dans tous les cas où le propriétaire dont la matière a été employée, sans son aveu (1), à former une nouvelle espèce, peut réclamer la propriété de cette chose, il a aussi le choix de demander la restitution de sa matière en même nature, qualité, poids, mesure et bonté, ou sa valeur. (Art. 576 et 570 combinés.)

Dans le cas, au contraire, où l'industrie est réputée partie principale, il ne peut demander que le prix de sa matière (art. 571), avec dommages-intérêts, s'il y a lieu, ainsi que nous allons le dire. Il en est de même du cas d'adjonction. (Art. 566.)

---

(1) L'article dit *à son insu* ; mais notre expression est plus exacte en ce qu'elle comprend aussi le cas où la chose aurait été employée malgré la volonté manifeste du propriétaire.

§. IV.

Dispositions communes aux paragraphes précédens.

457. Ceux qui ont employé des matières appartenant à d'autres, et à leur insu, peuvent, indépendamment de la restitution de la chose ou du
paiement du prix des matières, suivant les distinctions ci-dessus, être condamnés à des dommages-
intérêts, s'il y a lieu, sans préjudice des poursuites
par voie extraordinaire, si le cas y échoit. (Art. 577.)

La question des dommages-intérêts est généralement subordonnée au cas où celui qui a employé
la matière d'autrui sans l'aveu du maître, a agi de
mauvaise foi (art. 1150) ; dans les autres, le prix
de la matière en tient lieu, à moins que, par
quelque circonstance particulière, le maître n'ait
éprouvé un préjudice plus considérable, de l'emploi qui a été fait de sa chose sans sa permission.
(Art. 1149.)

458. S'il y a eu vol de la matière, le voleur ou
son complice, outre la restitution de la chose ou
du prix, selon les précédentes distinctions (car la
mauvaise foi n'est point un obstacle à l'application
des règles portées sur les cas spécialement prévus (1), puisque la loi ne distingue pas); s'il y a eu
vol, disons-nous, s'applique alors l'article 51 du
Code pénal, ainsi conçu : « Quand il y aura lieu à

---

(1) *Voy.* Heinneccius, *Elementa juris*, n° 369.

« restitution, le coupable sera condamné, en outre,
« envers la partie, à des indemnités dont la déter-
« mination est laissée à la justice de la Cour ou du
« tribunal, lorsque la loi ne les aura pas réglées,
« sans qu'elles puissent jamais être au-dessous du
« quart des restitutions, et sans que la Cour ou le
« tribunal puisse, même du consentement de la
« partie, en prononcer l'application à une œuvre
« quelconque. »

Mais, il faut le dire, c'est une disposition qui
est rarement appliquée.

TITRE III.

De l'Usufruit, de l'Usage et de l'Habitation.

Observations préliminaires.

SOMMAIRE.

459. *Modifications générales que peut souffrir le droit de propriété.*
460. *Les lois romaines servent généralement de guides aux jurisconsultes dans les points douteux qu'offre cette matière.*
461. *Division du titre.*

459. Après avoir établi la division des biens et
défini les caractères généraux de la propriété, ainsi
que plusieurs de ses effets, nous allons, suivant
l'ordre adopté par les auteurs du Code, traiter des
principales modifications qu'elle est susceptible de
subir.

Indépendamment du droit d'emphytéose et de surface, dont nous avons parlé précédemment d'une manière générale (1), et qu'ils ont passé sous silence, mais qui existe encore quant aux concessions anciennes non établies à perpétuité, et qui peut encore aujourd'hui, selon nous du moins, être constitué de la même manière et avec les mêmes effets, ces modifications sont le droit d'usufruit, d'usage, d'habitation et les services fonciers.

Sous plusieurs rapports, ces divers droits sont en effet des atténuations du domaine, quoique, en principe, on ne considère pas les servitudes comme en étant des démembremens, mais bien comme des qualités actives et passives des héritages, et l'usufruit lui-même comme un droit distinct de celui de propriété, qui, dans certains cas, n'empêche pas ce dernier d'être réputé plein et entier, ainsi qu'on va le voir tout à l'heure.

Mais sous d'autres rapports, ce sont de véritables diminutions du droit de propriété, en ce que ce sont des restrictions apportées à son exercice; car ce droit consiste dans la faculté de jouir et de disposer des choses de la manière la plus absolue, pourvu qu'on n'en fasse pas un usage prohibé par les lois et les règlemens (art. 544), et l'usufruit attribue à celui qui l'a, le droit de jouir de la chose comme le propriétaire lui-même, à la charge d'en conserver la substance (art. 578); par conséquent,

_____

(1) *Suprà*, n°s 24-75 à 82, 89 à 92.

tant qu'il subsiste, le propriétaire ne jouit pas : l'exercice de son droit, quant à la jouissance, c'est-à-dire quant aux produits de la chose, est assoupi, paralysé ; or, la jouissance est le principal attribut de la propriété. L'usufruit est donc, sous ce rapport, un démembrement du domaine.

Il en est de même, mais généralement avec des effets moins étendus, du droit d'usage et d'habitation : la jouissance du propriétaire, dans ce cas, est restreinte, diminuée de toute celle de l'usager ; et pour être temporaire, cette diminution du droit de jouir que subit le maître de la chose n'en est pas moins une altération, un démembrement de son domaine au profit du tiers, pour toute la durée du droit de celui-ci.

Nous en disons autant quant aux servitudes, avec cette différence qu'étant de leur nature établies à perpétuité, la diminution de jouissance qu'elles causent au maître du fonds assujéti n'a pas, comme l'usufruit et l'usage, des effets seulement temporaires ; mais, comme eux, elles affectent le fonds asservi, elles en diminuent la jouissance, et par conséquent elles atténuent aussi le domaine, sous ce rapport.

460. C'est généralement le Droit romain qui sert de guide à nos jurisconsultes dans l'interprétation des points obscurs de nos lois sur l'usufruit et les servitudes : nous en avons adopté les principes ; ils sont le type de notre Droit ancien et moderne sur

cette matière, sauf toutefois qu'en cela, comme en beaucoup d'autres choses, nous avons rejeté les subtilités introduites par l'esprit de secte, et les décisions fondées sur quelque raison particulière, étrangère à nos mœurs et à notre système de législation. Nous nous attacherons donc avec soin à bien distinguer ce qui peut être un bon commentaire de nos lois sur ce sujet, de ce que l'on doit rejeter sans balancer, ou n'admettre qu'avec des restrictions.

461. Nous ne suivrons pas la division du Code : nous verrons, dans un premier chapitre, la nature du droit d'usufruit, et ses points de rapport et de dissemblance avec d'autres droits ;

Dans un second, les biens sur lesquels il peut être établi, d'où il dérive, à quel titre il peut être constitué et sous quelles modalités il peut l'être.

Dans un troisième, les droits de l'usufruitier ;

Dans un quatrième, ses obligations et celle du propriétaire ;

Cinquièmement, l'extinction de l'usufruit ;

Dans un sixième chapitre, nous parlerons du droit d'usage et d'habitation.

Enfin, dans un sixième et dernier, nous exposerons les principes généraux sur le droit d'usage dans les bois et forêts.

CHAPITRE PREMIER.

De la nature du droit d'usufruit, et de ses points de rapport et de dissemblance avec d'autres droits.

SOMMAIRE.

462. Le Droit romain définit l'usufruit, *jus alienis rebus utendi fruendi, salvâ earum substantiâ* (1).

Le Code civil en donne à peu près la même idée :

---

(1) L. 1 , ff. *de Usufructu*, etc.

« C'est le droit de jouir des choses dont un autre
« a la propriété, comme le propriétaire lui-même,
« à la charge d'en conserver la substance. (Art. 578.)»

463. On entend par *substance*, philosophiquement parlant, l'être qui subsiste par lui-même, à
la différence de l'*accident*, qui ne subsiste qu'étant
adhérent à un sujet. En droit, c'est la matière même
des choses qui sont l'objet des obligations, non pas
la qualité de cette matière, mais la matière elle-
même, l'élément; en sorte que l'erreur sur la matière entraîne la nullité du contrat, tandis que
l'erreur sur la simple qualité ne l'entraîne pas, du
moins généralement. A plus forte raison, l'erreur
sur le corps même de l'objet fait-elle obstacle
au consentement, puisqu'elle renferme nécessairement aussi l'erreur sur la matière que l'une
des parties avait en vue.

Mais dans la définition que le Droit romain et le
Code nous donnent de l'usufruit, le mot *substance*
a un sens plus étendu qu'il ne l'a ordinairement.
En effet, comme on le verra successivement, l'usufruitier ne doit pas seulement conserver l'être ou
le corps sur lequel réside son droit; il ne doit pas
non plus seulement conserver entier, et sans altération ni mélange, l'élément dont cet être ou ce
corps est formé; il doit, de plus, conserver à cette
matière sa qualité spécifique, celle qui en fait la
bonté, la valeur; et il doit même en conserver la
forme, quoique assurément la forme ne soit pas la

IV.   26

substance ; mais c'est parce qu'ici, et respectivement
à l'étendue du droit de jouir de la chose d'autrui,
elle est censée en faire partie ; car le maître est
présumé n'avoir pas consenti à ce qu'elle fût chan-
gée, attendu que la valeur des choses dépend souvent de leur forme.

464. Ainsi, l'usufruitier *jouit* comme le propriétaire, mais il n'a pas comme lui le droit d'*abuser* :
il n'a pas le droit de jouir comme celui-ci le pourrait ; il jouit seulement comme le propriétaire
jouissait au moment de l'ouverture du droit, du
moins généralement : *utitur fruiturque, sed non
abutitur* ; il est obligé de conserver la substance,
tandis que le propriétaire peut généralement la détruire. Bien mieux, c'est parce que cette obligation
de conserver la substance de la chose grevée ne peut
être remplie *specialiter* quand il s'agit de choses qui
se consomment par l'usage, comme du blé, du vin,
que les anciens jurisconsultes de Rome avaient
pensé que ces choses ne pouvaient être la matière
d'un usufruit ; mais un senatus-consulte (1) décida,
utilitatis causâ, qu'elles pourraient du moins être
l'objet d'un quasi-usufruit, au moyen de la caution
donnée par l'usufruitier qu'à la fin de l'usufruit il rendrait la même quantité de choses que celle qu'il avait
reçue, en même nature et qualité, ou leur estimation. Cette caution était censée représenter sans

---

(1) Rendu, à ce qu'il paraît, sous Tibère, suivant Heinneccius,
Elementa juris, n° 419. *Voy.* le §. 2, Instit. *de Usuf.*

cesse la substance même des choses ainsi naturellement consommées.

465. Les docteurs considèrent quelquefois l'usufruit sous un double point de vue : comme étant
attaché à la propriété, et comme en étant séparé.
Dans le premier cas, ceux de l'école allemande l'appellent usufruit *causal*, pour indiquer qu'il a son
principe dans le droit de propriété, qu'il en est la
conséquence. Dans l'autre, ils le nomment usufruit
formel, parce qu'il ne dépend pas du droit de propriété, mais parce qu'il résulte du titre qui l'a établi.
C'est uniquement de ce dernier qu'il s'agit dans le
Code, et c'est de lui qu'on entend généralement parler en droit quand on traite simplement de l'usufruit.

466. Ces distinctions, abstraction faite des dénominations, ne sont point entièrement arbitraires;
elles résultent de diverses lois romaines, dont les
décisions, sans elles, ne pourraient toutes se justifier. C'est ainsi, par exemple, que dans la loi 4 ff. *de
Usuf. accresc.*, le jurisconsulte Julien dit, en parlant
de la jouissance qui est dans les mains du propriétaire, *fructus proprietati mixtus est.* C'est aussi sous
ce rapport que l'envisage Pomponius dans la loi 21
§. 3, ff. *de Except. rei judic.*, suivant laquelle,
si, après avoir d'abord demandé un fonds comme
m'appartenant, et ayant été repoussé, je demande
ensuite l'usufruit du même fonds, *fructus*, en vertu
de la même cause, on pourra m'opposer l'exception

de la chose jugée, attendu que je redemande une partie du même objet. Enfin, c'est en considérant l'usufruit de la même manière que la loi 19 ff. *de Usu et usufruc. legat.*, décide, ainsi que plusieurs autres textes, que, si un fonds m'a été légué, sans autre mention, et que l'usufruit de ce même fonds ait été légué à un autre, nous sommes colégataires quant à l'usufruit, et en conséquence, que le droit d'accroissement a lieu entre nous pour cet objet; ce qui certainement ne serait pas, si ma qualité de propriétaire faisait obstacle à ce que j'eusse l'usufruit du fonds; car, pour qu'il y ait lieu au droit d'accroissement entre les légataires, il faut au moins qu'ils soient tous appelés à la même chose : hors de là, chacun est légataire de ce qui lui a été légué, et n'a aucun droit à ce qui a été légué à l'autre. Le legs d'un fonds, sans autre mention, comprend donc tout à la fois la nue propriété et l'usufruit ou jouissance, *fructus*. Nous verrons bientôt si, en pareil cas, il y aurait concours, dans notre Droit, quant à l'usufruit, entre les deux légataires; mais cela n'était pas douteux dans les principes du Droit romain : leurs interprètes citent même ordinairement ces textes pour démontrer que, dans l'esprit de cette législation, la propriété pleine, *dominium*, comprenait en soi l'usufruit (1), ce qui ne pouvait être que celui que

_____

(1) *Voy.* Voët, tit. *de Usufructu et quemad.*, nos 2 et suiv.

les auteurs allemands ont appelé usufruit *causal.*

Au lieu que dans le §. 9, Instit. *de legatis*, il est dit que l'usufruit n'est point une partie du domaine : d'où il suit que celui à qui un fonds a été légué, et qui en a ensuite acquis la nue propriété à titre onéreux, et l'usufruit à titre gratuit, n'encourt pas la peine portée contre la *plus-pétition* pour avoir demandé le fonds en vertu du testament, quoiqu'il semble par là demander l'usufruit qui ne lui est pas dû, puisqu'il l'a acquis à titre lucratif et que c'était un principe constant que deux causes lucratives ne pouvaient concourir pour le même objet au profit de la même personne. Mais c'est que l'on considère ici l'usufruit, *non ut pars dominii, sed ut servitus.* Toutefois, dans le paiement de l'estimation du fonds, l'héritier a le droit de déduire la valeur de l'usufruit. La loi 25, ff. *de Verb. signific.*, décide encore plus positivement, s'il est possible, que l'usufruit n'est point une partie de la propriété, et que c'est avec raison que nous disons qu'un fonds nous appartient en totalité, quoiqu'un autre en ait l'usufruit : *quia ususfructus non dominii pars, sed servitutis sit, ut via et iter; nec falsò dici totum meum esse, cujus non potest ulla pars dici alterius esse.*

Cependant la loi 4, ff. *de Usufruc. et quemad.*, porte, au contraire, et à l'égard de l'usufruit formel, comme l'indique la fin de ce texte, que, dans beaucoup de cas, on considère l'usufruit comme une partie du domaine : *Ususfructus in multis casi-*

bus pars dominii est : et extat, quod vel præsens, vel ex die dari potest (1).

Mais le jurisconsulte Paul, auteur de cette loi, n'entend pas dire par là que l'usufruit formel est réellement une partie de la propriété : il se contredirait lui-même; car il est aussi l'auteur de la loi 25 *de Verborum significatione,* précitée, qui consacre positivement le principe opposé. Il veut seulement dire, parce que l'usufruit au profit d'un tiers absorbe tout l'émolument de la chose, et en prive ainsi le propriétaire, qu'il est, en quelque sorte, une partie du domaine, qu'on peut le considérer sous ce point de vue, et que ce n'est même pas toujours vrai, *sed in multis casibus* (2).

Au moyen de cette distinction, au développement de laquelle on nous pardonnera de nous

_____

(1) Tandis que la servitude n'étant point *pars dominii, sed qualitas prædiorum,* L. 86, ff. *de verb. signif.*, ne peut, en principe pur, être constituée *ex die,* ni *ad diem,* quoique, si elle l'était de cette manière, celui au profit duquel elle aurait été établie serait repoussé par l'exception de dol, s'il prétendait en jouir autrement que ne le porte le titre constitutif. L. 4, ff. *de Servit.*

(2) Cela reçoit une nouvelle confirmation de la décision de Papinien dans la loi 44, §. 5, ff. *de usurp. et usucap.*, où ce grand jurisconsulte dit, en établissant une similitude entre l'usufruit et le gage sous ce rapport, que l'acquisition de la chose par l'usucapion n'efface pas le droit de gage dont elle est affectée : *Non mutat usucapio superveniens pro emptore, vel pro herede, quo minùs pignoris persecutio salva sit; ut enim usufructus usucapi non potest : ità persecutio pignoris, quæ nulla societate dominii conjungitur, sed sola conventione constituitur, usucapione rei non perimitur.* Il est bien clair que si l'usufruit appartenant à l'un était une *partie* de la propriété qui appartient à l'autre, il serait acquis par l'usucapion à celui qui a prescrit la chose. La L. 17, §. 2, ff. *de usuf. et quemad.* est aussi formelle.

être livrés dans un ouvrage principalement de
doctrine, s'expliquent et se concilient parfaitement entr'elles plusieurs lois romaines, dont nous
aurons souvent occasion d'invoquer l'autorité,
comme raison écrite du moins ; et nous ferons
observer que, tout en comprenant quelquefois
l'usufruit, *fructus*, dans le domaine ou propriété, les Romains n'y attachaient pas, dans ces
mêmes cas, la signification qu'ils attachaient à
l'usufruit proprement dit : ils n'auraient d'ailleurs
pu le faire sans inconséquence, eux qui considéraient l'usufruit comme une servitude personnelle,
et qui proclamaient unanimement le principe *res
sua nemini servit*; ils n'y voyaient que ce que nous
appelons *la jouissance*, le principal attribut du
droit de propriété, au moyen duquel le propriétaire
pouvait lui-même constituer un droit d'usufruit sur
sa chose au profit d'un tiers, droit qu'il n'aurait pu
établir s'il ne l'avait eu comme renfermé dans sa
propriété.

467. Les auteurs du Code ont évité de donner à
l'usufruit, à l'usage et à l'habitation, la qualification de *servitudes*, que leur donnaient les lois romaines en les appelant quelquefois *servitudes
personnelles*, pour signifier que c'était une chose
qui était asservie à une personne, tandis que dans
les servitudes réelles, c'est un fonds qui est assujéti à un autre fonds. Ils ont même dit expressément, dans l'article 686, qu'il est permis, il est

vrai, aux propriétaires d'établir sur leurs propriétés, ou en faveur de leurs propriétés, telle servitude que bon leur semble, mais pourvu que les
services établis ne soient imposés ni à la personne
ni en faveur de la personne, et qu'ils n'aient
d'ailleurs rien de contraire à l'ordre public.

Néanmoins, s'ils ont rejeté cette qualification
de *servitudes*, ils n'ont pas changé la chose, et
ils ne l'auraient pu sans proscrire l'établissement
de ces mêmes droits; car ils constituent en réalité
l'assujétissement d'un fonds au profit et pour l'utilité, non d'un autre fonds, comme les servitudes
réelles, mais au profit et pour l'utilité d'une personne; ce qui n'est rien autre que ce que les Romains
entendaient par *servitude personnelle.* Ils ont probablement craint que quelques esprits ombrageux et
peu instruits ne se laissassent aller à confondre
ces sortes de servitudes avec les droits féodaux, qui
n'ont, au reste, aucun rapport avec l'usufruit,
l'usage et l'habitation; car ces derniers droits étaient
très-fréquens dans la législation romaine, et la féodalité y était inconnue.

Ainsi, chez nous, quoique l'usufruit soit, comme
les servitudes proprement dites, un droit dans la
chose, et qui l'affecte tellement que cette chose ne
passe dans la main des tiers qu'accompagnée du
droit d'usufruit, il n'est néanmoins pas mis au
nombre des servitudes; mais la doctrine lui a conservé cette qualification pour en caractériser les
effets, selon les différens cas. Quand la langue d'une

science est généralement bien faite, on ne peut la changer sans inconvénient : cela est surtout vrai à l'égard de celle du Droit, dont les meilleurs interprètes ne pourraient toujours être entendus avec exactitude, si l'on voulait rejeter leurs classifications et leurs dénominations (1). On ne doit le faire que lorsque la raison le demande.

468. Comme l'usufruit consiste dans la perception des produits de la chose, qui sont divisibles de leur nature, on en a conclu que le droit lui-même était divisible (2), tandis que les servitudes réelles ne le sont pas (3), du moins généralement (4); en sorte qu'il peut être acquis sur une partie indivise du fonds : par exemple, lorsqu'un des copropriétaires de ce fonds lègue l'usufruit de sa part. Il peut, par la même raison, se perdre pour partie (5) : ainsi, dans le cas où celui qui le devait est mort laissant plusieurs héritiers, si la prescription a été interrompue vis-à-vis de quelques-uns d'entr'eux, et ne l'a point été vis-à-vis des autres, le droit aura été conservé et perdu pour partie; ce qui n'a pas lieu quand il s'agit des servitudes, attendu que ce qui n'est pas

---

(1) *Vitiorum esse*, dit Cicéron, *controversiam intendere propter nominum mutationem.*

(2) L. 5, ff. *de usufructu.*

(3) L. 11, ff. *de servitutibus ;* L. 2, §. 1, ff. *de verb. oblig.*

(4) Celles de prise d'eau sont volontiers regardées comme divisibles, *quia aqua dividitur temporibus vel mensurá ;* encore ceci a-t-il besoin d'explication, que nous réservons pour le titre *des Servitudes.*

(5) Même loi 5, ff. *de usufructu.*

susceptible de parties ne peut ni se conserver ni se perdre pour partie : de là la règle *in individuis minor majorem revelat*, règle érigée en loi dans les articles 709 et 710. L'obligation de délivrer un usufruit se divise entre les héritiers du débiteur, qui ne peuvent régulièrement être poursuivis chacun que pour sa part (1); tandis qu'en matière de servitude, chacun d'eux peut être poursuivi pour le tout (art. 1223). Enfin, quand le fonds sur lequel l'usufruit a été constitué appartient à plusieurs par indivis, la chose jugée contre l'un d'eux ne fait pas loi pour les autres (2); au lieu qu'on décide assez généralement, mais à tort, selon nous (3), que, dans les matières purement indivisibles, par conséquent dans les servitudes, le jugement rendu contre l'un des copropriétaires du fonds prétendu assujéti ou dominant, peut être opposé aux autres, sauf à eux à en appeler s'ils sont encore dans les délais, ou à y former tierce-opposition s'il y a eu collusion entre leur coassocié et l'autre partie.

469. L'usufruit a beaucoup d'analogie avec quelques autres droits; mais il en diffère sous plusieurs rapports. Il est utile de signaler ces similitudes et ces dissemblances, du moins les principales : ce sera le moyen de faire ressortir plus clairement ses caractères.

---

(1) Même loi 5.
(2) *Ibid.*
(3) *Voy.* tom. précédent, n° 102.

Ainsi, dans la disposition des biens avec charge de les conserver et de les rendre aux enfans nés et à naître du donataire, disposition autorisée par les articles 1048 et suivans, dans les cas qu'ils prévoient, le grevé de restitution est sans doute propriétaire desdits biens; mais l'obligation qui lui est imposée de les restituer fait que, sous ce rapport, il n'en jouit que comme usufruitier, et qu'il est tenu, à leur égard, de toutes les charges de l'usufruit ordinaire : tellement que si la substitution vient à s'ouvrir, tous les droits d'hypothèque, de servitude ou d'usufruit qu'il aura créés sur ces mêmes biens, toutes les aliénations qu'il en aura faites, demeureront non avenus à l'égard des appelés, si ceux-ci renoncent à sa succession, ou ne l'acceptent que sous bénéfice d'inventaire (1). Mais si, à sa mort, il n'y a pas d'appelés à la substitution, ce qu'il aura fait aura été fait en vertu de son droit de propriété, puisque la condition qui devait le résoudre ne s'étant point réalisée, ce droit est censé avoir été pur et simple dès le principe.

De là une importante différence entre le cas où je lègue à mon frère l'usufruit de mes biens, et celui où, n'ayant pas d'enfans, je lui donne ces mêmes biens avec la charge de les conserver et de les rendre à ses enfans nés et à naître : dans le pre-

___

(1) Car autrement ils seraient repoussés par l'exception de garantie *quem de evictione tenet actio , eumdem agentem repellit exceptio.*

mier, la propriété de mes biens, moins l'usufruit, appartient à tous mes héritiers, légitimes ou testamentaires, suivant les proportions déterminées par la loi ou par moi; et à quelqu'époque que l'usufruit vienne à cesser, ces biens, en quelque main qu'ils se trouvent alors, seront affranchis de l'usufruit quand même mon frère aurait survécu à tous mes héritiers. Au lieu que dans le second cas, mon frère est propriétaire des biens, à la charge, sans doute, de les conserver et de les rendre aux appelés; mais s'il survit à ceux-ci, il sera censé en avoir été propriétaire incommutable, en telle sorte que les héritiers des appelés, qui ne seraient point eux-mêmes aux droits de ceux-ci quant à la substitution, n'y pourront rien prétendre, quand même ils auraient survécu au grevé.

470. Quant aux biens constitués en majorat, ils sont inaliénables, et conséquemment le titulaire n'en a que la jouissance ou l'usufruit. Cette espèce de biens est régie par des dispositions spéciales (1).

471. Nous avons défini précédemment les principaux caractères du droit d'emphytéose (2); notamment, nous avons dit que, dans l'état actuel de la législation, l'emphytéose ne peut être établie

---

(1) *Voy.* le décret du 30 mars 1808; le senatus-consulte du 14 août suivant, le décret du 3 septembre 1807, et celui du 1er mars 1808. *Voy.* aussi l'article *Majorat* au Répertoire de M. Favard de Langlade. Nous en parlerons au titre *des Successions.*

(2) Voy. *suprà*, nos 75 et suivans.

qu'à tems, et que ce tems ne doit pas excéder
99 ans; mais qu'elle ne s'éteint pas par la mort de
l'emphytéote, comme l'usufruit s'éteint par celle
de l'usufruitier; qu'elle est transmissible à ses héritiers, parce que ce n'est point un droit établi en
faveur de la personne seulement, mais en faveur
aussi de ses représentans, comme l'achat et le
louage, avec lesquels elle a plus d'un rapport. C'est
en effet un contrat, et un contrat à titre onéreux,
tandis que l'usufruit peut être établi à titre gratuit,
et par testament : dans certains cas il l'est même
par la loi. Généralement, l'emphytéose est sujette
à une redevance annuelle payée au concédant en
reconnaissance du droit de propriété, et pour prix
de la jouissance, redevance qui cesse quand la chose
vient à périr : par exemple, si c'est un champ détruit, emporté par la violence d'un fleuve; tandis
que généralement, au contraire, l'usufruit, lorsqu'il est établi à titre onéreux, est constitué moyennant un prix fixe pour toute la durée de la jouissance, prix qui doit toujours être payé, encore que
l'usufruit vînt à s'éteindre, même par la perte de la
chose, avant l'échéance des termes fixés pour le paiement. L'emphytéose ne peut être établie que sur
des immeubles, tandis que l'usufruit peut l'être
sur toute espèce de biens, meubles ou immeubles.
L'usufruitier n'est pas tenu des grosses réparations :
elles sont à la charge du propriétaire; au lieu que
dans l'emphytéose, le bailleur, à moins de convention contraire, n'est tenu d'aucunes réparations

quelconques. Telles sont les principales différences qui existent entre ces deux droits.

Mais ils ont plusieurs points de ressemblance.

L'un et l'autre sont des droits réels, qui affectent la chose et la suivent en quelque main qu'elle passe. L'emphytéote peut hypothéquer son droit (1), comme l'usufruitier d'un immeuble peut hypothéquer le sien; et dans ce cas, les deux droits son immobiliers. L'emphytéote et l'usufruitier gagnent tous les fruits que produit l'objet grevé, et tous deux supportent les impôts et autres charges des fruits.

472. Étendant le parallèle au louage, nous dirons que le fermier, comme l'usufruitier, devient propriétaire des fruits par la perception qu'il en fait, et que tous deux en supportent la perte, sauf la diminution du prix du bail que peut réclamer le fermier dans les cas des articles 1769 et suivans.

Mais le louage à une durée fixe, ou du moins les parties peuvent réciproquement le faire cesser quand il n'en a pas : et celui des choses ne s'éteint point par la mort du preneur; au lieu que l'usufruit n'a pas ordinairement de terme fixé, et dans le cas même ou il y en a un, il ne s'éteint pas moins par la mort de l'usufruitier, quoique arrivée avant ce terme.

Le louage est consenti moyennant un prix annuel

---

(1) Voy. *suprà*, nos 80 et 91.

ou pour des termes périodiques plus courts, du moins généralement, et dès que la chose louée vient à périr, le bail étant par cela même résilié, il n'est plus dû de prix : tellement que celui qui aurait été payé par anticipation, même en vertu d'une clause du bail, devrait être restitué. Tandis que l'usufruit peut être constitué à titre gratuit, et quand il l'est à titre onéreux, son prix n'est pas à *tant par an,* mais il est *un,* quoi qu'il fût payable en plusieurs termes; en sorte qu'il doit toujours être payé, lors même que la chose viendrait à périr.

Le preneur n'est tenu que des menues réparations; l'usufruitier est, de plus, chargé de celles dites d'*entretien.* Le preneur, à moins de convention contraire, ne supporte pas les impôts; et s'il est forcé de les payer, il s'en fait faire raison par le bailleur; au lieu qu'ils sont à la charge de l'usufruitier.

Enfin l'usufruit est un droit réel, susceptible d'hypothèque lorsqu'il est établi sur un immeuble : et dans ce cas, c'est un droit immobilier; tandis que le droit résultant du louage est *in personam* (1),

---

(1) Un auteur, se fondant sur l'article 1743, a écrit que, sous le Code, le preneur qui a un bail avec date certaine a un droit *réel*, puisque l'acquéreur ne peut l'expulser, et que cela est conforme aux principes, attendu que le bailleur n'a pu vendre l'immeuble que diminué de toute la jouissance qu'il a concédée au preneur, d'après la règle *nemo plus juris in alium transferre potest, quàm ipse habet.* Dans ce système, ce serait la circonstance donnant au bail une date certaine, par exemple la mort de l'un des signataires, qui rendrait le droit réel, de personnel qu'il eût été sans elle. Ce n'est point le moment de démontrer que cette opinion n'est qu'une erreur; il nous suffit de dire, quant à présent, que si le motif sur lequel on la fonde

mobilier dans tous les cas, en non susceptible de servir de base à une hypothèque.

473. On trouve aussi quelques rapports entre l'antichrèse et l'usufruit.

Dans l'une comme dans l'autre, les fruits sont acquis au tiers par la perception. L'antichrésiste, comme l'usufruitier, est tenu des impôts, ainsi que des réparations d'entretien.

Mais l'antichrèse est un contrat, duquel résulte une espèce de droit de gage, tandis que l'usufruit ne résulte pas nécessairement d'un contrat. L'antichrésiste est tenu d'imputer les fruits sur les intérêts, et ensuite sur le capital de la créance; et s'il y a convention à cet égard, ils peuvent se compenser en tout ou partie avec les intérêts. Au lieu que l'usufruitier les gagne tous, parce que l'usufruit consiste dans l'émolument. L'antichrèse n'est aujourd'hui qu'une simple délégation de fruits; elle ne donne point par elle-même à celui qui l'a un véritable droit de gage ou d'hypothèque sur le fonds: c'est plutôt un simple droit de rétention. Elle

---

était vrai, le bail des biens dotaux passé par le mari, ainsi que celui qui est consenti par l'usufruitier, devraient cesser aussitôt que la jouissance de l'un ou de l'autre prend fin, quand bien même ces baux n'auraient pas été consentis pour plus de neuf ans; et cependant il n'en est pas ainsi, attendu, comme nous l'avons dit, qu'on a eu en vue l'intérêt de l'agriculture; et nous ajouterons, relativement aux baux de maisons, qu'on a voulu aussi donner le plus de sécurité possible aux entreprises de commerce ou d'industrie. Tels sont les véritables motifs qui ont dicté la disposition de l'art. 1743, et l'abrogation des célèbres lois *Emptorem* et *Æde*.

ne serait pas susceptible elle-même d'être hypothéquée, car elle n'est pas mise au nombre des droits immobiliers; tandis que l'usufruit des immeubles est un bien immobilier, susceptible d'hypothèque. Toutes ces propositions seront démontrées en leur lieu.

474. Enfin, l'usufruit des choses dont on ne peut faire usage sans les consommer, comme l'argent, les grains, les liqueurs, a aussi beaucoup d'affinité avec le prêt de consommation.

Ainsi, dans l'un comme dans l'autre, il y a transport de la propriété des choses : leur substance est détruite par l'usage qu'en fait l'usufruitier, comme par celui qu'en fait l'emprunteur. Il y a, dans les deux cas, obligation de rendre autant, de la même espèce et qualité, ou l'estimation, parce que, dans les deux cas, la perte des choses, même arrivée par un cas forfuit, concerne celui qui les a reçues, suivant la règle *res perit domino.* L'usufruit *peut* être à terme, comme le prêt. Mais voici les différences.

Le prêt est un contrat, au lieu que l'usufruit dont il s'agit ne peut être établi que par testament : autrement, dit fort bien Lacombe (1), ce serait un prêt; et voilà pourquoi, ajoute-t-il, toutes les lois romaines qui en parlent statuent sur des cas où il a été légué. Il est donc à titre gratuit, quoique le

---

(1) Au mot *Usufruit*, sect. 1, n° 1.

testateur y eût mis quelque charge ou condition ; tandis que si, de sa nature, le prêt de consommation est aussi à titre gratuit, du moins on peut aujourd'hui stipuler des intérêts, et rendre ainsi le contrat commutatif.

De sa nature, l'usufruit n'est pas à terme ; il faut pour cela une clause expresse, ou la disposition de la loi qui l'établit ; sinon, il ne finit ordinairement qu'à la mort de l'usufruitier. Au contraire, le prêt, de sa nature, a un terme d'exigibilité, exprès ou tacite. L'usufruit s'éteignant par la mort de l'usufruitier, les choses alors doivent être restituées ; tandis que le prêt ne devient pas exigible par la mort de l'emprunteur, si l'on n'en a pas fait l'époque de la restitution, ce qui serait un terme.

Enfin, dans le prêt, ainsi que dans toutes les espèces de droits que nous venons de comparer à l'usufruit, celui qui reçoit la chose pour en jouir n'est point assujéti par la nature de l'acte à fournir caution ; il faudrait pour cela une convention. Au lieu qu'en matière d'usufruit, la caution est due par l'usufruitier, s'il n'en est dispensé par le titre constitutif de l'usufruit, ou par la loi, qui fait, à cet égard, exception en faveur des père et mère ayant l'usufruit légal des biens de leurs enfans, et, dans le cas de l'usufruit ordinaire, en faveur du vendeur ou donateur sous réserve d'usufruit.

CHAPITRE II.

Des Biens sur lesquels l'usufruit peut être établi ; d'où il dérive, à quel titre il peut être constitué, par qui et au profit de qui, et sous quelles modalités.

Ce sera l'objet des trois sections suivantes.

SECTION PREMIÈRE.

Des Biens sur lesquels l'usufruit peut être établi.

SOMMAIRE.

475. L'usufruit, porte l'article 581, peut être établi sur toute espèce de biens, meubles ou immeubles.

Ainsi il peut l'être :

Sur les fonds de terre, de quelque nature qu'ils soient et quels que soient leurs produits, comme des carrières, des bois, des étangs, des terres labourables, etc. ;

Sur les bâtimens de toute espèce ;

Sur les animaux en la possession de l'homme ;

Sur les meubles meublans, linges, hardes, même sur des choses stériles, comme des médailles et autres objets de curiosité ou de pur agrément ;

Sur les denrées de toute sorte, ainsi que sur toute espèce de marchandises quelconques ;

Sur l'argent, monnoyé ou non, et autres métaux ;

Sur une rente constituée, et même viagère ;

Sur des créances, sur une action ou intérêt dans une compagnie de commerce ou d'industrie, et même sur une simple espérance, par exemple, le produit à retirer d'une entreprise, commerciale ou autre.

476. Aussi le legs universel en usufruit, ou même simplement des biens mobiliers, fait par un notaire ou autre officier public, comprendrait non-seulement la jouissance des sommes qui lui seraient dues au moment de sa mort par ses cliens, pour les actes de son ministère, mais encore celle du produit à retirer du droit de présenter au Roi un successeur à la charge, conformément à la loi de finance de 1816 (1).

_____

(1) Voy. *suprà*, n⁰ˢ 161 et suiv. ; Voët, *tit. de Usufructu*, n⁰ 16 ;

Il comprendrait aussi l'usufruit des biens acquis depuis le testament, et à plus forte raison de ceux dont le testateur avait déjà la nue propriété. Néanmoins, le légataire ne jouirait de ces derniers que lorsque la consolidation se serait opérée. Quant aux premiers, notre décision est fondée sur ce qu'il en est du legs universel en usufruit, comme du legs universel en propriété, lequel s'augmente ou se diminue virtuellement pendant la vie du testateur, et se trouve, en définitive, composé de ce qu'il laisse à l'époque de son décès. (Art. 1003).

Il en est de même des choses qui lui étaient dues sous condition, quoique la condition ne soit venue à s'accomplir qu'après sa mort; car elle a un effet rétroactif au jour du contrat (art. 1179.) En sorte que le testateur est censé avoir été propriétaire de ces biens pendant sa vie, et dès lors ces mêmes biens se sont trouvés compris au nombre de ceux dont il a légué l'usufruit universel.

477. Suivant le droit romain, une servitude peut même être l'objet d'un droit d'usufruit, en ce sens que si je lègue à Paul, qui a un fonds voisin du mien, le droit d'y passer ou d'y prendre l'eau pendant sa vie, mon héritier devra exécuter ma volonté comme si c'était une servitude proprement

---

de Lacombe, au mot *Usufruit*, sect. 4, n° 23, et les auteurs par lui cités.

dite, c'est-à-dire une charge établie à perpétuité sur mon fonds en faveur du fonds voisin (1).

478. L'emphytéote pourrait également établir un droit d'usufruit sur le fonds, soit en faisant le legs universel en usufruit de tous ses biens, soit en constituant l'usufruit à titre particulier, par acte entre vifs ou de dernière volonté, à titre gratuit ou onéreux, n'importe; cela n'est susceptible d'aucun doute, puisque l'emphytéote a une sorte de droit de propriété dans la chose, *dominium minùs plenum*. Toutefois, si l'emphytéose venait à s'éteindre par l'expiration du tems pour lequel elle a été concédée, l'usufruit cesserait aussitôt, suivant la règle *nemo plus juris in alium transferre potest, quàm ipse habet*.

479. Et cela est applicable à celui qui a reçu des biens avec charge de les conserver et de les rendre à ses enfans.

480. Quant à l'usufruitier lui-même, s'il ne peut constituer un usufruit sur la propriété, puisque ce n'est pas sa chose, il peut du moins, non-seulement louer, céder et vendre son droit, mais encore, et nonobstant l'opinion de *Sabinus*, fondée sur la règle *servitus servitutis esse non potest*, consti-

---

(1) L. 1, ff. *de usu et usufructu leg.* SABINUS pensait que l'on ne pouvait ainsi donner un droit de servitude en usufruit, parce que l'usufruit lui-même est une espèce de servitude, et que *servitus servitutis esse non potest ;* mais son opinion, contraire à celle de PAUL, a été rejetée.

tuer un véritable usufruit sur le sien; ce qui aura pour lui cet avantage que celui qu'il établira s'éteindra par la mort naturelle ou civile de l'usufruitier, qui peut arriver avant la sienne. Au lieu que la cession qu'il ferait de son droit n'étant pas un usufruit, l'émolument passerait aux héritiers du cessionnaire jusqu'à ce que l'usufruit lui-même vînt à s'éteindre. Il pourra aussi, de cette manière, limiter, par la fixation d'un terme, la durée de jouissance de cet usufruitier; tandis que la cession pure et simple le dépouillerait pleinement du droit. Le tiers, en le recevant à ce titre plutôt qu'à celui de louage, acquerra par là un droit dans la chose, et si l'usufruit primitif porte sur un immeuble, le second pourra aussi servir d'assiette à une hypothèque. En effet, le Code déclare que tous les biens, meubles et immeubles, peuvent être l'objet d'un droit d'usufruit; il ne fait, à cet égard, aucune distinction entre les biens incorporels et les biens corporels : il dit même (art. 588) que l'usufruit peut résider sur une rente viagère, rente qui est bien évidemment une chose incorporelle. Or, le droit d'usufruit est un bien, tantôt meuble, tantôt immeuble, selon la qualité de la chose sur laquelle il est établi. D'ailleurs, celui que la femme, dans certains cas, apporte en dot à son mari (article 1568) est soumis à la jouissance de ce dernier, jouissance qui, sous plusieurs rapports, est une espèce de droit d'usufruit : donc on peut affecter un droit d'usufruit d'un autre usufruit.

SECTION II.

D'où dérive le droit d'usufruit, à quel titre il peut être constitué, par qui et au profit de qui il peut l'être.

SOMMAIRE.

481. *Manières générales dont l'usufruit peut être établi.*
482. *Il peut porter sur tous les biens, ou sur une partie aliquote, ou sur un objet particulier.*

§. Ier.

Dans quel cas l'usufruit est établi par la loi.

483. *La loi établit un usufruit proprement dit au profit du survivant des père et mère, dans le cas de l'art. 754.*
484. *Elle appelle plus spécialement* jouissance *celui qu'elle attribue aux père et mère sur les biens de leurs enfans : renvoi.*
485. *Jouissance de la communauté sur les propres des époux ; du mari sur les biens de sa femme, dans le cas d'exclusion de communauté, ou sur les biens constitués en dot, sous le régime dotal.*
486. *Dans les deux cas précédens, comme le droit n'est point un véritable usufruit, le père ou le mari ne peut en être exproprié, et ne peut conséquemment l'hypothéquer.*

§. II.

Comment l'usufruit s'établit par la volonté de l'homme.

487. *Comment l'usufruit s'établit à titre gratuit.*
488. *Comment il s'établit à titre onéreux.*
489. *Il ne s'établit pas, chez nous comme dans le droit romain, dans les jugemens de partage.*

481. L'usufruit est établi par la loi,
Ou par la volonté de l'homme. (Art. 579.)

Il peut l'être aussi par le moyen de la prescription, comme on va le voir.

482. Il peut être constitué,

Ou sur l'universalité des biens d'une personne,

Ou sur une part aliquote de ces mêmes biens, ou des meubles ou des immeubles,

Et enfin sur un ou plusieurs objets particuliers. (Art. 612-1003-1010 analysés et combinés).

§. Ier.

Dans quel cas l'usufruit est établi par la loi.

483. D'après le Code, l'usufruit proprement dit n'est établi par la loi que dans un seul cas; dans un autre, le droit est plus spécialement appelé *jouissance* (1), quoique la loi elle-même le qualifie usufruit dans quelques-unes de ses dispositions (2); enfin, dans un troisième, elle établit aussi un droit auquel elle ne donne jamais le nom d'usufruit, mais celui de jouissance.

Le premier cas est celui prévu à l'article 754, qui attribue au survivant des père et mère sur la succession de l'enfant décédé sans postérité, ni frères ni sœurs ou descendans d'eux, l'usufruit du tiers des biens auxquels il ne succède pas en propriété, c'est-à-dire, d'après l'article précédent, l'u-

(1) Art. 384-385-386-1442.
(2) Art. 389-601.

sufruit du tiers de la moitié attribuée aux collatéraux de l'autre ligne.

Cet usufruit est à titre universel, puisqu'il porte sur une part aliquote de l'hérédité, et qu'il y a conséquemment lieu d'appliquer le principe que l'article 1010 consacre pour le cas où il s'agit du legs d'une quote-part des biens. D'ailleurs, l'article 612 reconnaît formellement que l'usufruit peut être établi à titre universel, et on ne peut le concevoir de la sorte s'il porte sur tous les biens ou seulement sur un plusieurs objets particuliers. Ce même article suppose aussi qu'il peut être universel, et cela ne peut avoir lieu qu'autant qu'il porte sur l'universalité des biens : or, dans le cas dont il s'agit, il porte seulement sur une quotité, le tiers de la moitié, ou le sixième de la succession. En conséquence, le père ou la mère sera tenu, comme usufruitier à titre universel, d'une portion des dettes de l'hérédité, conformément à cet article 612.

484. Le second cas est celui de la jouissance attribuée aux père et mère sur les biens de leurs enfans, jusqu'à ce que ceux-ci aient dix-huit ans accomplis, ou jusqu'à l'émancipation qui pourrait avoir lieu avant cet âge. (Art. 384.)

Nous en avons parlé avec étendue en traitant de la *Puissance paternelle* (1). Nous y renvoyons pour éviter les répétitions.

---

(1) Tom. précédent, n°⁵ 361 et suivans.

485. Le troisième cas est celui où des époux se sont mariés sans faire de contrat de mariage : ils sont mariés sous le régime de la communauté légale (art. 1400) (1); et l'être moral appelé communauté a, pendant sa durée, la jouissance des biens propres à chacun des époux (art. 1401). Cette jouissance, en ce qui concerne les produits des biens et les charges qui l'accompagnent, a les effets généraux de l'usufruit proprement dit, ainsi que nous l'expliquerons au titre du *Contrat de mariage*; et elle s'étend à tous les biens, abstraction faite de ceux dont la communauté devient propriétaire.

Sous le régime d'exclusion de communauté, le mari, pendant le mariage, ou jusqu'à la séparation de biens, a la jouissance de tout ce qui appartient à la femme lors du mariage et qui lui échoit depuis; et cette jouissance résulte de la seule disposition de la loi quand les époux ont simplement déclaré, par leur contrat de mariage, se marier sans

---

(2) Cet article dit bien aussi que si les époux déclarent simplement se marier sous le régime de la communauté, ce qui suppose un contrat de mariage, leur communauté sera soumise aux règles expliquées dans les sections qui suivent, et ces règles sont celles qui régissent la communauté légale. Cela est vrai; c'est en effet comme si les époux avaient stipulé dans leur contrat de mariage chacune des dispositions qui règlent la communauté légale, depuis celles de l'article 1401 jusqu'à celles de l'article 1476; mais, précisément, c'est là une communauté conventionnelle, puisqu'elle est adoptée par une convention; peu importe que, dans ce cas, elle soit en tout point semblable à la communauté légale. Telle est aussi la doctrine de Pothier (*). Or, nous parlons uniquement, quant à présent, de la jouissance établie par le seul effet de la loi.

(*) Traité *de la Communauté*, n° 270.

communauté (art. 1530 et 1531). Elle 'a aussi les caractères généraux de l'usufruit, puisque l'article 1533 dit formellement que le mari est tenu de toutes les charges qui affectent ce droit (1).

Si, pour prétendre que c'est là une jouissance conventionnelle, on objectait que la femme, en adoptant ce régime, en connaissait les conséquences, et, par cela même, qu'elle est censée en être convenue, d'après la règle *quæ sunt moris et consuetudinis, in contractibus tacitè veniunt,* nous répondrions qu'on pourrait en dire autant des époux qui ne font pas de contrat de mariage, et qui savent cependant bien qu'ils sont mariés sous le régime en communauté : en telle sorte qu'il n'y aurait, en réalité, aucune association entre époux qui méritât de s'appeler avec exactitude communauté légale, ce qui serait démenti par la loi elle-même.

Dans ces deux cas, la jouissance porte sur l'universalité des biens de la femme.

Enfin, sous le régime dotal le mari a aussi la jouissance des biens constitués en dot (art. 1549); et il est tenu, à cet égard, des obligations de l'usufruitier (art. 1562). Mais, à la différence de celui-ci, et en ne considérant seulement que les fruits, il n'a pas droit à la totalité de ceux qu'il a perçus sur

---

(1) Sauf, bien entendu, qu'il n'est point tenu, par la nature du contrat, de fournir caution, comme l'usufruitier est tenu, en général, de la fournir, par la nature de l'usufruit. (Art. 1550 et 601 combinés.)

les immeubles dotaux pendant l'année de la dissolution du mariage, et il n'est pas non plus sans
droit quelconque quant à ceux qui n'ont été perçus
que depuis cette dissolution : au contraire, les fruits
de la dernière année se partagent, comme nous
l'avons dit (1), entre le mari et la femme, ou leurs
héritiers, à proportion du tems qu'a duré le mariage pendant la dernière année ; et l'année commence à partir du jour où il a été célébré. (Art. 1571.)

La jouissance, dans ce cas, ne porte que sur les
biens constitués en dot ; mais comme ils peuvent
l'être en totalité (art. 1542), s'il en est ainsi, elle
s'étendra à tous.

Quant aux dettes de la femme, sous ces différens
régimes, on suit pour leur paiement les règles du
droit commun, ou, dans le cas de communauté,
celles qui sont tracées aux chapitres du titre *du
Contrat de mariage* qui traitent de ce régime.

486. Au surplus, dans les cas où le droit n'est
pas un véritable usufruit, mais une simple jouissance, par conséquent dans tous ceux où le mari
ne l'a sur les biens de sa femme que comme mari,
et même dans celui où les père et mère ne l'ont
sur les biens de leurs enfans qu'en cette qualité, ce
droit ne peut, comme l'usufruit proprement dit,
être hypothéqué par celui à qui il appartient. Les
seuls biens susceptibles d'hypothèque, porte l'ar-

_____

(1) Voy. *suprà*, n° 28.

ticle 2118, sont les biens immobiliers qui sont dans le commerce, leurs accessoires réputés immeubles, et l'*usufruit* des mêmes biens et accessoires pendant le tems de sa durée : or, cette jouissance, dans le sens de la loi sur les hypothèques, n'est point un usufruit. L'utilité de l'hypothèque consiste dans le droit qu'a le créancier, à défaut de paiement, de faire vendre l'immeuble hypothéqué et d'être payé sur le prix par préférence aux autres créanciers; et ce droit peut s'exercer aussi bien par rapport à un usufruit, que par rapport à la propriété elle-même, car la condition du propriétaire n'en est point alté-rée, puisque la jouissance du tiers se terminant avec l'usufruit, elle ne lui sera pas plus onéreuse que celle de l'usufruitier. Telle est la raison pour la-quelle celui-ci peut vendre, céder, louer, comme jouir par lui-même (art. 595). Aussi l'usufruit n'est-il personnel qu'en tant qu'il est établi au profit d'une personne : d'où il suit que dès que cette per-sonne n'est plus, naturellement ou civilement, la chose est affranchie; et non en ce sens que ce soit un droit dont l'exercice est exclusivement attaché à la personne elle-même, comme ceux dont entend parler l'article 1166, et que, pour cette raison, les créanciers ne peuvent exercer; autrement il ne pourrait être cédé, ainsi qu'il peut l'être. Mais ces principes ne peuvent s'appliquer à la jouissance du mari sur les biens de la femme, ou du père sur ceux de ses enfans : ceux-ci ont intérêt à ce que cette jouissance, et par conséquent l'administration de

leurs biens, ne soit pas dans des mains étrangères.
Cependant c'est ce qui arriverait si le droit pouvait être hypothéqué, puisqu'à défaut par le père
ou le mari de remplir ses obligations, le créancier
userait de la faculté que donne l'hypothèque de
faire vendre la chose qui en est grevée. Sans doute
le mari ou le père peut vendre les fruits, les céder, les donner; ses créanciers peuvent les saisir
et faire vendre ; les biens peuvent être loués ou
affermés : c'est là simplement l'exercice du droit de
jouissance lui-même; mais ce droit est inaliénable ;
c'est un attribut de la puissance paternelle ou maritale, et conséquemment, si le père ou le mari ne
peut en être exproprié, il ne peut l'hypothéquer (1).
Si donc un créancier ayant hypothèque sur les
biens de l'un ou de l'autre, par exemple en vertu
d'un jugement, poursuit, à défaut de paiement,
l'expropriation forcée des biens de son débiteur,
il pourra l'exproprier aussi de l'usufruit que celui-
ci aurait sur l'immeuble d'un tiers, et être payé par
ordre d'hypothèque aussi bien sur le produit de cet
usufruit que sur celui des immeubles (art. 526-
2119-2166 combinés); mais il ne pourra l'exproprier de la jouissance paternelle ou maritale, parce
que c'est un droit exclusivement attaché à la per-

---

(1) Tel est aussi le sentiment de Perez AD CODICEM , tit. *de usufruc. et habit.* , n° 15. *Quid* , dit-il , *si fructuarius videatur esse
dominus ? Et licet Glossa in lege 6. hoc tit. hæreat, dicendum tamen
usufructuarium rei dotalis non posse usumfructum alteri obligare , cùm
ususfructus sit rei dotalis , eaque prohibita sit alienari lege Juliâ.*

sonne. En conséquence, les fruits échus sur le fonds soumis à l'usufruit, comme ceux échus sur les immeubles du débiteur, depuis la dénonciation de la saisie, seront immobilisés pour être distribués, avec le prix de l'usufruit et des immeubles, par ordre d'hypothèque (art. 689, Cod. de procéd.); mais ceux échus sur les biens simplement grevés de la jouissance paternelle ou maritale, biens qui ne peuvent évidemment être saisis par les créanciers du mari ou du père, entreront dans la masse chirographaire, pour le produit en être distribué comme chose mobilière. En matière d'hypothèque, tout est de droit étroit, et ceux-là seuls qui sont dans les cas formellement prévus par la loi peuvent invoquer une préférence sur les autres; or, la loi n'autorise pas formellement l'hypothèque de la jouissance dont nous parlons.

§. II.

Comment l'usufruit s'établit par la volonté de l'homme.

487. L'usufruit établi par la volonté de l'homme peut l'être à titre gratuit ou à titre onéreux.

Dans le premier cas il peut l'être, ou par donation entre-vifs, ou par testament : et cela, soit en donnant ou léguant l'usufruit; soit en donnant ou léguant la nue propriété seulement, auquel cas l'usufruit reste au donateur ou à l'héritier du tes-

IV.   28

tateur (1); soit enfin en donnant ou léguant l'usufruit à l'un et la nue propriété à l'autre, ce qui n'a
nullement le caractère des substitutions prohibées
par le Code, puisqu'il y a deux dispositions principales et directes : l'une de la nue propriété, l'autre
de l'usufruit. (Art. 899.)

Il faut au surplus, dans tous ces cas, pour que
l'usufruit soit valablement constitué au profit de
celui à qui il a été donné ou légué, que le consti-

---

(1) La loi 1, §. 4, et la L. 2, ff. *de usuf. accresc.*, décident, dans
ce cas, que le droit d'accroissement n'a pas lieu entre les héritiers
quand l'un d'eux vient à perdre son droit à l'usufruit, et conséquemment que la part éteinte retourne à la propriété, c'est-à-dire,
dans l'espèce, au légataire.

Un auteur a écrit que, suivant la loi 14, Cod. *de usufruc.*, l'usufruit, dans le cas dont il s'agit, appartenant aux héritiers, *il finit
par le décès du dernier mourant.* Si ce jurisconsulte a cru voir dans
cette loi, comme on est porté à le penser d'après la contexture de
sa phrase, que l'usufruit doit subsister en entier jusqu'au dernier
mourant, il s'est trompé; car cette loi décide seulement une vieille
controverse qu'il est inutile de rappeler ici : elle ne s'occupe pas du
droit d'accroissement entre les héritiers auxquels l'usufruit était
ainsi réservé, droit qu'excluent formellement les lois précitées, par
la raison qu'ils ont leurs parts assignées par le testateur dans l'hérédité, par conséquent dans l'usufruit, et que le droit d'accroissement
n'a pas lieu entre ceux qui ne sont pas tous appelés à la même chose
pour la totalité. Mais si l'un des héritiers fût mort avant le testateur,
ou eût répudié, comme l'autre aurait eu la totalité de l'hérédité par
la force même de l'institution, de même il aurait eu la totalité de
l'usufruit.

Au contraire, quand c'était un des légataires du même usufruit
qui perdait son droit, même après que tous étaient entrés en jouissance, sa part ne retournait pas à la propriété : elle accroissait aux
autres, ou plutôt les autres légataires, *conjuncti, vel disjuncti*, n'importe, gardaient tout l'usufruit par droit de non décroissement. Même
loi 1, §. 3.

tuant ait la capacité de disposer du droit, que le donataire ou le légataire ait celle de recevoir de lui, et enfin que l'acte réunisse toutes les formalités voulues par la loi pour les actes testamentaires ou portant donation entre-vifs.

Et l'usufruit peut non-seulement être donné ou légué à un ou plusieurs particuliers, et à ces derniers soit pour en jouir conjointement, soit pour en jouir successivement; mais il peut même être créé au profit d'une commune ou communauté, d'un hospice ou autre établissement d'utilité publique, auquel cas il dure trente ans. (Art. 619.)

488. Dans la seconde hypothèse prévue d'abord, l'usufruit peut être établi par vente, soit de l'usufruit lui-même, soit de la nue propriété seulement, et alors le vendeur reste usufruitier;

Il peut l'être aussi par transaction, abandon ou cession;

Par conventions matrimoniales;

Par convention de partage, et tout autre acte quelconque, pourvu que le constituant soit capable de disposer de l'objet, et que toutes les autres conditions requises pour la validité des conventions soient observées.

489. Suivant le droit romain, l'usufruit était quelquefois constitué par le juge dans les partages judiciaires (1), quand la chose ne pouvait se diviser

_____

(1) L. 6, §. 1, ff. *de usuf.*; L. 16, § 1, ff. *famil. ercisc.*; L. 6, §. 10, *Commun. divid.*

commodément, qu'il importait de ne pas la vendre ni la liciter, et que l'une des parties ne pouvait la prendre en totalité et payer une soulte à l'autre : ce mode n'a point été conservé par le Code, sauf aux parties, si elles sont d'ailleurs capables, de faire à cet égard ce qu'elles jugeront à propos. Mais pour le juge, il n'a mission de la loi que de diviser les choses qui peuvent l'être, et d'ordonner la licitation de celles qui ne peuvent se partager commodément et sans perte. (Art. 815-831-832-833-1686.)

490. Une dérogation plus importante aux principes de cette législation sur la matière, principes suivis dans les pays de l'ancienne France où le droit romain avait force de loi, c'est que, aujourd'hui, dès que l'usufruit est régulièrement promis, il se trouve constitué, et affecter la chose qui en est l'objet : il n'est pas nécessaire pour cela que l'usufruitier ait été mis en jouissance, qu'il ait commencé à posséder en faisant un acte quelconque : l'usufruit existe dans sa personne dès qu'il est régulièrement concédé, promis. C'est une conséquence nécessaire des nouveaux principes, suivant lesquels le droit de propriété s'acquiert par le seul effet des conventions (art. 711), sans qu'il soit besoin d'aucune espèce de tradition (art. 1138); car ce qui est vrai pour la propriété elle-même ne saurait être faux pour un de ses démembremens : ce qui opère pour le *plus* doit opérer pour le *moins*. L'usufruit, avons-

nous dit, est une partie du domaine; il en est la jouissance temporaire : donc la convention dont il est l'objet doit avoir pour effet direct et immédiat de le transmettre, comme elle transmettrait le domaine entier, si elle s'appliquait à lui.

Au contraire, dans les anciens principes, comme la convention seule ne transférait point la propriété, qu'il fallait de plus une tradition quelconque, l'usufruit n'était point établi sur la chose par cela seul qu'il était vendu ou promis; il ne la grevait pas encore : il fallait, en outre, une *quasi*-tradition du droit, laquelle s'opérait par l'entrée en jouissance de celui à qui l'usufruit avait été vendu ou promis, et de l'assentiment de l'autre partie : jusque-là ce n'était qu'un simple droit d'obligation, et non un droit réel, *jus in ipso corpore* (1); en sorte que si, avant qu'il eût effectivement grevé la chose, celui qui l'avait promis avait aliéné cette chose, ce dernier restait bien soumis à l'action personnelle de l'acheteur de l'usufruit, mais celui-ci n'avait pas d'action contre le tiers pour le forcer à reconnaître

_____

(1) L. 3. ff. *de oblig. et act.* L. 20, Cod. *de pactis.* Voët, tit. *de usuf.*, n° 7. Sotomayor, *de usufructu*, cap. 10 et 12. Vinnius, sur le §. 1, Instit., *de usuf.*

Quand l'usufruit était légué, la quasi-tradition n'était pas nécessaire pour que la chose fût grevée; elle était affectée, de droit, si l'héritier grevé du legs acceptait l'hérédité, parce que, par une fiction, les legs passaient du testateur au légataire : L. 64, ff. *in fine, de furtis;* même quand ils étaient conditionnels, si la condition s'accomplissait. L. 12, §. 2, ff. *familiæ erciso.* L. 105, ff. *de condit. et demonst.*

l'existence de son droit et à en souffrir l'exercice (1);
au lieu qu'il l'aurait chez nous, pourvu que son
titre eût une date certaine antérieure à celui du
tiers. (Art. 1138-2182-1328 combinés.)

491. On peut, soit par testament (2), soit par
donation entre-vifs, soit enfin par acte à titre onéreux (3), établir, comme nous l'avons dit, un usufruit successif au profit de plusieurs personnes.
Ainsi, je lègue à Paul, et après lui à son fils, l'usufruit de mon jardin : dans ce cas il y a deux usufruits, dont l'un commencera quand l'autre viendra
à s'éteindre ; et le fils de Paul viendra au legs, s'il
est d'ailleurs capable, quand bien même Paul n'y
arriverait pas, par exemple, parce qu'il serait mort
avant moi. Car l'usufruit ne passe pas par voie de
transmission de Paul à son fils, mais directement
de moi à celui-ci (4). C'est un usufruit spécial que
je lui ai légué sous la tacite condition qu'il serait
capable de le recueillir lorsque le premier cesserait, par conséquent qu'il vivrait à cette époque ;
or, cette condition s'est réalisée. C'est en conformité

---

(1) L. 20, Cod. *de pactis*, précitée, analysée, et encore mieux
L. 15, Cod. *de rei vindic.*, et les auteurs ci-dessus, aux mêmes endroits.

(2) L. 5, ff. *quib. mod. usuf. amitt.* Voy. Voët sur ce titre,
n° 1.

(3) L. 38, §. 12, ff. *de verb. oblig.* Dans le cas de cette loi, je
stipule valablement un droit d'usufruit pour moi et pour mon héritier ; et le jurisconsulte reconnaît qu'il y a deux usufruits.

(4) Voët, au même endroit.

de ces principes que la Cour de Paris a jugé (1) que le legs en usufruit fait à plusieurs personnes successivement, pour en jouir l'une après l'autre, n'était point une substitution fidéi-commissaire prohibée : c'était en effet plusieurs usufruits, dont chacun, conséquemment, exigeait l'accomplissement de toutes les conditions, et était soumis à toutes les charges ordinaires, notamment à l'obligation, pour chaque usufruitier, de fournir caution (2).

Il y a toutefois entre l'usufruit établi au profit de plusieurs personnes successivement par testament ou par donation entre-vifs, et celui qui est établi à titre onéreux, cette différence que nous avons déjà fait remarquer, que, dans le premier cas, il ne peut avoir lieu qu'en faveur de celles qui sont déjà au moins conçues à l'époque du décès du testateur ou de la donation (article 906) (2); tandis que dans le second, comme nous stipulons pour nos héritiers aussi bien que pour nous-mêmes

---

(1) Le 26 mars 1813 (Sirey, 13-2-360). Voy. *suprà*, n° 81. Le legs était ainsi conçu : « Je laisse à madame Lebon la jouissance de « mon contrat de 320 livres de rentes sur l'hôtel de M. de Bouillon ; « je la lui laisse sa vie durant, *et après elle, elle retournera à ma-* « *dame Pepin sa vie durant; et après elle, à Damas le militaire, en toute* « *propriété.* »

(2) Voët, au même endroit.

(3) La L. 22, Cod. *de legatis*, voulait, lorsqu'un testateur avait fait ou laissé par un fidéi-commis un legs annuel à une personne et aux héritiers de celle-ci, sans autre désignation, que ces derniers, et après eux leurs héritiers, pussent aussi réclamer la pension. Il n'en saurait être ainsi chez nous pour tous ceux qui ne sont pas conçus au moment du décès du testateur.

(art. 1122), la convention sortirait ses effets, même à l'égard de ceux des héritiers du stipulant qui ne seraient point encore conçus au moment où elle a lieu. Nous pouvons même stipuler l'usu-fruit pour l'héritier de notre héritier; car, en droit, il est censé ausssi notre héritier (1); mais l'usufruit ne s'étendrait à lui qu'autant que la convention le comprendrait expressément, puisqu'il ne s'éten-drait même pas à l'héritier au premier degré, si celui-ci n'y était pas formellement compris : autre-ment cette succession indéfinie d'usufruits rendrait vain le droit de propriété (2).

492. Dans le cas où le testateur léguait simple-ment son fonds à *Titius* et l'usufruit du même fonds à *Sempronius*, les jurisconsultes romains s'at-tachant plutôt à la signification du terme *fundus*, qui comprend en effet la nue propriété et la jouis-sance, *fructus*, qu'à la volonté du testateur, déci-daient (3), ainsi qu'on l'a dit, que *Sempronius* et *Titius* concouraient quant à l'usufruit; et par application du même principe, combiné avec ceux qui régissent le droit d'accroissement, ils décidaient également, si un fonds avait été légué à deux, et l'usufruit de ce fonds à un troisième, que les deux légataires du fonds avaient, outre la propriété, la moitié de

---

(1) L. 14, Cod. *de usufruc.* Voët, *loco citato.*
(2) Même loi.
(3) L. 6, *de usuf. earum rerum quæ usu consum.* L. 19, ff. *de usu et usuf. leg.*

l'usufruit; et il en était de même si l'usufruit avait été légué à deux et le fonds à un troisième (1).

Mais Grotius (2), Voët (3) et plusieurs autres auteurs graves, enseignent (du moins sur le premier point, et par voie de conséquence, leur décision doit s'étendre aux autres) qu'il n'en doit pas être ainsi dans les principes modernes; que l'opposition des expressions *fonds* et *usufruit,* dont s'est servi le testateur indique qu'il n'a entendu léguer à *Titius* que le fonds moins l'usufruit, parce que tel est le sens ordinaire de ces termes quand ils sont mis en rapport l'un avec l'autre, et que sa volonté doit être suivie.

Cela serait encore moins douteux, s'il avait légué la propriété à l'un, et l'usufruit à l'autre : l'opposition que formerait ces deux expressions serait même plus caractérisée, et attesterait plus clairement encore, d'après le sens ordinaire de ces termes mis en rapport l'un avec l'autre, qu'il n'a entendu comprendre dans le legs de la propriété que la nue propriété seulement (4).

Les jurisconsultes romains eux-mêmes ne se sont d'ailleurs pas dissimulé que leur décision, à cet égard, était plutôt fondée sur l'interprétation du mot *fundus,* qui comprend, il est vrai, généralement la nue propriété et la jouissance, que sur la

---

(1) L. 26 , §. 1 , ff. *de usu et usufruc. legat.*
(2) *Manuduct. ad jurisprud. Holl.*, lib. 2, cap. 39, n° 12.
(3) Tit. *de usuf. et quemad.* , n° 8.
(4) *Voy.* cependant l'art. 1094.

volonté du testateur : aussi Modestinus dit-il dans
la loi 19, ff. *de Usu. et usuf. leg.*, précitée, que le
concours a lieu entre les légataires, quant à l'usufruit, *quia interdùm plus valet scriptura, quàm
peractum sit* : c'est-à-dire que quelques fois, par
conséquent contre les règles ordinaires du droit (1),
même en matière de testament (2), une clause testamentaire a, par la stricte signification des termes
dont le testateur s'est servi, des effets plus étendus
que ceux qu'il a voulu lui attribuer : or, c'est ce
que nous n'admettons point dans notre législation
sur les testamens : leur base est la volonté du défunt (3).

493. Au reste, si, dans l'espèce, le légataire de
l'usufruit vient à mourir du vivant du testateur,
l'usufruit ne restera pas pour cela aux héritiers; il
se réunit à la propriété léguée; car, dit la loi romaine (4), *nihil apud scriptum heredem relinque-
tur.* Le défunt, en effet, n'a rien voulu laisser du
fonds à l'héritier, puisque ce n'était point en sa
faveur que l'usufruit était retranché du legs de la
propriété.

---

(1) L. L. 29 et 30 , ff. *de legibus.*
(2) L. 7, §. 5, ff. *de suppellect. legatâ.*
(3) Cependant Lacombe, au mot *Usufruit*, sect. 4, n° 11, décide
différemment, en s'appuyant des lois précitées, et en s'autorisant
du sentiment de Grassus et de Depeisses ; mais ces auteurs écri-
vaient d'après les principes du droit romain.
(4) L. 23, *de usuf. et quem.* La L. 6, §. 1, ff. *de usufructu accresc.*
est aussi en ce sens. Ricard, *des Donations*, part. 3, n° 525 et suivans, enseigne que l'usufruit s'est consolidé à la propriété.

A plus forte raison en doit-il être ainsi du cas où le légataire en usufruit vient à mourir après avoir recueilli le legs, quoique l'usufruit eût été limité quant à sa durée ; sauf ce que nous allons dire tout à l'heure. Ainsi, *je lègue au fils de mon frère la propriété de tel fonds, et à mon frère l'usufruit de ce fonds jusqu'à ce que son fils soit parvenu à sa majorité* ; dans ce cas, la mort de mon neveu arrivée avant ou après la mienne, n'empêcherait sans doute pas mon frère de jouir du fonds jusqu'à l'époque où mon neveu aurait atteint sa majorité s'il eût vécu (art. 620) : il y aurait seulement cette différence que s'il était mort avant moi, le legs de la nue propriété étant devenu caduc (art. 1039), cette propriété serait restée dans ma succession ; au lieu que s'il m'avait survécu, il l'aurait transmise à ses propres héritiers (art. 1014). Mais la mort de mon frère arrivée avant que son fils fût parvenu à sa majorité ne donnerait pas à mes héritiers le droit de prétendre que la jouissance du fonds doit leur appartenir jusqu'à cette époque : la limitation apportée à l'usufruit légué à mon frère ne l'a été qu'en faveur de son fils ; il s'est fait consolidation dès la mort du premier, ainsi qu'on l'a jugé par arrêt des *grands jours* de Lyon, de 1596 (1).

494. Bien mieux, si un fonds est légué à Titius sous la réserve de l'usufruit, et que cet usufruit soit légué à Sempronius sous une certaine condi-

_____

(1) Lacombe, au mot *Usufruit*, sect. 5, n°⁵ 4 et 5.

tion, la jouissance du fonds, tant que la condition sera en suspens, n'appartiendra point à l'héritier du testateur.; elle appartiendra au légataire de la nue propriété : *Quod cùm pater-familias detracto usufructu fundum legat, et alii usumfructum sub conditione, non hoc agit ut apud heredem ususfructus remaneat* (1). Cependant il y avait quelque raison de douter dans ce cas; car le testateur n'ayant légué à l'un que la nue propriété seulement, et à l'autre l'usufruit sous condition, on aurait pu penser, jusqu'à un certain point, que tant que la condition n'était pas accomplie, l'usufruit était encore dans l'hérédité. Mais la véritable raison de décider est celle que donne le jurisconsulte : la réserve touchant l'usufruit n'a point été faite en faveur de l'héritier; elle l'a été en faveur de Sempronius, et seulement encore sous une condition : en sorte que si cette condition ne s'accomplit pas, il n'y aura jamais eu de legs d'usufruit, et Titius aura eu la toute propriété. Ce ne sera pas par l'effet de la consolidation, puisque l'usufruit n'aura jamais existé; ce sera par la nature même de son legs, qui n'était diminué que sous une condition qui est venue à manquer.

Néanmoins en pareil cas on doit s'attacher à la volonté du testateur; et si des termes du testament il résulte qu'il n'a pas entendu que la délivrance du legs en propriété fût faite avant un cer-

---

(1) L. 4, ff. *si ususf. petetur.* Ricard, même endroit, n° 528.

tain tems qu'il a marqué, sa volonté sera suivie, et l'héritier aura la jouissance jusqu'à cette époque. La loi 35, ff. *de Usu et usufruc. legat.*, nous offre l'exemple d'un cas semblable. Un testateur a légué à son épouse l'usufruit de son domaine pour cinq ans à partir de sa mort, et il a ajouté que ce tems écoulé, et lorsque l'usufruit aurait cessé, il voulait que ce fonds fût livré à certaines personnes : *Et peracto quinquennio, cùm ejus ususfructus esse desinit, tunc eum fundum illi et illi libertis dari volo,* La femme du testateur étant venue à mourir avant l'expiration des cinq ans, le jurisconsulte Labéon, consulté sur la question de savoir si les légataires du fonds ne pouvaient pas entrer de suite en jouissance, répond négativement, *quia peracto quinquennio testator proprietatem legaverat.* Cujas dit sur cette loi que le legs de la propriété n'avait, en effet, été laissé que pour être délivré à partir de l'expiration de ce terme : *Sed ex certá die : dies igitur expectanda est.* Et ce qui le détermine à le décider ainsi, c'est le mot *tunc* employé dans la loi, et qui indique, à ses yeux, un terme apposé à la délivrance du fonds (1).

495. Si je lègue à l'un l'usufruit de tous mes biens, et à l'autre l'usufruit de mon jardin, il ne nous paraît pas douteux que ce dernier ne doive avoir l'usufruit du jardin en totalité, soit que le legs universel fût le dernier, soit qu'il fût le

_____

(1) *Voy.* aussi Ricard, *des Donations*, part. 3, n° 530.

premier (1) : *semper enim species generi derogat* (2).

Voët professe même (3), et nous partageons son sentiment, que si l'usufruit universel est légué à Titius, et que le fonds soit légué à Sempronius, celui-ci, à moins de volonté contraire du testateur, (ce qui s'estimerait par les termes du testament), a droit à la toute propriété du fonds, soit que son legs précède ou suive celui fait à Titius. Il rejette à cet égard le sentiment d'Antoine Faber qui voulait qu'il y eût concours quant à l'usufruit, et qui pour cela convenait que, d'après la loi 19 ff. *de Usu et usuf. legat.*, le légataire du fonds l'était tout à la fois de la nue propriété et de l'usufruit. Le premier de ces jurisconsultes décide bien, comme on l'a vu (4), que, si un *fonds* est simplement légué à l'un, et l'usufruit du même fonds à l'autre, il n'y a pas entr'eux concours quant à l'usufruit, ainsi que le voulait le droit romain, contre la volonté présumée du testateur, et uniquement parce que l'expression *fundus* signifie généralement le domaine, et que le domaine renferme ordinairement la nue propriété et la jouissance, *fructus*; mais s'attachant toujours à la volonté du défunt, ce savant et judicieux auteur porte une décision différente quand l'usufruit de tous les biens a été légué à l'un, et un objet particulier à l'autre : selon

---

(1) Ricard, *des Donations*, part. 3, n° 278.
(2) L. 99, §. ult. *de legat.* 3°. L. 80, ff. *de reg. juris.*
(3) Tit. *de usuf.*, n° 17.
(4) N° 492, *suprà.*

lui, ce dernier doit avoir la chose en totalité, d'autant mieux que, suivant le droit romain et suivant Faber lui-même, ce légataire est en même tems légataire particulier de l'usufruit, lequel est compris dans le legs de la chose, et conséquemment qu'il y a lieu d'appliquer la règle *species semper generi derogat.*

496. Quand le legs en usufruit est fait à plusieurs, il peut y avoir lieu au droit d'accroissement comme lorsqu'il s'agit du legs de la propriété : les art. 1044 et 1045 qui consacrent ce droit ne font aucune distinction à cet égard.

Comme le siège de cette matière est au titre *des Donations et Testamens*, nous nous bornerons à en retracer ici les principes généraux, dont l'exposé nous paraît nécessaire pour le complément de nos observations sur l'usufruit.

Ainsi, lorsqu'il s'agit du legs de la propriété d'un objet fait à plusieurs, si l'un des légataires a recueilli sa part, il l'a transmise à ses héritiers (art. 1014), et par conséquent il ne peut plus être question du droit d'accroissement; mais quand ce legs d'une même chose a été fait à plusieurs conjointement, si l'un d'eux meurt avant le testateur ou avant l'accomplissement de la condition, si le legs est conditionnel à son égard, ou si la condition vient à défaillir, ou s'il est incapable de recevoir, ou s'il répudie le don, l'accroissement, dans les cas déterminés par la loi, a lieu au profit des autres légataires, attendu que le testateur est présumé les avoir préférés, quant à la part caduque, aux héritiers chargés de la délivrance du legs, puisqu'il les a gratifiés, tandis qu'il a grevé ceux-ci ; et ces principes, disons-nous, sont absolument applicables au cas où c'est l'usufruit qui est l'objet de la libéralité.

497. Suivant le Code, il y a lieu au droit d'accroissement dans les deux hypothèses prévues aux articles 1044 et 1045, ainsi conçus :

« Il y aura lieu à accroissement au profit des lé-
« gataires dans le cas où le legs sera fait à plusieurs
« conjointement.

« Le legs sera réputé fait conjointement lorsqu'il
« le sera par une seule et même disposition, et que
« le testateur n'aura pas assigné la part de chacun
« des légataires dans la chose léguée.

« Il sera encore réputé fait conjointement, quand
« une chose qui n'est pas susceptible d'être divisée
« sans détérioration, aura été donnée par le même
« acte à plusieurs personnes, même séparément. »

Il faut donc, pour qu'il y ait lieu au droit d'accroissement dans le premier cas,

1° Que le legs ait été fait à plusieurs ;

2° Qu'il l'ait été d'une même chose ;

3° Qu'il l'ait été par une seule et même clause ou proposition ;

4° Que le testateur n'ait pas assigné aux légataires des parts dans la chose léguée.

Mais il est indifférent, dans ce cas, que la chose

soit divisible ou non, et que le legs ait pour objet l'universalité ou une quote-part des biens, ou seulement un ou plusieurs objets particuliers ; peu importe que les articles 1044 et 1045 soient placés sous la rubrique des legs à titre particulier : le droit d'accroissement n'est pas restreint à ces sortes de legs.

498. En appliquant ces principes à l'usufruit, si le testateur a dit *Je donne* ou *lègue l'usufruit de mon jardin à Paul et à Jean*, il y aura sans doute lieu au droit d'accroissement si, par une cause quelconque, l'un des légataires n'arrive pas au legs ; mais l'accroissement n'existerait pas, suivant le Code civil, si le testateur avait dit *Je lègue à Paul et à Jean l'usufruit de mon jardin par portions égales;* encore moins s'il avait dit *Je lègue l'usufruit de mon jardin à Paul et à Jean : à Paul pour les deux tiers, et à Jean pour l'autre tiers :* et à plus forte raison s'il avait dit *Je lègue à Paul et à Jean l'usufruit de mon jardin; à Paul la portion à droite, et à Jean la portion à gauche.*

Dans ces deux derniers cas, il n'y a jamais eu lieu au droit d'accroissement, parce qu'il y a réellement deux legs, et que ce droit ne peut s'appliquer qu'au cas où les légataires ont été appelés à la même chose: or c'est ce qu'on ne peut dire, même dans la première de ces deux hypothèses, puisque cette assignation de parts inégales atteste que les légataires n'étaient pas au même rang dans

IV.   29

l'affection du défunt, qui avait légué plus à l'un qu'à l'autre, ce qui est exclusif de la supposition qu'il avait voulu léguer à celui-ci absolument la même chose qu'à celui-là, condition cependant nécessaire pour qu'il y ait lieu au droit d'accroissement.

Dans le cas où il leur a légué la même chose par une seule et même proposition, mais avec assignation de parts égales, ce qui était le cas de la conjonction *verbis tantùm* du droit romain, quelques interprètes de cette législation, se fondant sur la loi 89, ff. *de Legatis* 3°, et sur la loi 142, ff. *de Verb. signif.*, qui établissent trois cas où les légataires ou héritiers peuvent être *conjoints*, et plus spécialement encore sur la loi 16, §. 2, ff. *de Legatis* 1°, ont bien prétendu qu'il y avait lieu au bénéfice de l'accroissement; mais d'autres aussi, et notamment Pothier (1), d'après Cujas, enseignent que s'il en est ainsi dans cette dernière loi, c'est parce que telle a été la volonté du testateur, et que, hormis ce cas, le droit d'accroissement n'avait pas lieu entre les légataires à qui des parts avaient été assignées. Certainement il n'avait pas lieu dans nos pays de coutumes, et c'était avec raison, puis que la part attribuée à l'un n'est pas celle attribuée à l'autre, quoiqu'elle soit semblable : la similitude est exclusive de l'identité.

---

(1) Pandect. Justin., tit. *de Legatis, pars quinta*, n° 422. Cela a fait moins de doute encore depuis la loi unique, Cod. *de Caducis tollendis.*

Au surplus, l'article 1044 a tranché la question en ce sens; car évidemment il n'a pas seulement pour but d'écarter le droit d'accroissement pour le cas où les parts auraient été matériellement assignées : jamais il n'y a eu de difficulté sur ce point; et il n'entend pas, non plus, le proscrire uniquement pour celui où des parts intellectuelles auraient été attribuées d'une manière inégale, puisqu'il ne fait aucune distinction. Pour donner à sa disposition un but réel, on doit même reconnaître qu'elle n'a pour objet que l'hypothèse d'une assignation de parts aliquotes égales, attendu que lorsqu'il s'agit de celle de parts matérielles, ou bien de parts intellectuelles, mais inégales, il y a réellement plusieurs legs, et dès lors que l'on ne peut supposer au législateur l'intention d'avoir voulu statuer sur des cas qui n'étaient susceptibles d'aucun doute, quand il s'en présentait un qui en offrait plus ou moins en se reportant aux anciens principes, du moins d'après la manière dont ils avaient été interprétés par les partisans de l'une ou de l'autre opinion.

499. Néanmoins, si je léguais l'usufruit de mon domaine aux enfans de mon frère, par portions égales, sans autre désignation, la mort de l'un d'eux, avant la mienne (1), n'empêcherait pas que l'usu-

---

(1) Nous ne voulons point préjuger la question de savoir si l'usufruit s'éteindra pour partie à la mort de l'un d'eux arrivée après mon décès. Nous l'agiterons au chapitre *de l'Extinction de l'usufruit.*

fruit n'appartînt à tous ceux qui existeraient à
l'époque de mon décès. En effet, n'ayant nommé
les enfans de mon frère que d'une manière collec-
tive, je serais censé avoir fait le legs uniquement
au profit de ceux qui existeraient à ma mort; et ce
ne serait pas par l'effet du droit d'accroissement
que ces derniers l'auraient en totalité, ce serait par
l'effet de la disposition elle-même. Ce cas serait
semblable à celui où l'un des appelés à une substitution permise vient à mourir avant le grevé
sans laisser d'enfans, cas dans lequel ceux-là seuls
qui existent au décès du grevé ont droit aux biens
compris dans la disposition : en un mot, dans l'espèce, les enfans de mon frère sont censés substitués
vulgairement entr'eux, comme les enfans du donataire ou légataire grevé de restitution.

500. Bien mieux, suivant la jurisprudence de la
Cour de cassation, l'assignation des parts n'est pas
toujours un obstacle au droit d'accroissement,
parce qu'elle n'empêche pas dans tous les cas que
le legs ne soit censé fait conjointement. A cet égard
on distingue entre l'hypothèse où l'assignation des
parts porte sur l'institution elle-même, sur la chose,
et celle où elle ne porte que sur l'exécution de la
disposition, sur le partage : comme si le testateur,
en assignant des parts aux légataires, avait simplement voulu déclarer ce qui devait avoir lieu dans
le cas où ils recueilleraient tous le legs.

Ainsi, l'on convient généralement que, s'il a dit

J'institue Pierre, Paul et Jean mes légataires uni- versels, chacun pour un tiers (1), ou bien s'il a dit *J'institue, chacun pour un tiers, légataires de tous mes biens, Pierre, Paul et Jean*, la désignation des parts affecte l'institution elle-même, et con- séquemment que chacun des légataires ne pourra jamais avoir droit qu'au tiers, parce qu'en effet c'est tout ce qui lui a été donné; car il y a réelle- ment trois legs, et tous trois à titre universel (art. 1010). Or, pour qu'il y ait lieu au bénéfice de l'accroissement, il faut au moins que le légataire qui l'invoque puisse dire que la part vacante lui avait été aussi léguée. Si donc l'usufruit a été laissé de l'une ou de l'autre de ces manières, et que l'un des légataires vienne à décéder avant le testateur, l'usufruit n'aura lieu que pour les deux tiers.

Mais dans un cas où un testateur avait dit *J'ins- titue pour mes héritiers généraux et universels, le sieur Planté et ses deux sœurs, mes trois neveux, pour par eux jouir et disposer de mon entière hé- rédité, après mon decès, par portions égales, à leur volonté, en payant mes dettes*, la Cour de cassation (2), réformant une décision de la Cour d'Agen, a jugé que l'assignation des parts ne tom- bait point, dans l'espèce, sur l'institution elle-

_____

(1) *Voy.* l'arrêt de la Cour de Turin, du 23 août 1808. Sirey, 9-2-374.

(2) *Voy.* l'arrêt du 19 octobre 1808. Sirey, 9-1-31. La même Cour a consacré de nouveau les mêmes principes par arrêt de rejet du 18 octobre 1809 (Sirey, 10-1-57), et par arrêt de cassation, le 14 mars 1815. Sirey, 15-1-267.

même, sur la chose léguée d'abord, mais seulement sur l'exécution de la disposition ; en conséquence, qu'il y avait lieu à l'accroissement de la part de l'un des légataires, qui était venu à mourir avant le testateur, à celles de ses colégataires. La Cour s'est déterminée par la considération que les trois frère et sœurs *Planté* étaient institués héritiers universels par une seule et même disposition, sans assignation de parts quant à cette institution ; qu'ils l'étaient pour par eux jouir et disposer de *l'entière hérédité*, ce qui rendait l'institution conjonctive, institution qui, selon la Cour suprême, n'avait point été dénaturée ni altérée par l'addition *pour jouir et disposer de ladite hérédité par portions égales*, attendu que par-là le testateur n'avait point voulu faire trois legs, mais seulement déclarer que ses héritiers universels, ainsi qu'il les avait lui-même nommés, partageraient également ses biens ; qu'ainsi l'assignation des parts ne tombait pas sur la chose léguée, sur l'institution elle-même, mais bien uniquement sur l'exécution, sur le partage : comme si le testateur avait simplement voulu établir ce qui devait avoir lieu dans le cas où ses trois légataires universels recueilleraient la disposition ; déclaration que le droit commun rendait sans doute superflue, mais qui ne devait point transformer un legs unique et universel en trois legs. La Cour a ainsi rejeté l'application que l'on voulait faire de la règle *expressa nocent, non expressa non nocent*, et de cette autre règle qui, dans l'espèce, donnait de la force à la première, que l'on doit entendre une clause plutôt dans un sens où elle peut produire un effet, que dans celui avec lequel elle n'en produirait aucun (art. 1157), parce que cette règle, généralement applicable aux contrats, n'a pas toujours la même force dans les testamens.

Si ces principes sont certains, ce que nous examinerons, au surplus, au titre *des Donations et Testamens*, il est clair que ce qui a été jugé relativement au legs universel de la propriété aurait dû l'être également s'il s'était agi seulement du legs universel en usufruit, puisque l'on sait que le droit d'accroissement est encore plus étendu en matière de legs d'usufruit, qu'en matière de legs de la propriété; du moins il l'était généralement plus dans l'ancien Droit, où il avait lieu même après que les légataires avaient déjà recueilli le legs, point que nous ne voulons pas encore discuter.

501. Quant au second cas où il peut y avoir lieu au droit d'accroissement, celui prévu à l'art. 1045, il présente de plus graves difficultés; et nous l'avouerons, les rédacteurs du Code n'ont pas été heureux dans la disposition qu'ils ont portée à ce sujet, si cette disposition doit être entendue suivant le sens naturel qu'elle offre, nous voulons dire s'il est nécessaire, pour qu'il y ait lieu au bénéfice de l'accroissement, ou plutôt du non décroissement, quand par le même acte la même chose a été léguée à plusieurs, *même séparément*, que cette chose ne soit

pas susceptible d'être divisée sans détérioration; mais ce n'est point le moment d'entrer dans de plus grands développemens à cet égard. Nous dirons seulement, quant à présent, que tout ce que l'on déciderait sur le droit d'accroissement dans ce cas s'il s'agissait du legs de la propriété, devrait s'appliquer aussi à celui où il s'agirait du legs de l'usufruit seulement.

502. L'usufruit peut aussi s'acquérir par prescription. Le Code, il est vrai, ne le dit pas expressément, tandis qu'il le dit positivement à l'égard des servitudes; mais son silence quant à l'usufruit doit évidemment s'interpréter comme nous le faisons. D'abord l'article 579 porte que l'usufruit est établi par la loi ou par le fait de l'homme; or, nous trouvons dans l'acquisition d'un droit par prescription, et l'action de la loi qui en a réglé les conditions, et le fait de l'homme qui les a remplies. En second lieu, tous les biens qui sont dans le commerce peuvent être prescrits, à moins qu'une loi spéciale n'en ait disposé autrement, et il n'en est aucune qui interdise la prescription à l'effet d'acquérir un droit d'usufruit. Enfin, l'usufruit d'un immeuble est un bien immobilier (art. 526), et suivant l'article 2265, je puis acquérir par prescription la propriété d'un immeuble par une possession ou jouissance de dix ans entre présens et de vingt ans entre absens. D'ailleurs, lors même qu'on voudrait ne pas considérer le droit d'usufruit comme un

immeuble proprement dit, toujours est-il qu'il est une partie du droit de propriété qui réside sur l'immeuble, puisque, ainsi que nous l'avons dit, la jouissance est le principal attribut de la propriété : or, si la propriété peut s'acquérir par prescription, l'usufruit ou la jouissance, qui en est une partie, doit aussi pouvoir s'acquérir de cette manière, d'après la règle *non debet, cui plus licet, quod minus est, non licere* (1). La Cour de Paris, par arrêt du 8 décembre 1814, appliquant à la cause l'article 113 de la coutume de cette ville, qui la régissait (2), a jugé conformément à ces principes, en maintenant dans sa jouissance comme usufruitière, une personne qui avait acquis de bonne foi, d'un adjudicataire dont l'adjudication fut ensuite résolue, l'usufruit d'une maison et d'un jardin, et qui en avait joui pendant le tems déterminé par la loi ; et sur le pourvoi formé contre cette décision, est intervenu, le 17 juillet 1816, arrêt de rejet (3) qui, par un de ses considérans, juge la question en principe : « Attendu, dit-il, que la nue « propriété et l'usufruit sont des choses divisibles de « leur nature, puisqu'elles peuvent être possédées « ou quasi-possédées séparément par deux per-

---

(1) L. 21, ff. *de regul. juris.*

(2) Cet article consacrait la prescription d'un héritage ou d'une *rente* par une possession ou jouissance de dix ans entre présens, et de vingt ans entre absens, *âgés et non privilégiés*, pourvu qu'il y eût bonne foi.

(3) Sirey, 1817, 1-152.

« sonnes différentes, l'usufruit seul étant même
« susceptible d'hypothèque; qu'ainsi il ne répugne
« à aucune loi ni à aucun principe, que le posses-
« seur de l'usufruit puisse, suivant les circons-
« tances, prescrire cet usufruit, et exciper de la
« prescription, quoique le possesseur de la nue
« propriété, placé dans des circonstances diffé-
« rentes, ne le puisse pas à l'égard de cette nue
« propriété, etc.; rejette. »

On faisait valoir, en effet, la circonstance que
celui qui avait vendu le droit d'usufruit n'aurait pu
prescrire la propriété, parce qu'il détenait, en quelque sorte, la chose précairement : d'où l'on voulait conclure, et bien à tort, que son ayant-cause
quant à l'usufruit ne pouvait faire ce qu'il n'aurait
pu faire lui-même, oubliant ainsi que le bénéfice
de la prescription nous vient de la loi, que les conditions requises doivent se trouver dans notre personne et non dans celle d'un autre, et faisant, à cet
égard, une confusion fautive entre un tiers acquéreur à titre particulier, et les héritiers de celui qui
ne pouvait prescrire, lesquels, sans doute, ne le
peuvent pas davantage, puisque, succédant à ses
vices et à ses qualités, ils sont censés continuer sa
possession; ce qui n'est pas ainsi quand il s'agit
d'un successeur à titre particulier.

Si l'acquéreur de l'usufruit était de mauvaise foi,
il ne pourrait prescrire que par trente ans; et dans
ce cas, il ne serait pas admis à prétendre qu'il a
prescrit la toute propriété, d'après l'article 2262,

qui n'exige ni titre ni bonne foi; car on ne peut se changer à soi-même le principe et la cause de sa possession (art. 2240). C'est un des cas où s'applique l'adage *melius esset non habere titulum, quàm vitiosum.* Il n'en serait toutefois ainsi qu'autant qu'on prouverait par les moyens de droit qu'il n'a joui que comme usufruitier.

Et quand même l'héritier d'un usufruitier continuerait de jouir du fonds après la mort de son auteur, il ne pourrait acquérir, même l'usufruit, par la prescription (art. 2236-2237), si le titre de sa possession n'avait point été interverti par une cause venant d'un tiers ou par la contradiction opposée au propriétaire (art. 2238). En vain dirait-il que le titre précaire de son auteur s'est éteint par sa mort, et que s'il n'en a pas, lui, du moins il n'y en a pas un vicieux qui l'empêche de prescrire par trente ans (1) : on lui répondrait que la chose s'est trouvée en dépôt dans sa main dès la mort de son auteur, qui devait la restituer ; or, la qualité de dépositaire fait perpétuellement obstacle à l'acquisition de la chose par le moyen de la prescription tant que cette cause de détention n'est pas intervertie. Il devrait, en conséquence, restituer tous les fruits par lui indûment perçus; sauf toutefois, quant à ceux qui l'auraient été depuis plus de trente ans, le droit de faire valoir la prescription, si elle avait pu courir contre le demandeur.

---

(1) *Voy.* la L. 8, Cod. *de Usuf. et habit.*

SECTION III.

Sous quelles modalités peut être établi l'usufruit.

— SOMMAIRE.

503. L'usufruit peut être établi :

Ou purement et simplement,

Ou à partir d'un certain jour,

Ou jusqu'à un certain jour,

Ou sous une condition suspensive,

Ou pour prendre fin lors de tel évènement prévu.

(Art. 580 analysé.)

504. Quand il est constitué purement et simple-

ment, et qu'il l'est par acte entre vifs, à titre gratuit ou onéreux, n'importe, il s'ouvre à l'instant même, et l'usufruitier a le droit de jouir de suite en remplissant les obligations qui lui sont imposées par les articles 600 et 601, dont on parlera ultérieurement.

505. Si, dans le même cas, l'usufruit est établi par testament, il s'ouvre à partir de la mort du testateur; mais le point de savoir si l'usufruitier a droit aux fruits à partir de cette époque, ou s'il y a lieu de distinguer, comme en matière de legs de la toute propriété, entre le legs universel ou à titre universel, et le legs à titre particulier, sera discuté quand nous parlerons des droits de l'usufruitier quant aux fruits.

506. Si l'usufruit n'est établi que pour commencer à partir d'une certaine époque, il n'y a aucune difficulté : il ne s'ouvrira qu'à cette époque. Mais l'aliénation qui serait faite de la chose auparavant ne nuirait néanmoins pas à l'usufruitier; car, quoique sa jouissance soit retardée, il a cependant, dès à présent, un droit dans la chose : c'est plutôt sa jouissance, c'est-à-dire la perception des fruits, que l'on a entendu reculer, que l'établissement du droit d'usufruit lui-même.

Cela est si vrai que si l'usufruit est accordé sous une condition suspensive, par exemple *Je lègue à Paul l'usufruit de mon domaine, si tel vaisseau rentre dans le port de Marseille dans l'année de mon décès*, et que la condition vienne à s'accomplir, l'usufruitier aura le droit d'exercer son usufruit vis-à-vis de tout détenteur quelconque, attendu que la condition accomplie a un effet rétroactif au jour du contrat (art. 1179), et, dans les testamens, au jour du décès du testateur (1). Or, assurément, le droit de l'usufruitier doit être aussi indépendant de la volonté du propriétaire quand l'usufruit est établi pour commencer à partir d'un jour déterminé, que dans le cas où ce droit est conditionnel, c'est-à-dire incertain dans son existence, puisque d'ailleurs la condition renferme toujours en elle-même un terme d'exécution, qui s'étend jusqu'à son accomplissement.

Mais la rétroactivité de l'effet de la condition accomplie ne fait pas que l'usufruitier puisse réclamer les fruits qui ont été perçus tant qu'elle était en suspens, car il n'avait pas encore qualité pour les acquérir : son droit n'était encore qu'une simple espérance; et, sauf les modifications nées des art. 585 et 604, il ne fait les fruits siens qu'autant qu'il les perçoit ou qu'un autre les perçoit en son nom. Dans le cas où l'usufruit est simplement *ex die*, il n'a pas droit aux fruits tant que le jour n'est pas arrivé, et le Droit romain dit même que l'usufruit n'est ouvert qu'à cette époque (2) : on

---

(1) Ce qui résulte évidemment des lois 12, §. *ult.*, ff. *familiæ ercisc.*, et 105, ff. *de condit. et demonst.*

(2) L'unique, §. 3, ff. *quandò dies usuf. legati cedat.*

vient de voir comment cela doit être entendu ;
mais toujours est-il que l'effet de la condition, qui
renferme en elle-même un terme de délivrance,
doit être le même quant aux fruits.

507. Si l'usufruit est établi jusqu'à un certain
jour, ou jusqu'à ce que tel événement arrive, ce
qui est une condition résolutoire, il cesse par l'arrivée du jour ou de l'événement ; et il cesserait
aussi, comme on le dira encore dans la suite, par
la mort de l'usufruitier survenue avant l'arrivée du
jour ou de la condition, car ce terme, ou cette condition n'a point été mis pour étendre sa durée au-
delà de ses limites ordinaires, mais bien, au contraire, pour la restreindre : l'usufruit est un droit
personnel, qui, conséquemment, s'éteint avec la
personne (1).

508. Le cas où il est constitué jusqu'à ce qu'un
tiers ait atteint un âge fixé, est parfaitement celui
d'un usufruit établi jusqu'à un certain jour : aussi,
s'il s'évanouit par la mort de l'usufruitier, suivant
la règle générale, et nonobstant la rédaction vicieuse de l'article 620, du moins il ne s'évanouit
pas par la mort du tiers, arrivée avant cet âge, attendu que ce n'est pas sur sa tête qu'il a été constitué. Il en serait autrement si on l'avait établi jusqu'à la mort de ce tiers : ce serait également un
terme, quoique incertain.

---

(1) L. 12, Cod. *de usuf. et hab.*

Nous disons *nonobstant la rédaction vicieuse de l'article* 620 : en effet il porte que l'usufruit accordé jusqu'à ce qu'un tiers ait atteint un âge fixe, dure jusqu'à cette époque, encore que le tiers soit mort avant l'âge fixé, et cependant il est certain que l'usufruit finit par la mort naturelle ou civile de l'usufruitier (art 617), quoique arrivée avant cette époque. L. 12. Cod. *de Usuf. et Hab.*

509. Cette même loi prévoit aussi le cas où un droit d'usufruit a été constitué jusqu'à un événement incertain, notamment celui-ci : *donec in furore filius, vel alius quisquam remanserit*; et elle décide que si le fils ou le tiers recouvre la raison, l'usufruit prendra fin aussitôt; mais que s'il meurt en état de démence (1), l'usufruit continuera, comme s'il avait été laissé pour la vie de l'usufruitier. La raison qu'en donne la loi, c'est qu'il était possible que le fils où le tiers n'eût pas recouvré son bon sens pendant la vie de ce dernier : *Cùm enim possibile erat usquè ad omne vitæ tempus usufructuarii non ad suam mentem venire furentem, vel conditionem impleri : humanissimum est, ad vitam eorum usumfructum extendi*; et elle ajoute que, comme l'usufruit aurait cessé, même avant l'événement prévu, si l'usufruitier était venu à mourir avant

_____

(1) Sans avoir recouvré la raison ; car s'il l'eût recouvrée, l'usufruit eût cessé par cela même, et, à moins qu'il n'eût été *répété*, l'usufruitier n'aurait pu prétendre à une nouvelle jouissance, quand bien même le fils ou le tiers serait retombé en démence et serait mort en cet état.

que cet événement se fût réalisé; il paraît juste qu'il s'étende jusqu'à sa mort, quoique le dément soit décédé auparavant, ou qu'une autre condition de cette nature soit venue à défaillir (1).

Cela serait bien moins douteux si l'usufruit avait été constitué jusqu'à ce que le fils ou le tiers eût recouvré la raison, *donec filius, vel alius, compos mentis factus fuerit;* car le fils ou le tiers mourant en état de fureur, sans avoir recouvré son bon sens, il est clair qu'en prolongeant la durée de l'usufruit jusqu'à la mort de l'usufruitier, on serait dans les termes mêmes de la condition. Mais il n'en est pas tout-à-fait ainsi dans l'espèce de la loi, où l'usufruit est établi tant que le fils ou le tiers sera en fureur, *donec in furore filius vel alius quisquam remanserit,* puisque celui-ci n'est plus en démence après sa mort. Néanmoins la décision se justifie parfaitement par l'interprétation de volonté du constituant. Qu'a-t-il en effet voulu, si ce n'est que l'usufruit cessât dès que le dément pourrait jouir de la chose par le retour de sa raison? et ce qui le fait bien voir, c'est qu'il s'agit du fils de ce constituant, ou d'une autre personne qui probablement aussi devait avoir la propriété de cette chose après la mort de celui-ci. Ainsi, dans la pensée de ce dernier, c'est

---

(1) Cette raison n'est toutefois pas concluante, puisque si la condition vraiment résolutoire sous laquelle l'usufruit aurait été laissé venait à s'accomplir, l'usufruit n'en cesserait pas moins pendant la vie de l'usufruitier, quoiqu'il cessât aussi par la mort de ce dernier, arrivée même avant l'accomplissement de la condition : la véritable raison est celle que nous donnons plus bas.

comme s'il avait dit : *Je lègue à Sempronius l'usu-fruit de mon jardin, mais la jouissance cessera dès que mon fils sera en état de jouir lui-même.* Or, ce dernier venant à mourir en état de démence, le terme que le disposant a voulu marquer à l'usu-fruit n'est point arrivé, puisque son fils ne peut jouir de la chose; et l'on doit, surtout dans les tes-tamens, plutôt interpréter le sens des conditions selon l'intention du disposant, que s'attacher à leur forme extérieure. Dans l'espèce, la cessation de l'u-sufruit dépendait donc d'un événement incertain, le retour du dément à la raison; et cet événement ne s'étant point réalisé, l'usufruit a continué comme dans les cas ordinaires.

510. L'usufruit peut être constitué pour toute la vie naturelle de l'usufruitier, comme il l'était en droit romain quand la constitution était conçue en ces termes, *quandiù viveret*, ou autres équiva-lens (1). Dans ce cas l'usufruit s'éteignait, il est vrai, par l'un des changemens d'état, mais il en naissait de suite un autre. Nous verrons, en traitant de l'extinction de ce droit, comment ce cas devrait être régi dans notre législation. Les lois romaines nous offrent aussi l'exemple d'un usufruit cons-titué au profit de deux personnes pour en jouir alternativement, l'une une année, l'autre l'année suivante, et ainsi de suite; ou au profit d'une seule

_____

(1) L. 3, *princip.*, ff. *quib. modis ususf. amitt.*

personne , mais pour n'en jouir que de deux années l'une (1), ou bien pour un certain nombre d'années déterminé, *in singulos annos* (2), cas dans lequel il y avait autant d'usufruits qu'il y avait d'années. Nous ne connaissons pas ces constitutions d'usufruit plus ou moins bizarres, mais qui se conçoivent dans une législation où tout changement d'état quelconque opérait l'extinction de ce droit. Le but du constituant se trouvait atteint par la succession d'un nouvel usufruit à la place de celui qui venait de finir.

CHAPITRE III.

Des Droits de l'usufruitier.

SOMMAIRE.

511. *Rapports généraux sous lesquels peuvent être considérés les droits de l'usufruitier.*

511. Les droits de l'usufruitier peuvent être considérés sous le rapport des actions qu'il a pour exercer son usufruit, et qui sont inhérentes à ce droit;

Et sous celui des fruits et autres produits qui entrent dans sa jouissance, et lui appartiennent à ce titre :

Ce sera la matière des deux sections suivantes.

---

(1) *Voy.* la L. 2, ff. *quib. mod. usuf. amitt.*
(2) L. 1, §. 3 , *eodem titulo.*

SECTION PREMIÈRE.

*Des Actions qui peuvent compéter à l'usufruitier,
d'après la nature du droit d'usufruit.*

SOMMAIRE.

512. *L'usufruitier ayant un droit dans la chose, a une action
réelle pour forcer tout détenteur de cette chose à souffrir
l'exercice de son usufruit.*

513. *Il a aussi les actions possessoires en complainte ou en réintégrande.*

514. *Il a pareillement, contre ceux qui ont volé les fruits quoique
pendans, ou qui ont causé des dégâts à la récolte, l'action
en revendication de ces mêmes fruits, ou celle en dommages-intérêts.*

515. *Il a de même l'action de la loi du 30 avril 1790, contre
ceux qui ont chassé sans sa permission.*

512. Il est certain que, par la nature même de
l'usufruit, l'usufruitier a une action réelle, parce
qu'il a un droit réel, un droit dans la chose, qui
l'affecte essentiellement tant qu'il subsistera, et
qui la suivra, comme le droit de propriété lui-même,
comme la servitude, comme l'hypothèque, en quelque main qu'elle passe (1), aux fins que le défendeur
reconnaisse l'existence de ce droit, et se voie condamné à en souffrir l'exercice.

---

(1) *Usufructus est jus in corpore ; L. 2, ff. de usufr.* Et on lit dans
la loi 5, §. 1, ff. *si Ususfruc. petatur : Utrùm autem adversùs dominum duntaxat in rem actio usufructario competat, an etiam adversùs
quemvis possessorem, quæritur? Et Julianus scribit, hanc actionem
adversùs quemvis possessorem ei competere.*

Dans la doctrine, cette action s'appelle *confessoire;* c'est la même que celle qui est attribuée au proprié-taire qui a un droit de servitude sur le fonds voisin, parce qu'en effet l'usufruit, ainsi que nous avons eu occasion de le dire, est lui-même une espèce de servitude, qui diffère seulement des droits main-tenant connus sous cette dénomination, en ce qu'il est établi sur la chose d'une personne pour l'utilité directe d'une autre personne; tandis que la servi-tude proprement dite, telle que le Code la définit, est établie sur un immeuble, pour l'utilité directe d'un autre immeuble, appartenant à une autre per-sonne. Mais dans les deux cas, la chose est affectée du droit, et conséquemment cette action est valable-ment intentée contre tout détenteur des choses sur lesquelles porte l'usufruit; sans préjudice toute-fois, quand il s'agit de meubles, de l'effet, au profit des tiers, de la maxime de notre droit français, *en fait de meubles, la possession vaut titre* (art. 2279), et, quelle que soit la nature des biens, sans préjudice aussi de l'effet de la prescription au profit de ces mêmes tiers, comme nous l'expliquerons en trai-tant de l'extinction de l'usufruit, au chapitre V du présent titre.

513. Ce n'est pas tout : l'usufruitier a aussi les actions possessoires.

Ainsi, est-il troublé dans sa jouissance, il peut intenter contre celui qui le trouble, l'action en complainte, nonobstant la généralité des termes de l'article 23 du Code de procédure, combiné avec l'article 2236 du Code civil, desquels il paraîtrait en effet résulter que l'usufruitier n'a pas les actions possessoires, puisque, d'une part, cet article 2236 qualifie son titre de *précaire*, et, d'autre part, que l'article 23 précité n'attribue ces actions qu'à ceux qui, depuis une année au moins, étaient (ou sont) en possession paisible par eux ou les leurs, à titre non précaire; car c'est mal à propos qu'on lui donne cette qualification, même vis-à-vis du propriétaire, attendu que le droit d'usufruit est un droit plein, parfait, qui peut s'exercer malgré le propriétaire, et qui fait que l'usufruitier jouit comme lui; tellement qu'il est vrai de dire qu'il est maître, *dominus*, quant à son droit d'usufruit.

Il faut donc entendre cette qualification de *précaire*, donnée à sa possession, *subjectâ materiâ*, c'est-à-dire par rapport à la prescription vis-à-vis du propriétaire, parce qu'en effet l'usufruitier ne peut prescrire la propriété contre lui, puisqu'il ne possède pas comme propriétaire, qu'il n'est réellement qu'un simple détenteur quant à la propriété (1) (art. 2236). Mais quant à l'usufruit, qui est un droit distinct du domaine, comme nous l'avons démontré plus haut (2), il le possède réellement, et il le possède pour lui et non pour au-

_____

(1) L. 8, Cod. *de Usuf.* Ses héritiers, suivant cette loi, ne le peuvent pas davantage.

(2) Nº 465 et suiv.

trui. C'est d'après ces principes, hautement reconnus par la Cour suprême, que cette Cour a jugé, par arrêt de cassation (1), que le nu-propriétaire qui a possédé après l'extinction de l'usufruit, ne peut, pour compléter sa possession annale, invoquer celle de l'usufruitier ; ce qui prouve bien qu'il ne possède pas pour autrui, comme le dit d'une manière trop générale l'article 2236 précité.

Et c'est d'après les mêmes principes, que le droit romain lui attribue les interdits pour se maintenir dans sa possession : la L. 6, ff. *Quib. mod. ususf. amitt.*, lui accorde formellement celui intitulé *quod vi aut clàm* ; il l'a même contre le propriétaire, comme contre tout autre. Cela n'est pas étonnant, puisqu'il a contre lui, comme contre un tiers, l'action réelle. Tel est d'ailleurs le sentiment général des auteurs (2), et la jurisprudence la plus suivie.

Il aurait, par la même raison, l'action possessoire en réintégrande pour être restitué dans sa possession s'il l'avait perdue.

514. Si quelqu'un a volé les fruits, il a contre le voleur et ses complices, l'action en revendication (3)

---

(1) Le 6 mars 1822. Sirey, 22-1-298.

(2) *Voy.* Lacombe, au mot *Complainte*, n° 5, et au mot *Usufruit*, sect. 4, n° 21 ; Cujas, *Observ.*, lib. ix, cap. 33 ; Fachinée, lib. viii, cap. 18.

(3) Comme d'après les principes de la législation romaine, l'usufruit consistait aussi bien en fait qu'en droit, en sorte qu'il fallait que l'usufruitier l'exerçât, de fait, pour jouir de ses produits, les jurisconsultes décidaient, en conséquence, qu'il n'était point propriétaire des fruits pendans, quoique ce fût lui qui les eût semés ; qu'il

de ces mêmes fruits, ou celle en dommages-intérêts. Par la même raison, il a une action en réparation ou indemnité contre ceux qui ont commis du dégât sur le fonds, et ont ainsi nui à sa jouissance.

515. Enfin, si quelqu'un a chassé sans sa permission, il a contre lui, aux termes de la loi du 30 avril 1790, l'action en indemnité établie par cette loi, et dont nous avons parlé plus haut, n° 282.

SECTION II.

Des droits de l'usufruitier quant aux fruits et autres produits qui entrent dans sa jouissance.

SOMMAIRE.

516. *Division de la section.*

§. Ier.

De quel jour l'usufruitier commence à faire les fruits siens.

517. *Il n'est pas de rigueur dans les principes du Code comme dans le droit romain, pour que l'usufruitier ait droit aux*

---

n'était même pas propriétaire de ceux qu'un coup de vent avait détachés. D'après cela, il n'avait pas contre le voleur de ces mêmes fruits, les actions attachées au droit de propriété, la revendication et la condicion furtive; ces actions appartenaient au maître, qui pouvait toutefois les lui céder. Mais l'usufruitier avait l'action de vol, attendu qu'elle compétait à tous ceux qui avaient intérêt à ce que la chose n'eût pas été volée. Entr'autres textes, *voy.* la loi 12, §. 5, ff. *de Usuf.*

Chez nous, l'usufruitier est propriétaire des fruits sous la seule condition qu'ils seront détachés de la terre, à leur maturité, avant l'extinction de l'usufruit. Les fruits pendans au moment où l'usufruit s'ouvre, porte l'art. 585, *appartiennent* à l'usufruitier...; donc il peut les revendiquer de ceux qui les ont volés, et même des tiers. (Article 2280.)

fruits échus depuis l'ouverture de son usufruit, qu'il les ait perçus ou fait percevoir; sauf les droits du tiers possesseur de bonne foi.

518. *Démonstration tirée des articles 585 et 604.*

519. *Application de cette règle aux cas généraux.*

520. *Combinaison de la règle avec les principes qui n'attribuent les fruits au légataire à titre particulier qu'à compter de la demande en délivrance.*

521. *Et avec les principes qui les attribuent au légataire universel à compter du jour du décès, s'il forme sa demande dans l'année.*

522. *Même décision pour le cas où il s'agit d'un legs à titre universel en usufruit.*

§. II.

Quelles sont les diverses espèces de fruits que perçoit l'usufruitier.

523. *Ce qu'on entend généralement par* fruits.

524. *Les droits de l'usufruitier ne sont pas en tous points les mêmes quelle que soit l'espèce de fruits que produise la chose; mais il est indifférent que ce soit des fruits naturels ou industriels.*

525. *Quels sont les fruits naturels et les fruits industriels.*

526. *Quels sont les fruits civils.*

527. *Les fruits pendans lors de l'ouverture ou de l'extinction de l'usufruit appartiennent à l'usufruitier ou au propriétaire, sans récompense, de part ni d'autre, des frais des labours et semences, mais aussi sans préjudice de la portion de fruits qui pourrait être due au colon partiaire.*

528. *Ce qu'il y a d'échu de l'impôt foncier au moment de l'ouverture ou de l'extinction de l'usufruit, est à la charge du propriétaire ou de l'usufruitier.*

529. *Si l'usufruitier a reçu les semences, il doit les laisser en sortant.*

530. *Ceux qui ont fait les travaux ou fourni les semences ont leur privilège sur les fruits, sauf le recours de celui qui les a payés contre celui qui doit en supporter les frais d'après l'article 585.*

531. *Cas où au moment de l'ouverture ou de la fin de l'usufruit une partie de la récolte se trouve coupée, quoique non enlevée.*

532. *Quand bien même le fonds dont les fruits sont encore pendans au moment où l'usufruit s'ouvre ou prend fin est cultivé par un colon partiaire, les fruits ne sont pas réputés fruits civils.*

533. *Il en serait autrement de ce que le colon devrait donner annuellement, en sus de la portion de fruits du bailleur, soit en argent, soit en denrées. Texte de l'article 586.*

534. *Les loyers des maisons, les intérêts des sommes dues et les arrérages des rentes, ont toujours été des fruits civils s'acquérant, à ce titre, jour par jour.*

535. *Le Code, en dérogeant aux anciens principes, décide la même chose quant au prix des baux à ferme.*

536. *Motif de cette dérogation.*

537. *Exemple de ce qui avait lieu dans l'ancien Droit à cet égard.*

538. *Exemple de ce qui doit avoir lieu sous le Code, relativement aux droits respectifs du propriétaire et de l'usufruitier sur les fruits dans le cas où, lors de l'ouverture de l'usufruit, le fonds est affermé.*

539. *Les règles touchant la division des fruits des immeubles dotaux, à la dernière année du mariage, ne sont pas en tous points applicables à l'usufruit.*

540. *Si, au lieu d'avoir donné à ferme, le propriétaire eût vendu la récolte, les fruits pendans lors de l'ouverture de l'usufruit seraient régis comme fruits naturels, et non comme fruits civils.*

541. *La circonstance que le bail aurait encore, lors de l'ouverture de l'usufruit, plusieurs années de durée, ne change rien à l'application des mêmes règles.*

542. *Exemple du cas où, à la cessation de l'usufruit, le fonds se trouve affermé.*

543. *Dans l'application de la règle touchant la division du prix des baux à ferme, on considère chaque bail en particulier, si l'usufruit est établi à titre universel ou sur plusieurs objets affermés séparément.*

544. *Et la circonstance que le prix du bail serait payable par parties, périodiquement ou à des termes irréguliers, ou qu'il aurait été payé d'avance, est sans influence quant à la division des fermages.*

545. Quid *lorsque le bail allégué par l'une ou l'autre partie est verbal, ou qu'étant par écrit il n'a pas acquis une date certaine ?*

§. III.

Des Droits de l'usufruitier quant aux bois.

546. *L'usufruitier jouit des bois taillis mis en coupes réglées, en observant, quant à l'ordre et la quotité des coupes, l'aménagement ou l'usage du propriétaire.*

547. *Ce qu'on entend par* aménagement : *application de la règle.*

548. *Y a-t-il lieu à compenser les coupes que l'usufruitier pouvait faire et qu'il n'a pas faites, avec celles qu'il a faites et qui, par l'évènement, ne tombaient pas dans sa jouissance ?*

549. *A défaut d'aménagement bien marqué, l'usufruitier observe l'usage constant des propriétaires; et si le bois était ordinairement exploité en une seule coupe, il y aurait également droit.*

550. *Si un nouvel aménagement du propriétaire était contraire à celui que ses prédécesseurs, ou lui-même, avaient suivi jusqu'à lors, ce serait le nouveau qui devrait être observé, soit qu'il fût ou non plus favorable à l'usufruitier que l'ancien.*

551. *L'usufruitier doit aussi se conformer aux règlemens publics pour tout ce qui concerne l'exploitation des bois.*

552. *Il n'a aucune indemnité à réclamer pour les coupes, soit de taillis, soit de baliveaux ou de futaie, qu'il n'a pas faites pendant sa jouissance.*

553. *Lors même que la coupe aurait été vendue par lui et que le moment de la faire serait arrivé, le prix ne lui en appartiendrait point si elle n'était pas faite au jour de l'extinction de l'usufruit ; et s'il l'avait reçu, il serait tenu à la restitution envers le propriétaire.*

554. *Si la coupe était faite en partie, il y aurait lieu à une ventilation pour attribuer à chacun ce qui lui reviendrait dans le prix ; mais l'acheteur aurait le droit de continuer son exploitation.*

555. *Dans la vente des coupes, l'usufruitier doit se conformer, pour le nombre de celles qu'il peut vendre avant leur maturité, aux règles qu'il doit observer quand il donne à ferme.*

556. *S'il a reçu un pot de vin dans la vente ou bail des coupes, ou autres fruits, ce pot de vin est censé faire partie du prix, et doit être réparti sur toutes les années.*

557. *La règle que l'usufruitier n'a droit à aucune indemnité à raison des coupes qu'il n'a pas faites pendant la durée de sa jouissance, reçoit exception lorsque c'est par le fait du propriétaire qu'elles n'ont pas eu lieu.*

558. *Elle reçoit aussi exception dans le cas même où c'est par le fait d'un tiers prétendant droit à la propriété, quoique le constituant ne fût soumis à aucune garantie envers l'usufruitier.*

559. *Il en serait autrement si c'était par la faute du tuteur de ce dernier, à moins qu'il n'y ait eu collusion entre ce tuteur et le propriétaire.*

560. *En général, l'usufruitier n'a pas droit aux bois de haute futaie.*

561. *Il en est autrement du cas où ils sont mis en coupes réglées, et de celui où le propriétaire était dans l'usage*

de prendre indistinctement, à certaines époques, une certaine
quantité d'arbres sur toute la surface du domaine.

562. Même hormis ces cas, l'usufruitier peut employer, pour les
réparations dont il est tenu, les arbres de haute futaie
morts ou arrachés par accident.

563. Il pourrait aussi disposer de ces arbres, s'ils faisaient partie
d'une coupe de futaie qui entrerait dans sa jouissance.

564. Il peut prendre dans les bois des échalas pour les vignes; et
sur les arbres, des produits annuels ou périodiques.

565. Il a pareillement droit au produit des pépinières, en se
conformant à l'usage du propriétaire ou des lieux pour le
remplacement.

566. Les arbres fruitiers qui meurent ou qui sont arrachés ou
brisés par accident, lui appartiennent aussi, à la charge
de les remplacer par d'autres.

§. IV.

Droits de l'usufruitier quant aux mines, carrières et tourbières.

567. L'usufruitier jouit des mines, carrières et tourbières en
exploitation lors de l'ouverture de son droit, et non de
celles qui ne le sont pas.

568. S'il s'agit d'une exploitation qui ne puisse avoir lieu qu'en
vertu d'une autorisation du gouvernement, l'usufruitier ne
peut exploiter avant de l'avoir obtenue.

569. Quand la concession a été faite à un tiers, l'usufruitier jouit
de la redevance.

570. L'usufruitier ne peut, sans le consentement du propriétaire
ou l'autorisation du gouvernement, faire des recherches
dans le fonds pour y découvrir des mines : et si le gouvernement lui a accordé la concession, il ne jouit pas de la
redevance, c'est le propriétaire.

571. Le propriétaire ne peut pas d'avantage, sans l'aveu de
l'usufruitier ou l'autorisation du gouvernement, faire des
recherches pour cet objet.

572. *Si c'est à lui que la concession a été faite pendant l'usufruit, l'usufruitier ne jouit pas pour cela de la redevance, mais il a droit à une indemnité en raison du préjudice que lui cause l'exploitation.*

573. *Droits de l'usufruitier sur les minières produisant du fer dit d'alluvion, dans le cas où l'exploitation commence durant l'usufruit.*

574. *Il ne peut ouvrir des carrières sans le consentement du propriétaire, et celui-ci ne le peut pas non plus sans le consentement de l'usufruitier.*

575. *L'usufruitier n'a pas droit au trésor découvert dans le fonds : renvoi.*

§. V.

Droits de l'usufruitier quand l'usufruit est établi sur une rente viagère, ou comprend des choses qui se consomment ou se détériorent peu-à-peu par l'usage.

576. *L'usufruit d'une rente viagère donne droit aux arrérages qu'elle produit.*

577. *De l'usufruit des choses fongibles; texte de l'article 587; interprétations diverses de cet article, et droit romain sur le point qu'il régit.*

578. *De l'usufruit des choses qui se détériorent peu à peu par l'usage.*

579. *Dans quel cas l'estimation des objets en transporterait la propriété à l'usufruitier, comme dans le quasi-usufruit.*

§. VI.

Mode de jouissance de l'usufruitier.

580. *L'usufruitier jouit de l'alluvion; il jouit aussi de l'île : renvoi.*

581. *Il jouit des servitudes.*

582. *Les usages établis par le propriétaire pour le service de ses divers fonds, dont l'un seulement est soumis à l'usufruit, sont observés.*

583. *L'usufruitier est tenu de souffrir l'exercice des servitudes passives déjà établies lors de l'ouverture de son droit ; le propriétaire ne peut, sans son aveu, en établir de nouvelles, à moins qu'elles ne nuisent pas à l'exercice du droit.*

584. *L'usufruitier peut donner à ferme, vendre, ou céder son droit à titre gratuit, et l'hypothéquer s'il s'agit d'immeubles.*

585. *Il répond des faits de celui qu'il s'est substitué.*

586. *Règles qu'il doit observer s'il donne à ferme.*

587. *Si ces règles n'ont pas été observées, le propriétaire, à la fin de l'usufruit, peut-il contraindre le preneur à exécuter le bail ?*

588. *Le propriétaire ne peut, par son fait, diminuer la jouissance de l'usufruitier.*

589. *De son côté, l'usufruitier ne peut l'entraîner dans des dépenses sous prétexte d'améliorations : il ne peut réclamer d'indemnité pour cet objet. Mais il peut enlever les glaces et autres ornemens qu'il a placés, et même ses constructions, si on ne veut lui en payer le montant jusqu'à concurrence de la plus-value : renvoi.*

590. *L'usufruitier doit conserver à la chose sa forme et sa qualité : divers actes dont il doit s'abstenir.*

516. Pour traiter avec ordre cette partie de l'usufruit, qui est celle qui présente le plus de difficultés, nous verrons,

1° De quel jour l'usufruitier commence à faire les fruits siens ;

2° Quelles sont les diverses espèces de fruits qu'il perçoit ;

3° Ses droits quant aux bois ;

4° Ses droits quant aux mines, carrières et tourbières ;

5° Ses droits quand l'usufruit est établi sur une

rente viagère, ou sur des choses qui se consomment ou se détériorent peu à peu par l'usage ;

Et 6° enfin, son mode de jouissance.

§. Ier.

De quel jour l'usufruitier commence à faire les fruits siens.

517. Deux dispositions attestent que, dans les principes du Code, pour acquérir les fruits échus depuis l'ouverture de l'usufruit, l'usufruitier ne doit pas nécessairement, comme dans le droit romain (1), les avoir perçus, détachés du fonds, ou les avoir fait percevoir en son nom ; qu'il les acquiert du jour où son droit est ouvert, sans préjudice, bien entendu, des droits qu'un tiers possesseur de bonne foi, pourrait lui-même y avoir acquis en les percevant, conformément à l'art. 549, puisque l'usufruitier ne saurait être, à cet égard, traité plus favorablement que le propriétaire lui-même, et que le possesseur ne peut avoir moins de droit contre l'un que contre l'autre.

518. La première de ces dispositions est l'art. 585, suivant lequel « les fruits naturels et industriels « pendans par branches ou par racines au moment « où l'usufruit est ouvert, appartiennent à l'usu- « fruitier.

« Ceux qui sont dans le même état au moment

---

(1) L. 12, §. 5 ff. *de usufructu*, précitée.

« où finit l'usufruit, appartiennent au propriétaire,
« sans récompense, de part ni d'autre, des labours
« et semences, mais aussi sans préjudice de la por-
« tion des fruits qui pourrait être acquise au colon
« partiaire, s'il en existait un au commencement
« ou à la cessation de l'usufruit. »

La seconde : « Le retard de donner caution ne
« prive pas l'usufruitier des fruits auxquels il peut
« avoir droit : ils lui sont dus du moment où l'usu-
« fruit a été ouvert. » (Art. 604.)

Nous expliquerons bientôt avec plus d'étendue
l'un et l'autre de ces textes.

519. Il résulte bien de tous deux que si le propriétaire a perçu des fruits depuis l'ouverture de
l'usufruit, il les a perçus *sine causâ*, quoique ce
fût sur sa chose, et conséquemment qu'il doit, dans
notre législation, en faire raison à l'usufruitier lorsque celui-ci entre en jouissance, sous la déduction
toutefois des impenses faites sur ces fruits depuis
l'ouverture du droit; le propriétaire ne saurait être,
à cet égard, considéré comme un tiers possesseur
de bonne foi : il connaît le droit de l'usufruitier.

Telle est la règle générale, et qui s'observera dans
les constitutions d'usufruit par acte entre-vifs, à
titre gratuit ou onéreux, n'importe, à moins de
convention contraire, et dans l'usufruit constitué
par la loi au profit des père et mère sur les biens
de leurs enfans, ou au profit du survivant d'entr'eux sur le tiers des biens auquel il ne succède

pas en propriété, dans le cas prévu à l'article 754.

Mais en est-il ainsi quand l'usufruit a été établi par testament? n'est-ce pas seulement du jour de la demande en délivrance que le légataire a droit aux fruits, comme dans le legs de la propriété?

Et dans le cas de l'affirmative, n'y a-t-il pas une exception à faire en faveur du légataire universel en usufruit qui forme sa demande en délivrance dans l'année du décès?

520. Sur le premier point, il est certain que si l'usufruit est légué purement et simplement, il s'ouvre du jour du décès du testateur (1); car tout legs pur et simple donne au légataire un droit à la chose léguée, à partir de cette époque (art. 1014). Si l'on s'attachait donc uniquement à ce principe, combiné avec les articles 585 et 604 précités, évidemment le légataire en usufruit aurait droit aux

(1) Dans le Droit romain, il ne s'ouvrait que du jour de l'adition d'hérédité, tandis que le legs de la propriété fait sans condition, s'ouvrait dès la mort du testateur, quoiqu'il ne pût être exigé qu'après l'adition d'hérédit é. *Voy.* la L. unique, ff. *quandò dies ususf. legati cedat.* Cela tenait au droit de transmission du legs aux héritiers du légataire quand il s'était ouvert en sa personne, transmission qui avait lieu dans le legs de la propriété, et non dans celui d'usufruit, puisque l'usufruit s'éteint par la mort de l'usufruitier. LL. 2 et 5, ff. *quandò dies legati vel fideic. cedat.* En sorte qu'il n'avait pas paru utile de faire ouvrir celui d'usufruit à partir de la mort du testateur, attendu que le légataire ne pouvait toujours entrer en jouissance qu'autant qu'il y avait un héritier acceptant pour l'y mettre. Au reste, si celui-ci n'avait retardé son acceptation que par malice, pour empêcher le légataire de jouir de son droit d'usufruit, celui-ci avait, après l'acceptation de l'héritier, une action *in factum* pour être indemnisé. L. 35, *princip.* ff. *de usuf.*

fruits à partir de la mort du testateur, et pourrait réclamer ceux qui ont été perçus par les héritiers ou légataires, chargés de la délivrance de son legs, depuis cette époque ; mais alors il serait traité plus favorablement que les légataires en toute propriété, qui n'ont droit aux fruits que conformément aux distinctions établies aux articles 1005-1014 et 1015. Or, cela serait contraire à toute raison, à tous les principes de la matière des legs.

On ne peut, en effet, prétendre, de ce que le droit d'usufruit consiste dans la perception des fruits, et que son utilité est dans les fruits eux-mêmes, que ceux qui sont perçus par les héritiers avant la demande en délivrance du legs font partie de l'usufruit légué ; cela n'est même pas vrai à l'égard de ceux qui sont pendans par branches ou racines au moment de la mort du testateur ; car ils font partie du fonds, non comme partie homogène, mais accessoire, et ce n'est pas le fonds qui a été légué. D'ailleurs, quand ce serait le fonds, les fruits ne seraient encore dus au légataire que sous les conditions et distinctions établies aux articles ci-dessus. L'usufruit est un *droit*, une chose incorporelle ; les fruits sont au contraire des choses matérielles, et il est impossible qu'une chose matérielle soit une partie d'une chose intellectuelle. Cela ne se pourrait que par fiction, par l'effet d'une disposition de la loi ; voilà pourquoi les fruits perçus, même depuis que l'usufruitier a été mis en jouissance, ne sont pas censés faire partie du droit d'usufruit, tel-

lement que le mari à qui sa femme a apporté en
dot l'usufruit qu'elle a sur les biens d'un tiers, n'est
tenu, à la dissolution du mariage, que de restituer
le titre, éteint ou non, n'importe (art. 1568.) Cependant il est clair que si les fruits perçus faisaient
partie du droit d'usufruit, ils devraient être resti-
tués par le mari comme compris dans la dot, ce qui
n'est pas.

Ainsi l'on doit, dans le legs d'un usufruit, combiner, quant aux fruits auxquels a droit le légataire, les articles 585 et 604, d'une part, avec ceux
qui règlent, toujours quant aux fruits, les droits
des légataires en général, et décider en conséquence que, lorsqu'il s'agira du legs de l'usufruit
d'un fonds, le légataire n'aura droit aux fruits qu'à
partir du jour où il aura formé sa demande, à moins
que le testateur n'ait manifesté une volonté contraire, parce qu'alors les fruits seraient eux-mêmes
légués; ou à moins que le legs n'ait été laissé pour
alimens. (Art. 1015.)

521. Sur le second point, celui de savoir si, dans
le cas du legs universel en usufruit, le légataire a
droit aux fruits à partir du décès quand il forme
sa demande en délivrance dans l'année, il peut y
avoir plus de doute.

S'il s'agissait du legs de la toute propriété, il n'y
en aurait pas : il serait tranché par l'article 1005,
même pour le cas où il existerait des héritiers au
profit desquels la loi fait la réserve d'une partie des

biens ; et dans l'hypothèse où il n'en existerait pas,
le légataire n'en aurait pas moins, en principe,
droit aux fruits à partir du décès, quoiqu'il ne se
fût présenté qu'après l'année ; sauf l'application
des règles sur l'acquisition des fruits au profit des
possesseurs de bonne foi, conformément aux articles 138 et 549.

Mais il s'agit du legs de l'usufruit seulement, et
l'on dit que ce legs, quoique portant sur tous les
biens, n'est néanmoins qu'un legs à titre universel,
bien mieux, que ce n'est qu'une espèce de legs à
titre particulier (art. 1010); et l'on ajoute, parce
que le légataire à titre universel n'est jamais saisi,
puisqu'il doit toujours former sa demande en délivrance, soit contre les héritiers à réserve, soit,
s'il n'y en a pas, contre le légataire universel, soit
enfin, à défaut de celui-ci, contre les héritiers
appelés par la loi (art. 1011), que, d'après les
principes sur l'effet des legs quant aux fruits, le
légataire en usufruit ne peut jamais avoir droit à
ces mêmes fruits, si ce n'est du jour où il forme sa
demande en délivrance, à moins que le testateur
n'ait expressément déclaré sa volonté à cet égard :
jusque-là, dit-on, ceux qui sont saisis gagnent les
fruits comme dans les cas ordinaires.

Nous ne croyons pas devoir agiter en ce moment
la question de savoir si le légataire à titre universel
en propriété, qui forme sa demande en délivrance
dans l'année du décès, n'a pas, comme le légataire
universel, droit aux fruits à partir de ce décès,

question, au surplus, dont l'affirmative ne nous
paraît pas douteuse, puisque la saisine des héritiers
ayant droit à une réserve n'empêche pas que le légataire universel, qui n'est certainement pas saisi
dans ce cas, et qui, par le fait, ne se trouve plus
qu'un légataire partiaire, ne puisse prétendre aux
fruits pour cette partie, sous la seule condition
de former sa demande en délivrance dans l'année;
mais nous dirons, en admettant, ce que nous n'admettons pas que le légataire universel en usufruit
ne peut être rangé parmi les légataires universels (1); qu'il n'est jamais saisi de plein droit,
qu'il doit toujours former sa demande en délivrance; nous dirons qu'il ne résulterait pas de là
que ce légataire n'a point droit aux fruits à partir
du décès, s'il l'a formée dans l'année.

Et en effet, le défaut de saisine fait-il obstacle à
ce que le légataire universel ait droit aux fruits à
partir du décès? L'obligation où il est de demander
la délivrance aux héritiers à réserve détruit-elle
son droit à cet égard? Non certainement (art. 1005);
par conséquent, il faut chercher une autre raison
que celle-là pour soutenir que l'usufruitier universel n'a pas droit aux fruits à partir du décès,
quoiqu'il ait formé sa demande dans l'année, quand
d'ailleurs les articles 585 et 604 les lui attribuent

---

(1) Et de quoi est-il donc légataire à titre universel ou à titre particulier? ce n'est pas de l'usufruit, assurément, puisqu'il l'est de
tous les biens, et c'est encore moins de la propriété. Il est, comme
e dit d'ailleurs l'article 612, légataire universel de l'usufruit.

formellement à partir de l'ouverture de son droit, qui, dans l'espèce, est réellement ouvert dès la mort du testateur. L'obligation où il est de demander sa mise en jouissance, quand elle ne lui est pas volontairement consentie, ne doit pas plus altérer ses droits, que l'obligation imposée au légataire universel de la toute propriété, de demander la délivrance aux héritiers à réserve, ne tourne au détriment des siens; et pourtant ce dernier, comme nous l'avons dit, n'est réellement, dans ce cas, qu'un légataire partiaire, tandis qu'on ne peut dire cela du légataire universel en usufruit lorsqu'il n'y a pas d'héritiers au profit desquels la loi fait la réserve; car alors il est saisi de ce qui lui a été légué, le droit d'usufruit, droit distinct de celui de propriété, droit plein, absolu, suivant sa nature. L'usufruitier jouit comme le propriétaire; il doit donc avoir les mêmes droits : or, le légataire de la propriété, dans le cas donné, aurait droit aux fruits à partir du décès.

522. Et par voie de conséquence, nous en disons autant du légataire à titre universel, quoique le légataire à pareil titre ne soit jamais saisi; car, encore un coup, la saisine n'est pas une condition essentielle au droit de réclamer les fruits. Ce droit dépend beaucoup plus de la nature du legs, comme le démontre la combinaison des articles 1004-1005-1014 et 1015, que de la saisine.

§. II.

Quelles sont les diverses espèces de fruits que perçoit l'usufruitier.

5a3. Nous avons déjà eu occasion de parler transitoirement des fruits, soit par rapport au propriétaire, qui les acquiert par droit de propriété, et comme produit de sa chose, soit par rapport au tiers possesseur, qui les fait siens en vertu de sa bonne foi. Maintenant il s'agit de développer avec plus d'étendue ce qui concerne le droit de l'usufruitier quant aux fruits.

On entend par *fruits*, dans l'acception la plus générale, tous les émolumens qui résultent de la chose, et, dans un sens plus spécial et plus exact, tous les produits qui naissent et renaissent de cette chose, et qu'on perçoit successivement, soit périodiquement, soit à des époques indéterminées.

Dans le premier sens, on peut comprendre sous la dénomination de *fruits* le produit des carrières, quoique quelques lois romaines (1) parlent de certaines carrières comme si la pierre y renaissait, et citent même la France comme en renfermant de semblables : nous n'en savons rien, mais nous ne le croyons pas.

Dans le second, on peut donner comme exemple les bois, les moissons, les petits des animaux, etc.

---

(1) L. 7, §. 13, ff. *soluto matrim.* L. 18, ff. *de fundo dotali.*

524. Comme les droits de l'usufruitier, quant aux fruits, ne sont pas les mêmes quelle que soit l'espèce de produits que donne la chose, la loi les a soigneusement distingués; elle en a fait trois classes : les fruits naturels, les fruits industriels, les fruits civils.

Il est, au surplus, fort indifférent, quant aux droits de l'usufruitier, que les fruits soient purement naturels ou qu'ils soient industriels : dès que les premiers sont rangés dans la classe des fruits, il y a droit comme aux seconds, dans les mêmes cas et sous les mêmes conditions. La distinction n'a d'importance, comme on le verra successivement, qu'entre les fruits naturels ou industriels d'une part, et les fruits civils d'autre part.

525. Les fruits naturels, ainsi que nous l'avons expliqué précédemment (1), sont ceux qui sont le produit spontané de la terre (art. 583) : tels sont les bois, l'herbe des terres ou des pacages, le foin dans certains cas, les fruits des arbres, comme le gland, les noix, etc.

Le produit et le croît des animaux sont aussi des fruits naturels (*ibid.*) Ainsi le poil, la laine, le lait et le fumier forment généralement un produit.

On peut y joindre le travail des animaux.

Les fruits industriels d'un fonds sont ceux que l'on obtient par la culture (*ibid*); tels sont les légumes, les moissons, les vendanges.

---

(1) Voy. *suprà*, n° 348.

526. Les fruits civils sont les loyers des maisons, les intérêts des sommes exigibles, les arrérages des rentes. (Art. 584.)

Ces produits ne naissent pas de la chose même, comme les véritables fruits; car une maison ne produit pas de loyer par elle-même, l'argent ne produit pas non plus de l'argent : la maison est seulement l'objet du contrat de louage, qui oblige le locataire à payer le loyer convenu, comme la convention sur les intérêts est réellement ce qui oblige le débiteur à les payer. La maison et l'argent prêté sont seulement l'occasion de ces produits.

Le prix des baux à ferme est aussi rangé par le Code parmi les fruits civils (*ibid.*). Nous allons voir tout à l'heure les conséquences de ce changement apporté à l'ancien Droit.

527. Les fruits pendans par branches ou par racines, au moment où l'usufruit est ouvert, appartiennent à l'usufruitier (art. 585), si toutefois ils sont perçus pendant la durée de l'usufruit, parce qu'en effet ceux qui se trouvent dans le même état au moment de son extinction, appartiennent au propriétaire. (*Ibid.*)

Et dans les deux cas, sans récompense, de part ni d'autre, des frais des labours et semences; mais aussi sans préjudice de la portion des fruits qui pourrait être acquise au colon partiaire, s'il en existait un au moment de l'ouverture ou de la cessation de l'usufruit. (*Ibid.*)

Cette disposition, qui exclut toute répétition quant aux frais des labours et des semences dans l'un comme dans l'autre cas, est une dérogation au principe *nulli sunt fructus, nisi impensis deductis,* et que rien, selon nous, ne motivait (1). A-t-on, en effet, voulu éviter aux parties les difficultés d'un état de frais? Mais dans cent autres cas, notamment en matière d'absence, de simple possession de la chose d'autrui, de jouissance des biens dotaux par le mari, de rapport entre héritiers, etc., ces difficultés n'ont point arrêté le législateur : et certes elles n'auraient pas été plus graves dans celui d'usufruit; elles l'auraient même été beaucoup moins. Ajoutez que, puisque dans l'une comme dans l'autre hypothèse, la part du colon partiaire est réservée, les droits du propriétaire ou de l'usufruitier varient à cet égard, selon que l'un ou l'autre aura donné à cultiver moyennant une portion de fruits, ou qu'il aura cultivé par ses mains, attendu que, dans le premier cas, s'il n'a pas les fruits dont il s'agit, du moins il n'aura pas déboursé en pure perte les frais des labours et des semences. Aussi l'usufruitier a-t-il intérêt, au moins pour ses héritiers, de faire cultiver de cette manière.

528. Au surplus, cette disposition ne s'applique à l'impôt foncier qu'en tant que ce qui est échu au

---

(1) Quelques auteurs disent, au contraire, que c'est une sage disposition, mais ils ne font pas sentir en quoi.

moment où l'usufruit s'ouvre est supporté par le
propriétaire, que cette partie soit ou non payée,
n'importe; comme, *vice versâ*, ce qui en est échu
à la cessation de l'usufruit est supporté sans répétition par l'usufruitier. Quoiqu'établi pour l'année,
l'impôt se divise par mois; il est exigible par mois,
et conséquemment ce qui en est échu au commencement ou à la cessation de l'usufruit est la dette
du propriétaire ou de l'usufruitier. L'impôt est une
charge des fruits, comme les frais de garde, parce
qu'en effet il est payé à l'État pour qu'il protège de
sa puissance la jouissance des citoyens : or, ce qui
aurait été payé par l'usufruitier ou par le propriétaire *custodiendorum fructuum causâ*, ne serait
pas plus sujet à répétition, dans les principes ac-
tuels, que ce qui aurait été déboursé par l'un ou
l'autre pour les labours et les semences.

529. Toutefois, quant aux semences, si l'usufruitier les avait reçues, jetées en terre ou non, il devrait également les laisser, soit en fruits pendans,
soit en nature. Elles font partie du fonds, puisqu'elles sont immeubles par destination (art. 524)(1);
et il doit conserver la chose entière.

530. Ceux qui auraient fait les travaux ou fourni
les semences auraient, comme de raison, sur la récolte, le privilège consacré pour ce cas par l'article 2102-1°, sauf à l'usufruitier son recours contre

_____

(2) Voy. *suprà*, n° 57 et suivant.

le propriétaire, ou au propriétaire contre l'usufruitier ou ses représentans, selon qu'il s'agirait de
frais faits sur les fruits pendans lors de l'ouverture
de l'usufruit, ou sur ceux qui seraient dans le même
état lors de son extinction.

531. Si, à l'époque où s'ouvre l'usufruit, ou si au
moment où il cesse, une partie seulement de la récolte est coupée, cette partie, dans le premier cas,
appartient au propriétaire, et dans le second, à
l'usufruitier ou à ses héritiers. (Art. 520, par arg.)

Et il est indifférent que la partie coupée soit ou
non enlevée du champ (1). (*Ibid.*)

Mais l'usufruitier ne doit pas lever la récolte tant
qu'elle n'est pas à sa maturité. Si, dans la prévoyance
que son droit pourrait venir à cesser avant cette
époque, il coupait les fruits non encore mûrs, il
serait tenu de les restituer, parce qu'il les aurait
perçus sans droit. Il doit jouir en bon père de famille : hors de là il abuse. Cela, comme dit Domat,
ne serait point applicable à certains fruits que l'on
est dans l'usage de percevoir avant leur maturité
parfaite pour l'usage de la maison, comme des
olives, des noix, de la luzerne pour faire manger
en vert, etc.

532. Lorsque le fonds, dont les fruits sont encore
pendans par branches ou racines au moment où
l'usufruit s'ouvre ou s'éteint, est cultivé par un

---

(1) L. 13 , ff. *quib. mod. usuf. amitt.*

colon partiaire, les fruits, même pour la part du bailleur, ne doivent pas être considérés comme fruits civils, ni être régis, quant aux droits respectifs du propriétaire ou de l'usufruitier, par l'art. 586, mais bien comme fruits industriels, auxquels s'applique l'article 585. C'est un bail à métairie ou à culture, et les articles 584 et 586 ne déclarent point fruits civils ceux qui reviennent au propriétaire dans les baux de cette sorte, mais seulement le prix des baux à ferme. D'ailleurs, dans toutes les lois de la matière, le colon partiaire ou métayer est distingué du fermier; c'est ainsi, notamment, qu'au titre *du Louage*, la section 4 du chapitre IV renferme deux paragraphes, dont l'un est intitulé *du Cheptel donné au fermier*, et l'autre *du Cheptel donné au colon partiaire*.

533. Mais si le colon partiaire était tenu par son bail de payer, outre la portion de fruits du bailleur, une somme annuelle ou une certaine quantité de denrées, comme cinq hectolitres de froment, deux pièces de vin, cette somme ou cette quantité de fruits constituerait des fruits civils proprement dits, auxquels serait applicable la règle touchant les fruits de cette qualité; comme elle le serait si un bail à ferme était consenti moyennant une certaine quantité annuelle de denrées, à prendre ou non parmi celles récoltées dans le fonds, même quand ce serait des fruits d'une espèce différente de celle qu'il produit : par exemple une vigne affermée

moyennant dix hectolitres de froment; en conséquence, la division de cette quantité de denrées se ferait entre les parties, soit en nature, soit en argent, d'après les mercuriales ou d'après une estimation, et dans les proportions indiquées par cet article 586, qui réclame une analyse plus approfondie.

Il porte : « Les fruits civils sont réputés s'acquérir « jour par jour, et ils appartiennent à l'usufruitier, « à proportion de la durée de son usufruit.»

« Cette règle s'applique aux prix des baux à « ferme, comme aux loyers des maisons et autres « fruits civils. »

534. Quant aux loyers des maisons, il en a toujours été ainsi, parce qu'en effet la jouissance d'une maison est journalière, l'utilité qu'on en retire ou qu'on peut en retirer est de tous les momens : le loyer qui la représente doit donc aussi s'acquérir chaque jour; en sorte que s'il est de 365 fr. par an, chaque jour donne un produit d'un franc.

On peut dire la même chose quant à l'argent et aux arrérages des rentes : l'usage du capital étant journalier, les intérêts ou les arrérages qui représentent cet usage doivent aussi s'acquérir jour par jour.

535. Mais on ne recueille pas tous les jours la moisson d'une terre, la vendange d'une vigne, le foin d'un pré : ces fruits ne s'obtiennent que périodiquement, et le prix de leur jouissance, c'est-à

dire le prix des baux à ferme, ne devrait, d'après ces principes, s'acquérir qu'aux mêmes époques.

C'était bien ainsi que le décidait le Droit romain (1), suivi aussi en ce point dans notre ancienne jurisprudence, du moins généralement (2) : les fermages étaient représentatifs de la récolte elle-même, parce que le fermier représentait celui qui l'avait placé dans le fonds; conséquemment, les fruits coupés par le premier étaient censés l'avoir été par le second, ce qui était parfaitement conforme aux principes de la matière, combinés avec ceux des contrats.

536. On a dit, pour justifier cette importante dérogation, qu'il y avait lieu à des difficultés quand, à l'ouverture ou à la fin du droit, le fermier avait déjà coupé une partie des fruits; qu'il fallait alors faire une appréciation de cette partie relativement au tout, pour connaître la portion du prix du bail correspondante à la partie des fruits coupés, qui revenait au propriétaire ou à l'usufruitier; que cette ventilation était surtout d'une exécution fort embarrassante quand les fonds, comme ceux d'un domaine, produisaient diverses espèces de fruits, des blés, des vins, des bois, du poisson, etc., et que les parties commençaient ou finissaient par un procès. Mais ces difficultés peuvent se présenter

---

(1) L. 58, *princip.* ff. *de usnf.*

(2) Il en était autrement dans la ci-devant Bretagne : le prix des baux à ferme y était un fruit civil.

sous bien d'autres rapports dans les matières de restitutions de fruits, et pourtant elles n'ont point détourné les auteurs du Code d'adopter les anciens principes quand ils étaient fondés sur l'équité et la nature des choses. Or, tels étaient ceux qui régissaient jadis le point dont il s'agit. Les nouveaux présentent, selon nous, d'aussi graves difficultés, du moins en droit si ce n'est en fait, comme on va le voir.

537. Ainsi, anciennement, lorsque l'usufruit d'un fonds donné à ferme venait à s'ouvrir après que le fermier avait déjà perçu la récolte, quoiqu'avant l'expiration de l'année de son bail, la totalité du prix de ferme de cette année appartenait au propriétaire, parce que c'est comme si c'eût été lui qui eût levé cette récolte; au lieu qu'aujourd'hui il n'en aurait qu'une partie.

En sens inverse, si l'usufruit venait à s'éteindre après que le fermier avait levé les fruits, l'usufruitier, ou ses héritiers, n'en avaient pas moins droit à la totalité du prix du bail pour cette année, n'importe l'époque où le bail avait commencé ou celle où tombait son anniversaire, et n'importe aussi que ce prix eût été ou non payé d'avance, ou qu'il fût ou non échu; car toutes ces circonstances étaient indifférentes : on considérait uniquement le fait de perception des fruits par l'usufruitier ou par le fermier. Tout était simple dans ce système, et tout est anomalie dans celui que l'on a adopté, sans

IV.   32

parler des doutes qu'il fait naître dans plusieurs cas. Parcourons-en quelques-uns.

538. Une terre labourable et ensemencée en froment, par exemple, a été donnée à ferme pour une année par le propriétaire, le premier mars 1826; un droit d'usufruit est constitué sur cette terre le premier août suivant, après la moisson faite, et il s'éteint le 31 décembre de la même année :

L'usufruitier, qui n'aurait rien eu dans l'ancien Droit, aura-t-il quelque chose dans le nouveau ?

Et dans le cas de l'affirmative, de quel jour commencera le tems de sa jouissance.

Ce ne peut être que du jour où son droit s'est ouvert (art. 604), sans égard, dans ce cas, à l'époque où le bail a commencé et à celle où il doit finir, et sans égard aussi à l'année civile, qui, en cela, n'est d'aucune considération. Ainsi, en supposant que le prix du bail fût de la somme de 1,200 fr., comme c'est un fruit civil, et que les fruits civils s'acquièrent jour par jour, l'usufruitier, qui n'y a droit que dans la proportion de la durée de son usufruit, devrait avoir la somme de 500 fr., c'est-à-dire les cinq douzièmes du fermage, puisque son droit et le bail ont concouru pendant cinq mois. Cependant ce fermage représente une récolte déjà faite au moment où l'usufruit s'est ouvert; et comme le bail n'est que d'une année, il n'y a pas lieu de supposer que la portion du fermage qui doit être

payée à l'usufruitier se prend fictivement sur celui
de l'année suivante: tout est consommé, bail et
usufruit; et ici l'usufruitier a néanmoins droit à
une portion des fruits, quoiqu'il n'en ait perçu
aucun, et qu'il n'ait pas été à même d'en percevoir.
C'est ce qu'il s'agit de démontrer, et nous le démontrerons par l'article 586 qui ne fait et ne devait
faire aucune distinction entre le cas de l'usufruitier entrant dans le fonds affermé, et le cas de
l'usufruitier sortant : il dit en effet d'une manière
générale qu'il a droit aux fruits civils en proportion
de la durée de son usufruit, et le bail à ferme est
un fruit de cette qualité. Le fonds, il est vrai, était
dépouillé de ses fruits au moment où l'usufruit
s'est ouvert ; mais aujourd'hui qu'en donnant à
ferme, le propriétaire, comme l'usufruitier, conver-
tit en fruits civils les fruits naturels qu'il aurait eus
sans cette circonstance, il n'est pas plus nécessaire,
pour que l'usufruitier ait droit à une portion
des produits quand le fonds se trouve affermé lors
de son entrée en jouissance, que les fruits soient
encore pendans, qu'il n'est nécessaire que ces fruits
soient dans cet état pour que le propriétaire puisse
en réclamer une portion si le fonds se trouve aussi
mis en ferme au moment de l'extinction de l'usufruit : c'est précisément cette condition que l'article a écartée; et nous soutenons qu'il l'a écartée
aussi bien dans un cas que dans l'autre, puisqu'il
ne distingue pas. D'ailleurs s'il n'en était ainsi, l'usufruitier, qui est tenu d'entretenir le bail, verrait,

dans les cas ordinaires, sa jouissance entravée sans compensation, en restant néanmoins soumis à la chance de n'avoir, à la fin de son droit, qu'une portion du prix du bail, quoique le fermier eût alors levé tous les fruits de l'année, ce qui ne serait pas juste. Tel serait le cas, par exemple, où l'usufruit de la terre mise en ferme le premier mars, se serait ouvert le premier mai, et éteint le premier septembre. Tous les fruits auraient été perçus pendant l'existence de l'usufruit : dans l'ancien droit le prix du bail pour cette année aurait appartenu en totalité à l'usufruitier, et cependant d'après le Code il n'en aura que le tiers. Or, s'il court la chance défavorable par suite du bail, celle qui lui est avantageuse ne doit point lui être enlevée. Nous convenons que cela est peu conforme aux principes de la matière, bizarre même, mais c'est une conséquence du nouveau système qui a pourtant été imaginé pour lever les difficultés que présentait l'ancien dans l'application; car, encore une fois, on ne peut pas avec justice diviser les effets de ce système, pour n'en appliquer aux usufruitiers que ce qui leur serait défavorable : en un mot, depuis que le propriétaire a mis en ferme, il ne percevait plus que des fruits civils, et l'article 586, en disant que le prix des baux à ferme est un fruit civil, et que ce fruit s'acquiert jour par jour, ne distingue pas si c'est le propriétaire ou l'usufruitier qui a passé le bail.

Ainsi, ces mêmes fruits échoient au profit de ce

dernier du moment de l'ouverture de son droit,
conformément à l'article 6o4, combiné avec l'article 586 précité, bien qu'alors il n'y eût plus de
fruits naturels ou industriels sur le fonds, et qu'il
n'en soit pas né jusqu'à l'extinction de l'usufruit.
Le prix du bail est un, il est pour les fruits d'une
année; sa division par termes serait même indifférente, et ce bail s'étant prolongé pendant cinq mois
stante usufructu, l'usufruitier a droit au fermage
pour cinq mois.

Si l'on suppose, dans la même espèce, que le
bail ait commencé le 1er octobre 1825, pour finir
à pareil jour 1826, comme il n'aura duré, pendant
l'existence de l'usufruit, que deux mois seulement,
l'usufruitier n'aura droit qu'au sixième du fermage.

539. Il n'y a pas lieu, en effet, pour lui en attribuer les cinq douzièmes, parce que son usufruit a
duré cinq mois, de procéder comme quand il s'agit
de diviser les fruits des immeubles dotaux entre le
mari et la femme, ou leurs héritiers, à la dissolution
du mariage: dans ce cas, ceux de la dernière année se
partagent en proportion du tems qu'a duré le mariage pendant cette année, et l'année commence à
partir de l'anniversaire de la célébration (art. 1571).
Cela est de toute raison, puisque les fruits sont dus
au mari pour l'aider à supporter les charges du
mariage: donc il doit y avoir droit en proportion
du tems qu'il a duré. Sous ce rapport, tous les
fruits sont civils, en ce qu'ils sont acquis au mari

jour par jour, sans distinction entre le cas où il
cultive par ses mains, et celui où il a donné à
ferme, sans distinction aussi entre le cas où les
fruits sont encore pendans au moment où finit le
mariage, et le cas contraire. Mais l'usufruitier a
droit aux fruits à un autre titre, ou si l'on veut pour
une autre cause; il ne les acquiert, savoir : les fruits
naturels ou industriels qu'en les percevant pendant
que son droit subsiste; et les fruits civils, seulement
jour par jour pendant le même tems : or, il n'a eu
droit, dans l'espèce, à aucun fruit naturel ou indus-
triel, puisqu'il n'en a point perçu; et il n'a pu
prétendre aux fruits civils que pour le tems pendant
lequel ces mêmes fruits sont échus, c'est-à-dire
pendant deux mois, puisque le bail qui les a produits n'a concouru que pendant deux mois avec
l'usufruit. Il n'y a donc pas lieu de prolonger les
effets du bail jusqu'au 31 décembre, époque où
l'usufruit s'est éteint; et il ne servirait de rien de les
faire remonter, puisque l'usufruitier n'a pu en jouir
avant que son droit fût ouvert. Ainsi, comme il s'est
ouvert le premier août 1826, et que le bail a expiré
le premier octobre suivant, il n'y a eu que deux
mois de fruits civils pour l'usufruitier. Depuis cette
dernière époque, celui-ci n'a perçu, il est vrai, aucun
produit, mais le fonds se préparait à lui en donner
pour l'année suivante : c'est une attente qui ne s'est
pas réalisée. Il eût même pu arriver, dans le cas où le
fonds n'aurait pas été mis en ferme, qu'il l'eût cultivé pendant huit ou dix mois et plus encore, qu'il

l'eût même ensemencé à ses dépens, et cependant qu'il n'eût rien eu à transmettre de la récolte à ses héritiers.

540. Si l'on suppose que, au lieu d'avoir affermé le fonds, le propriétaire en avait vendu les fruits sur pied, et que la récolte, comme dans l'espèce, était déjà faite au moment où l'usufruit s'est ouvert, il est clair que le prix de la vente lui appartiendra en totalité, soit que ce prix fût ou non payé au moment de l'ouverture de l'usufruit; car ce n'est point là un fruit civil échéant jour par jour; c'est un principal, parfaitement représentatif des fruits eux-mêmes, auxquels l'usufruitier n'avait aucun droit lors de leur perception.

Vice versâ, si la récolte n'était pas encore faite au moment de l'ouverture de l'usufruit, le prix, à moins de clause contraire dans l'acte constitutif, appartiendrait en totalité à l'usufruitier, quand bien même il aurait été touché par le propriétaire, puisque l'usufruitier a droit aux fruits du jour où son droit est ouvert (art. 604), et que les fruits pendans par branches ou racines à ce moment lui appartiennent (art. 585), sous la seule condition de leur perception pendant la durée de l'usufruit (*ibid*), et sous la seule restriction relative au cas où ces mêmes fruits auraient été transformés, par un bail, en fruits civils; ce qui n'est pas dans l'espèce.

Enfin, si cette récolte vendue était faite en partie au moment de l'ouverture de l'usufruit, on ferait, comme on faisait anciennement en pareil cas, ventilation de ce qui serait coupé, afin de connaître quelle portion du prix doit appartenir au propriétaire, et quelle est celle qui doit revenir à l'usufruitier.

541. Voilà pour le cas où le fonds se trouve affermé lors de l'ouverture de l'usufruit; et la circonstance qu'il le serait pour plusieurs années ne change rien aux décisions ci-dessus : l'usufruitier aura droit au prix du bail à partir de l'ouverture de son droit jusqu'à l'époque où ce même bail viendra à expirer pendant la durée de l'usufruit.

542. Voyons maintenant le cas inverse, celui où, à la cessation de l'usufruit, le fonds se trouve affermé, soit par le propriétaire avant l'ouverture du droit, soit par l'usufruitier lui-même.

Ainsi, soit l'usufruit d'une vigne ouvert le 1er janvier 1826, dont l'usufruitier passe bail le 1er mai suivant, pour une ou plusieurs années, n'importe, et qui vient à s'éteindre le 1er août de la même année, avant la levée de la récolte : dans les anciens principes, comme nous l'avons dit, l'usufruitier n'aurait rien eu du prix du bail; dans les nouveaux, il y aura droit pour une portion ; mais pour quelle portion? Est-ce pour sept mois, durée de l'usufruit, ou seulement pour trois mois, durée du bail pendant son existence?

Supposons même que l'usufruit, dans l'espèce, ne s'éteigne que le 1er janvier 1827, ayant ainsi duré un an, quand le bail n'a duré que huit mois *stante usufructu.*

Il paraîtrait naturel, dans ce dernier cas, que l'usufruitier eût la totalité du fermage, puisque ce fermage représente les fruits d'un an, et que l'usufruit a précisément duré une année. Cela paraît même être le vœu de l'art. 586, suivant lequel l'usufruitier a droit aux fruits civils à proportion du tems qu'a duré son droit : or, dans l'espèce, il a duré un an, et lui ne réclame que les fruits d'une année. Il n'en avait perçu aucun avant la mise en ferme, et s'il est vrai que le bail n'ait duré que huit mois sous son usufruit, la vigne, depuis le 1er janvier jusqu'au 1er mai, se préparait à donner la récolte, puisque la révolution d'une année est nécessaire pour qu'une vigne donne les fruits qu'on lui demande : d'où l'usufruitier dit avec quelque raison que ces quatre mois doivent être représentés par les quatre mois qui restaient à courir du bail au moment où l'usufruit est venu à s'éteindre ; que c'est commesi ce bail avait été passé lors de l'ouverture de son droit, cas dans lequel il aurait bien eu la totalité du fermage, puisque le bail et l'usufruit auraient concouru durant l'année entière.

Cependant tel n'est pas notre sentiment, et voici nos raisons.

D'abord, il est certain que la mise en ferme faisait courir à l'usufruitier une chance favorable ; car si son usufruit se fût éteint au 1er septembre, par exemple, avant la récolte, il n'en aurait pas moins

eu, dans le Droit actuel, une portion du bail, savoir, dans l'espèce, pour quatre mois ; tandis que
s'il n'eût pas donné à ferme, non-seulement il n'aurait rien eu des fruits encore pendans, mais tous
ses frais de labours auraient été perdus pour lui.
Or, *quem sequuntur commoda, eumdem debent sequi
incommoda.*

En second lieu, que porte l'article 586? que le
prix des baux à ferme est un fruit civil, et que les
fruits civils s'acquièrent jour par jour : mais il
n'y en avait pas avant la location de la vigne;
il n'y avait que l'espérance de fruits naturels ou
industriels; en sorte que jusqu'au premier mai, il
est impossible de supposer que l'usufruitier en ait
perçu d'une espèce quelconque. C'est en conver-
tissant son espérance de fruits naturels en fruits
civils, qu'il a commencé à en acquérir ; mais encore
une fois il ne l'a fait que le 1ᵉʳ mai, et jusque là
il n'avait qu'une simple expectative : il a volontairement échangé cette expectative contre quelque
chose de certain, quoique indéterminé dans son
quantum ; il n'a donc pas à se plaindre de ce qu'on
ne lui accorde que huit mois de fruits, quoique
son droit ait duré une année entière.

Sans doute, et comme nous l'avons dit sur le
premier cas, s'il s'agissait des fruits des biens dotaux on suivrait d'autres règles : le mari aurait
droit au fermage en proportion de la durée du
mariage pendant la dernière année, parce que
les fruits lui sont acquis pour l'aider à en sup-

porter les charges A cet égard, nous n'entrerons pas ici dans les développemens que réclamerait la théorie de la division des fruits entre les époux ou leurs héritiers, ni dans l'examen de la question de savoir si la règle relative aux baux à ferme est applicable aux époux mariés en communauté ou sous le régime d'exclusion de communauté : nous le ferons en son lieu ; mais toujours est-il vrai qu'en matière d'usufruit, on suit d'autres principes que ceux qui sont établis pour le régime dotal, car si, d'une part, l'article 586 veut que l'usufruitier ait droit aux fruits civils à proportion de la durée de son usufruit ; d'autre part, il suppose que ces mêmes fruits civils existent. Or certainement ils n'existent pas avant le bail, et *vice versâ*, il n'y en a pas davantage, respectivement à l'usufruitier, dès que son droit est éteint, quoique le bail subsiste encore. Ainsi, ni le tems antérieur au bail, ni celui postérieur à l'extinction de l'usufruit, ne doivent être comptés.

Les droits de l'usufruitier varieront donc beaucoup, comme on le voit, en raison de ce qu'il aura ou non donné à ferme, et même en raison de ce qu'il l'aura fait plutôt ou plus tard ; mais il a couru la bonne comme la mauvaise chance, et c'est la seule manière de justifier cette disposition. Au lieu que le mari ne doit courir aucune chance, parce qu'il supporte toujours les charges du mariage avant comme depuis le bail ; en sorte que, à son égard, la circonstance qu'il a reçu le fonds déjà mis en ferme, ou qu'il l'a affermé lui-même, est tout-à-fait indifférente. Telle est la raison pour laquelle Ulpien, dans la loi 7, § 1, ff. *Soluto matrim.*, dit, d'après Papinien, *divortio facto, fructus dividi non ex die locationis, sed habitâ ratione præcedentis temporis, quo mulier in matrimonio fuit.*

Ce que nous avons dit sur le cas où, au lieu d'avoir donné à ferme, le propriétaire avait vendu la récolte, est applicable aussi au cas où c'est l'usufruitier qui a agi ainsi. Mais nous reviendrons sur ce point en parlant du droit de ce dernier sur les bois compris dans l'usufruit.

543. Au surplus, les décisions ci-dessus ne sont pas restreintes au cas seulement où l'usufruit ne porte que sur un seul fonds; elles s'étendent également à celui où il porterait sur plusieurs, dont les uns seraient affermés et non les autres, et qui donneraient des produits semblables ou différens, n'importe, comme dans le cas d'un usufruit portant sur une universalité de biens : en sorte qu'il n'y aura pas lieu, ainsi qu'à l'égard des fruits des immeubles dotaux à la dernière année du mariage, de faire un cumul des fruits naturels et industriels perçus par l'usufruitier et du prix des baux à ferme, pour lui attribuer sur le tout une part proportionnée à la durée de son usufruit à partir du jour de son ouverture ou de son anniversaire jusqu'à son extinction ; au contraire, chaque espèce

de fruits naturels ou industriels par lui perçue lui est acquise, comme chaque sorte de produits encore pendans, lors de l'extinction de l'usufruit, sur des fonds non affermés, appartient au propriétaire ; sauf à diviser le prix des baux, et individuellement, suivant ce qui vient d'être dit. Car chaque bail produit lui-même un fruit civil, à partir du moment où le fermier est entré en jouissance.

Aussi le bail d'un domaine qui se compose de terres labourables, les unes ensemencées, les autres en jachères ou en labour, de prés, de pacages, de bois, de vignes, d'étangs, de chênières, ne forme qu'un seul bail, qu'un même fruit civil, quand le tout est affermé pour un seul et même prix.

544. Et la circonstance que le prix du bail serait payable par parties, à des termes périodiques ou à des termes irréguliers, ou qu'il le serait en une seule fois, à la fin de chaque année ou à une autre époque, même qu'un fermage entier ou en partie aurait été payé d'avance, est tout-à-fait sans influence sur le règlement des droits respectifs des intéressés, soit lors de l'entrée en jouissance de l'usufruitier, soit lors de l'extinction de l'usufruit. Dans l'esprit de la loi actuelle, on doit uniquement considérer le bail, ce qu'il embrasse, chaque bail en particulier s'il y en a plusieurs, et l'époque, non pas où il a été passé, sans doute, mais celle où le fermier a dû commencer à jouir. Car il est bien certain que si, d'après le bail, il ne devait entrer

en jouissance qu'à une époque déterminée, avant l'arrivée de laquelle des fruits se trouveraient pendans sur les fonds, soit au commencement, soit à la cessation de l'usufruit, ces mêmes fruits, auxquels, ainsi que nous le supposons, le fermier n'a aucun droit, seraient régis comme fruits naturels ou industriels, et non comme fruits civils; en conséquence, ils appartiendraient, dans le premier cas, à l'usufruitier, et dans le second, au propriétaire, en vertu de l'art. 585.

545. Comme nous faisons partir la jouissance pour l'une ou l'autre des parties à compter du jour du bail, et non de celui où a commencé l'usufruit ou de son anniversaire, il pourra s'élever des difficultés entre elles quand il ne sera pas authentique ou qu'il n'aura pas acquis une date certaine. On sent en effet, dans l'hypothèse que nous avons faite au n° 542, que l'usufruitier ou ses héritiers auraient intérêt à en nier l'existence, puisqu'ils auraient tous les fruits de l'année, au lieu de n'en avoir qu'une partie; et en reconnaissant qu'il existe, ils ont du moins intérêt à en reculer la date. Comme, en sens inverse, dans le cas où la récolte est pendante au moment où s'ouvre l'usufruit, le propriétaire, par exemple l'héritier de celui qui en a fait le legs, a intérêt à alléguer un bail verbal, afin d'avoir une portion des fruits pendans, à titre de fruits civils, puisqu'autrement ils appartiendraient en totalité à l'usufruitier, même sans répétition des

frais de labours et semences (art. 585) : il peut aussi avoir intérêt à en faire remonter le commencement à une époque antérieure à celle de son existence réelle.

Sur ce point, nous croyons qu'on ne devrait pas s'attacher uniquement à la disposition de l'art. 1328, suivant lequel les actes n'acquièrent date certaine à l'égard des tiers (1) que de l'une des manières qui y sont exprimées, et par conséquent ne peuvent leur être opposés avec effet, comme prouvant *rem ipsam*, qu'à partir de cette époque. Les tribunaux devraient plutôt considérer les faits de jouissance réelle du fermier, examiner si celui qui est présenté comme tel a bien cultivé en cette qualité, ou s'il n'est pas, au contraire, le complice, complaisant ou intéressé, d'une fraude que l'une des parties veut faire à l'autre. La preuve testimoniale pourrait être admise, si le tribunal l'estimait convenable, suivant les circonstances de la cause, qui pourraient être telles en effet, que l'une des parties, celle qui l'in-

---

(1) Les actes sous signature privée, reconnus ou tenus pour reconnus, ont bien, entre les parties, leurs héritiers et ayant-cause, le même effet que l'acte authentique (art. 1322); mais ce n'est pas dans tous les cas que ce principe est applicable au propriétaire et à l'usufruitier l'un vis-à-vis de l'autre, parce que ce n'est pas dans tous les cas qu'ils sont, l'un par rapport à l'autre, des *ayant-cause* dans le sens que la loi attache à ce mot dans cet article. Notamment, le propriétaire n'est point un ayant-cause de l'usufruitier, qui allègue ou dont les héritiers allèguent un bail, afin d'avoir à titre de fruits civils, et en vertu de l'article 586, une portion des fruits qui se trouvent pendans au moment de l'extinction du droit d'usufruit.

voquerait, serait dans le cas de dire qu'il ne lui a pas été possible de se procurer une preuve écrite du fait qu'elle allègue, et conséquemment, qu'il y a lieu, en sa faveur, à la disposition exceptionnelle de l'article 1348.

§. III.

Des droits de l'usufruit quant aux bois.

546. Puisque l'usufruitier jouit de tout l'émolument dont la chose est susceptible, il était conséquent de lui attribuer un droit aux bois que produit le fonds soumis à l'usufruit; cependant on ne l'a fait qu'avec une distinction.

Pour les bois taillis, comme ils sont sujets à être coupés à des époques périodiques plus ou moins régulières, et plus ou moins rapprochées (1), on les a assimilés aux fruits ordinaires (2); en conséquence, on les a fait entrer dans la jouissance de l'usufruitier sous l'obligation pour lui d'en jouir comme en jouissait le propriétaire lui-même.

« Si l'usufruit comprend des bois taillis, porte « l'article 590, l'usufruitier est tenu d'observer « l'ordre et la quotité des coupes, conformément

---

(1) C'est ce que les jurisconsultes romains appelaient généralement *silvæ cœduæ*. L. 30, ff. *de verb. signif.*

Aux termes de l'ordonnance de 1669, titre xxvi, le taillis ne peut être coupé avant l'âge de dix ans. A quarante ans il est réputé *futaie;* et à soixante ans, *haute futaie.*

(2) L. 40, §. 4, ff. *de contrah. empt.*

« à l'aménagement ou à l'usage constant des pro-
« priétaires; sans indemnité toutefois en faveur de
« l'usufruitier ou de ses héritiers, pour les coupes
« ordinaires, soit de taillis, soit de baliveaux (1),
« soit de futaie qu'il n'aurait pas faites pendant sa
« jouissance.

« Les arbres qu'on peut tirer d'une pépinière
« sans la dégrader ne font aussi partie de l'usu-
« fruit qu'à la charge de se conformer à l'usage
« des lieux pour le remplacement. »

Ces dispositions, comme on le voit, présuppo-
sent que l'usufruitier, par la nature même de son
droit, jouit du bois taillis, puisqu'elles règlent seulement le mode de jouissance qu'il doit observer, en le
déclarant exclu de la faculté de faire les coupes qu'il
aurait pu faire et qu'il n'a point faites : elles sont l'application du principe que pourvu que l'usufruitier
conserve entière la substance des choses, il a le droit
de jouir comme le propriétaire lui-même; et ce se-

---

(1) On appelle *baliveaux* les arbres qui doivent, aux termes des
règlemens, être réservés dans chaque coupe, soit de taillis, soit de
futaie : il en doit être laissé seize par arpent, et de la plus belle
venue. Les baliveaux sur taillis ne peuvent être coupés avant l'âge
de quarante ans, et ceux sur futaie avant l'âge de cent vingt ans.
(Arrêté du Conseil d'État, du 19 juillet 1723.)

Les baliveaux sur taillis appartiennent à l'usufruitier tant qu'ils
n'ont pas l'âge requis pour être réputés futaie, à la charge de laisser
le nombre prescrit par les règlemens. Denisart, au mot *Baliveaux*,
interprète ainsi l'art. 2 du titre 27 de l'Ordonnance de 1669, portant :
« Tous arbres de réserve et baliveaux sur taillis sont réputés faire
« partie du fonds, et les usufruitiers n'y peuvent rien prétendre. »

IV.   33

ráit jouir comme lui, quoique l'usufruitier vendît le bois, quand, au contraire, le propriétaire était dans l'usage de le consommer, ou, en sens inverse, quoique l'usufruitier le consommât, quand le propriétaire était dans l'usage de le vendre. Cette obligation de jouir comme le propriétaire ne s'entend pas, en effet, de la disposition des fruits, mais de la manière de les obtenir, de l'époque de les percevoir et de la quantité annuelle qui doit en être perçue (1).

Et puisqu'il jouit comme le propriétaire, il doit, ainsi que le dit notre article, observer l'ordre et la quotité des coupes, conformément à l'aménagement ou à l'usage constant de celui-ci.

547. Par *aménagement* on entend la distribution et la division des coupes, l'ordre dans lequel elles doit être faites, la fixation tacite de l'âge auquel chacune d'elles doit avoir lieu, et la détermination de leur étendue respective.

Il doit observer cette distribution ou division, afin qu'à la cessation de l'usufruit, le propriétaire puisse retrouver une jouissance égale à celle qu'il avait quand il s'est ouvert; car les fruits n'appartenant à l'usufruitier qu'à proportion de la durée de son droit, il est clair qu'il ne doit pas s'arranger de

---

(1) *Sylvam cæduam, et arundinetum, posse fructuarium cædere, sicut pater-familias cædebat; et vendere, licet pater-familias non solebat vendere, sed ipse uti: ad modum enim referendum est, non ad qualitatem utendi.* L. 9, §. 7, *de usuf. et quemad.*

manière à consommer d'avance ceux de plusieurs
années, et laisser ensuite le propriétaire sans jouissance pendant plus ou moins de tems : un bon père
de famille ne consomme pas en une année les
revenus de plusieurs.

En conséquence, il ne doit pas faire deux coupes
dans une année, si l'usage des propriétaires n'était
pas tel (1) ; autrement il n'observerait pas la quotité
des coupes. Il pourrait arriver en effet que l'une
d'elles ne dût pas tomber dans sa jouissance, parce
que l'usufruit viendrait à s'éteindre avant qu'elle
dût être faite, et alors il l'aurait faite sans droit :
il se trouverait ainsi avoir perçu des fruits qui ne
lui appartenaient pas (2).

Comme il doit observer l'ordre des coupes, il
n'en doit faire aucune par anticipation, quand
même il laisserait, en attendant, celle qu'il aurait
le droit de faire ; car il pourrait arriver qu'il se
trouvât avoir fait sans droit une très-bonne coupe,
pour une médiocre ou une mauvaise.

---

(1) Mais si l'usufruit s'étend sur plusieurs domaines, sur chacun
desquels le propriétaire était dans l'usage de faire une coupe annuellement ou à des époques périodiques, l'usufruitier en peut faire
autant.

(2) S'il l'avait fait, l'indemnité se règlerait de la manière suivante :
il a coupé un taillis qui n'avait que douze ans, et qui ne devait être
coupé qu'à seize ; l'usufruit s'est éteint trois ans après la coupe :
l'usufruitier doit restituer la valeur de cette coupe, moins trois sei-
zièmes, parce qu'en effet le bois a maintenant trois feuilles qui profitent au propriétaire : or, l'indemnité se règle sur le préjudice
souffert. C'est aussi l'opinion de M. Delvincourt.

548. Et ici se présente la question de savoir si l'ordre des coupes n'ayant pas été suivi (1), il y aurait lieu à compenser celles qui n'ont pas été faites et qui pouvaient l'être, avec celles qui l'ont été mal-à-propos, du moins jusqu'à concurrence de la valeur des premières; sauf indemnité au propriétaire pour l'excédant de valeur, s'il y avait lieu (2).

Il est bien certain qu'avancer une coupe n'est pas faire tort au propriétaire dans tous les cas; car si l'usufruit ne s'éteint point avant l'époque où une nouvelle a pu être faite, cette anticipation n'aura rien changé aux droits respectifs des parties; et s'il s'éteint, au contraire, avant cette époque, elle lui aura profité, puisqu'il aura un taillis plus âgé qu'il ne l'aurait eu si l'usufruitier avait fait la coupe à l'époque où il devait la faire : or, comme l'intérêt est la mesure des actions, il est évident que le pro-

---

(1) Ce qui peut facilement arriver quand il s'agit de l'usufruit du père sur les biens de ses enfans. Étant administrateur de leur personne et de leur fortune, on sent combien il lui est aisé, la plupart du tems, d'intervertir l'ordre des coupes. Il en est de même du mari à l'égard des bois de sa femme.

(2) Il est clair que la question ne saurait souffrir aucun doute dans le cas où ce serait le mari qui aurait fait cette interversion à l'égard des bois de sa femme, dont les produits devaient tomber dans la communauté; car, d'après l'article 1403, l'accélération comme le retard dans les coupes à faire sur les propres de chacun des époux, suivant les règles de l'usufruit, n'altèrent en rien leurs droits respectifs, puisqu'il y a lieu à récompense en faveur de celui à qui elle peut être due.

priétaire n'aurait aucune indemnité à prétendre à raison de cette anticipation.

Nous ne voulons toutefois pas dire par là qu'il n'aurait pas le droit de s'opposer à ce qu'elle eût lieu : comme l'usufruit pourrait venir à s'éteindre avant l'époque ordinaire de la coupe, il est clair que l'opposition serait bien fondée. Mais nous supposons, dans l'espèce, que, de fait, cette coupe a eu lieu, et qu'à la fin de l'usufruit le propriétaire est sans intérêt à s'en plaindre.

Quant à la question en elle-même, on peut dire, en raisonnant en droit strict, que l'usufruitier n'ayant pas fait celles des coupes qu'il avait le droit de faire, c'est le cas d'appliquer l'article 590, qui ne lui accorde aucune indemnité à cet égard ; et par rapport à celles qui ne sont point arrivées à leur maturité pendant la durée de son usufruit, qu'il les a faites mal à propos, puisque la loi ne lui attribue les bois que sous la condition d'observer l'ordre et la quotité des coupes, conformément à l'aménagement ou à l'usage constant des propriétaires, ce qu'il n'a pas fait : d'où il suit qu'il était sans droit quant à ces coupes. Or, comme la compensation ne peut avoir lieu que d'une chose due avec une chose due, double condition qui, dans l'espèce, ne se trouve pas remplie, on peut soutenir, toujours en raisonnant *de apicibus juris*, qu'il peut être contraint de faire raison des coupes qui ne tombaient point dans sa jouissance, sans pouvoir opposer, en compensation, même jusqu'à due concurrence, celles qu'il a négligé de faire en leur saison ; en un mot, il doit s'imputer sa faute de n'avoir pas suivi l'ordre qui lui était prescrit.

Néanmoins, tel n'est pas notre sentiment : l'équité, amie de notre droit, repousse une telle décision. Ce qu'a voulu la loi, en imposant à l'usufruitier l'obligation d'observer l'ordre et la quotité des coupes, c'est la conservation des droits du propriétaire, c'est d'empêcher que le premier n'excédât le mode de sa jouissance au préjudice du second ; et ce vœu est parfaitement rempli dans l'espèce où l'usufruitier, justement attaqué pour avoir fait, par anticipation, des coupes qui ne devaient point, par événement, entrer dans sa jouissance, oppose à cette réclamation, la compensation de coupes qu'il n'a manqué de faire que parce qu'il en a fait d'autres, dont il trouvait probablement à se défaire plus aisément. Ce ne doit donc être qu'une question d'appréciation de la valeur respective de ces mêmes coupes, sans toutefois qu'il eût le droit, dans le cas où la balance serait en sa faveur, de réclamer l'excédant de valeur, puisqu'il ne peut prétendre à aucune indemnité à raison des fruits qu'il a négligé de percevoir.

549. A défaut d'aménagement bien marqué, l'usufruitier observe l'usage constant des propriétaires. C'est ce que veut dire l'art. 590, en ces termes « con- « formément à l'aménagement ou à l'usage constant

« des propriétaires », indiquant ainsi deux modes qui peuvent n'être pas en tout point semblables.

En effet, si le bois n'était que d'une faible étendue, et néanmoins que l'usage des propriétaires fût de le couper tous les dix, douze ou quinze ans, en une seule fois, certainement il n'y aurait pas là un *aménagement*, expression qui emporte l'idée d'une distribution ou division des coupes : la distribution serait seulement dans le tems. Mais il y aurait un usage qui remplacerait l'aménagement ordinaire, qui en tiendrait lieu, et selon lequel l'usufruitier aurait droit de faire la coupe, en la faisant d'ailleurs régulièrement à l'époque marquée par cet usage.

550. Et si un nouvel aménagement du propriétaire était contraire à l'usage ou à l'aménagement que ses prédécesseurs, ou lui-même, avaient suivi jusqu'alors, ce serait ce nouvel aménagement qui devrait être observé, soit qu'il fût plus favorable à l'usufruitier que l'ancien, soit qu'il lui fût moins avantageux ; car, il jouit comme le propriétaire, c'est-à-dire comme le propriétaire jouissait : et l'époque à consulter à cet égard ne peut raisonnablement être que celle où l'usufruit s'est ouvert, autrement il n'y aurait plus de point de comparaison, on serait jeté dans l'arbitraire, et, disons mieux dans l'absurde, puisqu'il y aurait en effet de l'absurdité à obliger l'usufruitier de jouir d'après un mode que le propriétaire ou ses prédécesseurs

avaient eux-mêmes reconnu vicieux , ou de lui reconnaître le droit de suivre ce mode abandonné. En réalité, il ne représente que le propriétaire actuel, et non ceux qui l'ont précédé : dès lors, il est clair que c'est l'aménagement ou l'usage de ce dernier qui doit être suivi.

La Cour de Paris (1) a jugé en ce sens dans un cas où le nouvel aménagement n'avait même encore été opéré que partiellement, parce qu'en effet un changement de cette nature ne peut s'effectuer tout à coup sans inconvénient : il est même presque toujours impossible de l'opérer au même moment. Aussi la Cour a-t-elle décidé que l'usufruitier devait non-seulement l'observer pour les parties nouvellement aménagées qui tombaient dans sa jouissance, mais encore, successivement, pour celles qui ne l'étaient pas au moment de l'ouverture de l'usufruit, attendu qu'en aménageant ses bois, qu'il coupait auparavant d'une manière irrégulière, tantôt à un âge tantôt à un autre, en coupant çà et là, le propriétaire avait témoigné son dessein d'observer dorénavant plus de régularité dans son exploitation, et s'était ainsi arrangé en bon père de famille, en abandonnant un usage vicieux. Ce nouvel aménagement était constant, quoi qu'il ne fût pas constaté par un usage ancien; en conséquence, la Cour, qui le reconnut en fait, a condamné l'usufruitier, qui, dans l'espèce était un vendeur avec

---

(1) Arrêt du 22 juillet 1812. Sirey, 12-2-401.

réserve d'usufruit, à l'observer pour les parties non encore aménagées, comme pour les autres, au lieu de couper les premières d'après l'usage ancien, ce qui lui aurait donné le droit de les faire à une époque plus rapprochée.

551. Et non-seulement l'usufruitier ne doit pas anticiper sur l'époque des coupes, mais il doit aussi se conformer aux règlemens des *Eaux et Forêts* (1) pour tout ce qui concerne l'autorisation de l'administration à l'effet de pouvoir couper, le tems auquel il est permis de le faire (2), les baliveaux à laisser, et l'époque de l'année où le bois abattu doit être enlevé.

552. Comme en principe l'usufruitier n'acquiert les fruits qu'en les percevant, et que l'usufruit consiste en partie dans ce fait (3), il s'ensuit, ainsi que nous l'avons dit, et comme le porte d'ailleurs formellement l'article 590, qu'il n'a aucune indemnité à réclamer pour les coupes qu'il aurait eu le droit de faire pendant sa jouissance, et qu'il n'a pas faites; à la différence du cas où une coupe qui aurait dû, d'après les règles de l'usufruit, être faite durant la communauté sur le propre de l'un des époux, ne l'a point été, cas où il est dû in-

---

(1) L'ordonnance de 1669 forme le Droit commun de la matière.

(2) Il n'est pas permis de couper dans le tems où la végétation est le plus animée : l'ordonnance précitée (titre xv, art. 40) défend d'abattre après le 15 avril, et avant le 15 septembre.

(3) *Consistit penè in facto percipiendi fructus.*

demnité au mari si c'était sur celui de la femme que la coupe eût dû être faite, et, dans le cas contraire, à cette dernière, si toutefois elle acceptait la communauté (art. 1403 et 1492 combinés). On a voulu prévenir les avantages indirects entre époux.

553. Ainsi, quand même la coupe aurait été vendue par l'usufruitier, et que le moment de la faire fût alors arrivé, si cette coupe n'était point encore faite à l'extinction de l'usufruit, le prix ne lui en appartiendrait pour aucune portion (1) : et s'il l'avait reçu, il serait, ou ses héritiers, tenu à la restitution envers le propriétaire. Le prix de la vente n'est pas un fruit civil comme le prix du bail (2), autrement il faudrait aller jusqu'à dire qu'il est dû en totalité à l'usufruitier, puisque, dans l'espèce, celui-ci avait le droit de faire toute la coupe. Or, aucune disposition du Code ne pourrait autoriser une pareille prétention.

554. Et si l'exploitation était faite en partie, il y aurait lieu à une ventilation entre l'usufruitier ou ses héritiers et le propriétaire, pour attribuer

---

(1) C'est aussi l'avis de M. Delvincourt, contraire à celui que Pothier exprime à son traité *du Douaire*, n° 200. Mais, comme l'observe très-bien M. Delvincourt, Pothier fondait son opinion sur une disposition particulière de l'art. 75 de la Coutume d'Orléans, disposition qui n'a point été reproduite dans le Code. *Voy.* l'arrêt cité au numéro suivant.

(2) *Voy. suprà*, n° 535 et suivans.

à ce dernier une part du prix de la vente, en proportion de ce qui resterait à couper relativement au tout.

.La. Cour d'Orléans avait bien jugé, dans cette espèce (1), que la vente de la coupe ne donnait pas aux héritiers de l'usufruitier droit au prix pour ce qui restait à abattre; mais elle avait décidé, de plus, que le propriétaire n'était pas tenu de souffrir l'exploitation pour ce restant. Son arrêt déféré à la Cour suprême a été cassé (2) sous ce rapport, par le motif que si la vente est sans effet à l'égard de l'usufruitier, elle est du moins valable à l'égard de l'acheteur, attendu que le premier pouvant donner à ferme, avec obligation pour le propriétaire d'exécuter le bail, il a pu, par-là même, vendre avec effet, sauf au propriétaire à réclamer le prix de ce qui reste à couper, ou le tout, si la coupe est encore entière. La Cour d'Orléans n'avait pas cru devoir assimiler la vente des coupes, quoique faite de bonne foi, au bail de ces mêmes coupes, et pourtant il est clair que pour l'acheteur ce doit être la même chose, d'autant mieux que lorsqu'il s'agit uniquement, ou même principalement, d'attribuer à un tiers le droit de faire des coupes de bois, le traité a plutôt lieu par forme de vente, que par forme de louage.

Au reste, cette décision est subordonnée à la

---

(1) Le 10 août 1815. Sirey, 16-2-382.
(2) Le 21 juillet 1818. Sirey, 1818, 1-375.

bonne foi des parties; car dans le cas où l'usufruitier voyant approcher la fin de l'usufruit, aurait
vendu les coupes, le propriétaire pourrait s'opposer à ce que l'exploitation fût continuée, si le
prix apparent était inférieur à leur valeur; parce
qu'on supposerait alors facilement que l'usufruitier a reçu un pot-de-vin plus ou moins considérable. Mais si le tiers était de bonne foi, l'acte devrait être exécuté à son égard.

555. Dans le cas où l'usufruit serait à terme fixe,
l'usufruitier ne pourrait vendre ni louer avec effet
des coupes qui ne devraient pas entrer dans sa jouissance d'après l'époque où elles devraient être faites,
suivant l'aménagement ou l'usage des propriétaires.

Et, par le même motif, puisque le droit de l'a-
cheteur, à l'effet d'exploiter après l'extinction de
l'usufruit, n'est maintenu que parce que cet acheteur aurait pu prendre à ferme, et continuer sa
jouissance après cette extinction, il est évident que
l'usufruitier doit se conformer, pour les époques
où les ventes seraient renouvelées, et pour le nombre des coupes que chacune d'elles embrasserait,
aux règles tracées au mari pour les baux des biens
de sa femme (art. 1429 - 1430), puisque ce sont
celles qui sont prescrites à l'usufruitier par l'article 595.

556. Dans tous les cas, et comme dans les baux
de fruits ordinaires, si l'usufruitier a reçu un pot-

de-vin, ce pot-de-vin sera censé faire partie du prix de vente ou de bail; en conséquence il devra être réparti entre lui ou ses représentans et le propriétaire dans la même proportion que le prix principal.

557. Nous disons que l'usufruitier ou ses héritiers n'ont aucun droit pour les coupes qu'il aurait eu le droit de faire pendant sa jouissance, et qu'il n'a pas faites; mais cela n'est vrai toutefois qu'autant que ce ne serait point par le fait du propriétaire ou par une cause relative à la propriété de la chose, qu'il aurait été empêché de les faire.

Ainsi, par exemple, si, dans le cas où l'usufruit a été légué, l'héritier conteste la validité du legs, et que pendant le procès l'usufruitier vienne à mourir, son droit d'usufruit est sans doute éteint, mais le jugement ne doit pas moins être prononcé, à cause des dépens et des dommages-intérêts; dèslors, s'il est contraire à l'héritier, celui-ci devra aux représentans du légataire une indemnité à raison des fruits de toute espèce que celui-ci aurait pu percevoir et qu'il a été empêché de recueillir par le fait de l'héritier (1).

558. Ainsi encore, un tiers se prétendant propriétaire du fonds obtient contre celui qui a constitué l'usufruit, ou son héritier, un jugement provisoire qui ordonne le maintien du *statu quo*, et fait défense à l'usufruitier d'exploiter les bois.

---

(1) L. 6, ff. *de Usu et usuf. legat.*

Pendant le procès, qui est ensuite définitivement jugé en faveur du constituant, l'usufruit vient à s'éteindre : il est évident, quoique l'empêchement, dans ce cas, n'ait pas été du fait de ce dernier, que celui-ci doit une indemnité à l'usufruitier ou à ses représentans, quand bien même il ne serait d'ailleurs soumis envers lui à aucune garantie, parce que l'usufruit, par exemple, avait été légué. Car, s'appliquant au droit de propriété, la cause de cet empêchement se réfère par cela même au propriétaire ; et si celui-ci ne doit personnellement, à cet égard, aucuns dommages-intérêts à l'usufruitier, du moins il n'en doit pas profiter : il s'enrichirait ainsi aux dépens d'autrui, puisque tous les fruits sont dus à l'usufruitier à partir de l'ouverture de l'usufruit. (Art. 604 (1).

559. Mais si c'était par la faute du tuteur de l'usufruitier que celui-ci n'eût pas fait les coupes qui entraient dans sa jouissance, nous croyons, à moins qu'il n'y eût eu collusion entre le tuteur et le pro-

---

(1) M. Delvincourt va bien plus loin encore : il décide que « si « l'usufruitier n'avait été empêché de faire les coupes que par l'effet « d'une force majeure qui lui fût étrangère, *putà* par une inondation « ou par une disposition réglémentaire momentanée, il n'en devrait « pas être privé. » Cela peut souffrir quelque doute, surtout dans le cas de l'inondation, qui est un obstacle apporté par la nature à l'exercice du droit ; tandis que la disposition réglémentaire peut être supposée avoir été portée dans l'intérêt des propriétaires de. bois, comme dans l'intérêt général, et , dans cette supposition, on conçoit que le propriétaire ne doive point profiter de l'obstacle qu'elle a apporté à l'exercice du droit de l'usufruitier.

priétaire, que ce dernier ne devrait aucune indemnité pour cet objet; sauf au mineur son action en dommages-intérêts contre celui qui n'a pas su conserver ses droits comme il le devait. Excepté les cas où la loi, par une disposition spéciale, veille elle-même à la conservation des intérêts des mineurs, en établissant, par exemple, que la prescription ordinaire ne court pas contre eux (article 2252), nous ne voyons pas qu'aujourd'hui elle les relève du préjudice que la négligence de leurs tuteurs a pu leur causer. Les dispositions des articles 1663 et 1676, relatives à la prescription des actions en réméré ou en rescision pour cause de lésion énorme, et qui court contre les mineurs comme contre les autres citoyens, fait foi de la justesse de cette assertion. Or, l'article 590 ne fait nullement exception en faveur des mineurs.

560. En général, l'usufruitier n'a pas droit aux bois de haute futaie (art. 592). Le long tems que la nature emploie pour produire ces bois les (1) a fait sortir de la classe des fruits ordinaires, d'autant mieux que, presque toujours, une futaie vaut plus que le terrain sur lequel elle est placée.

---

(1) Le propriétaire a-t-il le droit de les couper pendant la durée de l'usufruit ? En principe, il ne l'a pas ; car ces bois peuvent être utiles à l'usufruitier, quoiqu'il n'ait pas le droit de les abattre : par exemple, ils peuvent donner du gland, ou de la faîne, des branches mortes ou quelques autres produits : ils procurent d'ailleurs de l'agrément, et l'agrément fait partie de sa jouissance.

Mais cependant si les arbres se couronnaient et étaient me-

561. Mais lorsque, à raison de l'étendue des biens, les futaies elles-mêmes sont mises en coupes réglées, elles rentrent dans la classe des produits habituels que le maître retire du fonds ; et l'usufruitier, jouissant comme lui, a pareillement droit à ces produits. Ainsi, d'après l'article 591, « l'usu-« fruitier profite encore, toujours en se confor-« mant à l'époque et à l'usage des anciens (1) pro-« priétaires, des parties de haute futaie qui ont été « mises en coupes réglées, soit que ces coupes se « fassent périodiquement sur une certaine étendue « de terrain, soit qu'elles se fassent d'une certaine « quantité d'arbres pris indistinctement sur toute « la surface du domaine. » Alors s'applique tout ce qui a été dit, relativement aux taillis, touchant les

---

nacés de périr et de perdre ainsi une grande partie de leur valeur, nous croyons, comme l'a jugé la Cour de Poitiers (le 2 avril 1818 : Sirey, 18-2-200), que le propriétaire pourrait les abattre, nonobstant l'opposition de l'usufruitier ; et celui-ci ne devrait pouvoir réclamer aucune indemnité à cet égard, puisqu'alors la cessation de sa jouissance devrait, comme l'observe M. Delvincourt, être considérée comme l'effet d'une force majeure. Néanmoins nous pensons que si les arbres lui donnaient quelques produits, le propriétaire qui demande à les couper parce qu'ils dépérissent, lui devrait une indemnité, qui serait réglée à dire d'experts, si les parties ne s'accordaient point sur son *quantum*.

(1) Pour les taillis, au contraire, on considère principalement l'aménagement du propriétaire actuel. La raison de différence est sensible : il faut bien moins de temps pour attester l'usage ou l'aménagement à l'égard des taillis, qui se coupent fréquemment, qu'à l'égard des futaies, qui ne deviennent telles qu'au bout d'un grand nombre d'années ; de sorte qu'une nouvelle distribution dans la manière de les exploiter peut être considérée comme n'étant que l'effet d'une circonstance passagère.

droits respectifs de l'usufruitier et du propriétaire.

562. « Dans les autres cas, dit l'article 592, l'u-
« sufruitier ne peut toucher aux arbres de haute
« futaie (1), il peut seulement employer, pour faire
« les réparations dont il est tenu, les arbres arra-
« chés ou brisés par accident; il peut même, pour
« cet objet, en faire abattre s'il est nécessaire,
« mais à la charge d'en faire constater la nécessité
« avec le propriétaire. »

563. D'après cela, et en combinant d'ailleurs
cette disposition avec celle de l'article 594, qui
donne expressément à l'usufruitier les arbres fruitiers qui meurent par accident, à la charge de les
remplacer par d'autres, il est clair qu'il n'a pas
droit aux arbres de haute futaie morts naturellement ou abattus par les vents ou les tempêtes,

---

(1) La Cour de Paris a décidé, le 12 décembre 1811 (Sirey, 13-
2-318), que l'usufruitier qui avait mal à propos coupé une futaie en
devait, il est vrai, indemnité, mais que cette indemnité n'était exigible qu'à la fin de l'usufruit, attendu que devant jouir jusque là de
la futaie, il devait aussi jouir de l'indemnité qui en est la représentation. Tel n'est pas notre sentiment ni celui de M. Delvincourt; car
le droit de l'usufruitier à jouir de la futaie était une chose bien différente de l'indemnité qu'il devait pour l'avoir abattue mal à propos.
Cette indemnité se composait en effet de deux choses : du prix de la
vente de la futaie, et que l'usufruitier avait touché, et des dommages-intérêts pour l'avoir vendue sans droit. La première, qui
représentait la futaie, était étrangère à l'usufruitier, puisque la
futaie n'était point un fruit : conséquemment celui-ci n'avait point à
en jouir; l'autre partie de l'indemnité pouvait lui être laissée jusqu'à
la cessation de l'usufruit.

IV.   34

même lorsqu'il n'y en aurait que quelques-uns (1).
Mais dans le cas où ces arbres feraient partie
d'une futaie qui devrait entrer dans sa jouissance, il y a droit; sauf à lui, si l'usufruit venait
à s'éteindre avant l'époque où la coupe devait être
faite, à restituer la valeur de ces arbres, à moins
encore qu'il ne les eût employés à faire les réparations dont il est tenu. Ainsi, dans le cas dont il
s'agit, il jouit éventuellement des arbres abattus; et
de cette manière les droits et les intérêts respectifs
des parties sont conservés.

564. Enfin il peut également, d'après l'art. 593,
prendre dans les bois des échalas pour les vignes;
il peut aussi prendre sur les arbres (2) des produits annuels ou périodiques (3); le tout suivant
l'usage du pays ou la coutume des propriétaires.

A plus forte raison, peut-il en prendre sur les
haies.

En disant que c'est pour les vignes que l'usufruitier peut prendre des échalas dans les bois,
l'article nous paraît signifier par là deux choses:
1° qu'il s'agit des vignes du domaine soumis à l'u-
sufruit; d'où il suit que l'usufruitier ne peut vendre
ces échalas, à moins que les bois dans lesquels il

---

(1) C'est ce qu'on appelle *chablis* en termes forestiers.

(2) Ces arbres forment ce qu'on appelle des *saussaies*.

(3) Comme la tonte des saules, des peupliers, des pieds-corniers
qui se trouvent dans les haies, ou sur le bord d'un champ ou ailleurs,
la glandée, la faine, etc.

les prendrait n'entrassent dans sa jouissance ordinaire et principale, suivant la distinction de la
loi 9, §. 7, ff. *de Usuf.*, qui est le type de notre
texte : car autrement il n'y aurait pas eu plus de
motif d'assigner, comme on l'a fait, l'emploi des
échalas , que de déterminer celui des produits
annuels ou périodiques à prendre sur les arbres ;
2° quand il ne s'agit de prendre des échalas que
pour les vignes du domaine, l'usufruitier peut,
suivant cette même loi, les prendre dans les bois
où le propriétaire était dans l'usage d'en prendre
pour cet objet, encore que ces mêmes bois ne
fissent point partie de sa jouissance directe, parce
qu'ils ne seraient pas mis en coupes réglées.

En effet, aurait-on voulu ne lui accorder le droit
d'en prendre que dans les bois qui entrent dans
sa jouissance, c'est-à-dire, lui donner seulement
la faculté de pouvoir les y prendre avant l'époque
ordinaire de la coupe; de telle sorte que l'avantage
qui en résulterait pour lui serait de le dispenser
d'en payer la valeur dans le cas où l'usufruit viendrait à s'éteindre avant qu'il eût fait les coupes
elles-mêmes ? Cela est invraisemblable , d'autant
mieux que l'exercice d'une telle faculté serait généralement nuisible à l'une ou l'autre des parties ,
par le dommage qu'il causerait aux bois. L'article
entend donc parler des échalas à prendre même dans
les saussaies et autres parties de bois qui ne tombent
pas, quant à la coupe, et comme fruits, dans la

jouissance directe et principale de l'usufruitier, et
où toutefois, comme le dit la loi ci-dessus, le propriétaire était dans l'usage de prendre ces échalas
ou des pieux pour l'exploitation des fonds en général.

565. Il nous reste à faire une observation sur
la jouissance de l'usufruitier quant aux bois ; elle
est relative aux pépinières. L'article 590, comme
on l'a vu, dit que les arbres qu'on peut tirer d'une
pépinière sans la dégrader, ne font aussi partie de
l'usufruit qu'à la charge par l'usufruitier de se conformer aux usages des lieux pour le remplacement.
Mais il est difficile de concevoir comment on peut
tirer des arbres d'une pépinière sans la dégrader :
cela est même impossible; seulement, moins on
en tirera, moins on la dégradera. La loi n'a donc
pas voulu subordonner le droit de l'usufruitier
quant aux arbres d'une pépinière, à la condition
de ne pas la dégrader du tout ; elle a seulement
voulu régler l'exercice de ce droit, et imposer à
l'usufruitier l'obligation d'entretenir la pépinière
comme le faisait le propriétaire, ou de la renouveler quand le besoin du fonds le demande : en sorte
que si ce dernier était dans l'usage de l'exploiter
annuellement à taille ouverte, par partie, ou de
prendre dans toute la pépinière un certain nombre
de plants, les plus avancés, soit tous les ans, soit
à des époques périodiques, en les remplaçant par

des semis dans un autre endroit ou dans le
même (1), l'usufruitier, qui l'imite dans sa jouissance, doit l'imiter pour la conservation et la reproduction des choses qui la lui procure (2).

566. Enfin, les arbres fruitiers qui meurent,
ceux qui sont arrachés ou brisés par accident, appartiennent à l'usufruitier, à la charge de les remplacer par d'autres (3). (Art. 594.)

Comme la loi ne fait aucune distinction entre
les diverses espèces d'arbres fruitiers, il aurait
conséquemment droit même aux noyers et autres
grands arbres qui donnent des fruits, quoique généralement ces arbres, surtout les noyers et les
merisiers, aient beaucoup de valeur, comme étant
propres au service. On ne peut en effet ranger ces
arbres parmi ceux de haute futaie, comme les
chênes, les hêtres, les sapins et autres, auxquels il
est défendu à l'usufruitier de toucher (art. 592);
ce sont de véritables arbres fruitiers, et notre texte
lui attribue indistinctement les arbres de cette

---

(1) Ce serait un mauvais mode de culture que de remplacer dans
le même endroit : les racines des premiers plants nuiraient à la prospérité des nouveaux. D'ailleurs, la terre veut ordinairement une
culture nouvelle.

(2) *Seminarii autem fructum puto ad fructuarium pertinere : ità tamen,
ut et vendere ei, et seminare liceat : debet tamen conserendi agri causâ,
seminarium paratum semper renovare, quasi instrumentum agri : ut,
finito usufructu, domino restituatur.* L. 9, §. 6, ff. *de Usuf.*

(3) De même espèce, du moins si l'intérêt du propriétaire l'exige ;
ce qui est une question de fait.

espèce qui meurent ou qui sont arrachés ou brisés
par accident. Pour qu'il eût été sans droit à leur
égard ; il eût fallu que la loi eût dit d'une manière
générale qu'il ne pourrait toucher aux grands arbres ; alors ceux dont nous parlons auraient été
compris dans l'interdiction ; mais c'est ce qu'elle
n'a pas dit : elle s'est bornée à lui défendre de toucher aux arbres de haute futaie ; or, les arbres
fruitiers, quels qu'ils soient, ne sont point des arbres de haute futaie. Il n'y a d'ailleurs pas autant
à craindre qu'il ne les fasse périr, puisqu'ils lui
donnent des fruits, que lorsqu'il s'agit d'arbres
qui n'en produisent pas, et qu'il n'est pas tenu de
remplacer.

§ IV.

Droits de l'usufruitier quant aux mines, carrières et tourbières.

567. Quand le propriétaire est dans l'usage de
retirer de son fonds certains produits au moyen
des fouilles qui y ont été faites, ces produits, il est
vrai, ne sont pas à proprement parler des fruits,
parce qu'ils naissent moins de la chose qu'ils ne
sont une partie de la chose elle-même ; mais, par
analogie, ils sont considérés comme fruits, dont,
par cette raison, l'usufruitier jouit aussi, puisqu'il
jouit comme le propriétaire . C'est ce que porte
l'article 598 ainsi conçu : « Il jouit aussi de la même
« manière que le propriétaire des mines et carrières
« qui sont en exploitation à l'ouverture de l'usu-

« fruit; et néanmoins, s'il s'agit d'une exploitation
« qui ne puisse être faite sans une concession, l'u-
« sufruitier ne pourra en jouir qu'après en avoir
» obtenu la permission du Roi.

« Il n'a aucun droit aux mines et carrières non
« encore ouvertes, ni aux tourbières dont l'exploi-
« tation n'est point encore commencée, ni au tré-
« sor qui pourrait être découvert pendant la durée
« de l'usufruit. »

Ainsi, il n'a aucun droit aux mines qui n'étaient
point encore en exploitation au moment de l'ouverture de l'usufruit; la disposition est formelle,
et on en sent le motif : il jouit comme le propriétaire, et le propriétaire, dans ce cas, ne jouissait
pas de la mine. En sorte que, lors même que des
ouvertures auraient déjà été pratiquées avant le
commencement de l'usufruit pour l'y chercher et
l'y découvrir, l'usufruitier n'aurait pas droit aux
produits à retirer si elle n'était point encore en exploitation, c'est-à-dire en activité. Par conséquent,
si la concession n'était point encore faite, il est
clair que la mine n'étant point en exploitation,
l'usufruitier serait sans droit à cet égard.

568. Mais puisque, dans l'hypothèse où l'exploitation est en activité, cette autorisation a dû nécessairement être obtenue, aux termes de l'article 5 de la loi du 21 avril 1810 (1), on ne voit

_____

(1) Voy. *suprà*, n° 387.

pas bien pourquoi, quand on rapproche cette disposition de celle de l'art. 7 de la même loi, il est
obligé, pour pouvoir lui-même la continuer, d'en
obtenir personnellement la permission du Roi. On
sent bien, sans doute, que l'exploitation d'une
mine intéresse l'ordre public, et qu'il importe que
celui qui s'y livre réunisse toutes les conditions
nécessaires pour garantir qu'elle se fera dans le
plus grand avantage de la société ; et l'on sent aussi
que l'usufruitier pourrait ne pas offrir, à cet égard,
toutes les garanties qu'offrait le propriétaire, à qui
l'autorisation d'exploiter avait été accordée; mais
alors on aurait dû exiger, dans tous les cas de mutation du droit d'exploiter une mine, que le successeur du concessionnaire en nom, son héritier,
ou son acquéreur, n'importe, sollicitât et obtînt
pour lui-même une nouvelle permission; or, c'est
ce qui n'est pas. En effet, cet article 7 exige bien,
il est vrai, une autorisation particulière dans le
cas où l'on voudrait vendre la mine par lots ou
la partager; mais quant à la transmission, ce même
article dit qu'elle se fera comme celle de tous les
autres biens, et que le concessionnaire pourra être
exproprié de son droit, dans les cas et selon les
formes prescrites pour les autres propriétés, conformément au Code civil et au Code de procédure, et il ne soumet nullement l'ayant-droit, pour
qu'il puisse exploiter, à l'obligation d'obtenir personnellement une permission du Roi. Dès lors,
l'usufruitier qui exploite aussi en entier n'en de-

vrait pas avoir plus besoin que lui; ou bien si on l'exige de l'usufruitier, on aurait dû également l'exiger de tout autre, ce qui n'est pas, du moins d'après cette loi. A la vérité, elle est postérieure au Code civil, mais en cela elle ne consacre point un droit nouveau, elle rappelle seulement les dispositions des lois et règlemens antérieurs au Code. Quoi qu'il en soit, celle de l'art. 598 est précise.

569. Suivant l'art. 18 de la même loi, la redevance due à titre d'indemnité au propriétaire, quand, en vertu de l'art. 13, un tiers a obtenu la concession, demeure réunie à la valeur de la surface, et est affectée avec elle aux hypothèques prises par ses créanciers. Cette redevance est même déterminée par l'acte de concession, bien que la concession ait lieu au profit du propriétaire du fonds; tellement qu'elle forme pour lui, avec la surface à laquelle elle est réunie, une propriété nouvelle (art. 19, *ibid.*). D'où il suit, dans le premier cas (1), que l'usufruitier, qui lui est substitué quant à la jouissance de la surface pendant la durée de son usufruit, doit pareillement

---

(1) Car lorsque c'est le propriétaire lui-même qui a obtenu la concession, comme l'usufruitier le remplace dans l'exploitation, il est clair qu'ayant les produits de la mine, il n'y a pas lieu, pour lui, à jouir d'une redevance quelconque. Au contraire, il doit payer celle qui est due à l'État, d'après la loi ci-dessus.

Mais s'il n'avait pas obtenu la permission de continuer l'exploitation, et qu'un tiers lui eût été substitué, il jouirait de la redevance payée par ce tiers.

jouir de la redevance payée par le tiers concessionnaire; quand même l'usufruit serait à titre par-
ticlier; sauf, bien entendu, l'effet d'une déclaration
contraire de la part de celui qui l'a constitué.

570. L'usufruitier n'a pas le droit de faire, sans
le consentement du propriétaire, ou l'autorisation
du gouvernement, des recherches dans le fonds
pour y découvrir des mines : les articles 10 et 11
de la loi ci-dessus lui sont applicables comme à
tout autre. Mais s'il a été autorisé par le gouvernement, ses droits seront en tout point comme
ceux d'un tiers qui aurait obtenu la concession.
En conséquence, la redevance due à titre d'indemnité au propriétaire du fonds lui serait payée même
pendant la durée de l'usufruit, puisque, suivant
notre art. 598, l'usufruitier n'a *aucun droit* aux
mines et carrières non encore ouvertes, et qu'évidemment la redevance est un droit dérivant de la
mine.

571. En sens inverse, le propriétaire ne peut,
pendant l'existence de l'usufruit, ouvrir une mine
sans l'aveu de l'usufruitier ou l'autorisation du
gouvernement, puisqu'il ne peut en aucune manière nuire aux droits de l'usufruitier, ni gêner sa
jouissance (art. 599), et que très-certainement l'ouverture et l'exploitation d'une mine seraient des
faits de nature à la diminuer dans la plupart des
cas, pour ne pas dire toujours.

S'il l'a fait du consentement de celui-ci, alors

leurs droits se règlent d'après leurs conventions.

572. Mais s'il n'a ouvert la mine que d'après une autorisation du gouvernement, l'usufruitier aura-t-il la jouissance de la redevance, dont le montant, ainsi qu'on vient de le dire, est déterminé par l'acte de concession, même dans le cas où cette concession est faite au propriétaire; doit-on, comme dans celui où c'est ce dernier qui a obtenu la concession, le déclarer sans droit à cet égard, parce que l'art. 598 dit en effet qu'il n'en a aucun sur les mines et carrières non encore ouvertes au moment où commence l'usufruit?

Les deux cas sont bien différens : dans l'un, l'usufruitier a agi librement, et si par l'ouverture de la mine, il a nui à sa jouissance comme usufruitier, il ne doit s'en prendre qu'à lui-même; dans l'autre, c'est par un fait qui lui est étranger que cette jouissance est plus ou moins altérée; et d'après cela, il semble raisonnable qu'il ait droit à une indemnité. Il est bien vrai que l'article ci-dessus suppose que des mines et carrières pourront être ouvertes pendant la durée de l'usufruit, puisqu'il dit que l'usufruitier n'y a aucun droit, disposition qui serait assurément bien superflue dans l'hypothèse d'une mine ou d'une carrière non ouverte, à moins qu'elle n'ait eu pour objet que d'établir qu'il n'aurait pas le droit de les ouvrir : alors la rédaction eût dû être bien différente de celle qui nous est offerte. Mais de ce que des mines peuvent être ouvertes durant l'usufruit, car l'intérêt public peut le vouloir ainsi, il ne s'ensuit pas que l'usufruitier doive jouir de la redevance comme s'il s'agissait d'une exploitation déjà commencée lors de l'ouverture de son droit; ce serait formellement contrevenir à la disposition de l'article précité.

D'autre part, et, ainsi que nous venons de le dire, il ne serait pas juste que sa jouissance fût diminuée sans compensation, quand le propriétaire retirerait un avantage du fait qui occasionerait cette diminution.

D'après ces diverses considérations, l'indemnité devrait être réglée à dire d'experts, et se prendre sur la redevance, qui resterait au propriétaire, soit que ce fût à lui ou à un tiers que la concession fût faite.

573. Quant aux minières produisant du fer dit d'*alluvion* elles sont susceptibles d'être concédées dans deux cas : 1º lorsque l'exploitation à ciel ouvert cesse d'être possible, et que l'établissement de puits, galeries, etc., devient nécessaire; 2º lorsque l'exploitation à ciel ouvert, quoique possible encore, ne doit durer que peu d'années, et doit rendre ensuite impossible l'exploitation avec puits et galeries. (Art. 69, *ibid.*)

Dans le premier cas, l'usufruitier a droit aux produits de la minière, ou de jouir de la redevance, si la minière était en exploitation lors de l'ouverture de l'usufruit; sinon, il a simplement droit à une indemnité pour le préjudice souffert, si ce n'est pas lui qui exploite, ainsi qu'il vient d'être dit.

Mais dans le second, et en supposant même que l'exploitation ne fût pas commencée lors de l'ouverture de l'usufruit, il y aurait lieu d'appliquer ce que dit M. Delvincourt sur le cas où la minière n'est pas de nature à être concédée. Comme alors le propriétaire est tenu de l'exploiter, et que faute par lui de le faire, les maîtres de forge voisins peuvent l'exploiter à sa place (art. 59 et 60, *ibid.*), l'usufruitier, suivant ce jurisconsulte, a droit d'exploiter comme ferait le propriétaire, à la charge, néanmoins, de rendre, à la fin de l'usufruit, le terrain propre à la culture, ou d'indemniser le propriétaire (argument de l'art. 63, *ibid.*); et s'il n'exploite pas, et que l'extraction du minerai soit faite par les maîtres de forge, il a droit de jouir de l'indemnité qui doit être payée par eux, aux termes des art. 65 et 66 *ibid.*); enfin, il en doit être de même à l'égard des terres pyriteuses et alumineuses (art. 71 et 72 *ibid.*). Ces décisions nous paraissent justes.

574. Comme les motifs qui ont fait déroger aux lois sur le droit de propriété quand il s'agit de mines et minières, n'existent pas à l'égard des carrières et des tourbières, on doit décider 1° que l'usufruitier ne peut en ouvrir sans l'aveu du propriétaire, et que s'il le faisait, il devrait être tenu

à la restitution des produits extraits, dépenses déduites, sans préjudice des dommages-intérêts, s'il y avait lieu; et 2° que le propriétaire ne peut, non plus, en ouvrir sans l'assentiment de l'usufruitier. S'il en ouvre de son consentement, leurs droits respectifs seront déterminés par leurs conventions.

575. Enfin, quant au trésor découvert pendant la durée de l'usufruit, l'art. 599, comme on l'a vu, porte que l'usufruitier n'y a aucun droit; ce qui doit s'entendre de la portion qui en est attribuée à la propriété; car si c'était lui qui l'eût découvert, il en aurait moitié par droit d'invention, comme tout autre, ainsi qu'il a été dit plus haut, n° 313.

§. V.

Droits de l'Usufruitier quand l'usufruit est établi sur une rente viagère, ou comprend des choses qui se consomment ou se détériorent peu à peu par l'usage.

576. L'usufruit d'une rente viagère donne à l'usufruitier, pendant la durée de son usufruit, le droit d'en percevoir les arrérages, sans être tenu à aucune restitution. (Art. 588.)

Le Code a ainsi tranché la controverse qui existait à cet égard parmi les auteurs (1). Les uns

____

(1) *Voy.* Voët sur le titre *de usuf. et quemad.*, n° 25.

considérant qu'une rente viagère n'a point de capital, que sa valeur, indéterminée par la nature même du droit, se compose de tous les arrérages qui en seront successivement payés, que c'est là véritablement la substance de la chose, et que l'usufruitier est tenu de conserver et rendre cette substance; les uns, disons-nous, voulaient qu'il eût seulement la jouissance des arrérages de la rente, et qu'il dût en restituer le montant à la cessation de l'usufruit; de même qu'il est obligé de le faire quand il s'agit de choses qui se consomment par l'usage. Ils étaient surtout fortement touchés de la considération que si la rente venait à s'éteindre durant l'usufruit, en ne restituant pas les arrérages, il se trouvait avoir absorbé toute la substance.

D'autres soutenaient, au contraire, qu'on ne doit point assimiler les arrérages d'une rente viagère aux choses qui se consomment par l'usage : ils disaient que la rente viagère consiste uniquement dans le droit de recevoir ou d'exiger la prestation annuelle convenue; que la substance de la chose est toute dans ce droit, dont l'extinction, arrivée sans la faute de l'usufruitier, doit entièrement le libérer, comme il l'est dans les autres cas où il ne devient pas propriétaire des objets sur lesquels réside l'usufruit. En effet, il ne devient pas propriétaire du droit de rente; ce droit reste attaché à la personne du rentier, qui l'exercera, après l'extinction de l'usufruit, en vertu de son titre, sans avoir besoin d'une rétrocession de la part de l'usufruitier.

Au lieu que dans le cas où il s'agit de choses qui se consomment par l'usage, ce dernier en devient nécessairement propriétaire, comme dans le prêt de consommation l'emprunteur acquiert la propriété des choses prêtées ; par conséquent, devenant personnellement débiteur de la quantité par lui reçue, il doit en rendre une pareille, puisqu'une quantité, conçue abstractivement, ne peut périr.

Enfin, on trouve une similitude parfaite dans l'usufruit que la femme apporte en dot à son mari, cas dans lequel celui-ci, à la dissolution du mariage, ne restitue que le titre, éteint ou non, et nullement les fruits qu'a produits cet usufruit pendant le mariage. Cependant il y aurait tout aussi bien lieu de dire dans ce cas que dans celui d'usufruit d'une rente viagère, que la substance de la dot de la femme consistait dans les fruits qui ont été successivement perçus par le mari ; mais c'est précisément ce que l'on nie : elle consistait dans le droit d'usufruit, sans toutefois qu'on veuille dire par-là qu'elle n'aurait pu également consister dans les fruits eux-mêmes. Mais il eût fallu pour cela une convention formelle, et alors le mari eût été tenu de les restituer comme objets dotaux, conformément à la loi 4, ff. *de Pactis dotalibus.*

577. « Si l'usufruit comprend des choses dont « on ne peut faire usage sans les consommer, comme « l'argent, les grains, les liqueurs, l'usufruitier a « le droit de s'en servir, mais à la charge d'en

« rendre de pareille quantité, qualité et valeur, ou
« leur estimation, à la fin de l'usufruit. » (Art. 587.)

C'est le quasi-usufruit des Romains, dont nous
avons déjà parlé transitoirement.

Cet article a fait naître une controverse sur son
interprétation, parce qu'en effet sa rédaction est
ambiguë, et qu'entendu dans le sens qu'il paraît
présenter, il donnerait lieu à un résultat qui con-
trarierait les vrais principes et blesserait même
l'équité.

D'abord, on a généralement supposé qu'il attribue à l'usufruitier la faculté de se libérer, dans
tous les cas, c'est-à-dire, soit que les choses lui
aient été ou non livrées sur estimation, par la restitution de ces mêmes choses, en même quantité et
qualité, ou par le paiement de l'estimation, à son
choix.

Et s'il prend ce dernier parti, les uns, argu-
mentant de ce que ces mots de l'article, *à la fin de
l'usufruit,* étant séparés par une virgule de ceux
qui les précèdent immédiatement, *ou leur estimation,* se rapportent grammaticalement à toute la
phrase, et indiquent ainsi, non l'époque à considérer quant à l'estimation, mais seulement celle de
la restitution des choses, décident que ce n'est
point à l'estimation du jour où cesse l'usufruit
que l'on doit s'attacher, mais bien à celle du tems
où l'usufruitier a reçu les objets.

Ils disent que, dans l'usufruit des choses fongibles, la propriété se confond nécessairement avec

IV.   35

la jouissance; que l'usufruitier devient ainsi débiteur, ou des choses qu'il a reçues, ou de leur valeur, et ils ajoutent, d'après Domat (1), dont ils invoquent le sentiment, que c'est de la valeur au tems où elles lui ont été livrées, puisque son usufruit avait pour objet cette valeur.

Ils invoquent aussi à l'appui de leur opinion, mais bien mal à propos, comme on va le voir, la L. 7, ff. *de Usuf. quæ usu cons.* et le §. 2 INSTIT. *de Usuf.*

Enfin, ils argumentent également, et sans plus de bonheur, des art. 868 et 1532, dont le premier assujétit l'héritier donataire de meubles à en faire le rapport suivant la valeur qu'ils avaient au moment de la donation; et le second oblige le mari, dans le cas d'exclusion de communauté, à restituer les choses fongibles faisant partie du mobilier apporté par la femme, sur le pied de l'estimation qui a dû en être faite au moment du contrat de mariage.

Ainsi, ils considèrent l'usufruitier comme un débiteur sous une alternative, à son choix; et en lui laissant en même tems la faculté de se libérer par le paiement de la valeur des choses telles qu'elles existaient au moment où il les a reçues, ils mettent de son côté toutes les chances favorables, et du côté du propriétaire, ou si l'on veut du créancier, toutes les chances contraires; car si, au jour de la restitution, le prix des choses se trouve inférieur à la valeur qu'elles avaient au jour où le

---

(1) Au titre de l'*Usufruit*, sect. 3, n° 7.

premier les a reçues, évidemment il les rendra
en nature; et s'il est supérieur, c'est cette valeur
qu'il offrira.

En cela il serait traité bien plus avantageusement
qu'un emprunteur; et pourtant l'usufruit des choses
qui se consomment par l'usage a presque tous les
caractères du contrat de prêt de consommation; il
en a du moins les principaux, puisque dans l'un
et dans l'autre, celui qui reçoit les choses en devient propriétaire à la charge d'en restituer l'équi-
valent.

Il serait traité, disons-nous, bien plus favorablement qu'un emprunteur; et en effet celui-ci doit
rendre les choses en même espèce, quantité et
qualité, et s'il est dans l'impossibilité de les rendre
en nature, il doit au moins en payer la valeur eu
égard au tems et au lieu où la chose devait être
rendue d'après la convention (art. 1903); en sorte
qu'il n'a pas d'intérêt à se refuser à faire la restitution en nature : cela n'a pas besoin d'être démontré. Il est vrai que la seconde partie de cet article
porte que si ce tems et ce lieu n'ont pas été réglés,
le paiement se fait au prix du tems et du lieu où
l'emprunt a été fait; mais cette disposition, qui
n'est sans doute pas à l'abri de quelques observations critiques bien fondées, et que nous ne négli-
gerons pas de faire en leur lieu, ne fournit aucun
argument en faveur de ce système, attendu que
dans l'usufruit il y a toujours un tems réglé pour
la restitution des objets, et ce tems c'est la fin de

l'usufruit, peu importe que le jour où elle arrive soit incertain : il ne dépend pas des parties de le faire varier. Ainsi, c'est bien plutôt la première disposition de cet article que la seconde qui pourrait être invoquée avec succès dans la cause; et c'est une des principales raisons sur lesquelles se fondent les partisans de l'opinion qui, tout en reconnaissant que l'usufruitier, d'après notre article 587, a le choix de rendre les choses en nature, ou leur estimation, veulent toutefois que ce soit celle du jour de la restitution.

Ils ajoutent que, dans les cas prévus aux articles 898 et 1532, comme le débiteur n'a pas le choix, qu'il doit toujours rendre l'estimation telle qu'elle a été fixée dès le principe, il n'y a aucune injustice dans ces mêmes cas, puisque les chances avantageuses ou contraires sont égales pour toutes les parties, ce qui rend conséquemment, disent-ils, ces articles inapplicables à la question.

Pour nous, nous les croyons très-applicables, mais dans un sens tout-à-fait opposé; et c'est ce qui sera facile à démontrer.

D'abord, nous prétendons que l'article 587 ne constitue pas l'usufruitier débiteur sous une alternative, comme on le croit, et comme en effet sa rédaction équivoque, ambiguë, prête à le croire. Nous soutenons qu'il règle seulement deux modes de restitution des objets, parce qu'il peut se présenter deux cas dans lesquels elle ne doit pas avoir lieu de la même manière.

Nous soutenons, de plus, que ces deux cas sont formellement prévus par les lois romaines, qui les régissent bien différemment qu'on l'a prétendu ; et que ces lois, dont le sens a été mal rendu par Domat, ce qui a probablement donné lieu au vice de rédaction que nous reprochons à cet article, en sont le type, et dès-lors qu'on n'en saurait trouver un meilleur commentaire, surtout quand on les rapproche des articles 868, 1532 et 1903 analysés et combinés.

La loi 7 précitée est ainsi conçue : *Si vini, olei, frumenti ususfructus legatus erit, proprietas ad legatarium transferri debet, et ab eo cautio desideranda est:* UT QUANDOQUE IS MORTUUS AUT CAPITE DEMINITUS SIT, EJUSDEM QUALITATIS RES RESTITUATUR : *aut, æstimatis rebus, certæ pecuniæ nomine cavendum est: quod et commodiùs est. Idem scilicet de cæteris quoque rebus, quæ usu continentur, intelligimus.*

Ainsi deux cas sont clairement posés dans ce texte, et la restitution ne se fait pas de la même manière dans tous deux; de plus, dans aucun l'usufruitier n'a le choix que nous lui disputons; il est toujours débiteur d'une seule chose : ou de ce qui lui a été livré, ou du prix de cet objet.

Dans le premier, les choses ne lui sont point livrées sur estimation : il en devient sans doute aussi propriétaire, comme dans le second; mais il est constitué débiteur d'une pareille quantité que celle qu'il a reçue, et c'est uniquement ce qu'il doit ; c'est pout cet objet qu'il fournit caution, afin que *ejusdem qualitatis res restituatur* : en sorte que s'il ne restitue pas cette chose en même qualité, il se place dans les termes du droit commun; or, suivant les termes du droit commun, le débiteur d'une quantité qui ne la paie pas en nature, en doit la valeur eu égard au tems et au lieu de la restitution. C'est absolument comme dans le prêt de consommation, quand le tems de la restitution a été fixé par la convention ; et ce tems, ainsi que nous l'avons dit, est toujours marqué dans l'usufruit. L'on doit même aussi considérer le lieu où les choses ont été livrées, parce que le prix des denrées varie beaucoup en raison des localités.

Dans le second cas de cette loi, les choses ont été livrées sur estimation; et alors ce ne sont plus les objets qui doivent être rendus en même qualité, c'est le prix auquel ils ont été évalués : *aut, æstimatis rebus, certæ pecuniæ nomine cavendum est.* L'usufruitier est considéré comme un acheteur de ces mêmes objets, parce que l'estimation qui en a été faite vaut vente. Et de même qu'un acheteur ne pourrait, contre le gré du vendeur, se libérer du prix promis, en restituant les choses achetées (art. 1243); de même l'usufruitier, dans l'espèce, ne peut, malgré le propriétaire, restituer, à la place de celles qu'il a reçues, leur estimation. Ainsi, il n'est point non plus, dans ce cas, débiteur sous une alternative; et là s'appliquent parfaitement les principes qui ont dicté les art. 868 et 1532 précités. De cette manière, s'il a couru la

chance favorable résultant de l'augmentation du
prix des denrées, d'autre part, il a couru celle
que présentait le cas contraire : du moins tout l'a-
vantage n'est pas d'un seul côté, et tout le désa-
vantage de l'autre.

Quant au §. *des Institutes*, il suppose que les
choses ont été livrées sur estimation, et, dans cette
hypothèse, il décide, non pas qu'elles seront restituées en même espèce, quantité et qualité, mais
que le prix en sera payé : *Sed æstimatis his, satis-
datur, ut si moriatur, aut capite minuatur, tanta
pecunia restituatur, quanti hæc fuerint estimatæ.*
En sorte que, comme dans la loi 7, l'estimation
a transformé l'usufruit en une vente, dont le prix
deviendra exigible à la mort de celui qui reçoit les
objets, ou lors de son changement d'état, mais sans
qu'il y ait en lui une obligation alternative, ou
même facultative : loin de là, celle qu'il contracte
est pure et simple.

Il arrivera sans doute presque toujours que les
choses seront livrées sur estimation : tant mieux,
comme dit la loi romaine, on évitera les difficultés
qui pourraient s'élever, lors de la restitution, touchant leur qualité. Mais d'abord il pourra en être
autrement dans certains cas, surtout dans les usufruits universels ; et, quoi qu'il en soit, cette distinction, si bien fondée sur les vrais principes, repoussera toujours ce choix injuste, contre lequel
nous nous élevons : c'est là le point essentiel.

A présent, il ne nous reste plus qu'à démontrer que l'article 587 ne le consacre pas d'une manière irrécusable. Que dit-il, en effet? Que l'usufruitier doit rendre les choses en pareille quantité, qualité et valeur, ou leur estimation, à la fin de l'usufruit. Ce texte présente donc deux sens : celui d'une obligation alternative, dans laquelle, on en convient, le choix serait au débiteur; et celui d'un double mode de restitution, parce que, par le fait, il peut se présenter deux cas différens : l'un dans lequel les choses ont été livrées sur estimation, l'autre où cette estimation n'a pas eu lieu. Et cette supposition est si peu gratuite, qu'il est dit dans l'article *ou leur estimation*, ce qui permet naturellement de croire qu'il se réfère à une estimation qui aurait eu lieu, dès le principe, entre les parties, d'autant mieux qu'il en est presque toujours ainsi. Or, quand une loi présente un sens ambigu, et qu'entendue d'une manière elle est en parfaite harmonie avec les principes de la matière et les principes généraux du Droit, tandis qu'entendue d'une autre manière elle blesse les uns et les autres, le simple praticien pourra bien se retrancher dans l'adage *ubi lex non distinguit, nec non nos distinguere debemus*; mais le jurisconsulte éclairé ne balancera jamais à admettre une heureuse distinction qui conciliera tout à la fois les principes et l'équité, et que la loi elle-même, qu'il s'agit d'interpréter, ne repoussera pas.

578. Si l'usufruit comprend des choses qui, sans se consommer de suite, se détériorent néanmoins peu à peu par l'usage, comme du linge, des meubles meublans, l'usufruitier, porte l'art. 589, a le droit de s'en servir pour l'usage auquel elles sont destinées, et il n'est obligé de les rendre, à la fin de l'usufruit, que dans l'état où elles se trouvent, non détériorées par son dol ou sa faute.

Ainsi, il est responsable de sa faute; d'où il suit qu'il serait passible de dommages - intérêts s'il employait les objets à un autre usage que celui auquel ils ont été destinés, par exemple s'il portait à la ville des habits de théâtre, s'il faisait servir sans relâche les objets de manière à les détruire promptement, ou s'il les prêtait (1) et qu'ils vinssent à périr ou à être grandement détériorés par la faute du tiers. Au reste, la question relative aux fautes est évidemment subordonnée aux circonstances, et par conséquent elle est laissée à la sagesse et aux lumières du juge, qui ne doit pas perdre de vue que, si l'usufruitier a le droit de jouir comme le propriétaire, d'autre part, il doit jouir en bon père de famille.

579. L'état des meubles qui doit être dressé en conformité de l'article 600, n'est qu'un état des-

---

(1) Le Droit romain lui défendait de louer les vêtemens : *nec tamen locaturum, quia vir bonus ità non uteretur.* L. 15, §. 4, ff. *de usuf.* Il en était autrement quand telle était leur destination. §. suivant.

criptif, et n'emporte conséquemment point trans
port de la propriété des objets à l'usufruitier.
Comme dans le cas des choses fongibles, c'est toujours un usufruit régulier et ordinaire. Mais s'ils
lui étaient livrés sur estimation, alors il serait
besoin de distinguer.

Ou le testateur, par exemple, en léguant l'usufruit de ses meubles meublans a déclaré qu'il en
serait fait un état estimatif, et dans ce cas ce sera
généralement le legs d'un quasi-usufruit. Le légataire deviendra propriétaire, et, dès-lors, les
cas fortuits et la détérioration seront à sa charge.
Ce sera moins le legs de l'usufruit des meubles,
que l'usufruit de leur valeur ou estimation (1); et
c'est cette estimation qui devra être restituée. Cela
sera vrai surtout quand il s'agira de marchandises,
qu'on ne peut conserver sans perte, ou d'effets
mobiliers sujets à un prompt dépérissement par
l'usage, comme du linge, des hardes. On peut rapporter à ce cas ce qui est dit au §. 2, INSTIT. *de
Usuf.*, touchant l'usufruit des vêtemens : autrement
Tribonien, en rangeant les vêtemens au nombre
des choses qui se consomment par l'usage, et sont
la matière d'un quasi-usufruit, serait tombé dans
une grave méprise, puisque si des vêtemens s'usent,
il est vrai, par l'usage, du moins ils ne se consomment pas de suite. Il aurait d'ailleurs formellement
contredit la loi 15, §. 4, ff. *de Usuf.*, suivant la-

---

(1) Vinnius, sur le §. 2, INSTIT. *de usuf.*, n° 2. *Voy.* toutefois
infrà, n° 595 et suiv.

quelle l'usufruit de vêtemens est un véritable usufruit, régi par les principes généraux de la matière,
et dans lequel, d'après cela, les choses doivent être
restituées en nature, et sont aux risques et périls
du propriétaire, pourvu, bien entendu, que le cas
fortuit n'ait point été amené par la faute de l'usufruitier.

Mais si le testateur avait déclaré que l'estimation
par lui prescrite n'emporterait point transport de
la propriété des objets, ou même si son intention
à cet égard pouvait s'induire de l'acte, parce que
l'estimation ordonnée ne l'aurait été que pour fixer
d'une manière plus positive et plus particulière l'é-
tat de ces objets, afin d'éviter, autant que possible,
les difficultés lors de leur restitution, on resterait
dans les termes d'un usufruit ordinaire et régulier.
Et comme la donation entre-vifs d'effets mobiliers
n'est valable que pour les effets dont un état estimatif, signé du donateur et du donataire, ou de
ceux qui acceptent pour lui, a été annexé à l'acte
(art. 948), et que la raison de la loi est absolument
la même quand il s'agit de la donation en usufruit
seulement; l'estimation ayant ici un but bien
marqué, ne devrait point, seule, et sans autre
manifestation d'intention de la part des contractans, être considérée comme ayant eu pour objet
de transporter la propriété des effets au donataire:
on resterait encore dans les termes d'un usufruit
ordinaire, régi par l'article 589, et non d'un quasi-
usufruit, régi par l'article 587.

Enfin, rentrant dans les cas ordinaires, si les parties, au lieu de se borner à faire un état purement descriptif, tel que celui qu'exige seulement l'article 600 précité, faisaient cet état avec estimation des objets, généralement, on devrait décider que l'usufruitier, pour en avoir la disposition et rester simplement usufruitier d'une somme, a consenti par-là à transformer un usufruit ordinaire et régulier, qui lui présentait sans doute plus d'avantage, en un usufruit irrégulier, qui mettait à sa charge la détérioration des objets, et même les cas fortuits; qu'il a ainsi voulu se rendre acheteur de ces objets; sauf la preuve contraire résultant des termes de l'acte, et tous moyens réservés pour établir qu'il a été circonvenu, et sauf aussi l'effet de la disposition spéciale de l'article 453.

§. VI.

Mode de jouissance de l'usufruitier.

580. Puisqu'il jouit comme le propriétaire, il s'ensuit qu'il jouit de l'augmentation survenue par alluvion à l'objet dont il a l'usufruit. (Art. 596.)

Et selon nous (1), il doit jouir aussi de l'île, à la différence du droit romain, attendu que dans notre législation il ne peut être question, à cet égard, que d'îles ou îlots qui se forment dans des rivières non navigables ni flottables, c'est-à-dire

---

(1) Voy. *suprà*, n° 421.

d'attérissemens de peu d'importance, et qu'il y a tout lieu de croire que les auteurs du Code, en disant qu'il jouit de l'augmentation survenue par alluvion, ont entendu parler d'une manière générale, et comprendre par là toute espèce d'accession survenue au fonds. Notre droit est ami de la simplicité; nous devons donc, surtout à raison du peu d'importance qu'a généralement cet objet dans les cas où la question peut se présenter, rejeter cette distinction subtile de la loi romaine (1), entre le cas d'alluvion proprement dit, et celui de l'île, distinction fondée sur ce que l'île est un fonds nouveau, un fonds distinct de celui de la rive. Qu'importe, en effet? c'est toujours une accession de celui-ci, puisqu'il n'est attribué au propriétaire qu'en considération de ce dernier : *est causa prædii*; or, l'usufruitier jouissant comme le propriétaire, jouissant généralement de tous les droits dont celui-ci peut jouir, ainsi que le porte l'article 597, doit par conséquent jouir du fonds *cum omni causá*.

581. Il jouit pareillement des servitudes qui sont établies au profit du fonds soumis à l'usufruit, telles que celles de passage, de puisage, de paccage; et il en jouit comme le propriétaire lui-même. (Art. 597.)

582. Et si le fonds sur lequel est établi l'usu-

---

(1) L. 9, §. 4, ff. *de usufructu.*

fruit avait son chemin de desserte sur un autre
fonds appartenant au même propriétaire, bien que,
dans ce cas, ce chemin ne saurait constituer une
servitude, puisque *res sua nemini servit*, néanmoins l'usufruitier continuerait d'en jouir: comme,
en sens inverse, le propriétaire continuerait de
passer sur le fonds soumis à l'usufruit. On observerait les mêmes règles à l'égard des vues et prises
d'eau ; et si le bétail du domaine soumis à l'usufruit
allait boire ou paître dans un autre fonds qui n'y
est pas soumis, *vel vice versâ*, cet état de choses
se continuerait, à moins de déclaration contraire
dans le titre constitutif du droit.

583. L'usufruitier prenant les choses dans l'état
où elles se trouvent (art. 600), doit, par la même
raison, souffrir l'exercice de toutes les servitudes
passives établies au tems de l'ouverture de l'usufruit.

Mais comme le propriétaire ne peut rien faire
qui nuise aux droits de l'usufruitier (art. 599), il
suit de là qu'il ne doit pas, sans le consentement de
ce dernier (1), imposer pendant la durée de l'usufruit, et pour être exercée durant son cours, au-

_____

(1) Par une véritable subtilité, Ulpien dit dans la loi 15, §. *ult.*,
ff. *de usuf.*, que le propriétaire ne peut, durant l'usufruit, imposer
une servitude sur le fonds, même du consentement de l'usufruitier,
à moins, porte la loi suivante, qu'il ne s'agisse de celle *altiùs tollendi*
(pour laquelle il n'a pas besoin de son consentement).

cune espèce de servitude qui gênerait en quelque point l'exercice de ce droit (1).

Il en serait autrement de l'obligation qu'il s'imposerait de ne pas bâtir sur le fonds, ou de ne pas bâtir au-delà de telle hauteur : l'usufruitier n'a pas le droit de s'en plaindre, parce qu'il n'a pas d'intérêt (2).

A plus forte raison le propriétaire peut-il acquérir toute espèce de servitude quelconque (3).

584. L'usufruitier peut jouir par lui-même, donner à ferme à un autre, ou même vendre, ou céder son droit à titre gratuit. (Art. 595.)

Mais la jouissance du tiers n'en cessera pas moins à la même époque (et par l'effet des mêmes causes), que celle où prendra fin le droit de l'usufruitier; car ce n'est véritablement que la même jouissance (4), sauf ce qui va être dit quant aux baux à ferme ou à loyer (5). D'après cela, si l'usufruitier d'un immeuble a hypothéqué son droit, comme il l'a pu, aux termes de l'article 2118, pour la durée de son usufruit, l'hypothèque s'éteindra avec

---

(1) L. 15, §. *ult.*, ff. *de usuf.*
(2) Loi 16, au même titre.
(3) Loi 15, §. *ult.* précité.
(4) Voët, tit. *de usuf.*, n° 32.
(5) Suivant le Droit romain, le bail à ferme lui-même, consenti par l'usufruitier, était sans effet vis-à-vis du propriétaire dès l'extinction de l'usufruit, quoique l'usage fût de ne passer des baux que pour une durée de cinq ans. L. 9, §. 1, ff. *locati-conducti.*

le droit, conformément à la disposition de l'article 2125.

585. L'usufruitier qui a vendu, cédé, loué ou donné son droit, répond des faits de celui qu'il s'est substitué dans sa jouissance, et demeure, vis-à-vis du propriétaire, personnellement garant de l'exécution de toutes les obligations qui lui sont imposées comme usufruitier.

586. S'il donne à ferme, il doit se conformer, pour les époques où les baux doivent être renouvelés, et pour leur durée, aux règles établies pour le mari à l'égard des biens de la femme. (Art. 595).

Ainsi, il ne doit pas faire des baux au-delà de neuf ans, soit de maisons, soit d'héritages ruraux. (Art. 1429.)

Il ne doit pas en passer ou en renouveler, même au-dessous de neuf ans, plus de trois ans avant l'expiration du bail courant, s'il s'agit de biens ruraux, et plus de deux ans, s'il s'agit de maisons. (Art. 1430.)

Cependant s'il avait passé des baux pour plus de neuf ans, ou s'il en avait passé ou renouvelé avant les époques ci-dessus, les premiers seraient également obligatoires pour le propriétaire comme pour le preneur, dans le cas où celui-ci se trouverait dans la seconde période de neuf ans lors de l'extinction de l'usufruit, et ainsi de suite; et les seconds le seraient aussi, si leur exécution avait commencé avant cet événement. (Mêmes art.)

587. Mais dans le cas contraire, le propriétaire pourrait-il, comme le peuvent incontestablement, d'après ces articles, la femme ou ses héritiers, forcer le preneur à exécuter le bail pour toute sa durée?

C'est une question susceptible de controverse, et que nous décidons pourtant par la négative : voici nos raisons.

D'abord, notre article ne dit pas que les règles établies pour les baux passés par le mari, seront observées à l'égard des baux passés par l'usufruitier; il dit simplement que celui-ci doit se conformer à ces règles quant aux époques où les baux doivent être renouvelés et quant à leur durée; ce qui, certes, est bien différent. Or, c'est précisément parce qu'on s'est écarté de ces règles, que le fermier soutient que, pour tout ce qui a été fait au-delà, c'est un individu sans droit ni mandat qui l'a fait; que c'est une véritable stipulation pour autrui, laquelle, aux termes de l'art. 1119, n'est nullement obligatoire, nonobstant l'art. 1121.

En effet, et c'est notre second argument, on conçoit très-bien que, lorsque les baux n'excèdent pas le tems marqué par la loi, ou qu'ils n'ont pas été renouvelés avant les époques déterminées par elle, le preneur doive les exécuter, puisque le propriétaire serait forcé lui-même de les observer. On conçoit aussi que, quand il s'agit des biens de la femme ou du mineur (1), les baux passés par le

---

(1) *Voy.* tome précédent, n° 545.

IV.

mari ou le tuteur, quoique excédant neuf années,
et bien que le preneur ne soit pas encore entré
dans la seconde période, soient obligatoires pour
celui-ci; car le mari et le tuteur sont les mandataires légaux de la femme et du mineur; ils ont
qualité suffisante pour faire tout ce qui est dans
leur intérêt : d'ailleurs la loi le dit clairement
quant au mari dans le cas dont il s'agit; et si elle a
mis quelque restriction à leur pouvoir de consentir
des baux, c'est afin que ce pouvoir ne tourne pas en
définitive au préjudice de la femme ou du mineur.
Mais un usufruitier n'est nullement le mandataire
du propriétaire; c'est un tiers qui jouit pour lui, et
qui jouit dans son seul intérêt; en sorte que, à l'égard
de celui-ci, ce qu'il fait est réellement fait par un
étranger, sauf les concessions que la loi, dans l'intérêt de l'agriculture, et par d'autres motifs encore, a cru devoir faire aux principes, en lui
permettant de passer des baux qui seront obligatoires pour le maître, même après la cessation de l'usufruit. Mais elle a posé des limites à
ces mêmes concessions, et l'usufruitier qui les a
franchies n'est plus qu'un tiers, dont les stipula-
tions sont sans effet pour tout autre que lui et ses
héritiers, parce qu'on ne peut, en général, stipuler valablement que pour soi-même.

Cela n'eût pas fait l'ombre d'un doute dans le
Droit romain, et si nous nous sommes écartés des
principes de ce Droit quant aux baux passés par
l'usufruitier, c'est par les motifs que nous avons

indiqués; mais ces motifs ne se rencontrent pas dans l'espèce, où le propriétaire qui ne serait point forcé d'observer les baux dont il s'agit, veut cependant forcer le preneur à les exécuter. Ce n'est point un de ces contrats *boiteux*, que l'on voit quelquefois, surtout dans notre législation; c'est uniquement un acte passé par un individu sans qualité.

Enfin le preneur en passant un tel bail a évidemment eu en vue le cas où l'usufruit se prolongerait davantage, et il est censé y avoir mis la condition résolutoire que, dès que ce bail cesserait de produire ses effets à son égard, de son côté il cesserait d'être obligé à en continuer l'exécution : c'est comme si cette condition eût été écrite dans l'acte.

Au reste, si ce preneur avait, après la dissolution de l'usufruit, donné quelque exécution au bail pour la partie du tems pour lequel il ne se regarde plus maintenant comme engagé, sa prétention devrait être rejetée, attendu qu'il y aurait eu ratification tacite de sa part de ce qui d'abord n'avait pas été régulièrement fait; en sorte que la solution de la question, que nous avons donnée comme vraie en principe, dépendra, dans l'application, beaucoup des circonstances de l'affaire.

588. Nous avons dit que le propriétaire ne peut, par son fait, ni de quelque manière que ce soit, nuire aux droits de l'usufruitier. (Art. 599.)

589. De son côté, l'usufruitier ne peut, à la ces-

sation de l'usufruit, réclamer aucune indemnité pour les améliorations qu'il prétendrait avoir faites, encore que la valeur de la chose en fût augmentée. (*Ibid.*)

Dans certains cas ce serait en effet nuire au propriétaire que de faire des dépenses qu'il n'aurait peut-être pas les moyens de rembourser sans se gêner beaucoup, et qu'il n'aurait peut-être pas faites. C'est ce que veulent dire ces mots , *de son côté l'usufruitier* , *etc.*, mis par opposition à la première partie de l'article, et qui, si l'on se reporte à ce qu'a écrit Pothier dans son traité *du Douaire*, n° 276, nous donnent la clef du véritable sens de cette disposition, que nous avons expliquée précédemment (1) en disant que l'usufruitier ne peut, il est vrai, rien réclamer pour tout ce qui n'est qu'améliorations intrinsèques, comme les plantations, les défrichemens, les assainissemens, les embellissemens faits aux maisons, parcs et jardins, etc. ; mais qu'il peut enlever ses *constructions* si le propriétaire n'aime mieux lui en payer le prix jusqu'à concurrence de la plus-value qui en résulte actuellement pour le fonds. Nous ne reviendrons pas sur ce point.

Il peut, au reste, suivant l'art. 599 lui-même, ou ses héritiers, enlever les glaces, tableaux et autres ornemens qu'il a fait placer, à la charge de rétablir les lieux dans leur premier état.

---

(1) N° 380.

590. L'usufruitier n'est sans doute point obligé d'embellir ni d'améliorer la chose, mais non-seulement il doit en conserver la substance et la forme, mais encore il doit généralement observer le mode de culture qui a été suivi jusqu'alors, et conserver aux fonds leur destination. Ainsi, il ne peut arracher une vigne pour en faire une terre labourable ; défricher les prés, si ce n'est pour les renouveler ; détruire les étangs, ou transformer en étangs les terres labourables ; défricher les bois, détruire les bosquets, les allées ou avenues, les arbres fruitiers ; ni convertir un jardin d'agrément en un jardin potager (1), ni laisser en friche des fonds que l'on cultive habituellement (2), ni faire d'une maison ordinaire une hôtellerie (3), ou convertir deux chambres en une seule, ou d'une en faire deux, ou changer l'entrée de la maison ; en un mot, il doit entretenir les choses dans l'état où il les trouve : *excolere quod invenit potest qualitate non immutatá*, dit la loi 13, §. 7, et *ult.* ff. *de Usuf.* Autrement il ne jouirait pas comme jouissait le propriétaire (4), et c'est cependant en cela que consiste son droit.

---

(1) L. 14, §. 4, ff. *de usuf.*

(2) L. 9, au même titre.

(3) L. 23, §. 7, *eod. tit.*

(4) La loi 61, *eod. tit.*, lui défend même d'achever un édifice commencé, à moins que son titre ne lui en donne spécialement le droit ; mais cette loi, comme trop rigoureuse, ne devrait pas être suivie chez nous, quoiqu'on ait écrit le contraire ; et comme il s'agirait là de *constructions*, on devrait appliquer ce que nous avons dit à cet égard.

CHAPITRE IV.

Des Obligations de l'usufruitier, et de celles du propriétaire.

SOMMAIRE.

591. *Division du chapitre.*

591. Des obligations de l'usufruitier, les unes doivent être remplies avant son entrée en jouissance, et consistent dans la garantie qu'il doit fournir de jouir de la chose en bon père de famille ;

D'autres sont relatives à l'entretien et à la conservation des choses soumises à l'usufruit, ainsi qu'aux charges annuelles ou impôts ;

D'autres, enfin, ont pour objet la contribution aux dettes de la succession de celui qui a légué l'usufruit universel ou à titre universel de ses biens.

Ce sera la matière des trois sections suivantes, et nous parlerons, dans une quatrième, des obligations particulières du propriétaire, et des cas dans lesquels il peut être contraint à faire jouir l'usufruitier, comme personnellement obligé à la garantie par le titre constitutif de l'usufruit.

SECTION PREMIÈRE.

Des Obligations que l'usufruitier doit remplir avant d'entrer en jouissance.

SOMMAIRE.

§. II.

De la Caution.

600. *En entrant en jouissance, l'usufruitier doit fournir caution de jouir en bon père de famille.*

601. *Qualités que doit réunir la caution.*

602. *On doit seulement exiger d'elle une solvabilité en raison des détériorations et des pertes possibles, et non toujours en raison de la valeur totale des objets.*

603. *L'usufruitier qui ne peut pas trouver de caution doit être admis à fournir une hypothèque sur des biens libres suffisans.*

604. *Ce qui a lieu lorsqu'il n'offre ni caution ni hypothèque suffisante : texte des articles 602 et 603.*

605. *Les meubles qui lui sont laissés sous sa simple caution juratoire restent à sa charge.*

606. *Pour qui, de lui ou du propriétaire, périssent les sommes placées en exécution des articles 602 et 603 ? La question résolue par une distinction.*

607. *Le retard de donner caution ne prive pas l'usufruitier des fruits : il y a droit dès l'ouverture de l'usufruit.*

608 *L'obligation de fournir caution ne s'applique pas aux père et mère ayant l'usufruit légal des biens de leurs enfans; mais ils la doivent dans le cas de l'article 754.*

609. *Elle ne s'applique pas, non plus, au vendeur ou donateur sous réserve d'usufruit.*

610. *Elle s'applique au cas de vente de l'usufruit sans autre explication.*

611. *Le testateur peut remettre au légataire de l'usufruit l'obligation de fournir caution, dans tous les cas où il peut disposer à son profit de la toute propriété des objets.*

612. *Si la propriété est léguée à l'un sous condition, et l'usufruit à un autre, celui-ci doit caution tant à l'héritier qu'au légataire de la propriété.*

613. *La caution doit aussi être fournie à l'héritier par le débiteur auquel le créancier a légué l'usufruit de sa dette.*

592. Avant d'entrer en jouissance, l'usufruitier a deux obligations à remplir :

1° De faire un inventaire ou un état des objets compris dans l'usufruit ;

2° De fournir caution de jouir en bon père de famille.

§. Ier.

De l'Inventaire et de l'état.

593. L'article 600, qui consacre l'obligation de l'usufruitier, relative à l'inventaire ou à l'état, porte : L'usufruitier prend les choses dans l'état où « elles sont ; mais il ne peut entrer en jouissance « qu'après avoir fait dresser, en présence du pro- « priétaire, ou lui dûment appelé, un inventaire « des meubles et un état des immeubles sujets à « l'usufruit. »

594. Puisque l'usufruitier prend les choses dans l'état où elles sont, si les biens étaient affermés par le propriétaire, il serait tenu d'entretenir le bail (1), et il recevrait les fermages ou loyers à partir du

---

(1) A la différence du Droit romain, où, d'après la L. 59, §. 1, ff. *de Usuf.*, l'usufruitier pouvait, comme l'acheteur (*), expulser le fermier, s'il n'était pas astreint par son titre à le laisser jouir.

(*) L. Emptorem, 9, Cod. *Locato cond.*

jour de l'ouverture de l'usufruit, comme nous l'avons dit précédemment (1).

Si le bail n'avait pas acquis date certaine de l'une des manières exprimées à l'art. 1328, et qu'il n'eût point été mentionné dans le titre constitutif de l'usufruit, l'usufruitier, au préjudice duquel il pourrait avoir été passé après coup, pourrait, comme l'acquéreur (art. 1743), le critiquer, et s'opposer à son exécution, à moins que les circonstances du fait n'attestassent que ce bail est sérieux.

595. L'obligation de faire l'inventaire des meubles compris dans l'usufruit ayant seulement pour objet d'en constater la quantité, la nature, l'espèce et la qualité, mais non leur valeur, ne doit pas être fait avec prisée ou estimation des objets, à moins que le titre constitutif de l'usufruit, ou une convention postérieure des parties ne portât le contraire : autrement ce serait une imprudence de la part de l'usufruitier, s'il s'agissait de meubles qui se détériorent peu à peu par l'usage; car, à moins que l'acte ne contînt aussi sa déclaration qu'il ne s'en charge pas comme propriétaire, mais bien comme simple usufruitier ordinaire, il transformerait ainsi, du moins généralement, un véritable usufruit en un quasi-usufruit, consistant alors uniquement dans la jouissance de la somme à laquelle les objets auraient été estimés : en sorte que s'il avait, il

_____

(1) Voy. *suprà*, n° 534 et suivans.

est vrai, de cette manière, la disposition des objets comme propriétaire, d'autre part, la détérioration causée par l'usage, et la perte arrivée par cas fortuit, qui auraient été, sans cela, à la charge du propriétaire, resteraient à la sienne. Or, certainement il a plus d'avantage de rester dans les termes d'un usufruit ordinaire et régulier, puisqu'il ne répondra que de la perte ou détérioration causée par son dol ou par sa faute. (Art. 589.)

596. Aussi la simple obligation imposée par le testateur qui lègue l'usufruit de meubles meublans, ou de vêtemens, d'en faire inventaire, n'emporte-t-elle point par elle-même celle de le faire avec estimation : elle ne change pas le caractère de l'usufruit. Vainement dirait-on que, puisque la loi, que le testateur était censé connaître, prescrit l'inventaire, on doit, pour donner un effet à la volonté de celui-ci, l'entendre de l'obligation de le faire avec prisée ; car cela ne suffit point pour autoriser à décider qu'il a voulu dénaturer l'usufruit qu'il léguait. En fait, il pouvait ignorer la disposition de la loi, ou il a pu penser qu'il en assurait encore mieux l'exécution. (Mais voy. *suprà*, n° 579.)

597. Toutefois, s'il s'agissait de marchandises, comme des draps, des objets de mode et de tout autre chose constituant un fonds de commerce, ces objets étant destinés à être vendus, le legs tranférerait, selon nous, à moins de déclaration contraire du testateur, la propriété même des objets, comme

quand il s'agit de choses qui se consomment par l'usage (art. 587); et l'usufruit résiderait sur l'estimation, laquelle devrait être rendue à la fin de l'usufruit. Dans ce cas, et quand même le testateur n'aurait pas prescrit de faire l'inventaire, cet inventaire aurait lieu avec prisée.

598. La règle touchant l'obligation de faire l'inventaire des meubles et l'état des immeubles, est absolue, à la différence de celle de fournir caution, laquelle souffre exception dans certains cas. Cependant on a souvent agité la question de savoir si, en léguant un droit d'usufruit sur des meubles, le testateur peut dispenser le légataire de faire cet inventaire.

On tient généralement qu'il le peut dans tous les cas où l'usufruit porte sur des choses dont la disposition, si elles étaient données en toute propriété, n'altérerait pas le droit des héritiers au profit desquels la loi a établi une réserve sur les biens, et conséquemment qu'il le peut sans restriction quand il n'y a pas d'héritiers de cette qualité (1).

599. Mais aussi l'on a jugé plusieurs fois (2) que les héritiers quelconques peuvent, en qualité de propriétaires, et pour la conservation de leurs droits, faire faire l'inventaire à leurs frais, l'usu-

---

(1) *Voy.* au tome précédent, n°ˢ 375-376 et 538, quelques cas analogues, et *infrà*, n° 611.

(2) *Voy.* notamment les arrêts de la Cour de Bruxelles, des 18 décembre 1811, et 10 juin 1812. Sirey, 12-2-145; et 13-2-46.

fruitier présent ou dûment appelé; tandis que dans les autres cas les frais de l'inventaire et de l'état sont supportés par lui, comme charge de sa jouissance.

Ces décisions nous paraissent parfaitement justes.

§. II.

De la Caution.

600. En entrant en jouissance l'usufruitier contracte l'obligation de jouir en bon père de famille, et pour assurer l'exécution de cette obligation, il est tenu, en général, de donner bonne et solvable caution. (Art. 601).

601. Cette caution, sauf les restrictions que l'acte constitutif de l'usufruit pourrait avoir apportées, par exemple en indiquant telle personne, doit réunir toutes les conditions et qualités exprimées aux articles 2018-2019 et 2040 combinés, puisqu'elle est exigée par la loi. En conséquence, elle doit avoir la capacité de s'obliger, des biens suffisans pour répondre de l'objet de l'obligation qu'elle contracte, et être domiciliée dans le ressort de la Cour royale où elle doit être donnée. Sa solvabilité ne s'estimera qu'eu égard à ses propriétés foncières, à moins que l'objet de son engagement ne fût modique; et l'on n'aura point égard aux immeubles litigieux, ou dont la discussion deviendrait trop difficile par l'éloignement.

602. Néanmoins, on n'est pas toujours en droit d'exiger d'elle une solvabilité en raison de la valeur totale des biens compris dans l'usufruit, par exemple de la valeur totale des immeubles; mais seulement en raison de tout ce qui est sujet à dépérissement. Ainsi dans l'usufruit d'effets mobiliers, quels qu'ils soient, la solvabilité de la caution doit être en raison de la valeur des objets, parce qu'ils peuvent facilement être détournés, aliénés. Mais quant aux immeubles, la solvabilité doit s'estimer en raison de leur détérioration possible (1); par conséquent, quand il y aura des bâtimens, des vignes ou des bois : comme la détérioration est plus à craindre que si l'usufruit portait seulement sur des terres labourables, des prés ou des pacages, la solvabilité s'estimera en raison du danger des dégradations.

603. Si l'usufruitier ne peut pas trouver de caution, on suit les dispositions des articles 602 et 603, que nous allons expliquer. Mais il peut, conformément à l'art. 2041, offrir un gage à la place; car ces articles 602 et 603, quoique spéciaux, ne dérogent point au principe général, qui est fondé sur l'équité, et qui concilie parfaitement les intérêts de toutes les parties. D'ailleurs, comme l'attestent tous les auteurs, la caution *per fidejussorem*

---

(1) *Usufructu constituto, consequens est, ut satisdatio boni viri arbitratu prebeatur ab eo, ad quem id commodum pervenit,* QUOD NULLAM LÆSIONEM EX USU PROPRIETATI ADFERAT. L. 4, Cod. *de Usuf. et habit.* Voy. Lacombe, au mot *Usufruit*, sect. 2, n° 1.

aut sponsorem des Romains, et dont semble parler notre art. 601 combiné avec l'art. 2040, n'était plus, depuis long-tems, rigoureusement exigée; en sorte que tout porte à croire que ces articles 602 et 603 supposent les cas ordinaires, ceux où l'usufruitier qui ne peut pas trouver de caution n'offrent pas non plus une sûreté par un gage.

D'après cela, s'il offre une hypothèque sur des biens libres suffisans, il doit être admis à jouir par lui-même : *plus cautionis in re est, quàm in personâ*. L. 25, ff. *de Reg. jur.*

604. S'il n'offre ni caution réunissant les qualités requises, ni hypothèque suffisante, les immeubles sont donnés à ferme ou mis en séquestre;

Les sommes sont placées;

Les denrées sont vendues, et le prix en provenant est pareillement placé;

Les intérêts de ces sommes et le prix des fermes appartiennent alors à l'usufruitier. (Art. 602.)

Et dans le même cas, le propriétaire peut exiger que les meubles qui dépérissent par l'usage soient vendus, pour le prix en être placé comme celui des denrées; et alors l'usufruitier jouit de l'intérêt pendant son usufruit : cependant l'usufruitier peut demander, et les juges peuvent ordonner, suivant les circonstances, qu'une partie des meubles nécessaires à son usage lui soient délaissés sous sa simple caution juratoire, à la charge de les représenter à l'extinction de l'usufruit. (Art. 603.)

605. Comme il ne remplit pas, à l'égard de ces meubles, la condition de fournir caution qui lui est imposée par la loi, il s'oblige, ainsi que le dit d'ailleurs clairement cet article, *à les représenter* à l'extinction de l'usufruit; en sorte que la perte arrivée même par cas fortuit, le concerne, à la différence du cas où il a fourni caution, différence qui résulte clairement de la combinaison de cet art. 603 avec l'art. 589. Mais s'il les représente non détériorés par son dol ou par sa faute, il est libéré; car il en a la jouissance en nature.

606. Le placement des sommes doit, régulièrement, se faire de concert avec le propriétaire, soit en achat de rentes sur l'État, soit en prêts faits à des tiers avec hypothèque suffisante; et quant aux pertes, dont ne garantit pas toujours l'hypothèque, il faut distinguer :

Pour tout ce qui est quasi-usufruit, c'est-à-dire pour les sommes provenant des choses fongibles, et même des meubles livrés sur estimation sans clause que l'estimation n'en transporte pas la propriété à l'usufruitier, la perte résultant de l'insolvabilité des tiers retombe sur celui-ci, lors même qu'il aurait fait le placement de concert avec le propriétaire, ou que ce dernier l'aurait agréé; car ces objets étant devenus sa propriété, le prix en provenant est sa chose, et il y a lieu de dire *res perit domino;* le tout, sauf stipulation contraire.

Pour les autres objets, la perte du prix placé retombe sur le propriétaire, soit qu'il ait fait l'emploi ou le placement seul, et quand même, dans ce cas, l'usufruitier l'aurait approuvé; soit qu'il l'ait fait de concert avec ce dernier : car on est encore dans les termes d'un usufruit régulier et ordinaire; la propriété des objets réside encore sur la tête du propriétaire, et d'après la règle *surrogatum sapit naturam rei surrogatæ*, ce prix est censé toujours lui appartenir; conséquemment il reste à ses risques et périls; le tout aussi, sauf stipulation contraire.

607. Au surplus, le retard de donner caution ne prive pas l'usufruitier des fruits auxquels il peut avoir droit : ils lui sont dus du moment où l'usufruit a été ouvert (art. 604); toutefois sous les modifications et distinctions résultant des articles 1005-1014 et 1015, pour le cas où l'usufruit a été légué, ainsi que nous l'avons dit précédemment (1).

A la vérité, d'après les principes rigoureux du Droit, l'usufruitier ne devient propriétaire des fruits que par la perception qu'il en fait ou qu'un autre en fait en son nom (2); mais nous nous sommes éloignés de la sévérité de ces principes, et il a paru plus juste que l'usufruitier pût réclamer, par une

---

(1) N° 520 et suivans, *suprà*.

(2) §. 36, INSTIT. *de rer. divis.*, et surtout la L. 13, ff. *de Usuf. et quemad.*, qui ne lui donnait d'action qu'après avoir fourni la caution.

sorte d'action *sine causá*, les fruits perçus par le propriétaire depuis l'ouverture de l'usufruit (1).

608. L'obligation de fournir caution ne s'applique pas à tous les cas d'usufruit.

1° Elle ne s'applique pas aux père et mère ayant l'usufruit légal des biens de leurs enfans (article 601), conformément à l'article 384. La loi a trouvé une suffisante garantie pour ceux-ci dans l'amour de leurs parens.

Mais cette exception ne s'étend pas à l'usufruit légal du père ou de la mère, consacré par l'article 754; car il ne s'agit plus des biens de l'enfant, puisqu'il est décédé, mais des biens des collatéraux de l'autre ligne, et le motif de la loi n'a plus d'application.

609. 2° Cette obligation ne s'applique pas non plus au vendeur ou donateur sous réserve d'usufruit (art. 601), à moins, bien entendu, de convention contraire, laquelle ferait loi entre les parties. (Art. 1134.)

610. Dans le cas de vente de l'usufruit, sans aucune explication relativement à la caution, l'acquéreur doit-il la fournir?

Quelques personnes tiennent la négative et se fondent 1°, sur ce que le vendeur avec réserve d'u-

---

(1) *Voy.* Lacombe, au mot *Usufruit*, sect. 2, n° 1, et les auteurs par lui cités, entre lesquels il y avait divergence d'opinion sur ce point, divergence tranchée par le Code.

sufruit ne la devrait pas, et conséquemment que tout doit être égal entre eux à cet égard ; 2° sur ce que toute obscurité dans la convention doit s'interpréter contre le vendeur (art. 1602), auquel il n'a tenu que de s'expliquer plus clairement.

Nous pensons le contraire, et nos motifs sont 1° que le premier raisonnement allégué en faveur de l'acheteur s'appliquerait tout aussi bien au cas de donation qu'au cas de vente, et conduirait à dire, contre le vœu bien clair de la loi, que le donataire de l'usufruit ne doit pas non plus caution ; 2° que la loi établit en principe général l'obligation pour l'usufruitier de fournir caution, et qu'elle ne fait point exception en faveur de l'acquéreur de l'usufruit, mais seulement en faveur du vendeur ou donateur de la nue propriété; 3° que le vendeur de l'usufruit, connaissant la disposition générale de la loi, a dû se reposer sur elle, et regarder comme superflu de stipuler une chose qu'elle stipule elle-même, ce qui rend inapplicable à la cause l'article 1602 précité, avec d'autant plus de raison qu'aucun pacte n'étant intervenu sur cet objet, on ne peut dire qu'il est obscur ou ambigu.

611. On a demandé aussi bien souvent, comme pour l'inventaire, si le testateur qui lègue l'usufruit peut remettre au légataire l'obligation de fournir caution?

Ce point a prêté à la controverse, et généralement dans les pays où l'on suivait le Droit romain, les auteurs, se fondant sur les lois 1re. Cod. *de Usuf. et hab.*; et 7. Cod. *ut in posses. legat.*, décidaient que l'obligation de fournir caution ne pouvait être remise (1). Cependant plusieurs auteurs pensaient le contraire, et les Parlemens de ces pays ne jugeaient même pas tous uniformément à cet égard.

Dans les pays de coutume, on tenait, au contraire, assez généralement que le testateur pouvait faire remise de la caution; mais à cet égard on distinguait entre le cas où il avait la faculté de disposer, en faveur du donataire, de la toute propriété des objets compris dans l'usufruit, et le cas où il ne pouvait lui en donner que l'usufruit.

Ainsi, dans les coutumes où, comme celle de Paris (2), le don mutuel entre conjoints n'était permis qu'en usufruit seulement, l'époux donateur ne pouvait dispenser son conjoint survivant de fournir la caution (3).

Mais il le pouvait dans celles qui permettaient le don en toute propriété, quoique la libéralité se réduisît à l'usufruit seul par l'effet de la disposition (4).

---

(1) *Idque favore heredis receptum est*, dit Godefroy dans ses notes sur la L. 1, précitée, *ne legatariis utendi malè præbeatur occasio, et consequenter delinquendi.*

(2) Art. 280.

(3) Arrêt du 2 mai 1650. Soëfve, tom. 1, cent. 3, chap. 31. Ricard, du *Don mutuel*, n° 207. Lacombe, au mot *Don mutuel*, part. 2, sect. 2, n° 12.

(4) Ricard, n° 208; les autres aux mêmes endroits; Lalande sur la Coutume d'Orléans (art. 281); et arrêt du 11 décembre 1625.

Et telle est l'opinion généralement adoptée par les jurisconsultes modernes; car il serait absurde que celui qui peut *le plus*, ne pût le *moins*; que celui qui peut donner en toute propriété les objets dont il s'agit, ne pût également donner ces mêmes objets en usufruit seulement, avec dispense pour le donataire de fournir caution (1) : aussi notre article 601 porte-t-il que l'usufruitier ne la doit pas quand il en est dispensé par le titre constitutif de l'usufruit. Sans doute, sa disposition à cet égard a besoin d'interprétation; elle ne peut toujours, et dans tous les cas quelconques, être appliquée sans restriction; elle doit, au contraire, se combiner avec celles qui règlent la quotité des biens dont le donateur pouvait disposer, autrement les droits de ceux au profit desquels la loi fait la réserve seraient compromis; mais entendue avec cette distinction, les intérêts légitimes de toutes les parties sont garantis, et la volonté du donateur est respectée.

Ainsi, quand la libéralité consistera dans l'usufruit de la quotité disponible, ou d'un objet particulier qui n'en excèdera pas la valeur, nul doute que le testateur ne puisse dispenser le légataire de fournir caution.

612. Si, dans le cas où l'usufruit est légué à l'un, la propriété est léguée à un autre, mais sous con-

---

(1) Voy. *suprà*, n° 598; et tom. précédent, n°s 375-376 et 538.

dition, le premier, suivant le Droit romain (1), doit donner caution tant à l'héritier qu'au légataire de la propriété.

613. La caution doit aussi être fournie à l'héritier par le débiteur auquel le créancier a légué l'usufruit de sa dette (2); et s'il y a plusieurs héritiers, elle doit être donnée à chacun pour sa part dans la créance (3).

SECTION II.

Des Obligations de l'usufruitier relativement à l'entretien et à la conservation de la chose, ainsi qu'aux impôts et autres charges annuelles.

SOMMAIRE.

614. *Texte des articles 605-606 et 607.*

615. *Le propriétaire peut-il être contraint de faire les grosses réparations devenues nécessaires lors de l'ouverture de l'usufruit? non, à moins que le titre ne l'y oblige.*

616. *Il en est de même quant à celles devenues nécessaires pendant la durée de l'usufruit.*

617. *Et dans le cas même où le titre obligerait le propriétaire, comme propriétaire, à faire ces réparations, il peut s'affranchir de cette charge en abandonnant la chose.*

618. *Dans tous les cas, si le propriétaire fait les réparations ou reconstruit un objet détruit, il est tenu d'en laisser jouir l'usufruitier.*

---

(1) L. 8, ff. *Usufructuar. quemad. caveat.* Lacombe, nᵒ *Usufruit*, sect. 2, nᵒ 1.

(2) Lois 3 et 4, *de Usuf. earum rer. quæ usu. consum.*

(3) L. 9, §. *ult.*, ff. *usufr. quemad. cav.*

614. Les dispositions relatives aux réparations dont l'usufruit est tenu, sont celles des articles 605-606-607 ainsi conçus :

« L'usufruitier n'est tenu qu'aux réparations d'en-
« tretien. »

« Les grosses réparations demeurent à la charge
« du propriétaire, à moins qu'elles n'aient été oc-

« casionnées par le défaut de réparation d'entre-
« tien depuis l'ouverture de l'usufruit ; auquel
« cas l'usufruitier en est aussi tenu. »

« Les grosses réparations sont celles des gros (1)
« murs et des voûtes, le rétablissement des pou-
« tres et des couvertures entières ;

« Celui des digues et des murs de soutenement
« et de clôture aussi en entier (2).

« Toutes les autres réparations sont d'entretien (3).

« Ni le propriétaire, ni l'usufruitier, ne sont
« tenus de rebâtir ce qui est tombé de vétusté,
« ou ce qui a été détruit par cas fortuit. »

615. On a demandé si l'usufruitier était en droit
d'exiger du propriétaire qu'il fît les réparations
qui demeurent à sa charge, soit que ces réparations fussent déjà devenues nécessaires lors de l'ouverture de l'usufruit, soit qu'elles ne le soient devenues que pendant son cours.

Pour l'affirmative on peut dire que puisque l'usu-

---

(1) Les murs de refend, qui partent du sol et s'élèvent jusqu'au
sommet de l'édifice, sont-ils aussi des gros murs dans le sens de cette
disposition ? En thèse générale, non ; mais dans certains cas ce sont
de véritables gros murs comme ceux qui font le contour du bâtiment.

(2) Cela doit être entendu *civiliter*, comme disent les jurisconsultes ; car il est bien évident que lors même qu'il y aurait encore
quelque partie du mur de clôture d'un parc, par exemple, en état
de servir, et c'est ce qui arrivera presque toujours en pareil cas, la
réparation ne devrait pas être réputée d'entretien, si ce qui resterait
n'était, relativement à ce qui est à rétablir, que de peu d'importance.
Foy. au surplus, *infrà*, n° 620.

(3) *Foy.*, pour le détail des réparations, Desgodet, *Lois des bâtimens*, avec les notes de Goupy, aux mots *Réparations* et *Usufruit*.

fruitier est obligé de conserver la chose, il paraît juste, d'autre part, que le propriétaire fasse les réparations qui seraient nécessaires à cet effet, à moins, bien entendu, qu'il n'aimât mieux l'abandonner.

On ajoute que l'article 605 porte formellement que les grosses réparations demeurent à la charge du propriétaire, si elles n'ont été occasionnées par le défaut de réparations d'entretien, et que cette disposition n'aurait aucune application si le propriétaire était en droit de se refuser à faire ces mêmes réparations; qu'il serait faux alors de dire qu'elles demeurent à sa charge, puisque, dans ce système, elles ne seraient pas plus à sa charge qu'à celle de tout autre.

On peut dire aussi, et avec beaucoup de force, que l'article 607, en disposant que le propriétaire n'est pas tenu de rebâtir ce qui est tombé de vétusté ou ce qui a été détruit par accident, n'aura aucun sens en ce point, que ce sera une disposition tout-à-fait oiseuse; car s'il est vrai que le propriétaire ne puisse être forcé à faire les grosses réparations dans les cas ordinaires, à bien plus forte raison ne saurait-il y être contraint quand elles n'ont été occasionnées que par force majeure ou vétusté, et dès-lors inutilité de le dire. Or, une loi doit être entendue dans un sens suivant lequel elle peut produire un effet, et non dans un sens où elle n'en aurait aucun ; et cet article 607 a un effet marqué si l'on décide que le propriétaire peut être contraint à faire les grosses réparations qui n'ont point été nécessitées par vétusté ou par accident, autrement il n'en a pas quant à lui.

Enfin Pothier, dans les écrits duquel les auteurs du Code ont puisé si abondamment, dit, dans son traité *du Douaire*, n₀ 246, que l'héritier du mari n'est point, il est vrai, tenu de rebâtir ce qui est détruit en totalité par l'une de ces causes, mais qu'il doit, dans l'intérêt de la veuve usufruitière, réparer les objets qui en ont besoin lors de l'ouverture du douaire, et y faire, pendant sa durée, les grosses réparations qui pourraient devenir nécessaires; et l'on est porté à croire que les dispositions combinées de nos articles 605 et 607, sur ce point, sont la consécration de la double décision de cet auteur (1).

---

(1) M. Delvincourt, en s'appuyant du sentiment de Pothier, pense que le propriétaire est, en effet, tenu de faire les réparations qui restent à sa charge.

On lit dans le recueil de Denisart, au mot *Usufruit*, un arrêt de 1755, qui a condamné le propriétaire à remettre à l'usufruitier les biens en bon état de réparations, quoiqu'il offrît, subsidiairement, de rembourser, à l'extinction de l'usufruit, le montant des dépenses, à la charge par l'usufruitier de lui rendre les biens dans le même état : tout fut rejeté, et la résistance et les offres. Assurément, une pareille décision ne saurait être portée sous le Code, sans être exposée à la cassation : *L'usufruitier prend les choses dans l'état où elles sont.* (Art. 600.)

On en trouve un autre, dans le recueil de Lacombe, au mot *Usufruit*, sect. 2, n° 12, rendu sur délibéré, le 2 avril 1761, à l'égard de grosses réparations devenues nécessaires pendant la durée de l'usufruit; cet arrêt a condamné les ayant-cause du propriétaire à faire reconstruire une grange et une bergerie tombées de vétusté plusieurs années après l'ouverture du droit. Aujourd'hui, deux dispositions s'opposeraient à une telle décision, celles des articles 600 et 607.

Néanmoins, tel n'est point notre sentiment.

D'abord, quant aux réparations qui seraient déjà devenues nécessaires lors de l'ouverture de l'usufruit, l'article 600, en disant que l'usufruitier prend les choses dans l'état où elles sont, est formellement exclusif de la supposition qu'il puisse contraindre le propriétaire à les lui livrer dans un état meilleur, même quand l'usufruit serait établi à titre onéreux, puisque cet article parle indistinctement ; sauf, bien entendu, l'effet d'une disposition contraire dans le titre constitutif de l'usufruit, ou dans un acte postérieur. Tel était aussi l'esprit des lois romaines (1), et tel est le sentiment de Domat (2) qui s'exprime ainsi : « Le propriétaire « n'est pas tenu de refaire ou de remettre en bon « état ce qui se trouve ou démoli ou endommagé « au tems que l'usufruit est acquis, si ce n'est que « ce fût par son fait, ou qu'il fût chargé par le « titre de remettre les choses en bon état ; mais l'u- « sufruitier est restreint au droit de jouir de la « chose en l'état qu'elle est, quand ce droit lui « est acquis ; de même que celui qui acquiert la « propriété d'une chose, ne doit l'avoir que telle « qu'elle était lorsqu'il l'a acquise. »

En constituant l'usufruit, le propriétaire, par la nature même de ce droit, ne s'oblige pas à faire

---

(1) *Non magis heres reficere debet, quod vetustate jam deterius factum reliquisset testator, quàm si proprietatem alicui testator legasset.* L. 65, §. 1, ff. de usuf.

(2) *De l'usufruit*, sect. 5, n° 5.

jouir l'usufruitier (1), il s'oblige seulement à le
laisser jouir; comme dans les servitudes proprement dites, le propriétaire du fonds assujéti ne
s'oblige pas, par la constitution seule de la servitude, à faire les travaux nécessaires à son exercice
(art. 693), car *servitutum non ea natura est, ut
quis faciat, sed aliquid patiatur, aut non faciat* (2):
or, l'usufruit est une espèce de servitude (3).

Il est impossible de supposer qu'après avoir dit
que l'usufruitier prend les choses dans l'état où elles
sont, les auteurs du Code aient ensuite voulu établir dans un autre article, très-rapproché du premier, un principe tout opposé, un principe en
vertu duquel l'usufruitier, bien loin de prendre les
choses dans l'état où elles seraient si elles étaient
détériorées, forcerait, au contraire, le propriétaire
à les lui remettre en très-bon état. On peut d'ailleurs concilier ces dispositions en disant que, à la
vérité, le propriétaire n'est pas tenu de réparer les
biens, mais que s'il le fait, comme il aura presque
toujours intérêt à le faire, il n'aura pas le droit
de réclamer de l'usufruitier une indemnité à cet
égard, quelle que soit l'espèce de réparation qu'il
ait faite lors de l'ouverture de l'usufruit, parce que

---

(1) Sauf ce qui est relatif à la garantie en cas d'éviction, dans
l'hypothèse où la garantie serait due ; mais l'obligation du propriétaire à cet égard résulterait, non de la nature du droit d'usufruit,
mais de la nature du contrat par lequel on l'aurait constitué.

(2) L. 15, §. 1, ff. *de Servitutib.*

(3) Pothier, *du Douaire* , n° 246.

ce dernier sera tenu de lui rendre les choses dans le même état.

De plus, que porte l'article 605? Que les grosses réparations *demeurent* à la charge du propriétaire. Ce n'est donc point une obligation particulière que la loi lui impose à ce sujet : il reste donc, quant à ces réparations, dans le même état qu'avant l'établissement de l'usufruit; il est toujours dans les termes de son droit de propriété, et conséquemment il peut faire, comme auparavant, ce que bon lui semble pour la conservation de sa chose; en un mot, il n'a point contracté d'engagement personnel par le seul fait de la constitution de l'usufruit. Cependant il a pu paraître utile au législateur de s'expliquer au sujet de ces grosses réparations (1), puisque, par cela même que le propriétaire n'est simplement tenu que de laisser jouir l'usufruitier, et que celui-ci ne jouit que sous l'obligation de conserver la chose, on aurait pu croire que les grosses réparations étaient à sa charge, ou du moins que s'il n'était pas forcé de les faire, il n'avait aucune indemnité à réclamer dans le cas où il les aurait faites; et c'est précisément le contraire qu'on a voulu établir par l'article 605 (2).

_____

(1) Surtout par rapport au père ayant l'usufruit légal des biens de ses enfans, et à l'égard du mari ayant la jouissance de ceux de sa femme; car ceux-ci, comme administrateurs, doivent faire les réparations devenues nécessaires, et alors, d'après les art. 605 et 606, on connaîtra celles qui sont à leur charge, et celles qui sont à la charge des enfans ou de la femme.

(2) S'il les avait faites sans l'aveu du propriétaire, mais sans son

Quant à l'argument tiré de l'art. 607, on peut y répondre de la même manière, en disant que cet article a eu aussi pour objet de lever un doute, qui eût été peu grave il est vrai, mais enfin ce n'est pas le seul exemple, dans le Code, d'une disposition qu'on aurait pu s'épargner. Cet article n'est d'ailleurs que la substance de deux textes du Droit romain, dont l'un (1) décide que le propriétaire n'est point tenu de rebâtir ce qui a péri de vétusté ou par accident, et dont l'autre (2) porte la même décision à l'égard de l'usufruitier; et les auteurs ayant fait un seul axiome de ces deux règles combinées, on s'explique alors facilement pourquoi cet article parle aussi bien du propriétaire que de l'usufruitier.

On peut ajouter, avec M. Toullier, qui partage

---

opposition, il aurait bien contre lui l'action de gestion d'affaires pour être indemnisé, L. 7, Cod. *de usuf. et habit.*; mais il ne pourrait l'exercer qu'à la fin de l'usufruit, et jusqu'à concurrence seulement du profit que le propriétaire retirerait alors de ces mêmes réparations.

Et si c'était malgré l'opposition formelle de ce dernier qu'il eût agi, il serait très-problablement déclaré non recevable dans sa réclamation; car c'est là un cas de gestion d'affaires, et l'action qui naît de ce quasi-contrat n'a généralement pas lieu quand le tiers a agi malgré la défense du propriétaire, puisqu'elle est fondée sur la présomption de son assentiment. L. 40, ff. *Mandati.* L. *fin.*, Cod. *de negot. gest.* Au lieu que dans le premier cas, où il n'y a pas eu opposition de la part du maître, et que l'usufruitier a cependant agi sans son aveu, quoique ce soit principalement dans son intérêt personnel, la L. 6, §. 3, ff. *de negot. gest.*, lui accorde l'action *eatenùs quatenùs, dominus locupletior factus est ;* et sa décision devrait être suivie dans le Droit actuel. Tel est aussi le sentiment de Voët, tit, *de Usuf.*, n° 36, et de Domat lui-même. sect. 5, n° 4. Voy. *suprà*, n° 380.

(1) L. 65, §. 1, ff. *de Usuf.*, précitée.

(2) L. 7, §. 2, *eod. tit.*

notre sentiment, que le système contraire aurait, dans certains cas, de graves inconvéniens, en ce qu'un propriétaire gêné pourrait être contraint de faire des dépenses qu'il n'est point en état de supporter, et pour la conservation d'une chose dont il ne jouira peut-être jamais.

Enfin, quant à l'objection tirée de la décision de Pothier, et de la supposition que les rédacteurs du Code ont entendu la suivre, on répond à cette objection complexe de la manière suivante. Pothier ne s'expliquait ainsi que sur le cas du douaire, et non sur l'usufruit en général ; il fondait même sa décision uniquement sur ce que, selon lui, le mari s'était obligé, par le fait seul du mariage, à faire jouir sa veuve des objets qui seraient compris dans son douaire, et que ses héritiers ayant succédé à cette obligation, ils devaient remettre à celle-ci les choses en bon état, et y faire ensuite les grosses réparations qui deviendraient nécessaires. Il y aurait beaucoup à dire, sans doute, ainsi qu'on l'a observé, sur cette prétendue obligation du mari, qui n'est pas plus démontrée dans le cas du douaire, que ne l'est celle du propriétaire dans le cas de l'usufruit ordinaire ; mais toujours est-il que Pothier lui-même n'est pas contraire à notre décision sur le cas d'usufruit proprement dit. Et quant à la supposition que les auteurs du Code auraient entendu adopter le sentiment particulier de cet auteur sur le cas du douaire, elle est démentie par cette disposition de l'art. 600 : *L'usufruitier prend les choses dans l'état où elles sont*, disposition fondée, comme on l'a vu, sur les lois romaines, où ont été puisées les règles de la matière, disposition d'ailleurs en parfaite harmonie avec la décision de Domat, qui a été aussi pour les auteurs du Code un guide également sûr.

616. Nous portons la même décision aussi bien pour les grosses réparations qui deviendraient nécessaires pendant la durée de l'usufruit, que pour celles qui l'étaient déjà au moment où il s'est ouvert. On pourrait dire, il est vrai, à l'égard de ces dernières, qu'il y a deux raisons particulières de le décider ainsi, qui ne se rencontrent pas à l'égard des premières : l'une est puisée dans l'article 600, qui, en disposant que l'usufruitier prend les choses dans l'état où elles sont, ne statue rien quant aux réparations devenues nécessaires durant l'usufruit ; l'autre se puiserait dans la volonté présumée du constituant, qui est censé, il est vrai, n'avoir voulu concéder l'usufruit sur sa chose que dans l'état où elle était alors, mais qui n'est pas, pour cela, également censé avoir voulu s'affranchir de l'obligation d'y faire les réparations qui deviendraient nécessaires par la suite, tant qu'il en conserverait la propriété, puisque ces mêmes réparations sont principalement dans son intérêt, et qu'elles sont d'ailleurs la condition d'existence, du moins quant à son exercice, du droit qu'il a librement concédé ; qu'ainsi, entendus avec cette distinction, les art. 600 et 605 se concilieraient facilement. Mais nous la rejetons,

cette distinction; elle n'est pas dans la loi, et les principes de la matière la repousse; car, encore une fois, par la nature du droit d'usufruit, le constituant, même à titre onéreux, ne s'oblige à rien autre chose, si ce n'est à souffrir que l'usufruitier jouisse de l'objet grevé (1). L'usufruit, comme nous l'avons dit souvent, est un démembrement du domaine; or, de même que celui qui aliène tout le domaine n'est point tenu de le livrer en meilleur état qu'il ne l'est au moment de l'aliénation, et, à plus forte raison, d'y faire ensuite les réparations qui deviendraient nécessaires; de même celui qui n'en aliène qu'une partie, quoique intellectuelle, n'est point astreint, s'il ne s'y est personnellement obligé, à conserver cette partie aliénée.

617. Et dans le cas où le constituant se serait soumis à faire les grosses réparations, ou que l'héritier grevé du legs de l'usufruit aurait été chargé par le testament de les faire, il pourrait toujours s'affranchir de cette obligation en abandonnant la chose : comme dans le cas prévu à l'article 699, le maître du fonds soumis à une servitude, et qui est obligé par le titre de faire les travaux nécessaires à son exercice, peut s'affranchir de cette charge en abandonnant le fonds assujéti.

---

(1) Sauf, en cas d'éviction, la garantie, s'il y a lieu; et si le testateur qui a légué l'usufruit a ordonné à son héritier de livrer la chose en bon état et de l'entretenir de même, le légataire aura bien action contre l'héritier à cet effet, mais ce sera en vertu du testament, et non en vertu du droit d'usufruit. L. 46, §. 1, ff. *de Usuf.*

IV.   38

Il y aurait toutefois exception à cette décision pour le cas où il résulterait évidemment des termes de l'acte ou d'un acte postérieur, que le constituant s'est personnellement obligé ou a entendu obliger personnellement son héritier à faire les réparations, non pas seulement comme propriétaire, mais comme débiteur d'une obligation de faire ; ce qui ne se présumera pas.

618. Au surplus, si, lors de l'ouverture du droit ou depuis, le propriétaire fait les réparations qui demeurent à sa charge, ou s'il reconstruit ce qui est tombé de vétusté ou détruit par accident, il est tenu d'en laisser jouir l'usufruitier (1), sans pouvoir réclamer de lui aucune indemnité à cet égard, à moins que le titre constitutif de l'usufruit ou une convention postérieure des parties ne portât le contraire.

619. Néanmoins si l'usufruit ne subsistait que sur un bâtiment, qui a été détruit par incendie ou autre cas de force majeure, et ensuite reconstruit par le propriétaire, l'usufruitier ne pourrait prétendre à en jouir (2). L'usufruit a été éteint, aux termes de l'article 624, et l'usufruitier n'avait plus le droit de jouir ni du sol ni des matériaux. Le nouveau bâtiment est une autre substance que celle sur laquelle résidait son droit.

---

(1) L. 7, §. 2, ff. *de usuf.*
(2) L. 5, §§. 2 et 3, ff. *quib. mod. ususf. amitt.* Pothier, *du Douaire,* n° 246.

620. Nous avons dit que, ni le propriétaire, ni l'usufruitier, ne sont tenus de rebâtir ce qui est tombé de vétusté. En ce qui concerne le propriétaire, il n'y a aucune difficulté, en admettant, avec les lois romaines, avec Domat et Pothier lui-même, avec M. Toullier et enfin avec l'art. 600, qu'il n'est tenu à aucune réparation quelconque, quelle que soit la cause qui les ait rendues nécessaires, s'il n'est soumis, par le titre, à l'obligation de les faire; mais il n'en est pas de même par rapport à l'usufruitier.

En effet, d'une part, et d'après l'art. 605, celui-ci est tenu des réparations d'entretien; mais, d'autre part, et d'après l'article 607, il n'est point obligé de rebâtir ce qui est tombé de vétusté, ou qui a été détruit par accident. De même que les locataires sont affranchis des réparations locatives, les seules qui soient à leurs charges, quand elles n'ont été occasionnées que par vétusté ou force majeure (art. 1755). En sorte que si une couverture, par exemple, est grandement dégradée, mais non détruite en entier, cas dans lequel c'est une réparation d'entretien, qui reste conséquemment à la charge de l'usufruitier, celui-ci dira, pour se dispenser de la faire, que c'est le service de la chose, la vétusté, en un mot, qui l'a occasionnée, et, pour cette raison, qu'il n'en est pas tenu, suivant l'article 607, pas plus qu'un locataire ne serait tenu d'une simple réparation locative qui n'aurait été occasionnée que par la vétusté des choses ou un accident.

· Ce langage de l'usufruitier n'aurait-il pas encore plus de force s'il s'agissait d'un mur de clôture ou d'une digue, grandement détériorés, mais dont le rétablissement en entier n'étant point encore nécessaire , ne constitue qu'une réparation d'entretien? Quelle a pu être en effet la cause de cette dégradation, si ce n'est la vétusté des choses, leur long service, ou bien un cas de force majeure? car assurément il n'est point ici question des dégradations qu'il aurait commises : il en serait responsable d'après les principes généraux du Droit, et non pas seulement comme usufruitier. Il n'est pas probable, non plus, qu'on ait eu en vue le cas où ces dégradations n'auraient été causées que par un vice de construction ou par un vice du sol : ce serait là aussi un cas fortuit par rapport à lui, et le propriétaire n'aurait rien à lui demander à ce sujet, sauf à exercer, s'il y avait lieu, son action en indemnité contre les ouvriers ou entrepreneurs, suivant l'article 1792.

Ainsi, comme généralement les réparations à faire aux murs de clôture, aux digues et aux couvertures, seront occasionnées par la vétusté des choses ou par un cas de force majeure , il y a une apparente antinomie entre l'art. 605 , qui les met à la charge de l'usufruitier quand le rétablissement en entier de de ces objets n'est pas nécessaire, et l'article 607, qui l'affranchit de ces réparations quand elles ne sont occasionnées que par ces causes; du moins si l'on entend ce dernier article, ainsi que l'entendent

quelques auteurs (1), aussi bien du cas d'une destruction partielle, que d'une chute totale. Et l'on
peut même ajouter que, relativement à ces réparations, il n'aurait aucun sens, en ce qui concerne
l'usufruitier, s'il ne devait être entendu, et même
uniquement, du cas de dégradations partielles ; car
dès qu'il y a destruction totale de l'un de ces objets,
quelle que soit la cause qui l'a occasionnée, l'usufruitier n'est pas tenu de la réparation, puisque, d'après
l'article 606, elle rentre dans celles qui restent à la
charge du propriétaire, lequel, non plus, n'est point
obligé de la faire, par les raisons précédemment
expliquées.

Il faut donc, d'après cela, ou supposer que les
dégradations dont il s'agit dans les art. 605 et 606
ont pu résulter de toute autre cause que la vétusté,
le cas fortuit, un vice de construction ou du sol,
ce qui est la même chose par rapport à l'usufruitier,
ou un fait de sa part, et à la vérité nous ne voyons
guère quelle pourrait être cette cause ; ou bien que
la destruction arrivée par vétusté ou cas fortuit,
dont parle l'art. 607, n'est pas, il est vrai, de la
totalité de l'objet compris dans l'usufruit, mais cependant d'une partie assez importante pour que
la réparation, qui n'eût été que de simple entretien
si la dégradation avait eu une autre cause, ne soit
néanmoins pas à la charge de l'usufruitier, précisément parce qu'elle a été occasionnée par l'une de
ces circonstances.

---

(1) Notamment M. Toullier.

Il serait bien à souhaiter que cet article 707, qui heurte si évidemment dans leur application les deux qui le précédent immédiatement, ou du moins qui la rendent si difficile, si problématique, n'existât pas. On vient de voir qu'il ne signifie pas grand chose quant au propriétaire, et l'on voit maintenant combien il jette d'incertitude sur l'étendue des obligations de l'usufruitier par rapport aux réparations dont il est tenu. La loi 7, §. 2, ff. *de Usuf.*, où a été puisée sa disposition en ce qui concerne ce dernier, est bien plus facile à entendre, et se combine bien mieux avec les principes de la matière. Elle porte d'abord que l'usufruitier doit réparer les bâtimens; qu'il doit entretenir les couvertures; que cependant si ces mêmes couvertures s'écroulaient de vétusté il ne serait point tenu de les rétablir, et, à plus forte raison, qu'il ne serait point tenu de rebâtir l'édifice qui serait détruit par cette cause. Mais elle ajoute qu'il doit faire les réparations que nous appelons d'entretien : *modica igitur refectio ad eum pertinet, quoniam et alia onera agnoscit;* sans distinguer (1), et avec raison, si ces mêmes réparations ont été ou non rendues nécessaires par la vétusté des choses. Car il est sensible, abstraction des faits particuliers de l'usufruitier, dont il n'est point ici question, que ces réparations ne peuvent

---

(1) Comme ce qui précède immédiatement traite du cas de destruction par vétusté, et que le jurisconsulte modifie sa décision lorsqu'il s'agit de ce qu'il appelle *modica refectio*, on est bien fondé à dire qu'il entend aussi parler du cas où cette modique réparation a été occasionnée par la même cause.

généralement être occasionnées que par la vétusté ou la force majeure.

Quoi qu'il en soit, il nous semble qu'on pourrait entendre l'art. 607, en ce qui concerne l'usufruitier, du cas où il s'agirait, non du rétablissement en entier d'un mur de clôture ou de soutenement, d'une digue ou d'une chaussée, car il concernerait le propriétaire, d'après les art. 605 et 606; mais où il s'agirait d'une réparation à faire à ces objets et autres semblables, et que, néanmoins, ce qu'il y aurait à réparer, et dont la destruction n'a été amenée que par vétusté ou force majeure, serait tellement considérable, relativement à ce qui resterait en état de servir encore, qu'il serait impossible de dire dans ce cas, avec la loi romaine, *modica refectio ad eum pertinet.* En sorte que cette réparation, simplement d'entretien, d'après ces art. 605 et 606, et qui aurait été, à ce titre, à la charge de l'usufruitier, si elle n'avait été occasionnée par la vétusté ou la force majeure, cesse de l'être, précisément parce qu'elle n'a été amenée que par l'une de ces causes.

Ainsi d'après l'article 605 combiné avec le suivant, l'usufruitier est tenu de la réparation des murs de clôture des parcs, jardins, cours, etc., lorsque le rétablissement de ces murs en entier n'est pas encore nécessaire, mais qu'ils ont besoin de réparations plus ou moins considérables : si donc, dans cette hypothèse, il ne reste d'un mur que fort peu de choses en état de servir encore, et que le reste ait

péri de vétusté ou ait été détruit par force majeure,
l'usufruitier ne sera point tenu, d'après l'art. 607,
de rebâtir ce qui a été détruit; et quand bien même
le propriétaire le rebâtirait, il ne serait point en
droit, selon nous et selon les dispositions des lois
romaines, d'exiger qu'il lui servît l'intérêt des
déboursés, pendant la durée de l'usufruit: car ce
n'est pas là une charge imposée sur la propriété
dans le sens de l'article 609.

Que si, au contraire, les réparations à faire sont
de peu d'importance, parce que la partie détruite
est de beaucoup inférieure à la partie conservée,
quelle que soit la cause qui ait nécessité ces réparations, l'usufruitier doit les faire sans aucune répétition, parce que c'est là véritablement une charge
des fruits, qu'il jouit comme le propriétaire, et
que celui-ci les eût probablement faites, ce qu'on
ne peut pas dire avec la même certitude dans le
premier cas; mais ce qu'on peut dire également à
l'égard des couvertures, parce qu'il est improbable
que, faute d'y faire les réparations nécessaires, il
eût ainsi voulu laisser périr son bâtiment. Aussi,
quant à elles, notre distinction, touchant l'application de l'article 607 combiné avec les précédens,
n'a plus les mêmes motifs, et ne doit plus avoir
lieu : de sorte que lorsque la réparation devenue
nécessaire sera réputée réparation d'entretien, parce
qu'il ne s'agira pas du rétablissement entier de la
couverture, l'usufruitier devra la faire, quelle que
soit la cause qui l'ait occasionnée. A cet égard,

nous repoussons l'argument tiré de l'article 1755, car autrement l'art. 605, qui met l'entretien des couvertures à la charge de l'usufruitier, serait éludé pour l'objet le plus important, et dont la nécessité se fait le plus souvent sentir, puisque les couvertures ne se dégradent que par vétusté ou accident. En ces matières, les tribunaux ont nécessairement une sorte de latitude pour concilier les justes intérêts des propriétaires et des usufruitiers.

621. Au reste, l'usufruitier n'est point tenu d'améliorer la chose ; il doit seulement l'entretenir dans l'état où il la reçoit. En conséquence, s'il l'a reçue dégradée, il n'est point obligé de la rendre meilleure (1). Mais lors de son entrée en jouissance il a dû faire faire, avec le propriétaire, ou lui dûment appelé, un état de la situation des immeubles (art. 600); s'il a négligé de remplir cette formalité, il doit s'imputer sa faute, et il est censé les avoir reçus en bon état : s'il a observé le prescrit de la loi, il n'est tenu de rendre les biens que tels qu'ils étaient quand il est entré en jouissance.

622. Mais les dégradations qu'on lui reprocherait, ou qu'il aurait négligé de réparer quand il devait le faire, se compenseraient, jusqu'à due concurrence, avec les réparations qu'il a faites, et dont il n'était pas tenu : attendu, comme dit Pothier (2), qu'un héritage ne peut être censé détérioré,

---

(1) C'est aussi l'avis de M. Toullier.
(2) *Du Douaire*, n° 277.

que sous la déduction de ce dont il est amélioré.

623. Et comme il est permis à chacun de renoncer au droit établi en sa faveur, l'usufruitier peut, pour s'affranchir de l'obligation de faire les réparations dont il est tenu, ainsi que des autres charges de l'usufruit, renoncer à son droit : il le peut même quoiqu'une action eût été intentée contre lui à l'effet de l'obliger à faire ces réparations (1).

Pothier (2), qui est aussi de ce sentiment, dit toutefois que l'usufruitier doit alors restituer les fruits qu'il a perçus, parce que les réparations dont il veut maintenant se décharger étaient une charge de ces mêmes fruits; que ce n'est que pour l'avenir qu'il peut s'affranchir des charges de l'usufruit.

Nous adoptons le sentiment de cet auteur, mais en le modifiant. L'usufruitier ne devrait pas être, en effet, tenu de restituer, dans tous les cas, tous les fruits qu'il a perçus, mais seulement ceux qu'il a retirés de la chose depuis que les réparations dont il veut maintenant s'affranchir sont devenues nécessaires : les autres lui ont été acquis sans charge, puisque, on le suppose, il n'y avait point encore lieu à ces réparations. Ce sera là sans doute un point de fait difficile à établir d'une manière précise dans beaucoup de cas; mais la difficulté de constater le fait n'est point une raison suffisante de s'écarter du droit. Le juge décidera d'après les

(1) L. 64, ff. *de usuf.*
(2) *Du Douaire*, n° 237.

preuves et les circonstances de la cause, ainsi qu'il est si souvent obligé de le faire, surtout en cette matière ; et si, lors de l'ouverture de l'usufruit, les choses étaient dans le même état qu'au moment de la renonciation de l'usufruitier, comme celui-ci n'était point obligé de les améliorer (1), il est clair qu'il pourrait garder tous les fruits qu'il a perçus.

624. L'usufruitier est tenu, pendant sa jouissance, de toutes les charges annuelles de l'héritage, telles que les contributions et autres qui, dans l'usage, sont censées charges des fruits. (Article 6o8.)

Ainsi, il est tenu aussi des centimes additionnels qui sont votés pour charges départementales ou communales.

Il est aussi tenu, seul, des charges, même extraordinaires, qui ne portent que sur les fruits, telle qu'une réquisition de denrées frappée par un corps d'armée ou dans un tems de troubles civils (2).

625. A l'égard des charges qui peuvent être imposées sur la propriété pendant la durée de l'usufruit (3), l'usufruitier et le propriétaire y contribuent ainsi qu'il suit :

Le propriétaire est obligé de les payer, et

---

(1) Voy. *suprà*, n° 621.

(2) *Voy.* les lois 7, §. 2 ; 27, §. 3, ff. *de usuf.*, et 28, ff. *de usu et usuf. legat.*

(3) Ce sont les charges extraordinaires, telle qu'une subvention de guerre, un emprunt forcé, une contribution d'argent imposée par une armée en cas d'invasion, etc.

l'usufruitier doit lui tenir compte des intérêts ;

Si elles sont avancées par l'usufruitier, il a la répétition du capital à la fin de l'usufruit. (Art. 609.)

Ainsi, si c'était l'usufruitier qui les eût payées pour le propriétaire, afin d'éviter la saisie des fruits, ou pour d'autres motifs, mais non en vue d'en faire l'avance pour tout le tems de l'usufruit, il aurait de suite contre lui l'action de gestion d'affaire ; sauf à servir annuellement les intérêts de la somme payée.

626. S'il a acquitté les droits de mutation de la propriété, par exemple, dans le cas de transmission par voie de succession, il en a la répétition contre le propriétaire, sans lui devoir les intérêts de la somme restituée. Ce n'est point là une charge de la propriété dans le sens de l'art. 609 (1).

627. L'usufruitier n'est tenu que des frais des procès qui concernent sa jouissance, et des autres condamnations auxquelles ces procès pourraient donner lieu (art. 613). Ainsi, s'il y a un procès entre lui et un tiers au sujet d'un dégât prétendu commis sur les fruits, ou d'une rixe qui se serait élevée entre ce tiers et lui à l'occasion de l'exercice d'une servitude ou pour toute autre cause, ou si, comme il en a le droit (2), il a intenté une action possessoire, et que dans ces cas il ait été condamné à des frais et à des dommages-intérêts envers le

(1) *Voy.* l'arrêt de cassation du 9 juin 1813. Sirey, 13-1-368.
(2) Voy. *suprà*, n° 513.

tiers, il n'en peut répéter le montant du propriétaire.

On dit même que si un tiers se prétend propriétaire de l'objet, et que son action soit dirigée aussi bien contre la jouissance de l'usufruitier que contre le constituant, les frais du procès, si ces derniers succombent, doivent être supportés par l'un et l'autre : cela est vrai; mais toutefois dans l'hypothèse où le constituant ne serait pas tenu à la garantie. Nous verrons bientôt dans quels cas elle serait due.

628. L'usufruitier doit, au surplus, être très attentif à ne pas laisser commettre d'usurpation sur la chose; ce serait manquer à son obligation, qui est de la conserver en bon père de famille. Si donc un tiers, pendant la durée de l'usufruit, commet quelque usurpation sur le fonds, ou attente autrement aux droits du propriétaire, l'usufruitier est tenu de le dénoncer à celui-ci; faute de ce, il est responsable de tout le dommage qui peut en résulter pour le propriétaire, comme il le serait de dégradations commises par lui-même (Art. 614).

629. Si l'usufruit n'est établi que sur un animal qui vient à périr sans la faute de l'usufruitier, celui-ci n'est pas tenu d'en rendre un autre, ni d'en payer l'estimation (Art. 615).

Mais il doit rendre le cuir s'il a pu être conservé (argument de l'article suivant.)

630. Si le troupeau sur lequel un usufruit a été établi périt entièrement par accident ou par maladie, sans la faute de l'usufruitier, celui-ci n'est

tenu envers le propriétaire que de lui rendre compte des cuirs ou de leur valeur (1).

Si le troupeau ne périt point entièrement, l'usufruitier est tenu de remplacer jusqu'à concurrence du croît (2), les têtes des animaux qui ont péri. (Art. 616).

Cela ne veut pas dire qu'il est obligé de remplacer les têtes mortes avec le prix qu'il a pu retirer de celles qu'il a vendues, et qui lui ont été ainsi définitivement acquises comme fruits; il n'y a pas lieu, à cet égard, d'argumenter de l'art. 1769-2° pour soutenir qu'au moyen d'une compensation il doit remplacer les animaux qui ont péri, au moins jusqu'à concurrence du croît qu'il avait déjà retiré quand ces animaux sont venus à périr : cela veut seulement dire qu'il ne devra rien vendre du croît tant que le troupeau ne sera pas revenu au complet; de sorte que lorsqu'il y a eu des pertes qui ont diminué le nombre de têtes qui lui ont été livrées, il doit s'abstenir d'en détacher du troupeau; s'il le fait, il en devra tenir compte, au cas où, à la cessation de l'usufruit, le troupeau serait incomplet. En un mot, il n'a que l'excédant; mais l'excédant lui étant

_____

(1) En admettant qu'on ait pu les conserver; car si, comme il arrive souvent dans les épizooties, les animaux morts avaient été enfouis sans être dépouillés de leur peau, l'usufruitier ne devrait rien à cet égard.

(2) Ainsi il n'est point obligé d'en acheter. Les lois qui traitent de ce cas parlent toujours du remplacement *ex agnatis*. Voy. L. 68, §. *ult.* LL. 69 et 70, ff. *de usuf.*, et §. 38, INSTIT. *de rerum divis.*

une fois acquis, ne saurait lui être enlevé par un événement postérieur (1).

SECTION III.

De l'Obligation, pour l'usufruitier universel ou à titre universel, de contribuer au paiement des dettes du testateur.

SOMMAIRE.

---

(1) C'est ainsi que nous entendons la loi 70, §. 4, ff. *de usuf.*, qui paraît cependant contraire, puisqu'elle dit, sur le cas où il y a du croît le troupeau étant complet : *Puto autem veriùs ea quæ pleno grege edita sunt, ad fructuarium pertinere ; sed posteriorem gregis casum nocere debere usufructuario.* Mais ces derniers mots signifient simplement que le décroissement futur du troupeau sera à la charge de l'usufruitier, en ce sens qu'il ne pourra retirer aucune tête tant que le troupeau ne sera pas revenu au complet. Autrement, s'il devait remettre les têtes qu'il a retirées quand ce troupeau était entier, il ne serait pas exact de dire, comme le fait le jurisconsulte, qu'il est devenu propriétaire des nouvelles têtes ; d'ailleurs, ce serait contraire au principe que l'usufruitier fait irrévocablement les fruits siens par leur perception.

636. *Il est tenu de servir la rente viagère ou la pension alimen-*
taire léguée, dans la proportion de sa jouissance, et sans
répétition.

637. *Le légataire de la rente ou de la pension n'en a pas moins*
action contre l'héritier; et les créanciers ont aussi action
contre le légataire de l'usufruit universel ou à titre uni-
versel; sauf à lui à abandonner sa jouissance.

631. Comme le légataire à titre particulier d'un objet en toute propriété ne représente le testateur que pour cet objet, et conséquemment qu'il n'est pas tenu des dettes de celui-ci (art. 871), sauf l'effet de l'action hypothécaire sur l'immeuble légué (art. 2114), auquel cas, s'il paie la dette, il est subrogé à la place du créancier et exerce son recours contre les héritiers et successeurs à titre universel (art. 874); de même, et à plus forte raison, le légataire à titre particulier en usufruit seulement, n'est pas tenu des dettes du défunt, quoique le fonds sur lequel porte l'usufruit fût hypothéqué à ces mêmes dettes. S'il aime mieux les payer que de délaisser l'immeuble, il exerce également son recours contre le propriétaire (art. 611); mais il n'a point d'action contre l'héritier pour le forcer à affranchir le fonds des dettes hypothécaires qui le grèvent, à moins que le testateur n'ait expressément chargé celui-ci de le faire, par une disposition spéciale, conformément à l'article 1020 (*Ibid.*) (1).

_____

(1) Tel est le sens de cet article 611, rédigé d'ailleurs assez obscurement quand on le rapproche de l'art. 1020, auquel cependant il renvoie.

632. On suit d'autres principes à l'égard du légataire universel ou même à titre universel en usufruit, en ce sens du moins qu'il doit souffrir une
diminution proportionnelle de jouissance, attendu
que les biens du testateur se trouvent virtuellement diminués de tout le montant de ses dettes,
suivant cet axiome de droit, *bona non sunt, nisi
œre alieno deducto* : or, l'usufruit est une partie
du domaine, et puisque la masse des dettes porte
sur la masse de la propriété (art. 2093), par la
même raison celui qui a l'usufruit de l'universalité des biens ou d'une portion de cette universalité, doit contribuer au paiement de ces
dettes. L'article 612 pose, à cet égard, les règles
suivantes :

« L'usufruitier, ou universel, ou à titre univer-
« sel, doit contribuer avec le propriétaire au paie-
« ment des dettes, ainsi qu'il suit :

« On estime la valeur du fonds sujet à usufruit;
« on fixe ensuite la contribution aux dettes à raison
« de cette valeur.

« Si l'usufruitier veut avancer la somme pour
« laquelle le fonds doit contribuer, le capital lui en
« est restitué à la fin de l'usufruit, sans aucun in-
« térêt.

« Si l'usufruitier ne veut pas faire cette avance, le
« propriétaire a le choix, ou de payer cette somme,
« et, dans ce cas, l'usufruitier lui tient compte des
« intérêts pendant la durée de l'usufruit, ou de

IV.

« faire vendre jusqu'à due concurrence une por-
» tion des biens soumis à l'usufruit » (1).

633. Quand il s'agit de l'usufruit universel, il
n'y a pas nécessité, pour fixer la contribution aux

---

(1) La L. 68, ff. *ad legem Falcidiam* donne des règles d'estimation
de ce que peut valoir un legs d'annuités ou d'une pension viagère,
et par conséquent d'un usufruit, en calculant sa valeur selon l'âge
de la personne au profit de laquelle le legs a été fait; mais ces règles
n'ont point été adoptées dans le cas présent, ni dans celui où il s'agit
de calculer la quotité disponible. Dans ce dernier, les héritiers au
profit desquels la loi fait la réserve ont le choix de payer la rente
viagère ou de souffrir l'exercice de l'usufruit, ou bien d'abandonner
la quotité disponible en nature (art. 917). L'article 1970 porte que
la rente viagère est réductible si elle excède ce dont il est permis
de disposer, ce qui s'exécutera suivant l'art. 917 ; en sorte que si la
quotité disponible a déjà été donnée entre vifs, le don de la rente
sera nul. Mais si ce don est antérieur aux autres, ou s'il résulte d'un
testament par lequel il a été laissé des legs à d'autres personnes, cas
dans lequel la réduction, s'il y a lieu à réduction, porte, en général,
sur tous les legs (art. 926), il sera bien nécessaire d'apprécier réellement la valeur de la rente.

En matière d'enregistrement, les droits de mutation relativement
à l'usufruit transmis à titre gratuit, sont perçus sur le pied de la
moitié des droits pour mutation de la toute propriété (*), ce qui
donnerait lieu de supposer qu'il vaut juste la moitié de la chose; et
pour les rentes viagères et pensions créées sans expression d'un capital, le droit est perçu à raison d'un capital formé de dix fois la
rente viagère ou la pension (**); mais ces règles, purement bur-
sales, ne seraient pas nécessairement suivies; on prendrait en considération l'âge de la personne. La loi du 13 pluviose an VI, relative
aux rentes viagères créées pendant la durée du papier-monnaie, était
partie de ce principe, et elle pourrait s'appliquer aux cas dont il s'agit.

Au surplus, si les donataires postérieurs au don de la rente, ou
les autres légataires dans le cas où elle est laissée par testament, of-
fraient de la servir, ils auraient le droit d'obliger l'héritier à n'en
pas compter la valeur dans le calcul de la quotité disponible.

(*) Tit. 2, art. 14, n° 11, et art. 15, n° 8 de la loi du 22 frimaire an VII.
(**) *Ibid.*, art. 14, n° 9.

dettes, comme semble le vouloir cet article par la généralité de ses termes, d'estimer le fonds sujet à usufruit : on prend seulement l'un des trois partis ci-dessus. Il en est de même si l'usufruit est à titre universel, mais d'une quote-part de tous les biens, meubles et immeubles indistinctement, par exemple, de la moitié : la contribution aux dettes est également toute fixée dans ce cas par la nature du legs ; elle est de la moitié. Il ne s'agit plus alors que de l'exécution de cette même contribution, et l'on prend aussi l'un des trois partis tracés par cet article.

634. Mais si le legs est seulement de l'usufruit de tous les immeubles ou de tous les meubles, ou bien d'une portion des immeubles ou des meubles en général, c'est également un legs à titre universel en usufruit, par similitude d'un legs de la propriété fait dans les mêmes termes (art. 1010). Dans ces cas, il n'y a nécessairement lieu, comme le dit l'article 612, à faire d'abord une estimation de la valeur des biens sujets à usufruit, afin de fixer, par la comparaison de celle des autres biens, quelle est la portion de dettes qui doit être à la charge des premiers ; et cette ventilation faite, s'il est reconnu que ces biens sont des deux tiers, par exemple, de la valeur totale de tout l'actif de la succession, on suivra, pour le paiement des deux tiers des dettes, l'une des voies tracées par notre article.

635. Ce n'est pas seulement au paiement des

dettes du défunt que son légataire universel ou à titre universel en usufruit doit contribuer; il doit aussi contribuer, de l'une des manières ci-dessus, et suivant les distinctions établies, au paiement des autres charges de la succession, tels que les frais funéraires et l'apposition des scellés (1).

636. Et si le testateur a légué une rente viagère ou une pension alimentaire, le legs doit être acquitté par le légataire universel de l'usufruit dans son intégrité (2), et par le légataire à titre universel de l'usufruit dans la proportion de sa jouissance, sans aucune répétition de leur part. (Art. 610). Par sa nature, ce legs est une charge des fruits; d'où il suit que lorsque l'usufruit vient à s'éteindre, l'usufruitier en est affranchi.

637. Au surplus, le légataire n'en a pas moins son action contre l'héritier, sauf à celui-ci, lorsqu'il aura payé, son recours contre l'usufruitier : c'est toujours l'héritier qui représente le défunt,

---

(1) Sans préjudice des frais de l'inventaire et de l'état prescrits par l'article 600, lesquels restent à sa charge personnelle, comme charge de l'usufruit, ce qui l'oblige conséquemment à les supporter en totalité, et sans répétition, s'il est légataire universel de l'usufruit, et pour une part proportionnelle, s'il est seulement légataire à titre universel.

(2) S'ils sont plusieurs, ce qui est fort possible d'après le principe consacré par l'article 1003 pour le cas où il s'agit du legs de la propriété, et la raison est la même quoiqu'il ne s'agisse que de l'usufruit; s'ils sont plusieurs, disons-nous, ils doivent contribuer chacun pour leur part au paiement de la rente ou de la pension.

et qui est plus spécialement tenu que tout autre d'exécuter sa volonté.

Mais nous ne voulons pas dire par-là que le lé-gataire n'a point directement action contre l'usu-fruitier : le legs est une charge de son usufruit. Cela évite d'ailleurs le circuit d'actions, si défavo-rablement vu dans la simplicité de notre Droit. Aussi pour la contribution aux dettes, dont il vient d'être parlé, les créanciers devant toujours être payés avant les légataires, auraient directement action contre l'usufruitier universel ou à titre uni-versel, sauf à celui-ci, attaqué par eux, à aban-donner sa jouissance ou à exercer son action en garantie contre le propriétaire pour le forcer à prendre l'une des deux dernières voies tracées à l'art. 612, à l'effet de les payer.

SECTION IV.

Des Obligations du Propriétaire.

SOMMAIRE.

diminuer la jouissance de l'usufruitier, et quelques autres qu'il peut faire.

642. *Quand l'usufruit a été légué, l'usufruitier évincé par un tiers n'a pas de recours en garantie contre l'héritier.*

643. *Celui-ci doit néanmoins lui fournir tous les titres qui sont en sa possession pour l'aider à se défendre, et il répond du tort qu'il lui aurait causé par malice ou par connivence avec le tiers.*

644. *Si l'usufruit a été constitué par donation entre-vifs, la garantie, en principe, n'est pas due; exceptions que souffre la règle.*

645. *S'il a été constitué à titre onéreux, thèse générale, la garantie est due : exceptions que souffre le principe, et décisions relativement au cas où le prix doit, ou non, être restitué.*

646. *Dans les cas même où la garantie est due, elle ne l'est pas en ce qui concerne les fruits usurpés ou détruits par des tiers.*

638. On a dit précédemment que, par la nature de l'usufruit, le propriétaire n'est pas tenu de rien faire pour procurer à l'usufruitier une jouissance plus utile ou plus commode; qu'il doit seulement s'abstenir de tout fait ou de tout acte qui aurait pour effet de diminuer celle que peut produire la chose soumise à l'usufruit. Nous nous sommes fondés, pour le décider ainsi, sur ce que ce droit est une espèce de servitude, et qu'il est de la nature des servitudes que le propriétaire du fonds assujéti soit simplement tenu de ne pas faire ce qui pourrait nuire à l'exercice de celle qu'il a concédée, et de souffrir que le propriétaire du fonds dominant

fasse ce qui est nécessaire pour en user, mais sans qu'il soit lui-même astreint à rien faire pour cet objet (Art. 698) (1).

639. Appliquant ces principes aux grosses réparations, qui, aux termes de l'article 605, restent à la charge du propriétaire, nous avons dit (2) que le Code le dispense formellement de faire celles qui pourraient être nécessaires au moment de l'entrée en jouissance de l'usufruitier, puisque celui-ci prend les choses dans l'état où elles sont (art. 600), et qu'il ne l'oblige point à faire celles qui pourraient le devenir pendant la durée de l'usufruit, attendu qu'il se borne à statuer que ces mêmes réparations demeurent à sa charge..., c'est-à-dire à sa charge comme propriétaire : or, un propriétaire n'est point tenu de réparer sa chose; s'il le fait, tant mieux, mais on a pas le droit de l'y contraindre, si la sureté publique ne souffre aucune atteinte de l'état où elle se trouve.

Nous avons néanmoins modifié cette décision pour le cas où le titre en disposerait autrement; mais alors, avons-nous dit, il peut s'affranchir de cette charge par l'abandon de son droit de propriété, si toutefois ce n'est que comme propriétaire (art. 699), et non comme personnellement obligé, qu'il l'a prise

---

(1) L. 15, §. 1, ff. *de Servit.*
(2) Voy. *suprà*, n° 614 et suivans.

sur lui; ce qui s'estimerait par les termes du contrat, et se présumerait facilement.

640. On a vu aussi (1) quelles sont les obligations du propriétaire relativement aux charges qui peuvent être imposées sur la propriété pendant l'usufruit, et de quelle manière s'en fait le paiement.

641. Enfin, nous avons pareillement dit (2) que le propriétaire, ne devant rien faire qui nuise aux droits de l'usufruitier (art. 599), ne peut, sans l'aveu de celui-ci, abattre les futaies, les avenues ou autres grands arbres qui entrent dans sa jouissance, quand bien même ils n'y entreraient que pour l'agrément, à moins cependant que les arbres ne fussent en état de dépérissement, auquel cas, s'il les abattait, il pourrait, suivant les circonstances, être tenu à une indemnité envers l'usufruitier (3).

Celui-ci peut même le forcer à enlever les arbres arrachés par la violence des vents, et qui gênent sa jouissance (4).

Le propriétaire ne peut non plus démolir un bâtiment, soit pour disposer des matériaux, soit pour tout autre motif, quand même ce bâtiment se trouverait en très-mauvais état. Qu'il le répare s'il

(1) N° 625.
(2) N° 560, note.
(3) L. 2, ff. *si ususf. petatur. Voy.* Lacombe, au mot *Usufruit,* sect. 3, n° 3, qui cite un arrêt de 1612, qui a jugé l'un et l'autre point en ce sens. *Voy.* aussi n° 560, note précitée.
(4) L. 19, §. 1, ff. *de Usuf.*

veut. Il ne peut, non plus, sans l'aveu de l'usufruitier, bâtir sur l'emplacement compris dans l'usufruit (1), ni, comme nous l'avons dit (2), imposer
de nouvelles servitudes, excepté de l'espèce de
celles qui ne peuvent nuire à l'usufruitier; ni faire,
au préjudice de ce dernier, remise de celles qui
sont établies en faveur du fonds; ni faire des recherches ou des fouilles pour y découvrir des mines
ou des carrières (3) : en un mot, il doit s'abstenir
de tout ce qui pourrait rendre la jouissance moins
productive, moins commode ou moins agréable
(Art. 599).

Il peut, au reste, vendre son droit de propriété
ou l'hypothéquer, mais sans que, par ces actes, la
condition de l'usufruitier puisse être altérée (4).

Et comme il a intérêt d'empêcher les usurpations, il peut, malgré l'usufruitier, établir un pré-
posé pour garder les biens (5); mais nous ne pensons pas, à moins de dispositions contraires dans
le titre constitutif, qu'il pût le loger dans les bâtimens compris dans l'usufruit : il diminuerait ainsi,
dans son seul intérêt, la jouissance de l'usufruitier.

642. Tels sont à peu près les obligations et les

---

(1) L. 5 , §. *ult.* ff. *quib. mod. ususf.*

(2) N° 583.

(3) N° 571.

(4) L. 38 , ff. *de usu et usuf. leg.* LL. 16 et 17 , ff. *de contrah.*
empt. ; L. 2 , Cod. *de usuf. et hab.*

(5) L. 16 , §. 1 , ff. *de usu et habit.*

droits du propriétaire, en ne considérant que la nature de l'usufruit; mais le titre par lequel il l'a concédé peut lui en imposer d'autres : nous voulons parler de celles relatives à la garantie.

D'abord, si l'usufruit a été légué, il est clair que, quand bien même l'usufruitier serait évincé, aucune garantie ne lui serait due par l'héritier; car de deux choses l'une : ou le testateur était propriétaire de l'objet, ou il ne l'était pas. Dans la première hypothèse, l'erreur du juge qui a causé l'éviction est un cas fortuit dont l'héritier ne doit pas répondre. Dans la seconde, le legs étant nul comme legs de la chose d'autrui (art. 1021), aucune garantie ne saurait être due.

643. Néanmoins l'héritier doit lui fournir tous les titres qui sont en sa possession pour l'aider à se défendre (1), s'il ne croit pas devoir résister lui-même à la prétention du tiers; et s'il avait déserté la cause par malice, ou par collusion avec celui-ci, l'usufruitier évincé aurait contre lui, *ex testamento*, l'action en dommages-intérêts, et même, dans le dernier cas, il pourrait attaquer le jugement passé en force de chose jugée, par la voie de requête civile. (Art. 480, Cod. de procéd.)

644. Si l'usufruit a été constitué par donation entre-vifs, généralement le constituant ne doit pas

---

(1) Les titres de la propriété restent en effet dans les mains du propriétaire.

non plus la garantie. Mais il en serait autrement si le don de l'usufruit était une constitution de dot (art. 1440-1547), ou si le constituant s'était formellement soumis à la garantie (1), parce qu'alors on ne lui demanderait que l'exécution de sa promesse; ou enfin si l'éviction résultait d'un fait qui lui serait personnel, par exemple le défaut de paiement de sa dette, à laquelle le fonds était hypothéqué lors de l'ouverture de l'usufruit.

645. Enfin, s'il a été constitué à titre onéreux, comme dans le cas de vente, en principe la garantie est due à l'usufruitier évincé (art. 1626). Mais les parties ont pu convenir qu'il ne serait pas dû de garantie, auquel cas le constituant n'est tenu que de celle qui résulterait d'un fait qui lui serait personnel. (Art. 1628.)

Dans le cas même de stipulation de non garantie, il doit néanmoins restituer le prix s'il l'a reçu, mais sans dommages-intérêts (art. 1629); et il serait affranchi de cette obligation, et pourrait même réclamer ce prix dans le cas où il ne lui aurait pas encore été payé, si l'acquéreur connaissait, lors de l'acquisition, le danger de l'éviction, ou s'il a acheté à ses risques et périls (*ibid.*), ce qui renferme évidemment la stipulation de non garantie et la connaissance du danger de l'éviction.

646. Au reste, dans les cas mêmes où la ga-

----

(1) L. 2, Cod. *de Evict.*

rantie est due, le propriétaire ne la doit point en ce qui concerne les troubles que l'usufruitier peut éprouver quant aux fruits enlevés ou détruits par des tiers ; sauf à celui-ci à poursuivre , comme il l'entendra, les auteurs du trouble (1).

CHAPITRE V.

De l'Extinction de l'usufruit.

SOMMAIRE.

647. *Énumération générale des manières dont finit l'usufruit.*

§. Ier.

Extinction de l'usufruit par la mort naturelle ou civile de l'usufruitier.

648. *L'usufruit s'éteint par la mort naturelle de l'usufruitier. C'est au propriétaire à prouver le fait qui a produit la libération de sa chose.*

649. *En cas d'absence déclarée de l'usufruitier, le propriétaire peut, par forme d'envoi en possession provisoire , demander sa rentrée dans les biens.*

650. *L'usufruit s'éteint aussi par la mort civile de l'usufruitier, et il ne renaîtrait pas par le retour de celui-ci à la vie civile.*

651. *Quand il est spécialement établi pour toute la vie naturelle de l'usufruitier , il ne s'éteint point par sa mort civile.*

652. *Dans ce cas, s'il a été constitué à titre onéreux, les héritiers du mort civilement exercent le droit de percevoir les fruits jusqu'à sa mort naturelle.*

_____

(1) Voy. *supra*, n° 513 et suivans.

653. *Il en est autrement, dans le même cas, s'il a été constitué à titre gratuit; mais l'individu reprend l'exercice de son droit s'il rentre dans la vie civile, et pendant la mort civile il a droit à des alimens sur les fruits des biens soumis à l'usufruit.*

654. *Le père qui avait perdu la jouissance légale des biens de ses enfans par la mort civile, la recouvre pour l'avenir en rentrant dans la vie civile par l'effet d'un nouveau jugement. Renvoi.*

655. *La mort naturelle ou civile de l'un de ceux à qui un droit d'usufruit a été légué conjointement, arrivée après celle du testateur, opère-t-elle l'extinction de l'usufruit pour la part de ce légataire? Droit romain et ancienne jurisprudence sur ce point.*

656. *Le Code ne s'étant pas expliqué sur ce droit d'accroissement particulier au legs d'usufruit, on ne doit pas l'admettre.*

657. *Quand ce n'est pas par droit d'accroissement, mais par l'effet d'une disposition formelle, que chacun des légataires a droit à la totalité de l'usufruit, et surtout que la chose est indivisible, l'usufruit ne décroît pas par la mort de l'un d'eux, quoique survenue après celle du testateur.*

§. II.

Extinction de l'usufruit par l'expiration du tems pour lequel il a été accordé.

658. *L'usufruit accordé jusqu'à telle époque, cesse dès qu'elle est arrivée.*

659. *Celui qui est accordé jusqu'à la mort d'un tiers, cesse par la mort naturelle de ce tiers.*

660. *Celui qui est accordé jusqu'à ce qu'un tiers ait atteint un âge fixé, ne s'éteint pas par la mort de ce tiers, survenue avant cet âge.*

661. *Dans ces trois cas, l'usufruit ne cessera pas moins par la*

mort de l'usufruitier arrivée avant l'une ou l'autre des
époques fixées.

662. *L'usufruit légal des père et mère sur les biens de leurs enfans, cesse par la mort de l'enfant : renvoi.*

663. *L'usufruit qui n'est pas accordé à des particuliers ne dure
aujourd'hui que trente ans, à moins de disposition contraire dans le titre constitutif.*

664. *La suppression de l'établissement, thèse générale, entraînerait l'extinction de l'usufruit.*

§. III.

Extinction par l'arrivée d'un événement prévu.

665. *Exemples du cas.*

§. IV.

Extinction par la consolidation.

666. *L'acquisition de la propriété par l'usufruitier, ou de l'usufruit par le propriétaire, opère l'extinction du droit.*

667. *Si l'acquisition est rescindée ou révoquée, l'usufruit est censé
n'avoir jamais été éteint.*

668. *Espèce dans laquelle la consolidation avait des effets définitifs dans le droit romain.*

669. *Solution différente sous le Code dans le même cas.*

670. *Application de la règle au cas où l'usufruitier a acheté la
nue propriété à réméré, et que le vendeur a exercé le
réméré.*

§. V.

Extinction par le non usage du droit pendant le tems déterminé
par la loi.

671. *L'usufruit des meubles corporels s'éteint par le non usage
pendant le tems qui ferait perdre au propriétaire la propriété des objets.*

672. *L'usufruit des immeubles s'éteint vis-à-vis du propriétaire et de ses héritiers ou autres successeurs à titre universel, par le non usage pendant trente ans.*

673. *Le tiers acquéreur de l'immeuble peut opposer avec succès à l'usufruitier, s'il y a lieu, la prescription de dix ans entre présens et de vingt ans entre absens.*

§. VI.

Extinction par la perte totale de la chose.

674. *Il n'y a plus d'usufruit quand il n'y a plus d'objet.*

675. *Application du principe au cas où l'usufruit était établi sur une rente viagère.*

675. *Au cas où il l'était sur une créance frappée ensuite d'une déchéance ou d'une prescription.*

676. *A celui où il l'était sur une créance ou sur une rente depuis payée ou remboursée : il y a alors un quasi-usufruit.*

678. *Quant à l'extinction de l'usufruit, on ne considère pas seulement la perte de la matière, on considère aussi celle de la forme.*

679. *L'usufruit qui n'était établi que sur un bâtiment est éteint, même par rapport au sol et aux matériaux, si le bâtiment vient à périr en entier.*

680. *Il n'est point éteint quand le bâtiment n'est reconstruit que successivement par partie, quoiqu'il le fût en totalité.*

681. *Établi sur un emplacement pour bâtir, et sur lequel le propriétaire a bâti, il est éteint, sauf convention contraire ; mais le propriétaire doit les dommages-intérêts.*

682. *Quand l'usufruit est établi sur un domaine dont le bâtiment vient à périr, il subsiste encore sur le sol et les matériaux.*

683. *La perte d'un objet compris dans l'usufruit universel n'empêche pas l'usufruitier de continuer de jouir de ce qui reste de cet objet.*

684. *Quand il n'est établi que sur plusieurs bâtimens séparés, il cesse de subsister sur le sol et les matériaux de celui qui vient à périr.*

685. *L'usufruit d'une chose spéciale qui vient à être détruite en partie, continue de subsister sur ce qui en reste.*

686. *Celui qui est établi sur un étang ou sur un bois cesse quand ces objets ont perdu leur nature d'étang ou de bois.*

687. *Dans le cas où l'usufruit n'a cessé que par l'effet d'une force majeure, par exemple à cause d'une inondation de longue durée, il renaît si la chose reprend son premier état avant le tems nécessaire pour qu'il fût éteint par le non usage.*

688. *L'usufruit d'un troupeau ne s'éteint, d'après le Code, que quand le troupeau périt en entier, à la différence des principes du Droit romain sur ce cas.*

689. *En cette matière, l'esprit du titre constitutif est la règle à suivre, et les tribunaux doivent aussi prendre en considération les circonstances du fait.*

§. VII.

Extinction de l'usufruit par la résolution du droit de celui qui l'a concédé.

690. *Celui qui n'avait qu'un droit résoluble, révocable ou rescindable, n'a pu, thèse générale, constituer un usufruit qu'affecté des mêmes chances de résolution.*

691. *Mais quand son droit est simplement fini par transmission, celui de l'usufruitier continue de subsister.*

692. *La révocation d'une donation pour cause d'ingratitude ne fait pas évanouir l'usufruit concédé par le donataire sur les biens donnés.*

693. *Le retour de l'absent, après l'envoi en possession définitif, ne fait pas, non plus, évanouir celui qui a été constitué par les envoyés en possessio n.*

§. VIII.

Extinction par l'abus que l'usufruitier fait de sa jouissance.

694. *Texte de l'art.* 618.

§. IX.

Extinction par l'effet de la renonciation de l'usufruitier.

647. Pour que la propriété ne devînt pas inutile au propriétaire, il a fallu mettre un terme à l'usufruit : d'autres motifs encore ont dû amener son extinction, comme on va le voir successivement.

Ainsi, l'usufruit s'éteint,

1° Par la mort naturelle ou civile de l'usufruitier ;

IV.   40

2° Par l'expiration du tems pour lequel il a été accordé ;

3° Par l'arrivée d'un évènement prévu ;

4° Par la consolidation, ou la réunion des deux qualités d'usufruitier et de propriétaire ;

5° Par le non usage du droit pendant le tems déterminé par la loi ;

6° Par la perte totale de la chose ;

7° Par la résolution du droit de celui qui l'a concédé ;

8° Par l'abus que l'usufruitier fait de sa jouissance ;

Et 9° par la renonciation de l'usufruitier à l'usufruit.

Expliquons chacun de ces cas en particulier.

§. Ier.

Extinction par la mort naturelle ou civile de l'usufruitier.

648. L'usufruit étant un droit attaché à la personne, il est nécessairement éteint dès que cette personne n'existe plus. (Art. 617.)

S'il y a contestation sur le point de savoir si elle est réellement décédée, c'est au propriétaire, qui prétend que sa chose est affranchie, à prouver le fait qui en a produit la libération (art. 1315, par argument). Il n'en est pas de l'usufruit comme de la rente viagère, dans laquelle c'est à celui qui réclame les arrérages à justifier de l'existence de la personne sur la tête de laquelle la rente a été constituée (art. 1983); car l'usufruit s'établit *semel et simul*, et dès qu'il est justifié de son établissement, la personne qui l'invoque n'a plus rien à prouver : c'est maintenant à celui qui prétend que sa chose est libérée à justifier de sa prétention. Au lieu que dans la rente viagère, comme elle n'est due qu'autant que la personne sur la tête de laquelle elle a été constituée sera vivante au moment où les arrérages en seront demandés, par conséquent, comme ces mêmes arrérages forment autant de créances conditionnelles, c'est à celui qui en réclame le paiement à prouver l'accomplissement de la condition.

649. Néanmoins, en cas d'absence déclarée de l'usufruitier, le propriétaire, qui est évidemment au nombre des personnes ayant des droits subordonnés à la condition de son décès (1), peut, en vertu de l'art. 123, demander, par forme d'envoi en possession provisoire, sa rentrée dans les biens soumis à l'usufruit, à moins que l'absent ne fût marié sous le régime de la communauté, et que son conjoint n'en voulût la continuation (art. 124); auquel cas le propriétaire ne pourrait, sans prouver le décès de l'absent, se faire envoyer en jouissance qu'après trente ans depuis l'envoi provisoire, ou lorsqu'il se serait écoulé cent ans depuis la naissance de ce dernier. (Art. 129) (2).

---

(1) *Voy.* tom. I, n°s 419 et 440.
(2) *Voy.* tom. I, n° 454.

650. L'usufruit n'est pas seulement censé attaché à la personne naturelle de l'usufruitier; il est aussi censé attaché à sa personne civile : d'où il suit que quand celui-ci a encouru la mort civile, son droit d'usufruit est éteint. (Art. 617.) Ainsi, il est éteint du jour même de l'exécution, réelle ou par effigie, d'une condamnation contradictoire à une peine emportant mort civile; et si la condamnation est par contumace, du jour où expirent les cinq ans qui ont suivi l'exécution du jugement par effigie. (Art. 26-27.)

Quand bien même le condamné rentrerait dans la vie civile par l'effet de lettres de grâce (1), ou par l'effet d'un nouveau jugement qui l'absoudrait, il ne recouvrerait pas pour cela la jouissance qu'il avait : elle a été éteinte par l'effet de la mort civile, et l'individu n'a recouvré, de l'une ou de l'autre de ces manières, la vie civile que pour l'avenir seulement, et sans préjudice des droits acquis aux tiers. (Art. 30).

651. Si l'usufruit était spécialement établi pour toute la vie naturelle de l'usufruitier, il ne s'éteindrait pas par sa mort civile. Le Code le décide ainsi à l'égard de la rente viagère (art. 1982), et évidemment parce qu'il suppose que telle a été la volonté du donateur ou des parties contractantes, une rente viagère, comme le mot l'indique, étant

---

(1) *Voy.*, quant à l'effet des lettres de grâce, tom. 1, n° 240.

censée constituée pour la vie de la personne; or, quand les parties s'expriment sur *la vie*, elles entendent parler de la vie naturelle; elles n'ont point en vue le cas de mort civile, qui est un évènement dont la loi seule a la prévision, et règle les effets, mais un évènement auquel les parties n'ont point vraisemblablement songé, *quià malum omen non est providendum.*

Dans les principes du Droit romain, suivant lesquels l'usufruit était si fragile, pour nous servir de l'expression des docteurs, celui qui était constitué sous la modalité *quamdiù viveret* (1), s'éteignait bien, il est vrai, par le changement d'état qu'éprouvait la personne au profit de laquelle il avait été établi, mais il en renaissait de suite un autre à la place, le lendemain même (2), pour l'exercice duquel, toutefois, elle était obligée de remplir les obligations prescrites à l'usufruitier entrant en jouissance. Dans notre espèce, l'usufruit n'est pas seulement supposé, comme la rente viagère, avoir été constitué pour la vie naturelle de l'usufruitier (3); c'est une vérité qui résulte des termes mêmes du titre constitutif, lesquels n'auraient aucun effet si l'usufruit devait, comme dans les

---

(1) Voy. *suprà*, n° 510.

(2) L. 3, *princip.*, ff. *quib. modis ususf. vel usus amitt.*

(3) Lacombe, v° *Usufruit*, sect. 6, n° 9, dit que le legs d'habitation ne s'éteint pas par la mort civile; et plus loin, n° 12, il dit aussi, en s'appuyant du sentiment de plusieurs auteurs, mais en en citant d'autres d'une opinion contraire, que l'usufruit lui-même ne

cas ordinaires, s'éteindre aussi bien par la mort civile que par la mort naturelle. Mais on doit plutôt entendre une disposition dans le sens suivant lequel elle peut produire un effet, que dans le sens où elle n'en aurait aucun. (Art. 1157.)

652. Toute la difficulté consiste à savoir si le droit passera aux héritiers du mort civilement, ou s'il lui demeurera, sauf à lui à l'exercer quand il pourra. Nous croyons que la question doit se décider par une distinction.

Si l'usufruit a été constitué à titre onéreux, le droit, non pas d'usufruit lui-même, mais de percevoir les fruits, comme lorsqu'il a été vendu ou cédé par l'usufruitier, passe, dans l'espèce, aux héritiers du mort civilement, avec ses autres biens, conformément à l'article 25, qui déclare ouverte la succession de celui-ci, comme s'il était mort naturellement et sans testament. Le droit de conserver l'usufruit jusqu'à sa mort naturelle faisait en effet partie de son patrimoine : il était représentatif du prix par lui payé pour l'obtenir avec ce caractère particulier, prix que ses héritiers auraient trouvé dans sa succession sans la convention ; et puisque ce patrimoine leur est dévolu sans

---

s'éteint pas par la profession religieuse, qui était cependant une espèce de mort civile. Nous ne déciderions pas de même aujourd'hui le premier point, du moins dans les termes du droit commun (art. 625); mais dans notre espèce, la question, selon nous, ne doit souffrir aucun doute grave.

restriction (1), il est dans les principes qu'ils per-
çoivent les fruits, comme il perçevraient les arrérages de la rente viagère, si c'était une rente.

653. Si l'usufruit a été constitué à titre gratuit,
par donation entre vifs ou par testament, n'importe, on doit suivre d'autres règles. Il n'est de
même pas éteint par la mort civile, puisqu'autrement la clause qui en a déterminé la durée jusqu'à
la mort naturelle n'aurait aucun effet, ce qu'on ne
doit pas admettre; mais, la volonté du donateur, en
dérogeant ainsi à la loi générale, n'a point été de
gratifier les héritiers du donataire : il n'a eu en vue
que ce dernier. Il a entendu que le droit fût inhérent à sa personne, et qu'il résidât encore en lui
nonobstant la mort civile qui pourrait venir à l'at-
teindre un jour. Mais la mort civile, quand même
elle ne serait pas un obstacle de fait à ce que ce droit
pût être exercé, est un obstacle légal; car par elle
l'individu, en perdant tous les droits qu'il avait, a
par cela même perdu l'exercice de celui dont il
s'agit; il est devenu *incapax percipiendi fructus.* Et
comme on ne peut feindre, ainsi qu'on le faisait en
droit romain dans les constitutions d'usufruit *répété*, que celui dont il est question a été reconsti-
tué de nouveau aussitôt après la mort civile, par
l'effet de la clause qui en a mesuré la durée sur celle
de la vie naturelle de l'individu, puisque ce der-

(1) *Voy.* tom. I, nᵒˢ 229-237 et 247.

nier, comme mort civilement, était alors incapable
de recevoir par donation entre-vifs ou par testament, si ce n'est pour alimens (art. 25), on doit
dire, selon nous du moins, que tant que l'obstacle
ne cessera pas, soit par l'effet de lettres de grâce,
soit par l'effet d'un nouveau jugement, l'usufruitier, faute de capacité, ne pourra exercer le droit
d'usufruit, lequel demeurera assoupi durant cet état.
Dès-lors le donateur jouira de sa chose comme s'il était
réellement éteint. Mais ce droit se réveillera par la
rentrée de l'individu dans la vie civile, quelle que soit
la cause qui l'y replacera; car le principe que la
grâce ne nuit jamais aux droits acquis aux tiers n'est
point applicable ici, puisque le donateur n'avait pas
acquis l'affranchissement de sa chose, et que ce
n'était seulement que *defectu alieni juris*, quant à
l'exercice de l'usufruit, qu'il en percevait l'émolument.

Bien mieux, comme le mort civilement n'est
point incapable de recevoir des alimens, il pourra
même pendant la mort civile en réclamer sur les
fruits des biens encore affectés du droit. A cet effet,
on supposera, à raison de la clause, que l'usufruit
a été *répété* aussitôt la mort civile encourue; de
même qu'il était censé l'être chez les Romains après
le changement d'état quand il était constitué *quamdiù vivat, vel in singulos annos* (1), et que d'ailleurs

---

(1) Dans ce dernier cas, l'usufruit ne renaissait pas de suite, mais
après l'expiration de l'année dans laquelle était arrivé le changement
d'état. L. 1, §. 3, ff. *quib. mod. ususf. amitt.*

la personne était capable de l'exercer de nouveau : or, dans notre cas, l'individu, quoique mort civilement, était capable de recevoir des alimens.

654. Quand un père ayant l'usufruit légal des biens de ses enfans est frappé de mort civile, il perd sans doute sa jouissance par cet évènement, et elle passe à la mère, si celle-ci existe encore (Art. 384 et 617 combinés); mais nous avons cru devoir décider, en traitant de la Puissance paternelle (1), que si le père rentrait dans la vie civile, conformément à l'article 30, son droit renaîtrait pour l'avenir, en supposant que les enfans n'eussent pas encore atteint leur dix-huitième année, et qu'ils n'eussent point été émancipés. Nous nous sommes fondés sur ce que la jouissance légale est attachée à la puissance paternelle, qu'elle en est l'attribut, généralement du moins; et puisque le père recouvre sa puissance, en vertu de l'article précité, il doit pareillement en recouvrer les effets, du moins pour l'avenir. Nous avons assimilé cette jouissance quotidienne à l'usufruit *répété* des Romains.

655. Quand l'usufruit a été légué à plusieurs conjointement (2), et que l'un d'eux vient à mourir naturellement ou civilement après avoir recueilli

___

(1) Tom. III, n° 367.

(2) C'est-à-dire quand le testateur n'a pas assigné à chacun des légataires sa part dans la chose léguée. (Art. 1044). Voy. *suprà*, n° 496 et suivans.

le legs, l'usufruit reste-t-il entier aux autres, ou bien s'éteint-il pour la part de ce légataire ? C'est une question que nous avons annoncé devoir traiter.

Suivant les principes de la législation romaine, généralement adoptés dans notre ancienne jurisprudence sur ce point (1), le droit d'accroissement, en matière de legs d'usufruit, avait lieu aussi bien après que les légataires avaient recueilli le legs, que par l'effet de la mort de l'un d'eux survenue avant celle du testateur ; et il n'y avait, à cet égard, aucune distinction entre le cas où le legs leur avait été fait par une seule et même proposition, et le cas où il avait été fait à chacun d'eux, et de l'usufruit de toute la chose, par des propositions séparées (2).

La raison qu'en donne Ricard, d'après les lois romaines (3), c'est que « le legs de l'usufruit con- « siste particulièrement en fait et en jouissance (4) : « de sorte que c'est la possession qui le conserve, et « le concours y est toujours considérable jusques « à la fin, et dans tous les momens que le legs doit « durer ; ce qui fait que l'un des légataires venant à

---

(1) Ricard, *des Donations*, part. 3, chap. 4, sect. 5. Despeisses, tom. 1, pag. 563 et suiv. Lacombe, v° *Usufruit*, sect. 5.

(2) L. 1, *princip.*, et §. 3 ; et L. 3, ff. *de usuf. accresc.*

Mais, dans aucun cas, il n'avait lieu quand l'usufruit était laissé à chacun sur une partie de la chose : *dictâ lege* 1, *princip.* C'était deux legs distincts.

(3) L. 1, §. 3, précitée.

(4) Nous n'admettons aujourd'hui ce principe du Droit romain qu'avec quelques tempéramens.

« mourir, et cessant par conséquent de faire con-
« cours, sa part accroît aux autres pendant la durée
« de l'usufruit, quoiqu'après avoir reconnu le legs.»

Au lieu que dans le legs de la propriété, quand
une fois un des légataires l'a recueilli, le droit
ne s'éteignant pas par sa mort, comme l'usufruit,
il est transmis à son héritier, loin d'accroître aux
co-légataires.

656. Le Code civil est muet sur ce droit d'accroissement : d'où l'on pense généralement qu'il est
inadmissible aujourd'hui, attendu que si nos lé-
gislateurs avaient voulu le conserver, ils s'en
seraient expliqués; c'est très-probable. Cependant
nous n'adoptons cette décision qu'avec une distinction.

Oui, quand ce ne serait que par l'effet du droit
d'accroissement que les légataires survivans deman-
deraient à jouir à eux seuls de la totalité, nous
pensons que leur prétention devrait être repoussée;
et nous ne faisons, à cet égard, aucune distinction
entre le cas où la chose sur laquelle porterait l'usufruit ne serait pas susceptible de division, et ne
pourrait procurer qu'une jouissance de même nature, et le cas contraire. Telle serait l'espèce régie
par l'article 1044, où un legs a été fait à plusieurs
conjointement, sans que le testateur ait assigné à
chacun des légataires sa part dans la chose léguée (1);

_____

(1) On sent bien que si, par l'institution même, il avait assigné
à chacun sa part dans l'usufruit, il n'y aurait pas de question,

car ce n'est en effet que par le bénéfice de l'accroissement que, dans un tel legs, le co-légataire survivant a la totalité de l'objet légué, puisque quand deux personnes sont appelées à la même chose, par une seule et même proposition, le testateur a évidemment voulu attribuer à chacune d'elles des droits égaux à ceux de l'autre : or, quand deux individus ont des droits égaux à une même chose, il est clair que chacun d'eux y a droit pour moitié. Aussi a-t-il fallu une décision de la loi pour qu'il en fût autrement par l'effet du droit d'accroissement, droit sans doute fondé sur la présomption de volonté du défunt, qui est censé avoir préféré, quant à la chose léguée, les légataires survivans aux héritiers, puisqu'il a gratifié les uns et grevé les autres, mais droit qui ne résulte assurément pas des termes mêmes de la disposition ; or, ce droit, la loi actuelle ne l'a consacré que pour le cas où l'un des appelés ne recueille pas le legs, et non pour celui où il l'a déjà recueilli.

657. Mais quand ce n'est réellement pas par l'effet du droit d'accroissement que chacun des légataires peut prétendre à toute la chose léguée, parce qu'elle lui a été léguée en totalité par une disposition spéciale, sans concours avec un autre

---

puisque, d'après l'article 1044 lui-même, l'accroissement n'aurait pas lieu, quoique ce fût avant d'avoir recueilli le legs que l'un d'eux serait venu à mourir. C'est ce que nous avons suffisamment expliqué plus haut, n° 496 et suiv.

dans cette même disposition (1), alors, selon notre opinion, il en doit être autrement, du moins dans le cas prévu à l'article 1045, où la chose ainsi léguée n'est pas susceptible d'être divisée sans détérioration, et où, par analogie, on pourrait, dans quelques cas, considérer la jouissance comme étant de même nature (2). Et en effet, dans une telle hypothèse, quand tous les légataires se présentent, s'il y a nécessité pour chacun d'eux de souffrir le partage, ce n'est pas du moins parce qu'il n'a été légué à chacun qu'une part seulement dans la chose : au contraire, le tout lui a été attribué expressément ; mais c'est parce que les autres en peuvent dire autant, et que *concursu eorum partes fiunt* (3). Or, quand ce concours n'a pas ou n'a plus lieu, celui qui se trouve seul doit jouir du tout, par la disparition de la cause qui faisait seule obstacle à l'exercice de son droit, tel qu'il lui avait été attribué, c'est-à-dire pour le tout.

Nous ne décidons positivement, comme on le voit, la question que pour le cas prévu à l'art. 1045, celui où la chose léguée n'est pas de nature à être divisée sans détérioration, parce qu'elle ne nous

---

(1) Il est bien vrai que, même dans ce cas, le Code (art. 1045) qualifie droit d'*accroissement* l'effet de la disposition ; mais en réalité c'est plutôt l'absence du décroissement.

(2) Ce dernier point ne contredit pas ce qui a été dit plus haut, n° 468, que le droit d'usufruit est divisible de sa nature, parce qu'il consiste principalement dans la perception des fruits, qui sont des choses divisibles ; car, dans tel cas donné, il peut en être autrement ; et une exception ne détruit pas la règle.

(3) L. 1, §. 3, ff. *de usuf. accresc.*

paraît susceptible d'aucun doute grave dans ce cas. Quant à celui où la chose est divisible, la solution dépend du point de savoir si le Code a réellement proscrit le *jus non decrescendi* lorsque la chose n'est pas susceptible d'être divisée sans détérioration; et c'est une question que nous nous réservons de traiter, avec tous les développemens qu'elle mérite, au titre *des Donations et Testamens*, où est sa place naturelle.

§. II.

Extinction de l'usufruit par l'expiration du tems pour lequel il a été accordé.

658. Quand l'usufruit n'a été accordé que jusqu'à une époque convenue, il cesse par l'arrivée de cette époque (art. 617).

659. Et s'il avait été accordé jusqu'à la mort d'un tiers, comme dans le cas de la rente viagère constituée sur la tête d'un tiers qui n'a aucun droit d'en jouir (art. 1971), la mort de ce tiers le ferait également évanouir; car c'est là aussi un terme, quoiqu'il soit incertain. Toutefois, la mort civile de ce tiers ne mettrait pas fin à l'usufruit : le constituant a eu en vue sa mort naturelle, et non la mort civile, qui est un cas si extraordinaire, qu'il est invraisemblable qu'il y ait songé.

660. Mais l'usufruit établi jusqu'à ce qu'un tiers

ait atteint un âge fixé, ne finit pas par la mort de
ce tiers; il continue jusqu'à l'époque où celui-ci
aurait eu atteint cet âge s'il ne fût pas mort. (Article 620) (1).

661. Dans les trois hypothèses ci-dessus, l'usufruit ne cesse pas moins par la mort de l'usufruitier survenue avant l'une ou l'autre de ces époques. Établi au profit d'une personne, dès que cette personne n'est plus, il s'éteint nécessairement. La fixation d'un terme n'a point eu pour objet d'étendre sa durée au delà des limites ordinaires, mais, au contraire, de restreindre cette durée possible (2).

662. Et, comme nous l'avons dit en traitant de la Puissance paternelle (3), quoique l'usufruit légal des père et mère sur les biens de leurs enfans soit établi jusqu'à ce que ceux-ci aient atteint dix-huit ans accomplis ou jusqu'à leur émancipation, et que l'article 620 dise que l'usufruit accordé jusqu'à ce qu'un tiers ait atteint un âge fixe dure jusqu'à cette époque, encore que le tiers soit mort avant cet âge, néanmoins, celui des père et mère s'éteint également par la mort de l'enfant survenue avant qu'il eût dix-huit ans; car l'enfant n'est point un *tiers* dans le sens de cet article. La jouissance est d'ailleurs accordée comme une compen-

---

(1) Voy. *suprà*, n° 508.
(2) Voy. *ibid.*
(3) *Voy.* tom. III, n° 392.

sation des frais de nourriture et d'éducation, dont le père se trouve maintenant déchargé. Enfin, la manière dont se divisent ses biens entre ceux qui lui succèdent, d'après les art. 746-748-751, et surtout 754, est incompatible avec la supposition que cette jouissance se continue après sa mort.

663. L'usufruit qui n'est pas accordé à des particuliers, mais par exemple à une ville, à une commune, à un hospice ou à une communauté, ne dure aujourd'hui que trente ans (art. 619). C'est un usufruit à terme, dont on pourrait, au surplus, étendre la durée par une disposition expresse dans le titre constitutif, puisqu'on peut établir des emphytéoses pour 99 ans.

Selon le Droit romain (1), suivi aussi en ce point dans l'ancienne jurisprudence (2), l'usufruit légué à un corps d'habitans durait cent ans, terme le plus long de la vie humaine, et auquel il était possible qu'atteignît en effet l'un des membres de la corporation, existant déjà lors de l'ouverture du droit.

Néanmoins, suivant la L. 68, *vers. Sic denique* ff. *ad Legem falcidiam*, l'usufruit légué à l'État est compté pour une durée de trente ans : *Si Reipublicæ ususfructus legetur, trigenta annorum computatio fit;* mais c'est pour faire le calcul de la quarte falcidie.

---

(1) L. 56, ff. *de usuf.*; et L. 8, ff. *de usu et usuf. legat.*
(2) Lacombe, v° *Usufruit*, sect. 6, n° 7.

664. Au reste, il ne s'éteignait pas moins par la destruction de la ville ou de la corporation (1), parce que cette destruction de l'être moral auquel il appartenait était assimilée à la mort d'un usufruitier ordinaire. Et il en serait de même chez nous si l'établissement au profit duquel un usufruit a été constitué venait à être supprimé, à moins qu'une disposition réglémentaire n'en décidât autrement, en attribuant les biens de cet établissement à un autre de même espèce ou d'une nature différente, ce qui pourrait être juste dans tel ou tel cas.

Quoi qu'il en soit, la réunion d'une commune ou section de commune à une autre commune, n'opérerait point l'extinction de l'usufruit, et les habitans de la commune ou de la section en conserveraient à eux seuls les émolumens (2).

§. III.

Extinction par l'arrivée d'un évènement prévu.

665. Par exemple, si j'ai légué à quelqu'un l'usufruit de ma maison, mais à condition que si mon frère revient des îles l'usufruit cessera; si, en effet, cet événement se réalise, le droit prend fin aussitôt.

---

(1) Modestinus, dans la L. 21, ff. *quib. mod. ususf. amitt.*, dit : *Si ususfructus civitati legetur, et aratrum in eam inducatur, civitas esse desinit, ut passa est Carthago : ideòque, quasi morte desinit habere usumfructum.*

(2) Voy. *suprà,* n° 206.

IV.   41

Il en est de même du cas où je léguerais à une personne l'usufruit de tel bien jusqu'à ce qu'elle fût pourvue de tel emploi : le cas prévu arrivant, l'usufruit cesserait au même moment. Cet événement étant incertain, il fait condition, et rend conditionnelle l'extinction de l'usufruit (1). Il en est ainsi de tout autre événement qui, dans l'esprit du titre constitutif, doit opérer la cessation du droit.

§. IV.

Extinction par la consolidation.

666. L'usufruit étant considéré comme une servitude relativement à la chose sur laquelle il réside, et personne ne pouvant avoir un droit de servitude sur sa propre chose, il y a extinction de l'usufruit quand celle sur laquelle il réside est acquise à l'usufruitier, ou quand le propriétaire acquiert l'usufruit (art. 617) (2).

Si l'acquisition n'a lieu que pour partie, l'extinction ne s'opère que pour cette partie (3).

667. Toutefois, si l'acquisition est rescindée, le

_____

(1) Voy. *suprà*, n°s 507 et 509.

(2) Il est clair que ce mode d'extinction ne peut s'appliquer à l'usufruit des choses qui se consomment par l'usage, puisque l'usufruitier en devient propriétaire aussitôt qu'elles lui sont livrées.

Il en est de même, par conséquent, du mode d'extinction par la perte de la chose, puisque les choses consommées sont des choses perdues.

(3 Voy. *suprà*, n° 468.

droit d'usufruit est censé n'avoir jamais été éteint, et l'usufruitier peut l'exercer comme auparavant. Par exemple, vous me léguez la nue propriété de votre jardin, dont j'ai l'usufruit, et votre testament est ensuite rescindé : vos héritiers reprendront l'objet légué, mais je serai rétabli dans mon droit d'usufruit (1). Il en serait de même si le testament se trouvait révoqué par un autre dont on ignorait l'existence au moment de la délivrance du legs, ou si la nue propriété m'avait été donnée entre vifs et que la donation fût ensuite révoquée; ou bien si je l'avais acquise à titre onéreux ou gratuit, n'importe, et que l'acte fût rescindé ou annulé : dans tous ces cas, mon acquisition étant censée non avenue, la consolidation elle-même est censée n'avoir jamais eu lieu.

668. Mais dans l'espèce suivante, le Droit romain (2) attribue à la consolidation des effets définitifs. L'usufruit d'un fonds vous a été légué purement et simplement, et la nue propriété de ce fonds a été léguée à Titius sous condition. La condition étant encore en suspens, vous acquérez de l'héritier la propriété (3), et la condition vient ensuite à s'accomplir. Titius, dit le jurisconsulte Julien, a le droit de réclamer le fonds *pleno jure*, c'est-à-

---

(1) L. 57, ff. *de usuf.*

(2) L. 17, ff. *quib. mod. ususf. amitt.*

(3) Car celui-ci est propriétaire de la chose léguée tant que la condition n'est point accomplie. L. 12, §. 2, ff. *Familiæ ercisc.*

dire affranchi de l'usufruit, parce que vous l'avez perdu, en acquérant la propriété, par l'effet de la consolidation : *dùm enim proprietatem adquiris, jus omne legati ususfructus amisisti.*

Ce qui porte le jurisconsulte à le décider ainsi, c'est que votre acquisition n'est pas simplement rescindée ou révoquée, puisqu'elle vous donne une action contre l'héritier votre vendeur : c'est une éviction que vous souffrez, et voilà tout, mais le contrat produit ses effets; or, dans ce cas, ceux de la consolidation n'étaient pas conditionnels ou temporaires, ils étaient définitifs.

669. Il n'en serait pas ainsi dans notre Droit, plus ami de la simplicité, et où l'usufruit est bien moins fragile qu'il ne l'était chez les Romains (1). Dans le cas prévu à l'article 2177, où l'acquéreur fait le délaissement hypothécaire ou subit la dépossession par suite de l'adjudication faite sur lui, il est certainement bien *évincé*, surtout dans la dernière hypothèse; son contrat n'est pas simplement rescindé ou annulé, et néanmoins cet article décide formellement que tous les droits qu'il avait sur l'immeuble renaissent après le délaissement, ou l'adjudication faite au profit d'un tiers. Il y a tout-à-fait parité de raison dans le cas de la loi

---

(1) Voët, sur le tit. *quib. mod. ususf. amitt.*, n° 2 , décide, comme nous, et en s'appuyant de l'autorité de Dumoulin et du sentiment de Mornac sur cette loi, que, dans les principes modernes, la consolidation n'aurait pas, dans ce cas, des effets définitifs.

romaine; c'est toujours, dans les deux espèces, par suite d'une éviction que l'usufruitier, acquéreur de la nue propriété, se trouve dépouillé de l'objet de son acquisition. Son droit d'usufruit a été éteint, il est vrai, mais il *renaît*, ainsi que le dit l'article précité; au lieu que dans le cas où l'acquisition est simplement rescindée ou révoquée, comme la rescision ou la révocation fait supposer qu'elle n'a jamais eu lieu, la consolidation, par cela même, est censée ne s'être jamais opérée; mais c'est la seule différence quant au point dont il s'agit.

670. D'après cela, on doit aussi décider que si l'usufruitier se rend acquéreur à réméré de la nue propriété, et que le vendeur exerce ensuite le rachat, le premier reprend son droit d'usufruit, quand même il n'y aurait, dans le contrat, aucune réserve à cet égard. Les parties doivent être remises au même et semblable état qu'auparavant, parce qu'en effet le pacte de rachat n'est rien autre chose, surtout dans notre Droit, que la stipulation d'une condition résolutoire potestative de la part du vendeur. En sorte qu'il est vrai de dire que, bien que l'acquéreur ait été propriétaire jusqu'au rachat, néanmoins, par la rétroactivité de l'effet de la condition accomplie (art. 1179-1183), l'usufruit est censé n'avoir jamais été éteint; et il n'est pas même nécessaire de supposer, comme dans le cas de l'art. 2177, qu'il renaît.

§. V.

Extinction par le non usage du droit pendant le tems déterminé par la loi.

671. Quant à l'usufruit de meubles corporels, il s'éteint par le non usage pendant le tems qui ferait perdre au propriétaire la propriété des objets. De là, si la chose venait à être volée ou perdue, comme la revendication n'en pourrait avoir lieu que pendant trois ans (art. 2280), il est clair, si elle n'était pas exercée utilement, que l'usufruit serait éteint ; sans préjudice des dommages-intérêts dus au propriétaire, dans le cas où l'usufruitier serait en faute. On considérerait ce mode d'extinction comme celui qui s'opère par l'anéantissement total de l'objet soumis à l'usufruit, parce qu'en effet c'est la même chose pour les parties.

672. Quant à l'usufruit des immeubles, il s'éteint, d'après l'art. 617, par le non usage pendant trente ans (1). Cependant il y a quelques distinctions à faire sur ce point.

Sans doute, si le propriétaire a conservé le fonds, ou si ce fonds est encore dans les mains de ses héri-

---

(1) Suivant le dernier état du Droit romain, c'était, pour les immeubles, par la prescription de dix ans entre présens et de vingt ans entre absens. L. *penult.*, Cod. *de Servit.*, et §. 3, Instit., rapproché de cette loi. *Voy.* Vinnius sur ce §., et Voët sur le titre *quib. mod. ususf. amitt.*, n° 6.

tiers ou autres successeurs à titre universel, l'usufruit ne s'éteindra que par le non usage pendant trente ans, sans préjudice encore des interruptions de prescription telles que de droit; car dans ce cas il ne s'agit, de leur part, que de la prescription à l'effet de se libérer de l'action personnelle née de la constitution d'usufruit par vente, don, transaction, etc. (1), et par suite de libérer le fonds. On ne peut, en effet, prétendre que la perception des fruits pendant la non jouissance de l'usufruitier, leur a fait acquérir l'usufruit par la prescription, puisqu'ils n'ont pas joui comme usufruitiers, mais bien comme propriétaires : c'est donc une prescription de libération. Or, en thèse générale, les prescriptions de cette nature ne s'accomplissent que par le silence gardé pendant trente ans. (Art. 2262.)

673. Mais si le propriétaire ou ses héritiers ont transmis le fonds à un tiers acquéreur à titre particulier, de bonne foi, c'est-à-dire qui ignorait, au moment du contrat, l'existence de l'usufruit, il ne nous paraît pas douteux que ce tiers, qui aurait pu prescrire la toute propriété par dix ans entre présens et vingt ans entre absens, ne puisse aussi acquérir l'usufruit par la même prescription, conformément à l'art. 2265. *Non debet, cui plus licet, quod minus est, non licere* (2). On ne peut pas dire ici que le

---

(1) *Voy.* la L. 16, Cod. *de usuf. et hab.*, dont nous allons, au surplus, rapporter la disposition principale.

(2) L. 21, ff. *de regul. juris.*

tiers, comme le constituant ou ses héritiers, a uniquement prescrit à l'effet de se libérer de l'action personnelle née de l'acte de constitution, et par suite, à l'effet de libérer le fonds : il a réellement prescrit à l'effet d'acquérir. L'usufruit d'un immeuble est réputé immeuble (art. 526); il peut être hypothéqué, pour toute sa durée, comme la propriété elle-même (art. 2118); et cela, évidemment parce que la loi le regarde comme un immeuble. Or, l'art. 2265 consacre la prescription dont il s'agit, en faveur de celui qui acquiert de bonne foi un immeuble.

La loi 16 Cod. *de Usuf. et habit.*, fait aussi la distinction que nous établissons. Justinien y expose d'abord que, dans les cas où l'usufruit s'éteint par la mort de l'usufruitier ou son changement d'état, tous les jurisconsultes admettaient sans difficulté que l'action personnelle contre le constituant ou son héritier, et résultant du titre, était également éteinte, mais qu'il y avait controverse sur ce point quand l'usufruitier n'avait perdu le droit d'usufruit que pour n'avoir pas joui de la chose *per annum vel biennium* (1); et il décide, à la vérité, que dé-

_____

(1) Selon qu'il s'agissait de meubles ou d'immeubles, prescription que Justinien a étendue à trois ans pour les meubles, et à dix ans entre présens et vingt ans entre absens pour les immeubles. Argument de la loi unique, Cod. *de transform. usucap.*, rapprochée du §. 3, Instit., *de usuf.*, en ce qui concerne les meubles; et L. *penult.*, Cod. *de servit.* précitée, relativement à celle des immeubles, loi formelle à cet égard.

sormais ce droit ne s'éteindra que par la mort de l'usufruitier et par la perte de la chose (1), mais il a soin d'ajouter qu'il s'évanouira néanmoins quand un tiers aura acquis un moyen en vertu duquel il pourrait repousser l'usufruitier s'il revendiquait la propriété elle-même : *Nisi talis exceptio fructuario opponatur, quæ, etiamsi dominium vindicaret, posset eum præsentem vel absentem excludere* (2). Or, c'est parfaitement notre cas, en supposant, bien entendu, que la prescription dont il s'agit a pu courir contre lui, en un mot, qu'elle s'est accomplie.

Nous voyons aussi dans l'article 2180 que le tiers qui a acquis l'immeuble hypothéqué peut prescrire contre l'hypothèque par le même laps de tems que celui qui lui serait nécessaire pour acquérir la propriété à son profit, avec cette seule modification que, lorsque la prescription qu'il invoquera contre un créancier supposera un titre, c'est-à-dire quand

---

(1) Sans préjudice, bien entendu, de l'extinction par le non usage pendant trois ans pour les meubles, et dix ans entre présens et vingt ans entre absens pour les immeubles, comme il le dit dans les lois citées à la note précédente, et sans préjudice aussi de l'extinction par l'expiration du tems pour lequel l'usufruit a été accordé et par le grand et moyen changement d'état, ainsi qu'il a soin de le déclarer ensuite par cette loi 16, en disant toutefois aussi que dorénavant le petit changement d'état ne le fera plus cesser.

(2) Dans l'ancien Droit romain, l'acquisition de la chose par l'usucapion n'éteignait pas le droit de gage, ni l'usufruit qu'un tiers avait sur elle. L. 44, §. 5, ff. *de usurp. et usucap.* Nous en avons fait la remarque à la note 2 de la page 406 *suprà.* Mais Justinien s'explique ici sur la prescription, qui exige un tems beaucoup plus long, et qu'il a substituée à l'usucapion.

ce sera celle de dix ans entre présens et de vingt ans entre absens, elle ne commencera à courir que du jour de la transcription du contrat. Au lieu que, suivant le même article, le débiteur lui-même ne prescrit contre l'action hypothécaire que par le laps de tems, et sous les mêmes conditions, qu'il prescrit contre l'action personnelle qui a donné naissance à l'hypothèque; ce qui est parfaitement conforme aux principes que nous avons d'abord exposés sur la question.

Enfin, comme on l'a vu précédemment (1), la Cour de cassation a jugé que celui qui avait acheté *à non domino* un droit d'usufruit sur un immeuble, avait pu l'acquérir par la prescription de dix ans entre présens et de vingt ans entre absens : d'après cela, pourquoi l'usufruit ne pourrait-il s'éteindre par la même prescription, et au profit de celui qui a acquis l'immeuble lui-même? Pourquoi l'acquéreur du simple usufruit serait-il, sous ce rapport, traité plus favorablement que l'acquéreur de la toute propriété? Nous ne saurions trouver aucune raison qui pût le vouloir ainsi, nonobstant la généralité des termes de l'art. 617, qui parle seulement, il est vrai, du non usage pendant trente ans; car cette disposition doit s'entendre de la prescription invoquée par le propriétaire ou ses successeurs à titre universel, et elle ne fait point obstacle à l'application des principes qui régissent les droits des

_____

(1) N° 502, *suprà.*

tiers acquéreurs à titre particulier. La chose, dans ce cas aussi, sera donc considérée comme éteinte par rapport à l'usufruitier.

§. VII.

Extinction par la perte totale de la chose.

674. L'usufruit étant un droit établi sur une chose, de toute nécessité il s'éteint quand cette chose cesse d'exister (art. 617) (1).

675. Ainsi, établi sur une rente viagère, il s'éteint à la mort de la personne sur la tête de laquelle la rente a été constituée, parce qu'alors il n'y a plus d'objet.

676. Ainsi encore, établi sur une créance qui est ensuite frappée d'une déchéance ou d'une prescription, il cesse de subsister en même temps que la créance; sans préjudice de l'indemnité qui pourrait être due au propriétaire, si la perte de la chose était le résultat de la faute de l'usufruitier.

677. S'il était établi sur une créance ou sur une rente payée ou remboursée ensuite par le débiteur, l'usufruit porterait sur la somme, et se transformerait en un quasi-usufruit : il y aurait subrogation de la somme payée à la place de la créance ou de la rente primitivement due.

_____

(1) *Ususfructus est jus in corpore, quo sublato, et ipsum jus tolli necesse est.* L. 2, ff. *de Usuf.*

678. Dans tous les cas où l'objet sur lequel subsistait l'usufruit vient à périr en totalité, il est clair que le droit s'évanouit avec la chose elle-même; mais comme il est possible qu'une partie seulement de cette chose soit venue à périr, ou que l'objet, sans être naturellement détruit, ait néanmoins subi des changemens qui ne permettent plus de le considérer comme étant le même que celui sur lequel le droit a été établi d'abord, alors il se présente des cas qui, quelquefois, ne sont pas sans quelque difficulté.

En effet, quant à l'extinction de l'usufruit, on ne considère pas seulement la perte de la matière de l'objet sur lequel il était établi, on considère aussi la perte de la forme de cet objet, et qui en faisait telle ou telle chose, et non telle ou telle autre : en sorte que lorsque cette forme est détruite, comme elle était pour ainsi dire la substance de l'objet, la substance elle-même est aussi censée éteinte, et l'usufruit l'est en réalité.

Cela est généralement vrai quand le changement de forme change la nature de la chose; mais non quand il n'est qu'accidentel et passager, comme on le verra successivement.

679. Si l'usufruit n'était établi que sur un bâtiment, qui est venu à périr par incendie ou autre accident, ou qui s'est écroulé de vétusté; comme c'était sur le bâtiment, considéré comme bâtiment, qu'il était établi, et non sur l'immeuble, la chose

est censée avoir péri en totalité, et l'usufruit est
tellement éteint que l'usufruitier n'a le droit de
jouir ni du sol ni des matériaux (art. 624). Et
quand même le propriétaire reconstruirait de suite
un bâtiment semblable, l'usufruitier ne jouirait pas
pour cela du nouvel édifice (1), offrît-il de servir,
pendant le tems que devait durer l'usufruit, les intérêts de la somme employée pour la reconstruction.

680. Mais si le bâtiment n'eût été reconstruit
que successivement, par partie; quoique de cette
manière, il fût devenu un tout autre édifice que
l'ancien, l'usufruit subsisterait toujours (2). C'est
comme si un navire, après plusieurs radoubs, se
trouvait composé de matériaux en totalité autres
que ceux dont il était composé d'abord; car ce n'est
pas moins le même navire (3).

681. En sens inverse, si l'usufruit n'était établi que
sur un emplacement pour bâtir, sur lequel le propriétaire a construit ensuite un édifice, il y aurait
également extinction du droit (4), à moins que par
l'effet d'une nouvelle convention, il ne se fût aussi

---

(1) L. 10 , §. 1 , ff. *quib. mod. ususf. amitt.*

(2) *Ibid.*

(3) Même loi, §. 7. Cette loi dit aussi que l'usufruit serait éteint
par la dissolution totale du navire, quand bien même il serait ensuite recomposé avec les mêmes matériaux, même sans addition
d'aucune nouvelle matière. Cela, chez nous, dépendrait des circonstances qui auraient amené la démolition du navire, et du but
qu'on se serait proposé en le décomposant.

(4) *Rem mutari, usumfructum extingui constat.* L. 5 , §. 3, *eod. tit.*

étendu à l'édifice lui-même. Mais le propriétaire serait tenu des dommages-intérêts de l'usufruitier (1).

682. Quand le bâtiment détruit n'était pas l'objet principal de l'usufruit, mais faisait partie d'un domaine, non-seulement l'usufruit n'est pas éteint (2), mais encore l'usufruitier jouit du sol et des matériaux (Art. 624).

683. Il en serait de même quoique ce ne fût pas un bâtiment d'exploitation, mais une maison de ville, par exemple, si l'usufruit comprenait la généralité des biens ; car ces matériaux et ce sol en font encore partie (3). Cela s'applique à tous les cas où une des choses comprises dans l'usufruit universel vient à périr : l'usufruit subsiste encore sur ce qui reste de cette chose (4).

684. Mais si l'usufruit ne comprenait que deux ou plusieurs bâtimens séparés, il cesserait de subsister sur les matériaux et le sol de celui qui vien-

---

(1) L. 5 , §. 3 , *quib. mod. ususf. amitt.* Si c'est le testateur qui, après avoir légué cet usufruit , a bâti sur le terrain, son héritier ne doit rien à cet égard , puisque le legs a été tacitement révoqué par le changement imprimé à la chose par le testateur lui-même.

(2) *Quia villa fundi accessio est ; et ususfructus non extinguitur , non magis , quàm si arbores deciderint.* L. 8 , *ibid.*

(3) L. 34 ; §. 2 , ff. *de usuf.* Cette loi, il est vrai, statue sur le cas où le bâtiment est venu à périr pendant la vie du testateur ; mais la raison est la même quand c'est après sa mort, puisque le légataire doit jouir de tous ses biens. C'est d'ailleurs le sentiment général des auteurs.

(4) Domat , tit. *de l'Usufruit*, sect. 6 , n° 8.

drait à périr, nonobstant ces mots de l'art. 624, «si
« l'usufruit n'est établi *que sur un bâtiment;* » car
ces expressions doivent se combiner avec celles qui
suivent : « si l'usufruit était établi *sur un domaine*
« *dont le bâtiment* faisait partie; etc.»; ce qui démontre que quand le bâtiment n'est pas simplement
une partie d'une chose formant principalement
l'objet de l'usufruit, une accession, comme dit la
loi romaine, c'est la première, et non la seconde
disposition de l'article, qui doit être appliquée.
Rien n'empêche que l'usufruit ne s'éteigne par
partie; cela est même très-fréquent.

685. Au reste, même dans l'usufruit d'une chose
spéciale, si elle n'est détruite qu'en partie seulement,
le droit subsiste encore sur ce qui est conservé
(art. 623); par conséquent, s'il est établi sur une
maison, et qu'il y ait encore quelque partie de la
maison susceptible d'être habitée, l'usufruit continue de subsister sur cette partie, et même sur le
sol de la partie détruite (1).

686. D'après la loi 10, §. 3, ff. *Quib. mod. usuf.*
amitt., celui qui est établi sur un étang s'éteint
lorsque cet étang a cessé d'être tel, à moins, comme
on vient de le dire, qu'il ne fût compris dans un
usufruit universel, auquel cas l'usufruitier jouirait
encore du terrain.

On décidait la même chose quand il s'agissait

---

(1) L. 53, ff. *de usuf.*

d'un bois, défriché ensuite; mais non quand il
s'agissait d'une terre labourable simplement plantée
en vigne, ou même d'une vigne mise en terre (1),
parce que, dans ces derniers cas, on ne regardait
pas le changement de forme comme substantiel,
comme dénaturant l'objet, comme en formant un
autre, mais seulement comme accidentel, de circonstance, et dont l'effet, plus ou moins durable,
est néanmoins passager de sa nature.

687. Et dans les cas mêmes où le changement de
forme avait opéré l'extinction du droit, comme
dans celui où l'on avait bâti sur l'emplacement sur
lequel il avait été constitué, ou bien que le fonds
grevé avait été transformé en marais, ou couvert par
une inondation de longue durée, l'usufruit renaissait si la chose reprenait son premier état avant
qu'il eût été éteint par le non usage pendant le tems
déterminé par la loi (2). Le même principe est consacré par le Code (art. 704) en matière de servitude,
et s'appliquerait également au cas d'usufruit, puisque l'usufruit est une espèce de servitude. Cepen-

---

(1) L. 10, §§. 3 et 4, ff. *quib. mod. ususf. amitt.*

(2) *Voy.*, en les combinant, les L. 5, §. 3; L. 10, §. 1; et L. 23
au même titre; L. 36, *princip.*; et L. 71, ff. *de usuf.*

Mais suivant la loi 36 ci-dessus, si quelqu'un a légué l'usufruit
d'une maison, que la maison ait été démolie, et qu'une autre ait été
construite à la même place; ou bien si l'usufruit de certains vases
a été légué, que ces vases aient été fondus, et que de la matière
il en ait été fait d'autres, il n'y a pas d'usufruit; car ce n'est plus
la maison, ni les vases, dont l'usufruit avait été légué : le legs s'est
éteint par l'extinction de la chose.

dant si, lors de la construction, les parties avaient converti l'usufruit de l'emplacement en un usufruit sur le bâtiment, ce qui arrivera facilement en pareil cas, l'art. 624, dans sa première disposition, deviendrait applicable, et par conséquent si le bâtiment venait à être détruit en totalité, l'usufruit ne subsisterait ni sur le sol ni sur les matériaux.

688. On décidait également que l'usufruit d'un troupeau était éteint quand il se trouvait réduit à un nombre de têtes inférieur à celui qui était réputé nécessaire pour former un troupeau (1), parce que c'était de cet être moral appelé *troupeau,* que l'usufruit avait été concédé : c'était lui qui formait la substance véritable de l'objet sur lequel il résidait, et dès que cet être n'existait plus, il n'y avait plus d'usufruit (2).

---

(1) Ce nombre était 10, suivant la loi *ult.*, ff. *de Abigeis.*

(2) L. 21, ff. *quib. mod. ususf. amitt.*

C'est d'après le même principe que, dans la L. 10, §. 8, au même titre, Ulpien, traitant la question de savoir si la perte de l'un des chevaux formant un quadrige (*) fait éteindre l'usufruit, dit qu'il importe de distinguer entre le cas où c'est l'usufruit du quadrige qui a été légué, et le cas où c'est celui des chevaux qui le forment : dans le premier, comme il n'y a plus de quadrige dès que l'un des chevaux est mort, il n'y a plus de substance en ce qui touche l'usufruit, et l'usufruit est éteint. Dans le second, il continue de subsister sur les chevaux qui restent. C'est toujours, comme on le voit, le principe *mutatâ formâ rei, ususfructus extinguitur.*

Au contraire, dans le cas du legs de la propriété d'un troupeau, ce

(*) C'était un char monté sur deux roues, et attelé de quatre chevaux de front, dont l'usage passa des jeux olympiques aux autres jeux solennels de la Grèce et de l'Italie. La course du quadrige était la plus noble de toutes.

Le Code en décide autrement : l'usufruit établi
sur un troupeau n'est éteint que lorsque le troupeau a *entièrement* péri (art. 616); s'il n'a péri qu'en
partie, sans la faute de l'usufruitier, celui-ci continue d'en jouir, à la charge de remplacer, jusqu'à
concurrence du croît, les têtes des animaux qui
ont péri (1) (*Ibid.*).

689. Sur tous ces points et autres semblables,

---

qui en restait à la mort du testateur, n'eût-ce été qu'une seule tête,
devait être livré au légataire, comme il devrait l'être dans notre Droit.
§. 18, Instit., *de Legatis.* Car celui qui lègue un troupeau est censé
léguer chacune des têtes qui le composent, parce qu'en effet chacune
d'elles y étant comprise, est par cela même comprise dans le legs. Le
testateur, *brevitatis causâ*, les a toutes désignées sous la dénomination
de *troupeau*. Il est dès-lors indifférent, quant à la validité du legs,
qu'elles soient réduites ensuite à un nombre inférieur à celui qui est
nécessaire pour former un troupeau, puisqu'il importe peu au testateur que le légataire les possède comme troupeau ou de toute autre
manière. Au lieu que lorsqu'il lègue seulement l'usufruit du troupeau,
il entend que le légataire jouisse d'un troupeau, et non de ce qui
n'en est pas ou n'en est plus un ; car ce ne sont pas les animaux
compris dans le troupeau qu'il a en vue, comme dans le legs de la
propriété; c'est cette collection appelée *troupeau*, et c'est dans l'existence de cet être moral que réside la substance de l'objet soumis à
l'usufruit. Or, de la conservation de cette substance dépend celle du
droit; voilà pourquoi l'usufruit établi sur un bâtiment qui vient à
périr est éteint, même en ce qui concerne le sol et les matériaux;
tandis que le legs d'un bâtiment qui vient à périr, même du vivant
du testateur, donne toujours au légataire le droit de réclamer l'emplacement. L. 22, ff. *de Legat.* 1°. En léguant le bâtiment, le testateur a entendu par cela même léguer aussi le sol sur lequel il est
construit, et dont il n'est que l'accessoire, d'après la règle *quod solo
inædificatum est, solo cedit :* et la perte de l'accessoire, même celle
d'une partie de la chose, quelque considérable que soit cette partie,
comme dans l'espèce, n'éteint pas le legs pour ce qui reste.

(1) Voy. *suprà*, n° 630.

l'esprit du titre constitutif sera la règle à suivre,
du moins autant que la nature des choses le per-
mettra. Les circonstances aussi détermineront les
tribunaux, qui ne perdront pas de vue le principe
général que, lorsqu'une partie seulement de la
chose est détruite, l'usufruit subsiste sur ce qui
reste (art. 623).

§. VIII.

Extinction de l'usufruit par la résolution du droit de celui qui l'a concédé.

690. Suivant le principe qu'on ne peut conférer
des droits plus étendus que ceux que l'on a soi-
même, l'usufruit concédé par quelqu'un, dont le
droit est ensuite résolu, s'évanouit avec la résolution de ce droit. Il en est à cet égard de l'usufruit
comme de l'hypothèque consentie par celui qui
n'avait qu'une propriété imparfaite, et qui n'a pu
la consentir qu'affectée des chances de résolution
dont était affectée sa propriété (art. 2125).

Ainsi, dans les cas où le droit de propriété du
constituant est anéanti par l'exercice d'une action
en rescision ou en nullité, ou par l'exercice de
celle en réméré, ou par l'effet des lois sur la révocation des donations, et autres cas semblables,
l'usufruit, en thèse générale, s'évanouit aussi.

691. Mais il est sensible, pour que notre principe soit applicable, que la cause de la cessation du

droit du constituant doit être antérieure à la constitution de l'usufruit; car, par exemple, la vente que ce dernier ferait postérieurement de la chose grevée, n'altérerait en aucune manière le droit de l'usufruitier (art. 621), quoique le sien eût ainsi cessé par la vente. Mais c'est que, dans ce cas, il n'est ni résolu ni révoqué; il est simplement aliéné, transmis, et éteint par cette seule cause. Aussi aucune espèce d'aliénation ou de transmission quelconque du droit de propriété sur la chose grevée, n'opère de changement dans celui de l'usufruitier (1), lequel continue de jouir de son usufruit s'il n'y a pas formellement renoncé. (*Ibid.*)

692. Dans un cas même de révocation, celui d'une donation révoquée pour cause d'ingratitude, les droits conférés à des tiers par le donataire sur les biens donnés, antérieurement à l'inscription de l'extrait de la demande en révocation, en marge de l'acte de transcription, sont maintenus (article 958); car il n'a pas dû dépendre de ce donataire, en se rendant ingrat, de ravir aux tiers les droits qu'ils ont acquis de lui sur la foi de son titre de propriétaire. Ils ne pouvaient raisonnablement penser qu'il se rendrait coupable d'ingratitude envers son bienfaiteur. Au lieu que lorsque la donation est révoquée pour survenance d'enfans, la révocation

----

(1) L. 19, ff. *quib. mod. ususf. amitt.*

n'a pas sa cause dans la volonté du donataire, et cette cause est même censée antérieure à la constitution des droits sur les biens par celui-ci au profit des tiers, attendu que, par l'effet d'une présomption légale, la donation étant censée faite sous la condition que le donateur n'aura pas d'enfans, ou, en d'autres termes, qu'elle sera anéantie dans le cas contraire, l'accomplissement de la condition a un effet rétroactif qui remonte au jour du contrat, et qui, en remettant les choses dans leur état primitif (art. 1183), fait rentrer dans la main du donateur les biens francs et quittes de toutes charges imposées par le donataire (Art. 963).

693. Nous voyons enfin, dans l'art. 132, que, lorsque l'absent ne reparaît qu'après l'envoi définitif, il reprend, il est vrai, ses biens; que les droits des envoyés en possession sont résolus, éteints, et cependant qu'il ne recouvre ces mêmes biens que dans l'état où ils se trouvent, par conséquent avec obligation de respecter les droits que des tiers pourraient y avoir acquis par des actes valablement faits avec les envoyés en possession eux-mêmes. Les motifs de cette disposition particulière et exceptionnelle ont été suffisamment développés au titre *des Absens* (1).

---

(1) Tom. I, n°s 504 et suiv.

§. VIII.

Extinction par l'abus que l'usufruitier fait de sa jouissance.

694. L'article 618, qui règle ce cas, porte :

« L'usufruit peut aussi cesser par l'abus que « l'usufruitier fait de sa jouissance, soit en commet- « tant des dégradations sur le fonds, soit en le lais- « sant dépérir faute d'entretien.

« Les créanciers de l'usufruitier peuvent inter- « venir dans les contestations, pour la conserva- « tion de leurs droits : ils peuvent offrir la répara- « tion des dégradations commises, et des garanties « pour l'avenir.

« Les juges peuvent, suivant la gravité des « circonstances, ou prononcer l'extinction absolue « de l'usufruit, ou n'ordonner la rentrée du pro- « priétaire dans la jouissance de l'objet qui en est « grevé, que sous la charge de payer annuellement « à l'usufruitier, ou à ses ayant-cause, une somme « déterminée, jusqu'à l'instant où l'usufruit aurait « dû cesser. »

695. Ces dispositions pleines de sagesse, de me- sure et d'équité, ne sont susceptibles d'aucune ob- servation précise dans leur application. Tout est laissé, à cet égard, à la prudence et aux lumières des tribunaux, dont la décision pourrait sans doute, dans quelques cas, être réformée comme un mal jugé par les tribunaux supérieurs, mais ne saurait être

l'objet d'aucune censure de la part de la Cour suprême.

696. Ils doivent seulement ne point oublier que si l'usufruitier a le droit de jouir comme le propriétaire, il n'a pas, comme lui, celui d'abuser, et conséquemment s'il laisse tomber les bâtimens en ruine faute de réparations d'entretien, s'il détruit les chaussées des étangs pour faire de ces étangs des terres labourables, s'il ne donne pas aux vignes les façons nécessaires, si, faute d'y faire les provins qu'elles demandent, il les laisse dépérir; s'il abat des arbres de haute futaie qui n'entrent pas dans sa jouissance, ou s'il coupe les arbres fruitiers, ou laisse les clôtures sans réparations; s'il laisse usurper sur le fonds, s'il cause la perte des prises-d'eau, des droits de passage et autres, faute de s'en servir, etc., il ne jouit plus, il abuse; et, suivant l'importance du tort causé, les juges doivent prononcer l'extinction pure et simple du droit, ou la rentrée du propriétaire dans la jouissance de l'objet, moyennant une somme annuelle à payer à l'usufruitier.

697. Leur pouvoir, à cet égard, ne serait point nécessairement enchaîné par l'intervention des créanciers de l'usufruitier, et les offres qu'ils feraient de réparer les dégradations commises et de fournir des garanties pour l'avenir; seulement, dans ce cas, les tribunaux devraient ne se déterminer que plus difficilement encore à prononcer l'extinction pure et simple de l'usufruit.

§. IX.

Extinction par l'effet de la renonciation de l'usufruitier.

698. L'usufruitier capable de disposer de ses droits peut renoncer à l'usufruit qui lui appartient. (Art. 621.)

699. Mais il faut que la renonciation soit formelle (*ibid.*); elle ne se présume pas, parce que personne n'est présumé renoncer à ses droits sans compensation : en conséquence, l'intervention de l'usufruitier au contrat par lequel le propriétaire vendrait ou hypothéquerait son droit de propriété, ne suffirait point pour faire induire une renonciation de la part du premier; cette renonciation ne pourrait résulter que d'une clause qui attesterait clairement sa volonté à cet égard.

700. La renonciation qui préjudicierait aux créanciers de l'usufruitier pourrait, au surplus, être attaquée par eux, et annulée sur leur demande. (Art. 622.)

701. Il ne serait pas nécessaire pour cela, si elle était gratuite, qu'elle fût le résultat d'un concert frauduleux entre lui et le propriétaire; le préjudice qu'ils en éprouveraient les autoriserait suffisamment, d'après notre texte, à en demander l'annulation.

702. Si le propriétaire ne l'avait obtenue que

moyennant un prix, il faudrait, pour que l'annulation en dût être prononcée, qu'il eût été complice de la fraude que l'usufruitier a voulu leur faire.

703. Enfin, ceux-là seuls qui étaient créanciers de ce dernier au moment de la renonciation peuvent dire qu'elle a été faite à leur préjudice; et en les désintéressant, ou en leur donnant de suffisantes garanties du paiement de leurs créances, le propriétaire écarterait leur demande en annulation.

704. Quant à la renonciation faite par le père ou la mère à sa jouissance légale des biens de ses enfans, nous en avons parlé précédemment en traitant de la Puissance paternelle.

Nota. L'abondance des matières contenues dans ce volume nous oblige à réserver pour le suivant ce que nous avons à dire sur les *droits d'Usage et d'Habitation*, et l'*Usage dans les bois et forêts.*

FIN DU QUATRIÈME VOLUME.

ERRATA.

Pag. 10, *lig.* 13 et 14, au lieu de le mien, *lisez* mon auteur.

Pag. 46, *lig.* 7, qu'autant elles, *lisez* qu'autant qu'elles.

Pag. 127, *lig.* 21, qu'il, *lisez* le débiteur.

Pag. 327, *lig.* 21 et 22, quoiqu'elle se rencontrât, *lisez* quoiqu'elle ne se rencontrât pas.

Pag. 554, *lig.* 2, *supprimez* le point après l'*usufruitier*, et *placez-le* après *fongibles* de la ligne suivante.

TABLE

DES MATIÈRES.

TITRE II.

De la Propriété.

CHAPITRE PREMIER.

CHAPITRE II.

SECTION PREMIÈRE.

SECTION II.

SECTION III.

CHAPITRE III.

SECTION PREMIÈRE.

TITRE III.

De l'Usufruit, de l'Usage et de l'Habitation.

CHAPITRE PREMIER.

CHAPITRE IV.

SECTION PREMIÈRE.

SECTION II.

SECTION III.

SECTION IV.

CHAPITRE V.

FIN DE LA TABLE.

www.ingramcontent.com/pod-product-compliance
Lightning Source LLC
Chambersburg PA
CBHW031443210326
41599CB00016B/2099